Kasseler Edition Soziale Arbeit

Band 16

Reihe herausgegeben von
W. Thole, Kassel, Deutschland

Die Soziale Arbeit gewinnt zunehmend an Bedeutung und öffentlicher Anerkennung. Hierzu trägt unter anderem der Ausbau der empirischen Forschung in Bezug auf sozialpädagogische Fragestellungen bei. Motiviert durch vermehrt vorliegende Forschungsbefunde entwickeln sich auch die theoretischen Reflexionen zur Sozialen Arbeit weiter und in der sozialpädagogischen Praxis ist ein neues Interesse an wissenschaftlichen Erkenntnissen wahrzunehmen. In der „Kasseler Edition Soziale Arbeit" erscheinen Beiträge, die alte und neue Fragen und Herausforderungen der Sozialen Arbeit empirisch und theoretisch fundiert aufgreifen. Mit der Reihe soll das Projekt einer disziplinären und professionellen Profilierung der Sozialen Arbeit weiter angeregt und fachlich qualifiziert werden. Aus unterschiedlichen Perspektiven werden die einzelnen Bände der Edition insbesondere Veränderungen und Transformationen der Sozialen Arbeit in den modernen, kapitalistischen Gesellschaften kritisch reflektieren. Bedeutung erhält so die Beobachtung, dass die Soziale Arbeit weiterhin ein gesellschaftlich vorgehaltenes Angebot der Hilfe, Unterstützung, Begleitung und Betreuung für diejenigen ist, denen die Ressourcen für ein „gelungenes" und „zufriedenstellendes" Leben nicht hinreichend zur Verfügung stehen oder denen diese Ressourcen vorenthalten werden. Beachtung wird aber auch der Entwicklung geschenkt, dass die Soziale Arbeit inzwischen ein bedeutender Akteur im Feld des non-formalen Bildungssektors ist: Soziale Arbeit hat sich zu einem gesellschaftlichen Allgemeinangebot entwickelt und ist zugleich damit beauftragt, die Verschärfung von materiellen, kulturellen und sozialen Problemlagen in den gesellschaftlichen Teilgruppen, die unter den kapitalistischen Reproduktionsbedingungen aufgrund ihrer strukturellen oder temporären Marginalisierung zu leiden haben, durch Hilfs-, Unterstützungs- und Bildungsangebote abzufedern. Damit zusammenhängende Problemstellungen werden aus adressat_innen-, struktur- und professionsbezogenen Perspektiven aufgegriffen und profund erörtert.

Werner Thole
Universität Kassel

Weitere Bände in der Reihe http://www.springer.com/series/13857

Mischa Engelbracht

Jugendliches Alltagsleben in freiheitsentziehenden Maßnahmen

Erziehungsprozesse bei Jugendlichen mit multikomplexen Risikolagen

Springer VS

Mischa Engelbracht
TU Dresden
Dresden, Deutschland

Zugleich Dissertation an der Technischen Universität Dresden.

Gefördert durch die Hans-Böckler-Stiftung.

ISSN 2512-0948 ISSN 2512-0956 (electronic)
Kasseler Edition Soziale Arbeit
ISBN 978-3-658-23842-1 ISBN 978-3-658-23843-8 (eBook)
https://doi.org/10.1007/978-3-658-23843-8

Die Deutsche Nationalbibliothek verzeichnet diese Publikation in der Deutschen Nationalbibliografie; detaillierte bibliografische Daten sind im Internet über http://dnb.d-nb.de abrufbar.

Springer VS

Springer VS ist ein Imprint der eingetragenen Gesellschaft Springer Fachmedien Wiesbaden GmbH und ist ein Teil von Springer Nature
Die Anschrift der Gesellschaft ist: Abraham-Lincoln-Str. 46, 65189 Wiesbaden, Germany

Für Smiley

Danksagung

Ein der Ethnografie immanentes Phänomen scheint zu sein, dass die in den Forschungsphasen erlebten und beobachteten sozialen Handlungen auch noch Jahre später die Forschenden zu immer wieder neuen Reflexionen und Rekonstruktionen ermutigen und tiefergehende Erkenntnisse reifen lassen. Somit scheint es auch normal zu sein, dass man, um viele Erfahrungen und Einsichten reicher, später einiges anders schreiben, formulieren und strukturieren würde. Dennoch ist Wissen nur geschaffen, wenn es auch zugänglich ist, so dass die Verlagspublikation schlussendlich nur eine Frage der Zeit gewesen ist. Ein Grund hierfür mag gewesen sein, dass insbesondere die Anonymisierung oder, wenn es nicht anders möglich gewesen ist, Kürzungen eine gewisse Herausforderung dargestellt haben. Immerhin müssen die Jugendlichen und Pädagog*innen auch auf der Ebene der Einrichtungen selber anonym bleiben und so keinem Risiko möglicher negativer Konsequenzen ausgesetzt werden. Eigentlich eine Selbstverständlichkeit in der qualitativen Forschung.

Die hier vorliegende ethnografische Studie ist eine gekürzte Fassung meiner Dissertation, welche vom Promotionsausschuss der Fakultät Erziehungswissenschaften der TU Dresden im Januar 2016 angenommen wurde und welche ich im Dezember erfolgreich verteidigen konnte. Besonders hervorheben möchte ich meine Doktormutter Karin Bock, welche mir bereitwillig jede Unterstützung hat zukommen lassen, die denkbar ist, und nie müde wurde mit mir zu diskutieren, zu fokussieren und so auch die Arbeit zu einem Abschluss zu geleiten. Finanziert wurde meine Promotion durch ein Stipendium der Hans-Böckler-Stiftung, der ich herzlich für die Jahre der kollegialen Begleitung danken möchte, auch wenn es immer ein wenig seltsam anmutet, wenn man sich bei Institutionen bedankt.

Eine weitere Institution, der ich zu Dank verpflichtet bin oder besser gesagt den Menschen, die diese ausmachen, ist das Institut für Sozialpädagogik, Sozialarbeit und Wohlfahrtswissenschaften, welches mich aufgenommen hat und mir in ungezählten Kolloquien und Forschungswerkstätten zur Seite stand. Hier möchte ich insbesondere meiner Zweitgutachterin Conny Wustmann für die intensiven Gespräche und Diskussionen, sowie für sein stets offenes Ohr Justus Schubert danken.

Hilfreich waren für mich auch die Diskussionen mit der Nachwuchsforscherinnengruppe „Kinderladenbewegung" um Nina Göddertz, Franziska Heyden und Miriam Mauritz. Schließlich waren sie im Prozess der Promotion immer einen Schritt voraus und ich konnte damit gut abschätzen, was als nächstes auf mich zukommen würde. Besonders zu Dank verpflichtet bin ich Franziska Leissenberger für ihre Unterstützung, besonders in der Abschlussphase meiner Promotion.

Dresden, 2017 Mischa Engelbracht

Inhalt

1 Einleitung[1]

„Dieses Leben is ne Harte schiefe Schiene, achte wo du hingehst sonst tritts du auf ne Mine, und du wirst bekannt mit den Untergrund, in meiner Welt gibt es keinen Wendepunkt, von allen Kräften verlassen und bist am Ende .. Punkt. Und was dir bleibt ist nur noch die Erinnerung, Digger glaub mir wärst du den Weg nicht gegangen, wärst du nicht umgeben von Ratten und Schlangen" (Liedtext; Feldartefakt: 125)

Die vorliegende Studie handelt von jungen Menschen, die in den umstrittensten »Hilfen zur Erziehung« leben: den *freiheitsentziehenden Maßnahmen*. Diese Maßnahmen werden sowohl in den Medien als auch der Politik regelmäßig diskutiert, sei es auf der einen Seite als vermeintliche Heilsbringer für die Erziehung delinquenter Kinder und Jugendlicher oder auf der anderen Seite als Inbegriff für eine punitive rückschrittliche Pädagogik, die nicht mehr in der Lage ist, die Jugendlichen auf die Anforderungen einer modernen Gesellschaft vorzubereiten.

In einer zuverlässigen Regelmäßigkeit tauchen diese Diskussionen über die Jugendlichen, welche als (spätere) Zielgruppe in freiheitsentziehenden Maßnahmen leben, meist nach medial inszenierten Skandalen auf. Hier werden die Jugendlichen als „Problemjugendliche" und „Intensivtäter", gegen die »kein Kraut gewachsen ist« oder durch ähnliche Zuschreibungen konstruiert (vgl. Walter 2011: 123). Analog zum gesellschaftlichen Willen zur Integration (vgl. ebd.) liegt der defizitorientierte Fokus ausschließlich auf den dissozialen Verhaltensweisen der Jugendlichen, teilweise in Verbindung mit einem vermeintlichen Erziehungsversagen der Eltern sowie dem Aufwachsen in benachteiligten Verhältnissen. Dementsprechend ist sowohl den Medien als auch den Äußerungen der verschiedenen

[1] Zum Leseverständnis der Arbeit: Wenn im Folgenden von Erzieher*innen die Rede ist, bezieht sich dies ausschließlich auf ausgebildete Fachkräfte, während der Begriff Pädagog*innen das gesamte Feld der pädagogischen Mitarbeiter*innen umfasst. In ähnlicher Weise differenziere ich hinsichtlich des Lebensalters Kindheit und des Lebensalters Jugend, hinsichtlich der freiheitsentziehenden Maßnahmen und der geschlossenen Unterbringungen und hinsichtlich des Geschlechts. Aufgrund des Auswertungsvorgehens mittels Vignetten und der Anonymisierung von sowohl den Einrichtungen als auch den Adressat*innen und Pädagog*innen arbeite ich in den entsprechenden Belegen mit Codes, deren Verzeichnis anonymisiert im Anhang zu finden ist.

M. Engelbracht, *Jugendliches Alltagsleben in freiheitsentziehenden Maßnahmen*, Kasseler Edition Soziale Arbeit 16, https://doi.org/10.1007/978-3-658-23843-8_1

politischen Akteur*innen die Hauptforderung nach schnellen und gleichzeitig simplen Lösungen deutlich zu entnehmen (vgl. hierzu Kutsche 2008; Focus 2014; Rösmann 2015; Rosenbauer/ Moussaui 2015).

Derweil sehen sich die Träger der Hilfen ihrerseits unter Legitimationsdruck: Die Medien stürzten sich auf Missbrauchsvorwürfe wie dem Haasenburgskandal[2] (vgl. hierzu Kutter 2013) oder berichteten von überzogen teuren oder offensichtlich unpädagogischen Angeboten (vgl. Rosenbauer/ Moussaui 2015; NDR 2015) in freiheitsentziehenden Maßnahmen. Ein weiterer Legitimationsdruck den sich die Träger ausgesetzt sehen, geht aus der Fachdebatte um Zwang in Erziehung und – als Synonym hierfür – den Zwang über Freiheitsentzug als Machtquelle hervor, in der auch unterschiedliche Verständnisse von Zwang kontrovers diskutiert werden (vgl. hierzu Cremer-Schäfer 2007 und Wolf 2008).

Konsens aller bisherigen Untersuchungen und Diskussionen ist, dass Erziehung im Allgemeinen, auch unter den Bedingungen des Freiheitsentzugs, eine Wirkung auf Kinder und Jugendliche hat und dass sich Freiheitsentzug im Speziellen direkt und unmittelbar auf die Lebenswelt der Kinder und Jugendlichen auswirkt. Der Studie selbst liegt die Annahme zu Grunde, dass sich die durch den Freiheitsentzug zur Verfügung stehende zusätzliche Machtquelle (vgl. hierzu Wolf 1999: 330) auf die pädagogischen Handlungen der Mitarbeiter*innen in den verschiedenen Maßnahmen auswirkt.

Bisherige im Handlungsfeld erschienene Studien hatten zum Ziel, die jugendlichen Adressat*innen der Maßnahmen und ihre Biografien in den Blick zu nehmen; eine Gesamterhebung von Platzzahlen, Belegungen oder Einrichtungskonzepten vorzunehmen oder aber Fallakten aus Einrichtungen und Jugendämtern auf Problemstellungen, Risikolagen und Erziehungszielen hin zu untersuchen bzw. Hilfeverläufe innerhalb der Kinder- und Jugendhilfe zu rekonstruieren. Eine systematische Aufarbeitung von verschiedenen Fällen/Einrichtungen mit Freiheitsentzug in der Sozialen Arbeit war bislang kein Ziel empirischer Forschung. Überhaupt ist ein Forschungsdesiderat im Bereich der Hilfen für junge Menschen in besonders prekären Risikolagen festzustellen, denn es sind weder Ansätze noch Methoden des Handlungsfeldes systematisch erforscht, die Auskunft über die Lebenswelten von Jugendlichen in den verschiedenen Formen von freiheitsentziehenden Maßnahmen geben könnten (vgl. hierzu Villányi/ Witte 2006; Winkler 2006).

---

2 Die Haasenburg war eine stationäre Jugendhilfeeinrichtung mit 114 Plätzen von denen 56 die Möglichkeit zum Freiheitsentzug boten. Die Haasenburg war weder in einem überregionalen Träger noch in einem bundesweiten Netzwerk zur Qualitätssicherung pädagogischer Maßnahmen organisiert. Nach massiven Vorwürfen über Misshandlungen, Missbrauch welche bis hin zu einem Todesfall reichten, wurde die Einrichtung nach der medialen Berichterstattung geschlossen (vgl. Kutter 2013; Bavar 2013).

Hier setzt die vorliegende Studie an: Ausgangspunkt der Untersuchung ist, eine Verschränkung der »institutionell sozialpädagogisch mitgeschriebenen« Lebensgeschichten von Adressat*innen herauszuarbeiten (vgl. hierzu Bitzan u.a. 2006: 265) und pädagogische Einflussmöglichkeiten in freiheitsentziehenden Maßnahmen grundlegend zu hinterfragen. Ziel ist es, aufzuzeigen, welche alltäglichen erzieherischen Interventionen in freiheitsentziehenden Maßnahmen für Kinder und Jugendliche pädagogisch konzipiert worden sind und welche Wirkungen diese im Alltagsleben der Jugendlichen in den unterschiedlichen Fällen haben.

Hierzu wird zunächst die Frage gestellt, was eigentlich freiheitsentziehenden Maßnahmen sind. Was ist unter diesen Hilfen für *Problemjugendliche* zu verstehen, die mit dem größtmöglichen Zwang als „pädagogische Maximalintervention" (Menk u.a. 2013: 10) und einer absolut wirkenden Machtquelle ausgestattet sind, um die Kinder und Jugendliche zu »retten«, wozu vermeintlich sonst keine andere Hilfe mehr in der Lage ist? Ferner: Wer sind die Kinder und Jugendlichen, an denen eine ganze pädagogische Profession zu scheitern droht und sie als angeblich *„erziehungsresistent"* (Witte/ Sander 2011: 7) labelt? Wie kann eine professionell agierende Soziale Arbeit auf *diese* Jugendlichen reagieren? Mit der vorliegenden Studie wird daher danach gefragt:

- Was sind freiheitsentziehende Maßnahmen?
- Welche Kinder und Jugendlichen leben in freiheitsentziehenden Maßnahmen?
- Wie organisiert sich der Alltag unter den Bedingungen des Freiheitsentzugs?
- Wie sehen alltägliche erzieherische Handlungen in den Einrichtungen aus?

Die Konzeption der Forschung als ein ethnografisches Forschungsdesign ergibt sich aus den leitenden Fragestellungen der vorliegenden Arbeit. Ziel von ethnografischer Forschung ist eine analytische Beschreibung von kulturellen Handlungen und deren inhärenter Logik (vgl. hierzu Breidenstein u.a. 2013). Vor dem Hintergrund des zu erforschenden Alltags in den Einrichtungen, dem Ziel, die verschiedenen Entwürfe und Konstruktionsweisen von Freiheitsentzug und unterschiedlichen Erziehungskulturen im Handlungsfeld zu beforschen, ergibt sich der fallvergleichende Charakter der vorliegenden Ethnografie.

Der Fokus dieser ethnografischen Empirie liegt nun auf den Interaktionen und Wirkmächten innerhalb der Wohngruppen und nicht auf einer Analyse der Lebensverläufe von Jugendlichen oder biografischen Erfahrungen der Akteur*innen. Es geht vielmehr um die systematische Rekonstruktion der Lebenswelt der Jugendlichen im Freiheitsentzug und den erzieherischen Handlungen von Pädagog*innen, also der (Fall-)Rekonstruktion von Wohngruppen für *besonders schwierige* Jugendliche sowie deren Vergleich.

Der Aufbau der Studie
Im Anschluss an die Einleitung erarbeite ich die theoretischen Bezüge, welche ich zum weiteren Verständnis der Studie herangezogen habe. Hier beschäftige ich mich zunächst mit der Thematik der Jugend (Kap. 2): Nach einer historischen Annäherung an die „Erfindung der Jugend" (Savage 2008) werde ich die Aufgaben in der Lebensphase Jugend sowie verschiedenen Übergangskonzepten zur Lebensphase der (jungen) Erwachsenen beschreiben. Diese Übergangskonzepte, insbesondere auch die darin enthaltenen und zu erfüllenden gesellschaftlichen Aufgaben und Anforderungen an Jugendliche, bilden die Grundlage für meine Ausführungen über jugendliche Bewältigungshandlungen. Einen Zusammenhang von Bewältigungshandlungen und Risikoverhalten von jungen Menschen erarbeite ich im darauf aufbauenden Unterkapitel. Mit sozialpädagogischen Überlegungen zur Jugend schließe ich den Themenkomplex.

Anschließend erörtere ich den sozialpädagogischen Diskurs um *erziehungsresistente* Jugendliche (Kap. 2.7). Hier beschäftige ich mich zunächst mit der Frage, was eigentlich Erziehung ist und was der Begriff „erziehungsresistent" bedeuten kann. Da die öffentliche Ersatzerziehung bei diesen jungen Menschen (scheinbar) an ihre Grenzen stößt, werden sie nicht selten unter dem Begriff der *Problemjugendlichen* verhandelt. Für diese so betitelten Jugendlichen scheint es, zumindest wenn sie sich abschließend verweigern, drei Formen von Hilfen im deutschen Kinder- und Jugendhilfesystem zu geben: Intensivpädagogische Inlandsprojekte, intensivpädagogische Auslandsprojekte oder aber, als dritte und ebenfalls intensivpädagogisch arbeitende Hilfe, die geschlossenen Unterbringungen. Da insbesondere die Auslandsprojekte und die geschlossenen Unterbringungen in der Literatur als freiheitsentziehend oder als äquivalent dazu diskutiert werden (vgl. hierzu Mollenhauer/ Uhlendorff 2004, Winkler 2003, Witte 2009) und sie mit einem hohen Maß an strukturellem Zwang arbeiten, bilden diese Hilfeformen die Gesamtheit (Kap. 3) der freiheitsentziehenden Maßnahmen – und gleichsam deren Grauzone.

Mit Kapitel 3 arbeite ich zunächst die Geschichte der Heimerziehung (Kap. 3.1) sowie den Diskurs zum Themenfeld (Kap. 3.2) auf und folge daran anschließend den bisherigen Forschungserkenntnissen (Kap. 3.3) über freiheitsentziehende Maßnahmen. Das Kapitel selber gliedert sich dabei in zwei Teile: Zu Beginn des zweiten Teils arbeite ich den Stand der Forschung zum Feld der freiheitsentziehenden Maßnahmen auf. Hier verweise ich sowohl auf die bislang zu den geschlossenen Unterbringungen erschienenen Studien als auch auf weitere, für das

Feld relevante Forschungsergebnisse. Das bislang publizierte Wissen unterziehe ich im zweiten Teil des Kapitels (Kap. 3.4) einem ausführlichen Vergleich, auf dessen Basis ich ein differenziertes Bild des Forschungsfeldes, der Adressat*innen, den Fallverläufen von Jugendlichen in multikomplexen Risikolagen sowie den Wirkfaktoren expliziere.

Die Darstellung meines forschungsmethodischen Vorgehens erläutere ich in Kapitel 4. In diesem Kapitel liegt der Fokus auf einer luziden Erläuterung des ethnografisch gewählten Vorgehens, sprich der Beobachtung in einem aktiven und involvierten Verfahren, dem Führen von ethnografischen Gesprächen und die Form der Interviewführung im Forschungsalltag. Das Auswertungsverfahren von ethnografischem Material ist im hohen Maße abhängig von der Datengrundlage, daher schließe ich dieses Kapitel mit dem Entstehen der Vignetten und den Auswertungsschritten.

Herzstück der Studie bildet der empirische Zugang (Kap. 5) mit den vier Fällen Blautal (Kap. 5.1), Sonnenbörde (Kap. 5.2), Weißgipfel (Kap. 5.3) und Übermeer (Kap. 5.4), welche die Grundlage für die Ausarbeitung zu den jeweiligen Einrichtungs- und Erziehungskulturen darstellen. In den Fällen gebe ich jeweils zunächst einen kurzen Überblick, um dann von den übergeordneten Strukturen zu unterschiedlichen pädagogischen Handlungen zu gelangen. Jeder einzelne Fall für sich zeigt dabei die Heterogenität von freiheitsentziehenden Hilfen, doch gleichzeitig stehen die Fälle gemeinsam für die Gesamtheit des Handlungsfeldes, womit ein zentrales Anliegen dieser Studie eingelöst wird. Das Kapitel (5.5) schließt daher mit einem Vergleich der Fälle und des Feldes. Um die dem Feld inhärente Logik aufzeigen zu können, erfolgt in diesem Kapitel ein systematischer Vergleich der vier Fälle. Fokus liegt dabei auf den Auswertungen und Interpretationen in Bezug auf die pädagogischen Settings und der Erziehungskultur.

Abschließend werden in Kapitel 6 die Ergebnisse der vergleichenden ethnografischen Studie mit den in Kapitel 2 u. 3 aufgeworfenen Theoriesträngen einschließlich den bisherigen Erkenntnissen zum Feld der freiheitsentziehenden Maßnahmen verwoben und diskutiert. Dies erfolgt auf drei Ebenen: Zunächst für das Handlungsfeld der freiheitsentziehenden Maßnahmen, anschließend für die Kinder- und Jugendhilfe im Allgemeinen und schließlich in Bezug auf den Fachdiskurs über Erziehung und Zwang. Die Studie schließt mit einem Resümee und Ausblick (Kap. 7)

2 Lebensalter Jugend: Vom Moratoriumsgedanken zur »Erziehungsresistenz«

Es ist keine Frage des kalendarischen Alters, ob jemand »jung« oder vielleicht »alt« ist. Die Jugend ist die Zeit des Aufwachsens, der Ausbildung sowie nicht zuletzt der Emanzipation und in Folge der gesellschaftlichen Veränderungen die Jugendphase ein Phänomen der Moderne. Dieses Kapitel befasst sich mit Jugendlichen, insbesondere mit Jugendlichen in der Jugendhilfe, sind sie „zu allererst einfach auch Jugendliche, weswegen auf sie einzugehen nicht geht, ohne auch das Lebensalter ‚Jugend' allgemein anzusprechen" (Blandow 2008: 131). Aus dieser Perspektive heraus möchte ich von der Lebensphase Jugend im Allgemeinen, zu den Adressat*innen von freiheitsentziehenden Maßnahmen und ihren Zuschreibungen im Speziellen kommen.

Das folgende Kapitel gliedert sich in zwei aufeinander aufbauende Teile. Nachdem ich zunächst mein zugrunde gelegtes Verständnis von „Jugend" (Kap. 2.1) expliziere und über jugendliches Risikoverhalten hin zu Bewältigungshandlungen komme, werde ich daran anschließend das sozialpädagogische Problem mit „erziehungsresistenten" (Witte/ Sander 2011) Jugendlichen erörtern.

2.1 Historische Zugänge zum sozialen Phänomen Jugend

Einen grundlegenden theoretischen Bezug im Themenfeld der Jugendhilfe bildet das beforschte Lebensalter, konkret: Das Lebensalter Jugend. Im 21. Jahrhundert ist der Terminus »Jugend« ein sehr heterogen geprägter Begriff. Es gibt eine Vielzahl unterschiedlicher nicht deckungsgleicher Definitionen was Jugend ist, von denen im Folgenden einige exemplarisch erläutert werden, welche aus jeweils verschiedenen Perspektiven für unterschiedliche Geltungsbereiche entstanden sind.

So gibt es die juristisch normative Definition in Deutschland, die sich auf das kalendarische Alter bezieht. Kind ist, wer noch nicht 14 Jahre alt ist; Jugendlich, wer 14 aber noch nicht 18 Jahre alt ist; junger Erwachsener, wer 18 aber noch nicht

M. Engelbracht, *Jugendliches Alltagsleben in freiheitsentziehenden Maßnahmen*, Kasseler Edition Soziale Arbeit 16, https://doi.org/10.1007/978-3-658-23843-8_2

27 Jahre alt ist. Subsumiert werden alle Altersgruppen unter dem Begriff der jungen Menschen, was sich auf die Lebensspanne bis zum Alter von 27 Jahren bezieht (§7 Abs. 1. S. 1-4 SGB VIII). Aufgrund der über diese Definition gesetzten Rechte findet sie in weiten Teilen der Gesellschaft Anwendung und wird von politischen Akteur*innen immer wieder für Argumentationen herangezogen.

Des Weiteren gibt es die Jugenddefinition der Vereinten Nationen, welche Jugendliche als Personen im Alter zwischen 15 und 24 Jahren definiert. Diese wurde von Politiker*innen für den internationalen Gebrauch ausgehandelt (vgl. hierzu UNRIC 2010).

Ein aktueller Definitionsversuch findet sich in der Shell Jugendstudie (2015: 36), nach welcher Jugend die Altersspanne zwischen zwölf und 25 Jahren umfasst, womit die Grundgesamtheit bestimmt wird. Anzumerken ist, dass diese Altersspanne zur 16. Shell Jugendstudie um zwei Jahre nach unten (vom 14. auf das zwölfte Lebensjahr) erweitert wurde, „um der Tatsache Rechnung zu tragen, dass durch die immer frühere Pubertät im Lebenslauf heute auch der Eintritt ins Jugendalter eher eintritt“ (Shell Jugendstudie 2006: 3). 2015 wird dies als „ausfransen“ (Shell Jugendstudie 2015: 36) der Lebensphase Jugend beschrieben. Allerdings wird auch von den Autor*innen konstatiert, dass sich aufgrund der wieder verkürzenden Ausbildungsphasen die „Statuspassage“ (: 49) Jugend zu Gunsten des jungen Erwachsenenalters (vgl. hierzu Rietzke/ Galuske 2008) verringert.

Pädagogische oder gar sozialpädagogische Definitionen sind dies allerdings nicht und so muss, zumindest für den Rahmen dieser Arbeit, die Frage gestellt werden: Was ist Jugend aus sozialpädagogischer Sicht? Um die Ursache(n) der Heterogenität des Begriffes aufzuspüren und dann eine Begrifflichkeit konstatieren zu können, ist ein Blick in die Geschichte hilfreich.

Der Begriff des »Jugendlichen« ist ein Kunstbegriff des Bürgertums und entwickelte sich Ende des 19. und Anfang des 20. Jahrhunderts. Er ist allerdings nicht zu verwechseln mit dem Lebensabschnitt Jugend. Bereits zur damaligen Zeit war der Begriff der Jugend sehr diffus sowie normativ und bezog sich nicht auf Lebensverhältnisse, sondern auf den Norm- und Sittenkodex der bürgerlichen Gesellschaft (vgl. hierzu Blandow 2008; Lenz u.a. 2004). Ein Jugendlicher war in diesem Verständnis ein männlicher, in der Großstadt lebender, proletarischer junger Mensch, der nicht mehr in der Schule bzw. in geordneten Lehr- und Arbeitsverhältnissen integriert war, sondern seine Zeit unkontrolliert und ungeregelt auf der Straße verbrachte (vgl. Böhnisch 2012: 89f.). Die Randgruppe von Jugend, welche sich in dieser „Kontrolllücke zwischen Schulbank und Kasernentor“ (Trede 2005: 789) befindet und aufgrund von Neuerungen in der Gesellschaft wie Industrialisierung und Mobilität hervorgingen, wurde daher mit dem Neologismus des »Jugendlichen« benannt. Junge Menschen aus derselben Alterskohorte, die allerdings dem bürgerlichen Konzept »Jugend« entsprachen, fielen nicht unter diese negativ konnotierte Definition (vgl. hierzu Lenz u.a. 2004).

Das im weitesten Sinne »Konzept« der modernen Jugend entwickelte sich parallel zu Beginn des 20. Jahrhunderts, als die beruflichen Anforderungen so komplex wurden, dass eine gezielte Ausbildung notwendig wurde, um diesen gerecht zu werden. In den 50er Jahren des 19. Jahrhunderts wurde es für junge Gesellschaftsmitglieder aus allen sozialen Schichten zunehmend schwieriger, die beruflichen Anforderungen des Arbeitsprozesses in der Familie zu erlernen. An Stelle der Familie traten immer häufiger gesellschaftlich organisierte Ausbildungsformen. Auch verschob sich das erste Mal der Zeitpunkt des Übergangs in das Erwachsenenleben, zunächst in der bürgerlichen Schicht, über die Pubertät hinaus. Damit differenzierte sich eine neue Phase im menschlichen Lebenslauf aus: Die Lebensphase Jugend (vgl. Hurrelmann/ Quenzel 2012: 21). Junge Menschen gab es schon immer, was genau allerdings Jugend als Lebensalter ausmacht oder auch ausbildet, ist immer abhängig von Kultur, Zeit und Gesellschaft (vgl. hierzu Münchmeier 2005). Nach 1950 breitete sich zunächst dieser Lebensabschnitt auf alle Jugendlichen aus. Er wandelte sich schnell in eine Lebensphase mit einem Umfang von zehn bis zum Teil mehr als 20 Jahren. Ob Jugend so zu einem eigenständigen Lebensalter wurde und nicht nur auf den Übergang beschränkt war bzw. was Jugend ausmacht, soll im folgenden Kapitel beantwortet werden. Dafür wird zunächst auf pädagogische Merkmale dieser Alterskohorte eingegangen, um darauf aufbauend ein mögliches Verständnis von Jugend ausarbeiten zu können.

2.2 Übergangskonzepte und Aufgaben im Jugendalter

> „Die Jugendphase begann sich also zu dem Zeitpunkt zu konstituieren, da der Schwierigkeitsgrad der beruflichen Tätigkeit ein solches Maß erreicht hatte, dass bestimmte Eignungen und Qualifikationen zu deren Ausübung verlangt wurden. In diesem Stadium der Entwicklung entstand zugleich die Möglichkeit, dem gesellschaftlichen Nachwuchs die als notwendig erachtete Entwicklungs- und Reifezeit zuzugestehen“ (Hurrelmann 2010: 21). „Die Zeit in der Schule ermöglichte ein Leben, welches nicht durch die familiäre Einbindung und auch nicht durch die berufliche Tätigkeit definiert war, sondern ein von beiden Bereichen abgelöste Moratorium […]“ (Hurrelmann/ Quenzel 2012:21)

Die jungen Menschen des städtischen Bürgertums wurden aus dem Prozess des Arbeitens und der Existenzsicherung herausgenommen, um ihnen einen (Schon-)Raum zum Lernen und zur Vorbereitung auf ihre zukünftige Stellung in der Gesellschaft zu gewähren. Eine Vorbereitungszeit die zugleich mit gesellschaftlichen Erwartungen einhergeht (vgl. hierzu Böhnisch 2012; Lenz u.a. 2004; Blandow 2008). Diese gesellschaftliche Separation speist sich, wie Böhnisch (2012) beschreibt, aus der Idee der *„Philosophie der Moderne: Die Gesellschaft entwickelt sich weiter, sie ist nicht statisch, es genügt nicht mehr, wenn die früheren Generationen ihre Erfahrung weitergeben, es müssen eigene gesellschaftliche Räume geschaffen werden, in denen die Menschen schon als junge Menschen diese Weiterentwicklung an sich nachvollziehen und in ihrer Biografie umsetzen können. Der sich weiterentwickelnde Mensch in einer sich weiterentwickelnden (also modernen) Gesellschaft ist somit das Grundthema der pädagogischen Jugend"* (Böhnisch 2012: 90). Im Kontext dieser Weiterentwicklung der Gesellschaft ist damit nicht nur ein Schonraum zum Lernen und Bilden notwendig, sondern ebenso ein Experimentierraum, in dem die Jugend – ohne Sorge, biografische Nachteile erleiden zu müssen – an der Entwicklung und individuellen Neuerfindung ihrer selbst experimentieren kann.

Diesem gesellschaftlichen Experimentierraum ist beispielsweise das Jugendgerichtsgesetz geschuldet. Die Etablierung des Schon- und Experimentierraums war, so Böhnisch (2012), aus Sicht der Gesellschaft notwendig geworden, um die Modernisierung ihrer selbst zu ermöglichen, ohne gleichzeitig das gesellschaftlich Vorgegebene zu gefährden (ebd.: 91). Allerdings hat dieses gesellschaftliche Moratorium ein Dilemma. Es bedeutet nicht nur die Schaffung eigener Räume, sondern auch die Abhängigkeit der Jugend von ihrer Elterngeneration. Die Aufgabe einer gesellschaftlichen Weiterentwicklung einerseits in einer gleichzeitigen Alimentierung andererseits bildet die Grundlagen für, so Böhnisch weiter, den seit jeher schwelenden Generationenkonflikt.

Hinzu kommt, dass Angehörige der älteren Erwachsenengeneration die künstlich durch die Sozial- und Arbeitsmarktpolitik in die Länge gezogene Jugend (eben die gesellschaftliche Jugendphase) als ein »Moratorium« wahrnehmen, einem aus ihrer Sicht mitunter zwecklosen Verweilen in der Gesellschaft ohne feststehende Perspektive und ohne Verantwortung. Diese Wahrnehmung ist unabhängig von der individuellen Situation der jeweiligen Jugendlichen. Dies kann als ursächlich für die vielen stereotypischen klischeehaften Vorurteile gegenüber Jugendlichen gesehen werden (vgl. Hurrelmann 2010: 23f.). Jugendlichen werden problematische und ungesicherte Lebenssituationen, respektive die daraus (gesellschaftlich bemerkbaren sowie devianten) resultierenden Bewältigungsstrategien als unverantwortliches bzw. inakzeptables (Risiko-)Verhalten ausgelegt. Aus Perspektive der Jugendlichen stellt sich hingegen die grundsätzliche Frage nach ihrer eigenen Lebensführung, d.h., wie die Strategie zum Übergang in das Erwachsenenalter sein könnte: Wird das gesellschaftliche „Moratorium", das Recht auf Jugend, genutzt oder versucht man, möglichst frühzeitig in eine Art „Transition" ins Erwachsenenalter zu gelangen (vgl. hierzu Reinders 2010).

Das jugendsoziologische Überganskonzept der »Transition« ist auf einen zielstrebigen Übergang ins Erwachsenenalter ausgelegt. In dieser Orientierung wird die Jugend als ein statusinkonsistenter Lebensabschnitt betrachtet, den es möglichst schnell zu durchlaufen gilt, um in den anerkannten Status eines Erwachsenen zu gelangen. Jugendliche orientieren sich hier eher an Standards, Werten und Normen der etablierten mittleren und älteren Generationen (vgl. Hurrelmann/ Quenzel 2012: 46.; Reinders 2010: 12f.).

In der *Moratoriumsorientierung* wird die Jugendphase nicht als reines Übergangsalter betrachtet. Es ist eine Art Auszeit, eine vorrübergehende Rückstellung verschiedener gesellschaftlicher Verpflichtungen (z.B. Erwerb) und eine Abgrenzung von den gesellschaftlichen Standards. Es ist eine Experimentierphase mit einer bedürfnisorientierten Haltung, sowie einer subjektiven Zeitachse und einem individuell für sich gestalteten Lebensrhythmus (vgl. Hurrelmann/ Quenzel 2012: 47).

Allerdings handelt es sich in beiden Fällen, so Hurrelmann und Quenzel (2012), um Grundorientierungen, die sich weder theoretisch noch empirisch als sinnvoll erweisen. Bei den meisten Jugendlichen spielen für die subjektive Gestaltung der Lebensphase Jugend beide Aspekte in einer unterschiedlichen individuellen Gewichtung eine Rolle (Hurrelmann/ Quenzel 2012: 47).

> „Jugendliche entscheiden sich individuell zwischen der Erreichung in der Zukunft liegender Ziele oder für die Erlangung von Autonomie in der Jugendphase. Sie wählen aus Entwicklungswegen zwischen Transition und Moratorium aus und verknüpfen diese je nach individuellen Vorstellungen und gegebenen Bedingungen. Transition und Moratorium werden in dieser Perspektive nicht nur zu einem Entweder- Oder, sondern darüber hinaus zu einem Sowohl- Als- Auch" (Reinders 2003: 41).

Die so vertretene, sozialisationstheoretische Ausrichtung mit der Akzentuierung des Akteurcharakters von Jugendlichen bildet den Ausgangspunkt für das Lebensführungskonzept. Jugendliche werden in diesem Konzept als „Produzenten ihrer eigenen persönlichen Entwicklung" (Hurrelmann/ Quenzel 2012: 47) verstanden. Sie sind in der Lage, dynamisch Beeinflussungsprozesse zwischen sich selbst und ihrer Umwelt herbeizuführen. Demnach verarbeiten die Jugendlichen die innere und äußere Realität aktiv, interpretieren und passen diese an, um sie sich anzueignen und gestalterisch zu beeinflussen. Die Grundannahme ist, dass Jugendliche in der Lage sind, beide Orientierungen und ebenso verschiedene Kombinationen von Transition und Moratorium realisieren zu können (vgl. ebd.).

In der sozialisationstheoretischen Lesart entscheidet sich die Jugend individuell, nach eigenen Bedürfnissen für in der Zukunft liegende Ziele oder eine autonome Jugendphase. Beide Orientierungen versteht Hurrelmann nicht als gegensätzlich, sondern komplementär. So kann die Jugend ihren individuellen Übergang ins Erwachsenenalter genau an ihre Bedürfnisse anpassen und den Raum beanspruchen, der dafür notwendig ist. Aus der Kombination beider Orientierungen ergeben sich insgesamt vier Konzepte (vgl. Reinders 2010).

1. Das *Assimilationskonzept* bezeichnet eine hohe Transitions- und niedrige Moratoriumsorientierung. Jugendliche nehmen in Kauf, keine kreativen, neuen Lebensentwürfe auszubilden, um vorgegebene Lebensmuster übernehmen zu können und die Jugendphase zielstrebig zu bewältigen.

2. Von *Segregationskonzept* ist bei niedriger Transitions- und hoher Moratoriumsorientierung zu sprechen. Der Schwerpunkt im Lebensentwurf liegt auf der biografischen Orientierung in gesellschaftliche Nischen; die Bewältigung von gesellschaftlichen Entwicklungsaufgaben gelingt praktisch nicht. Die Zukunftsorientierung weicht in sozialen Milieus mit eigenwilligen Lebensstilen und emotionaler Bindungskraft ab.

3. Das *Diffusionskonzept* meint eine niedrige Transitions- und ebenfalls niedrige Moratoriumsorientierung. Ähnlich wie bei der Segregation werden gesellschaftliche Entwicklungsaufgaben verweigert; allerdings gelingt es auch nicht, eigene Lebensentwürfe zu entwickeln, um so neue Optionen zur Gestaltung der Lebensphase Jugend aufzubauen. In älteren Veröffentlichungen wird dieses Konzept häufig als „*Marginalisierungskonzept*" (Hurrelmann 2010:45) beschrieben.

4. Das *Integrationskonzept* weist eine hohe Transitions- und Moratoriumsorientierung auf. Die Jugendlichen orientieren sich vornehmlich an anerkannten Lebensverläufen, erkennen jedoch die Chancen, die alternativen Formen bieten, an und neigen zu einer ausgeprägten Gegenwartsorientierung (vgl. Hurrelmann/ Quenzel 2012: 47f.).

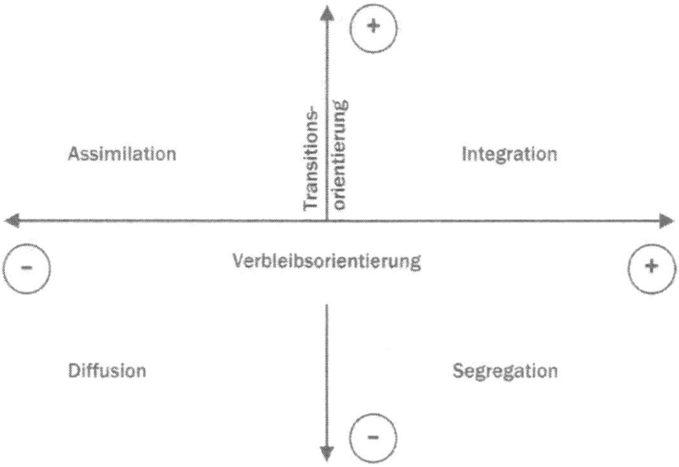

Abbildung 1: Kombination von Transitions- und Moratoriumsorientierung (Hurrelmann/ Quenzel 2012: 49)

Das Konzept der Integration beschreibt Hurrelmann 2010 noch als am „anspruchsvollsten“, „dem Ideal der produktiven Verarbeitung von innerer und äußerer Realität am nächsten“ (Hurrelmann 2010: 45) und als das „effizienteste Konzept der Lebensführung“ (ebd.: 47). Diese Feststellung relativieren Hurrelmann und Quenzel 2012 (:49), da die heutige Jugendgeneration verschiedene Ausprägungen von Transitions- und Verbleibsorientierung nacheinander durchlaufen, so können Phase der Assimilation von Phasen der Segregation abgelöst werden.

Unter Bezugnahme der aktuellen Jugendstudien kann – für die derzeitige Jugendgeneration – der Entwurf der »Integration« als vorherrschend bezeichnet werden, was allerdings die verbleibenden Überganskonzepte nicht minder bedeutsam macht. „Die vorherrschende Mentalitäts- und Generationsgestalt der heutigen Jugendlichen lässt sich deswegen auch bildhaft mit dem Begriff des »Ego-Taktikers« (Shell Jugendstudie 2002) oder der »pragmatischen Idealisten« und »selbstbewussten Macher« (Shell Jugendstudie 2006)“ (Hurrelmann 2010: 46) oder als „Generation Aufbruch“ (Shell Jugendstudie 2015) bezeichnen. Ähnlich greift Böhnisch den Aspekt der Generationsgestaltung auf und bezeichnet beispielsweise die Fächerwahl in der Schule als Schul-(Zukunfts) Management und nicht als rein auf die Lebensphase bezogene Entscheidung (2012: 165ff).

Die »Wahl« des eigenen Jugendkonzeptes bzw. der Bewältigung von Jugend ist oftmals von äußeren (sozialen und gesellschaftlichen) Faktoren, wie der gesundheitlichen Situation, den biografischen Irritationen oder den gesellschaftlichen Bedingungen, abhängig.

Dabei ist es für die Gesellschaft irrelevant, welches Konzept von Jugendlichen für den Übergange genutzt wird (ob sie auf das gesellschaftliche Angebot des Moratoriums eingehen oder nicht), da alle Jugendlichen sich zwangsläufig, aus Sicht der Gesellschaft, zumindest zeitweise in einem Moratorium befinden – selbst wenn sie, wie in der assimilatorischen Ausprägung, möglichst schnell in das Erwachsenenleben wechseln möchten.

„Jugend ist Zukunft" – dies war lange ein selbstverständlicher und unumstößlicher Bedeutungszusammenhang innerhalb von Gesellschaft und Jugendpolitik, welcher wie ein Dogma in der Moderne zu finden war, galt die Jugend doch lange Jahre als die Errungenschaft der Industriegesellschaft – neben der Dampfmaschine – (vgl. Böhnisch 2008: 143). Am Ende des 20. Jahrhunderts ist die Jugend in das Spannungsfeld von Modernisierung und deren Kritik geraten. Zum einen aus Sicht der Modernisierungskritik, welche der Jugend vorwirft, als Symbol für etwas Selbstständiges, Neues das Alte rücksichtslos zu entwerten. Zum anderen von der Modernisierung selbst, welche durch die Modernisierung von industriellen Fertigungsprozessen immer mehr Humankapital obsolet werden lässt. Durch die massenhafte Freisetzung dieses Humankapitals erfuhr auch die Jugend als industrielle Größe und als Lern- und Ausbildungsort eine Entwertung. Eine biografische Größe bleibt die Jugend dennoch. „Jugendliche müssen individuell – für sich – schauen, dass sie gut ausgebildet sind" (ebd.). Daher ist Jugend nicht länger eine separierte Sonderphase, sondern ein sozial früh erfasster Teil des Lebenslaufes (vgl. ebd.). Dies stellt eine Aufwertung für Jugend dar, allerdings nicht als Moratorium, sondern als möglichst gut und reibungslos zu absolvierende Ausbildungsphase zur Steigerung des eigenen Humankapitals. Unter dieser Umbildung des Jugendmoratoriums leidet insbesondere der für die Bildung von Persönlichkeit und Bewältigungsressourcen wichtige Experimentierraum Jugend.

Zu Beginn des 21. Jahrhunderts scheint sich die Sozialpädagogik aus der Jugendforschung immer weiter zurückzuziehen. Was auch nicht weiter verwunderlich ist, gelingt doch – statistisch gesehen– dem größten Teil der Jugendlichen ein integrativer Übergang ins Erwachsenenalter (vgl. Shell Jugendstudie 2015: 375) und fokussiert die Sozialpädagogik immer weiter andere Lebensalter (vgl. hierzu KOMDAT 2015).

Die aktuelle Jugendgeneration ist kaum zu vergleichen mit vorherigen Generationen. Wenn sie auch an politischem Gewicht verloren hat und sich scheinbar nicht an bisherigen Deutungsmustern orientiert, tritt sie doch selbstbewusst auf (vgl. Shell Jugendstudie 2015). Die Jugend ist die erste »Generation Europa«, eine

Generation ohne zwingenden direkten Bezug zu nationalen Grenzen oder existenzialistischen Bedrohungen von außen. Eine Generation, in der sich neben der Jugend auch das Lebensalter der „jungen Erwachsenen“, welches Böhnisch (2012: 192) und Ritzke/ Galuske (2008) nur skizzieren konnten, auch aus gesellschaftlicher Perspektive fest etabliert hat. So formulieren unter anderem junge Erwachsene unter dem Hashtag #twentysomething ihr Lebensgefühl, welches sich mit »30 ist das neue 20« (vgl. Demling 2015) beschreiben lässt. Eine Generation, die es trotz der oder gerade wegen ihrer Freisetzung und Zunahme an Verantwortung für die eigene Biografie gelungen ist, eine liberale Gesellschaft einzufordern, wie es das in der Geschichte noch nicht gegeben hat. Alte Lebensvorstellungen und Ziele scheinen obsolet, so dass sich viele junge Menschen irgendwo zwischen Unsicherheit und Selbstverwirklichung bewegen. Auch wenn Unsicherheit und Optionszwang von dem größten Teil der Jugendlichen scheinbar mühelos bewältigt werden (vgl. hierzu Shell Jugendstudie 2015), benötigt ein kleiner Teil umso mehr gesellschaftliche Unterstützung zur Lebensbewältigung.

2.3 Die Jugend als eigenständiges Lebensalter

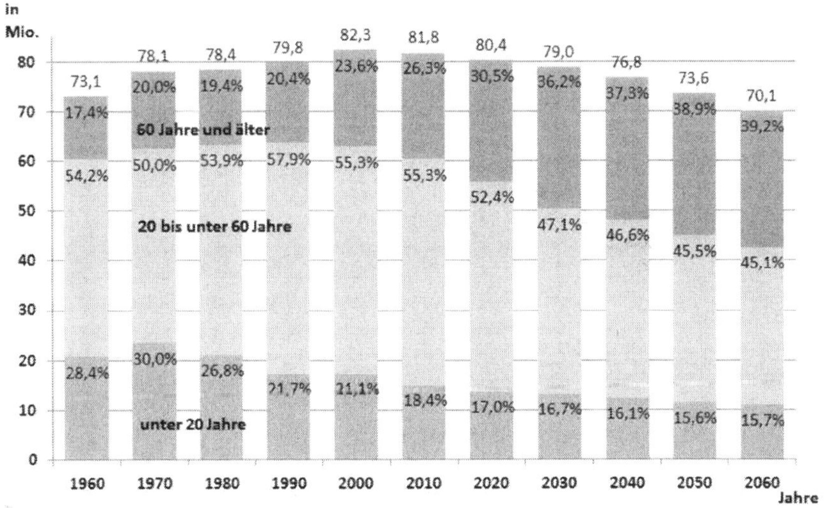

Abbildung 2: Bevölkerungsentwicklung und Altersstruktur
(Bundeszentrale für politische Bildung bpb 2012: 13)

Jugend und Gesellschaft

Das schwindende gesellschaftlich-politische Gewicht der Jugend ist durch den Wandel der Gesellschaft bedingt und kann unter anderem an der demografischen Entwicklung verdeutlicht werden.

Die Veränderungen der Hochrechnungszahlen machen deutlich, unter welchen Fluktuationen die statistischen Hochrechnungen leiden. Wurde 2006 noch von einer Bevölkerung von 74 Millionen für das Jahr 2050 ausgegangen, hat sich die Zahl in der Hochrechnung 2010 bereits auf 73,6 Mio. reduziert. Dass die Zahlen in allen Fällen nur Schätzungen auf einer vergleichsweise schwachen Basis sind, verdeutlichen die 2012 veröffentlichten Zahlen, die auf Daten von Ende 2009 beruhen und bei denen die geopolitischen Entwicklungen und Krisen nicht mitberücksichtigt werden können, womit sie bereits kurz nach ihrer Veröffentlichung überholt erscheinen.

Zur Verdeutlichung der bis 2009 anhaltenden Tendenz zeigt sich, dass seit 1960 die Zahl der unter 20-Jährigen von ca. 22 Millionen auf ca. 15,05 Millionen im Jahr 2010 gesunken ist. Die Zahl der unter 10-Jährigen wird im Jahr 2010 mit 6,9 Mio., der 10 bis 19-Jährigen mit 8,1 Mio. und der 20 bis 29-Jährigen mit 9,9 Mio. angegeben. Das entspricht ca. 24,9 Millionen Kindern und Jugendlichen im Alter von Null bis 29 Jahren. Bei einer Gesamtbevölkerung von 81,75 Millionen sind dies 30,45% (vgl. hierzu bpb 2012). Andererseits haben sich die Motive für einen Kinderwunsch von ökonomischen und pragmatischen Vorteilen hin zu einem Gewinn von emotionaler und biografischer Lebensqualität gewandelt. „Die Entscheidung für oder gegen ein Kind hängt von der Lebensperspektive ab, die von Erwachsenen nach beruflichen, privaten und finanziellen Kriterien bilanziert werden“ (Hurrelmann 2010: 14). Die Entscheidung gegen ein Kind wird in der heutigen Zeit durch die allgemeine Verfügbarkeit von Verhütungsmitteln ermöglicht (vgl. ebd.). Nach ihrem Kinderwunsch gefragt, gaben bei der Shell Jugendstudie 2015 64% der Befragten an, sich Kinder zu wünschen. 2010 gaben dies noch 69% an (Shell Jugendstudie 2015: 15).

In Deutschland kommt es, wie auch in anderen Industrienationen, zu einem Schrumpfen des Anteils der jungen Menschen bei einer zunehmenden Lebenserwartung aufgrund besserer (auch medizinischer) Versorgung und Lebensbedingungen innerhalb der Bevölkerung. Die hohe Geburtenrate vor dem ersten Weltkrieg wird als Grund angeführt, warum der Anteil von unter 20-Jährigen damals bei ca. 35% lag, während er heute bei etwa 20% liegt. Soziolog*innen erwarten, dass dieser Wert bis 2020 auf 17% absinkt, wobei die Zahl der über 65-Jährigen von heute 15% auf über 22% ansteigt. Diese Prognose des Statistischen Bundesamtes beruht allerdings auf einer reinen Fortschreibung der Zahlen (vgl. Hurrelmann 2010: 13ff.; hierzu bpb 2008). Faktoren wie die vermehrte Zuwanderung, insbesondere in Folge von geopolitischen Konflikten und Veränderungen oder einer sich wandelnden Familienpolitik, werden zu einem abweichenden Verlauf führen.

Diese zahlenmäßige Verteilung von Altersgruppen innerhalb der Bevölkerung wird, folgt man Hurrelmann/ Quenzel (2012) oder Böhnisch (2012), die sozialen und gesellschaftspolitischen Aktivitäten und wahrscheinlich auch die Verteilung finanzieller Ressourcen beeinflussen. Er prognostiziert zunehmende Probleme der jungen Generation, im „Verteilungskampf der Generationen“ Ressourcen für wichtige Belange (Hurrelmann 2010: 15) (wie Investitionen in Jugendräume, Kindergärten, Schulen, Hochschulen oder berufsfördernde Maßnahmen usw.) zu erstreiten, da sie im Gegensatz zu der älteren Generation weniger demokratisches Gewicht hat und zudem nur bedingt über Wahlrecht verfügt, mit welchem sie demokratisch Einfluss ausüben könnte ((Hurrelmann/ Quenzel 2012: 14f)). Sollte sich diese Prognose Hurrelmanns bewahrheiten, wird zukünftig der Sozialpädagogik wieder die von Herman Nohl formulierte Aufgabe der ‚Anwaltschaft des Kindes‘ (Niemeyer 2010: 138) verstärkt in den Fokus einer politischen Sozialen Arbeit fallen, in Form einer politischen Fürsprecher*innenrolle. Böhnisch mahnt dazu an: „[D]ie Frage der gesellschaftlichen Bedeutung der Jugend sollte nicht in der ökonomischen Generationenkonkurrenz untergehen, [und] muss darum mehr denn je in einen sozialstaatlichen Diskurs eingebettet werden“ (2008: 203).

Die demografische Entwicklung hat nicht nur Auswirkungen auf die zahlenmäßige Zusammensetzung der Bevölkerung und dem verteilten politischen Gewicht, sondern auch auf die Neustrukturierung von Lebensläufen (vgl. ebd.). Die Verlängerung der Lebenserwartung Neugeborener für den Jahrgang 2019 ist von ca. 65 Jahren auf 77 Jahre bei Männern und 82 Jahre bei Frauen (vgl. hierzu bpb 2012: 13) prognostiziert, was in Folge zu weiteren neuen Lebensphasen führt, die zu den historisch etablierten hinzutreten[3]. Die Verlängerung der Lebensdauer hat kulturelle und ökonomische Folgen, welche zu einer Eigendynamik der einzelnen Lebensphasen und -abschnitte führen kann. Aufgrund dieser Dynamik weitet sich die Lebensphase Jugend auf Kosten der Phasen Kindheit und Erwachsenenalter aus und gewinnt dadurch an Länge und biografischer Bedeutung (vgl. hierzu Böhnisch 2012; Otto 2008).

---

[3] Die Lebensphase des „Seniors“, welche nach der Pensionierung bzw. zum Eintritt in das Rentenalter entstanden, ist eine solche Lebensphase, die sich heute bereits auf mehr als ein Jahrzehnt ausgeweitet hat. „Überdurchschnittlich“ alte Menschen gab es, genau wie die Jugend, schon immer, allerdings waren es vereinzelte und nicht wie heute kollektive Erfahrungen. Im Gegensatz zu den vorausgehenden Lebensaltern hat sich allerdings bislang noch keine gesellschaftliche Aufgabenstellung für dieses Lebensalter entwickelt, was in der Praxis zu konkreten Problemen führt (vgl. hierzu Otto 2008).

Die Vielzahl der Lebensphasen und deren fließender Übergang ermöglicht es den Menschen, durch die geringere Bedeutung der einzelnen Phasen die eigene Lebensgestaltung immer wieder neu zu definieren oder zu entwerfen, was allerdings nicht ohne Berücksichtigung der vorherigen Lebensalter geschehen kann. Eine weitere Folge dieser Vielfalt sind die schwindenden, sich neu entwickelnden sozialen Vorgaben und Orientierungen der Lebensphasen durch die Gesellschaft. Dadurch kommt es zu Unklarheiten bezüglich der Definitionen und Bedeutungen der einzelnen Lebensphasen im Lebenslauf. Anhaltspunkte und traditionelle Übergangspassagen wie der Schuleintritt, Berufseintritt oder Heirat verlieren an Bedeutung (vgl. hierzu Lenz u.a. 2004). Im Gegensatz dazu gewinnt die Jugendphase, in Hurrelmanns Lesart, an Bedeutung. Einerseits verstärkt die Ausweitung der Lebensphase Jugend und die Vielzahl an weiteren Lebensphasen ihren Erprobungscharakter, andererseits gewinnt sie durch die Verkürzung der traditionell dominierenden Lebensphase des Erwachsenenalters zu Gunsten der Lebensphasen Jugend und Senioren – auch aufgrund ihrer Vermengung – an immer größerer Bedeutung innerhalb des Lebensverlaufs. Diese veränderte Gliederung der Lebensspannen ermöglicht also ein höheres Maß an individueller und flexibler Gestaltung des eigenen Lebenskonzeptes. Voraussetzung ist allerdings eine hohe persönliche Definitions- und Organisationsleistung für die Gestaltung und Sinngebung des eigenen Lebens (vgl. hierzu Hurrelmann/ Quenzel 2012).

Die (Entwicklungs-)Aufgaben des Jugendalters

Im Vordergrund dieser soziologischen Perspektive steht somit die Frage, „wie die Bewältigung der Entwicklungsaufgaben dazu beiträgt, sich auf die *Übernahme von verantwortlichen gesellschaftlichen Mitgliedsrollen vorzubereiten*“ (Hurrelmann/ Quenzel 2012: 34). Dies ist das entscheidende Kriterium, um von einem eigenständigen Lebensalter sprechen zu können.

Auch wenn der Übergang von der Kindheit in die Jugend fließend ist und nicht mit Riten oder dem Erreichen eines kalendarischen Alters klar definiert wird, so ist doch eine Veränderung der sozialen Verhaltensanforderungen in einem deutlich erkennbaren Ausmaß erreicht, so dass von einem „Positionsübergang“ gesprochen werden kann: Eben vom Übergang aus der Kindheitsphase in die Jugendphase und daran anschließend ins Erwachsenenalter. Hurrelmann (2010) benennt vier Entwicklungsaufgaben, die im Verlauf der Jugendphase erfüllt werden müssen:

Qualifizieren: Zur Erfüllung der Entwicklungsaufgaben ist es notwendig, dass die individuellen Leistungskompetenzen anwachsen. Mit dem Übergang in die Schüler*innenrolle in der Mitte der Kindheit wird erstmalig von den Kindern

Lernleistung verlangt, die sie unabhängig von ihren Eltern zu erbringen haben. Der Übergang ins Jugendalter ist dadurch charakterisiert, dass die Leistungen immer komplexer werden und das Lernniveau ansteigt. „Wird diese Dimension der Entwicklungsaufgabe erfüllt und gelingt die Übernahme einer Berufstätigkeit, besteht die Möglichkeit zur selbstständigen Finanzierung des Lebensunterhalts und damit zur »ökonomischen Reproduktion« der eigenen Existenz und damit der gesamten Gesellschaft (Hurrelmann/ Quenzel 2012: 36).

Binden: Die Emanzipation vom Elternhaus und das Knüpfen von gleichaltrigen Kontakten ist eine der zentralen Aufgaben auf dem Weg zum Erwachsenenalter. Die Verselbstständigung von sozialen Kontakten stellt ein entscheidendes Merkmal von Jugend dar. Die größte Unterstützung finden Jugendliche in der Gleichaltrigengruppe. Sie sind in ähnlichen Lebenslagen und finden sich räumlich zusammen, was unterstützend bei der Lösung biografischer Aufgaben sein kann. Bei Erfüllen dieser Dimension besteht die Möglichkeit eine feste Paar- und Partnerbindung einzugehen (vgl. ebd.).

Konsumieren: Die verstärkte Orientierung an Gleichaltrigen dient auch dazu, die im kommerziell orientierten Konsum- und Warenmarkt auftretenden Anforderungen und Risiken bewältigen zu können. Mit dem Übergang in das Jugendalter ist ein immer intensiverer Umgang mit den Nutzungsmöglichkeiten der durch die Medien geprägten Konsummärkte möglich und notwendig. Im weiteren Verlauf des Jugendalters wird eine immer höhere Selbständigkeit erreicht, die bis zur Erlangung einer vollständigen Autonomie voranschreitet. Diese Dimension ist Voraussetzung um einen eigenen Haushalt führen zu können und Konsumangebot zum eigenen Vorteil zu nutzen, wie etwa zur Regeneration von Leistungsfähigkeit und Kreativität (vgl. ebd.)

Partizipieren: Als viertes Merkmal der Jugendphase ist die ethische, religiöse, moralische und politische Orientierung und Mitgestaltung benannt, eben die Fähigkeit zur aktiven Beteiligung an der sozialen Gemeinschaft. „Wird diese Dimension erfüllt, verfügt ein Jugendlicher über die Kompetenz, die eigenen Bedürfnisse und Interessen in der Öffentlichkeit zu artikulieren und dadurch seine bürgerschaftliche Beteiligung zur Stärkung der Selbststeuerungsfähigkeit der Gesellschaft ebenso wie zu ihrem sozialen Zusammenhalt (»Kohäsion«) beizutragen. (Hurrelmann/ Quenzel 2012: 37).

Aus seiner Analyse wird deutlich, dass der Statusübergang vom Kind bis zum Erwachsene mit einer größeren Selbstständigkeit der individuellen Lebensführung und des Spektrums der sozialen Rollenanforderungen einhergeht. In allen vier Bereichen kommt es zu einer zumindest teilweisen Übernahme von selbstständigen gesellschaftlichen Rollen. In diesem Verständnis ist die Sicherstellung der gesellschaftlichen Integration zentrale zu bewältigende Aufgabe beim Übergang in die Lebensphase Jugend (vgl. ebd.: 36f.).

Der Übergang von der Jugendphase in das Erwachsenalter gilt nach traditionellen Vorstellungen dann als vollzogen, wenn in den zentralen gesellschaftlichen Positionen die volle Autonomie in Form einer selbstbestimmten Lebensführung als Mitglied der Gesellschaft erreicht wurde. Die wichtigsten Teilbereiche, in denen eine vollständige Selbstständigkeit erlangt werden muss, um als Erwachsener zu gelten, korrelieren mit den Entwicklungsaufgaben im Jugendalter. Der Übergang in den (jungen) Erwachsenstatus gilt dann als vollzogen, wenn in allen Teilbereichen eine weitestgehend gesellschaftlich übliche Autonomie erlangt wurde (vgl. ebd.).

In der mitteleuropäischen Kultur wird einer Person der Status des Erwachsenen dann zugesprochen, wenn sie den an sie gestellten Anforderungen einen hohen Grad an Selbstständigkeit und Selbstbestimmtheit entgegenbringt (vgl. Hurrelmann/ Quenzel 2012: 36ff). Bedingt durch die Vielzahl von Anforderungen und Rollen, die jedes Gesellschaftsmitglied innehat, ist es schwierig, die doch komplexen Merkmale des Übergangs von der Jugend zum erwachsenen Leben zu bestimmen. Es ist ein fließender Übergang, der nicht für alle Menschen verbindlich und normativ festgelegt werden kann. In der traditionellen Vorstellung liegt der Übergang zwischen dem 18. und dem 21. Lebensjahr, allerdings lässt sich ein immer größerer Anteil der Jugendpopulation erheblich mehr Zeit bis zum Erreichen dieser Autonomie, auch bedingt durch die sozialstrukturellen Vorgaben (vgl. ebd.: 45).

Hurrelmann konstatiert, dass die Jugend eine eigenständige Lebensphase ist. In ihr findet ein Prozess der selbstständigen und bewussten Individualisierung statt und kommt zu einem vorläufigen ersten Abschluss (vgl. ebd.). Durch diesen Prozess ist das Individuum in der Lage, sich autonom mit Körper, Psyche und Umfeld auseinander zu setzen. Zusammen mit der Individualität entwickelt sich die Identität des Jugendlichen. Sie ist zu verstehen als das Empfinden und Erleben von Situation und lebensgeschichtlicher Kontinuität (vgl. ebd.).

Jugend als eigenständige Lebensphase

„In idealtypischer Sicht befindet sich jeder Jugendliche auf dem biologischen und gesellschaftlichen Weg vom Kind zum Erwachsenen. Das Jugendalter wird als ein Zwischenschritt zwischen dem abhängigen Kind und dem unabhängigen Erwachsenen verstanden“ (Hurrelmann 2010: 36). Der Austritt aus der Jugendphase findet dann statt, so Hurrelmann weiter, wenn in allen Handlungs- und Entwicklungsaufgaben eine weitreichende Selbstständigkeit erlangt werden konnte.“

Entwicklungsaufgaben des Kindesalters		Entwicklungsaufgaben des Jugendalters		Entwicklungsaufgaben des Erwachsenen-alters
Aufbau von emotionalem Grundvertrauen	Selbstverantwortliche Leistungserbringung	Qualifizieren: Aufbau intellektueller und sozialer Kompetenzen	Übergang in die Berufsrolle	Ökonomische Selbstver-sorgung
Entwicklung der Intelligenz	Selbstverantwortliche Leistungserbringung	Binden: Aufbau einer eigenen Geschlechterrolle und Partnerbindung	Übergang in die Partner- und Familienrolle	Familiengründung mit Kinderbe-treuung
Entwicklung von motorischen und sprachlichen Fähigkeiten	Selbstverantwortliche Gestaltung der Sozial-kontakte	Konsumieren: Fähigkeit zur Nutzung von Geld- und Warenmarkt	Übergang in die Konsumen-tenrolle	Selbstständige Teilnahme am Kultur- und Konsumleben
Entwicklung von grund-legenden sozialen Kompetenzen	Selbstverantwortliche Gestaltung der Sozial-kontakte	Partizipieren: Entwicklung von Werteorientierung und politischer Teilhabe	Übergang in die politische Bürgerrolle	Verantwortliche politische Partizipation

Abbildung 3: Schematische idealtypische Darstellung der Entwicklungsaufgaben

(vgl. Hurrelmann/ Quenzel 2012: 41)

Die realistischen Entwicklungsverläufe der Jugend weichen heute in fast allen westlichen Ländern von dem idealtypischen Verlauf ab. Der Übergang in das Berufsleben mit dem Ziel der ökonomischen Selbstversorgung ist für einen Teil der

Jugendlichen nicht möglich, da Erwerbsarbeitsplätze nicht in ausreichender Zahl verfügbar sind.

Fasst man die Statusmerkmale der Jugend zusammen, sind sie durch „frühe mediale, konsumtive, freundesbezogene und partizipative bei später ökonomischer und familialer Selbstständigkeit gekennzeichnet. Teilweise wird die ökonomische und biologische Reproduktionsrolle gar nicht übernommen“ (Hurrelmann/ Quenzel 2012: 43). Die so entstehende Statusinkonsistenz hat eine Unsicherheit der Jugend zur Folge, was durch die Nichtübernahme von Reproduktionsrollen im ökonomischen und familialen Bereich verstärkt werden könnte (vgl. Schröer 2004). Um die Lebensphase Jugend besser zu strukturieren und sie so auch greifbarer zu machen, spricht sich Hurrelmann für eine Verortung des Übergangs von der Kindheit in die Jugendphase mit der Geschlechtsreife, also zwischen dem zehnten und 14. Lebensjahr aus. Über diese normative Bestimmung erfüllt die Mehrzahl der Kinder im Alter von 12 Jahren ausreichend psychologische und soziologische Kriterien, um als Jugendliche zu gelten. Anders verhält es sich aus seiner Sicht mit dem Übergang von der Jugend in die Erwachsenenphase. Der Übergang ist hier in einem erheblichen Maß von der individuellen Lebenslage sowie den strukturellen Chancen abhängig und findet dementsprechend in der Regel zwischen dem 21. und dem 27. Lebensjahr statt. Hurrelmann/ Quenzel (2012) unterteilt die Lebensphase Jugend in die frühe Jugendphase (zwölf bis 17 Jahre) als pubertäre Phase, die mittlere Jugendphase (18-21 Jahre) als nachpubertäre Phase, sowie die späte Jugendphase (22-27 Jahre) als Überganszeit zur Erwachsenenrolle (vgl. ebd. 45ff.). Im Gegensatz zu Hurrelmann konstatiert Böhnisch (2012), dass die Jugendphase „schwer abzugrenzen“ (:138) sei, da eine normative Festlegung vielleicht aus soziologisch-statistischer Sicht sinnvoll sein mag, allerdings aus sozialpädagogischer Perspektive eher kontraproduktiv ist, da diese Normierung nicht mit den sozialpädagogischen Handlungsweisen und Aufgaben vereinbar ist und so ein individueller Blick auf die Bewältigungsaufgaben der Adressat*innen verhindert werden würde (vgl. ebd.: 138f.). Ähnlich äußert sich Münchmeier (2005), der bei einer reinen altersmäßigen Bestimmung bemängelt, dass das unberücksichtigt bleibt, was Jugend ausmacht und beschäftigt und welche Lebenslagen sie bewältigt (Münchmeier 2005: 816).

Die Jugend soll nicht als »soziale Statuspassage« oder »reine Durchgangsphase« verstanden werden, sondern als autonome Lebensphase mit einer eigenständigen Bedeutung. Die Alltagsanforderungen an die Jugendlichen und wie sie diese zu meistern haben, hat sich so im Laufe der Zeit zu einem Muster im Lebenslauf weiterentwickelt. Sie kann nicht als reine Übergangsphase verstanden werden, die möglichst schnell durchlaufen werden muss, denn Experimentier- und Bewältigungsräume würden dadurch beschnitten werden. „Das Leben mit Unsicherheiten und Brüchen, das Aushalten von Autonomiebeschränkungen und die ständige Arbeit an „Statusinkonsistenzen“ sind heute nicht mehr allein für die Lebensphase Jugend charakteristisch. Deshalb werden die jugendtypischen Lebensmuster zum Paradigma der Lebensführung in der modernen westlichen Gesellschaft“ (Hurrelmann 2010: 42). Es kann also von einer gestiegenen Bedeutung der Jugend für den Lebenslauf, bei ebenfalls gewachsenen Anforderungen zur Bewältigung der Lebensphase Jugend, gesprochen werden, wodurch in der Jugendphase grundlegende Kompetenzen erworben werden, die für eine autonome Lebensführung notwendig sind.

„Eines jedoch illustriert sich zumindest: Pauschalisierende, generelle Bilder und Kindheit und Jugend verfehlen die Wirklichkeit. Hinter diesem Befund verbirgt sich einerseits die Botschaft von Destandardisierung der Jugendphase, also davon, dass die Jugendlichen einer Generation durchaus unterschiedliche Wege suchen und finden, ihre Jugend zu gestalten“ (Bock u.a. 2013: 9).

2.4 Risikoverhalten als Bewältigungshandlungen bei Jugendlichen

Jugendliches Risikoverhalten existiert vermutlich genauso lange wie die Jugend selbst und ähnlich lange sind die Begriffe »Risiko« und »Gefahr« Bestandteil der (sozial-)pädagogischen Debatte und der Schutzauftrag selbstverständlicher Teil der Kinder- und Jugendhilfe[4]. In den Sozialwissenschaften ist für das Verständnis von Risiko die begriffliche Differenzierung von Risiko und Gefahr wesentlich (vgl. hierzu Raithel 2004; Böhnisch 2012). Risiken bestehen demnach nur dann, so die Definition, wenn die Wahrscheinlichkeit besteht, dass als Folge einer getroffenen Entscheidung Gefahren wie Schäden, Verlust, negative Konsequenzen oder ökologische Langzeitfolgen drohen. Der Grad eines Risikos ist abhängig von der Höhe der Wahrscheinlichkeit einer eintretenden Gefährdung. Ein zweiter Bestandteil dieses Risikoverständnisses sind Chancen, so dass ein Risiko neben den möglichen negativen Auswirkungen (Gefahr) potenziell auch positive Auswirkungen (Chancen) bietet. Gefahren sind im Gegensatz zu Chancen subjektunabhängige Bedrohungen, die prinzipiell negativ gewertet werden (vgl. ebd.). Zur Komplementierung der Definition ist ein weiterer Bestandteil des obigen Risikoverständnisses notwendig nämlich, dass getroffene Entscheidungen ein bewusst gewähltes Wagnis darstellen. Die Folge dieses Verständnisses ist, dass Risiken – im jeweiligen Kontext der Situation – unter Inkaufnahme und Abwägung der möglichen negativen wie positiven Konsequenzen akzeptiert werden, um ein Ziel zu erlangen.

---

[4] Der Schutzauftrag der Kinder- und Jugendhilfe respektive der Jugendwohlfahrt ist bereits im RJWG von 1922 geregelt.

Was als Risikoverhalten gilt, ist immer subjekt-, kultur-, ursachen-, interaktions- und kontextabhängig. Das bedeutet auch, dass das Risikoverständnis von Jugendlichen weder mit dem der pädagogisch-erzieherischen Umwelt, noch mit dem der wissenschaftlichen Begriffsoperationalisierung deckungsgleich sein muss (vgl. Raithel 2004: 25). Man kann davon ausgehen, dass menschliche Verhaltensweisen immer ein, mitunter schwer zu erkennendes, Ziel verfolgen und daher funktional sind. Selbiges gilt für jugendliches Risikoverhalten. Die Motivationen – die Ursachen und Funktionen von riskanten Verhaltensweisen – lassen sich nach Raithel (2004), auf Grundlage des soziologischen belastungstheoretischen Sozialisationsmodells normiert, in sieben Bedeutungsinhalte unterteilen (vgl. ebd.: 51f.).

1. Zur *Aufnahme und Integration* in eine Peer-Group, zur Stabilisierung einer erworbenen, sozialen Position oder als Ausdruck der Identifikation mit einer jugendlichen Subkultur.
2. Zur *rollenspezifischen Selbstdarstellung* und Attribuierung der eigenen Identität/ Selbstkonzept sowie Abgrenzung zu anderen Jugend- und/oder Statusgruppen bzw. zum Erlangen eines Aufmerksamkeitsfokus.
3. Als *Ausdrucks- und Widerstandsdemonstration* gegen konventionelle elterliche/gesellschaftliche Wert- und Normvorstellungen. Das Risikoverhalten ermöglicht so die Abgrenzung zur Erwachsenengeneration.
4. Ein *erwachsenenspezifisches Risikoverhalten* wie Tabak- oder Alkoholkonsum wird von Jugendlichen zur demonstrativen Darstellung der eigenen Reife und Autonomie genutzt.
5. Als Ausdrucksform eines *egoistisch und narzisstisch geprägten Selbstbildes*, z.B. durch das Ignorieren von Gefahren für dritte unbeteiligte Personen z.B. durch riskantes Fahrverhalten. Dies kann auf eine temporäre jugendtypische Selbstwahrnehmung bedingt durch die Fokussierung auf die eigene persönliche Entwicklung und Selbstbildung in Folge der Entwicklungsaufgabe zurückzuführen sein (vgl. hierzu Raithel 2004; Reinders 2010).
6. In Funktion zum *Austesten und Ausleben* eines individuellen Freiheitsgrades um das Gefühl der Unabhängigkeit, z.B. durch Situations- und Selbstbeherrschung erfahren zu können.
7. *Entlastungs-, Kompensations-, Ersatzhandlungen* sind als letzter Motivationsaspekt von Risikoverhalten zu nennen. Ziel ist, Statusmängel, Entwicklungsdefizite, Frustrationen, Misserfolg, Ängste aber auch Unsicherheiten oder fehlende Handlungsalternativen zu kompensieren (vgl. Raithel 2004: 61f.).

Die angeführten Ursachen und Funktionen von jugendlichem Risikoverhalten sind nicht stringent unabhängig voneinander zu betrachten, sondern als komplementär zueinander anzusehen. Jede Form von jugendlichem Risikoverhalten kann verschiedene Ursachen haben und eine Vielzahl von Funktionen erfüllen. Risikoverhalten ist in diesem Verständnis als eine aktive, zielgerichtete Handlungsweise zu sehen, bei dem die gegenwärtige Situation im Vordergrund steht.

Formen

Raithel (2004) unterscheidet vier charakteristische Unsicherheits- und Schädigungsformen von jugendlichem Risikoverhalten. Dies ist gesundheitliches/körperliches, delinquentes, finanzielles sowie ökologisches Risikoverhalten. Er weist insbesondere darauf hin, dass eine bestimmte Verhaltensweise nicht genuin nur zu einer, sondern mehreren Schädigungsformen zugeordnet werden kann (vgl. Raithel 2004: 28). Dennoch macht eine Kategorisierung nur Sinn, wenn Verhaltensweisen einer Form zugesprochen werden können. Mit dem hier einhergehenden Verständnis von Jugend, als Expert*innen ihrer Selbst, ist die Zuordnung der Schädigungs- und Risikoform auf Grundlage der jugendlichen Motivation vorzunehmen, anders als es von Raithel (2004) mit dem Fokus auf die professionellen Perspektiven verhandelt wird. Beispielsweise ist der Alkoholkonsum von 14-Jährigen in der favorisierten Lesart in erster Linie als ein deviantes Risikoverhalten zu sehen, auch wenn aus medizinischer oder erzieherischer Sicht die möglichen gesundheitlichen Auswirkungen entscheidend für eine Zuordnung zu bestimmten Risikoverhaltenstypen sein könnten.

Tabelle 1: Synopsis der Risikoverhaltenstypen (erweiterte Darstellung nach Raithel 2004: 17)

Risikoverhaltenstypen	Unsicherheit und/ oder mögliche Schäden	Hauptsächliche Verhaltensbereiche bzw. Handlungsfelder
Gesundheitliches Risikoverhalten	Lebensbedrohung, Unfall, Verletzung, Krankheit, Tod	Ernährung, Straßenverkehr, Lärm, Sexualität, Gewalt, Sport, Hygiene, Tabak, illegale Drogen, Suizid, Mutproben, Alkohol
Delinquentes/ Deviantes Risikoverhalten	Sanktionen, Strafen, Ordnungsmaßnahmen, biografische Irritationen	Straßenverkehr, illegale Drogen, Alkohol, Tabak, (sexuelle) Gewalt, Kriminalität, Mutproben, Schulverweigerung, Weglaufen
Finanzielles Risikoverhalten	Finanzielle Verpflichtungen, Verschuldung, Pfändung	Warenkonsum, Glücksspiel
Ökologisches Risikoverhalten	Verschmutzung, Zerstörung	Müllentsorgung, Freizeitsport, Straßenverkehr

In der Öffentlichkeit wird Risikoverhalten anhand seiner Ausprägung bzw. Form bestimmt und unabhängig von den Ursachen diskutiert. Selten werden verschiedene Formen wie Extremsportarten, Schulverweigerung und Alkoholkonsum als Risikoverhalten miteinander verknüpft.

Wie an dieser Stelle deutlich wird, entstammt die Deutung der benannten Verhaltensweisen einer gesellschaftlichen Perspektive auf das Lebensalter Jugend und den darin wahrgenommenen jungen Menschen. Aus einer gewandelten Perspektive auf Jugendliche als handlungsfähige Subjekte lassen sich eben diese Verhaltensweisen als Bewältigungshandlungen verstehen, welche entweder dem Jugendalter inhärent sind oder aber aus spezifischen Situationen heraus entstehen (vgl. Böhnisch 2012).

2.5 Soziale Risikolagen im Jugendalter

Anders als bislang geht es nachfolgend um die Frage nach den Problemen und gesellschaftliche Risiken, die es im Jugendalter zu bewältigen gilt. Aus diesem Grund wird vom Terminus Lebensphase abgewichen und stattdessen von Lebensalter gesprochen. Für die Autor*innen, die sich aus sozialpädagogischer Sicht mit dem Modell des Lebensalters Jugend beschäftigen, steht die Bewältigung von Jugend durch die Jugend(-lichen) im Vordergrund. Das Konzept des Lebensalters Jugend kann darauf aufbauend auch als Konzept der Lebensbewältigung im biografisierten und entgrenzten, individualisierten und institutionalisierten, alimentierten und verselbstständigten Jugendalter beschrieben werden.

Lebensalter: Dem Terminus Lebensalter liegen der Begriff des Lebens und das Phänomen des Alterns inne. Dies weist auf einen nicht umkehrbaren Prozess „des Wachsens, Veränderns und Abbauens" (Hanses/ Homfeldt 2008: 1), allerdings ebenso auf einen subjektiven Erfahrungsraum des Reifens und der Begrenzung hin. Die Gesamtheit des Begriffes bezieht sich auf spezifische abgrenzbare Lebensphasen, aber auch auf ein „Durchschreiten" dieses Lebensbereiches (vgl. ebd.). Eine Eingrenzung auf einen anthropologischen Erfahrungsraum sowie biologische Körperprozesse zwischen Geburt und Sterben würde allerdings ein Hauptaugenmerk der Lebensalter außer Acht lassen. Sie sind soziale Konstruktionen der jeweiligen gesellschaftlich-kulturell-historischen Herausforderungen. Somit ist es nicht verwunderlich, dass sich in einer postmodernen Wissensgesellschaft eine Vielzahl von Lebensbereichen, eben die Lebensalter, etablieren. Die Entwicklung setzt zwingend eine Auseinandersetzung mit einer „anspruchsvollen Doppelperspektive" (ebd.: 2) der Lebensalter voraus. Dies ist zum einen die Analyse der „jeweiligen spezifischen Charakteristika einer Lebensphase" (ebd.) und zum anderen die Veränderung der Lebensverläufe, Lebensentwürfe und »Normalbiografien« einschließlich der dazugehörigen zu bewältigenden Aufgaben (vgl. ebd.).

Bedingt durch aktuelle gesamtgesellschaftliche Entwicklungen, wie Individualisierung und Pluralisierung der Lebenslagen, die Globalisierung oder der Rückzug des Wohlfahrtstaates, wird die bisherige soziale „Lebensordnung" nutzlos. Die Menschen sind gezwungen, das eigene Leben stärker selbst zu gestalten, die Frage nach dem »Wie« und der Stabilität der eigenen Lebensgestaltung rückt so in den Mittelpunkt (vgl. Bock 2010: 4). Zur zentralen Aufgabe der Sozialen Arbeit wird die Erfassung von Problemfeldern, die die Prozesse der versuchten, gelingenden und scheiternden „Normalisierungsbalance" von sozialen Akteur*innen benennen (vgl. ebd.).

Für die theoretische Querschnittsperspektive von Lebensaltern werden Kategorien gebildet, die allen Lebensaltern zu Grunde liegen. Diese Kategorien (wie z.B. Biografie, Körper/Leib; Geschlecht, Familie/Generation, Institutionen und Gesellschaft/das Soziale) ermöglichen es den Akteur*innen der Sozialen Arbeit, die notwendigen Perspektiven zu eröffnen und die verschiedenen Lebensalter auch in ihrer Gesamtheit zu analysieren. Als eine mögliche zentrale Kategorie von Lebensalter gilt Biografie, da Lebensalter auf unterschiedliche Lebensphasen verweisen, in denen die Menschen spezifische Herausforderungen bewältigen müssen (vgl. Hanses 2008a: 6f.).

Lebensbewältigung: Die Berufsfelder innerhalb der Sozialen Arbeit sind, so Böhnisch, als gesellschaftliche Reaktion auf die »Bewältigungstatsache« entstanden. Das heißt, die Soziale Arbeit ist eine gesellschaftliche, soziale und institutionelle Reaktion zur Bewältigung von psychosozialen Bewältigungsproblemen als Reaktion auf die gesellschaftliche Desintegration von Gesellschaftsmitgliedern (vgl. Böhnisch 2008: 199). Es gibt zwei staatliche Möglichkeiten, auf eine, wie auch immer geartete, Desintegration zu reagieren. Zum einen sind dies ordnungsstaatliche Repressalien, wie sie für das Sozialwesen des 19. und 20. Jahrhunderts charakteristisch waren (vgl. ebd.) und die sich bis heute in Teilen der Sozialhilfe bzw. Armenfürsorge gehalten haben. Zum anderen ist dies die Möglichkeit, die individuellen Krisen pädagogisch zu transformieren und über eine sozialpädagogische-sozialarbeiterische Intervention strukturell zu lösen (vgl. ebd.).

Böhnisch (2005) benennt die, auf psychosozialen Problemen basierende, gesellschaftliche Desintegration als Lebensrisiko. Diese Risiken sind in seiner Lesart keine pädagogischen oder fürsorgerischen Sonderprobleme, „sondern lebensalter- und sozialstrukturtypische Bewältigungskonstellationen in der industriellen Risikogesellschaft" (2005: 200). Bei deviantem (Risiko-)Verhalten, welches von strukturellen Risiken der Gesellschaft ausgeht, handelt es sich um individuelle Bewältigungsstrategien, welche mit Unterstützung des Sozialsystems zu bewältigen sind[5].

---

5 Als Beispiel nennt Lothar Böhnisch (2008: 202), unter Bezugnahme auf Wolfgang Schröer und Carl Mennicke, das Lebensrisiko der gesellschaftlichen Freisetzung des Menschen bei fehlenden Alternativen, die sozialen Halt und Sicherheit geben. Die Freisetzung des Individuums erfolgt beispielsweise in der arbeitsteiligen Industriegesellschaft, welche den Menschen als Subjekt spezialisiert und individualisiert (vgl. ebd.). Allerdings wird der Mensch auch, so Böhnisch in Bezug auf Emil Durkheimer, durch die Spezialisierung in der Arbeitswelt sozialintegriert, da das Subjekt von anderen abhängig ist, was als zweite Freisetzung zu sehen wäre (vgl. ebd.). Beide Formen der Freisetzung sind gesellschaftlich strukturell bedingt und müssen bewältigt werden. Gesellschaftliche Offenheit und Verfügbarkeit werden gleichermaßen verlangt wie vorausgesetzt. Der Mensch soll allerdings auch zu sich kommen, sozialemotionalen Rückhalt haben und eine eigenständige Individualität ausbilden, da er anderenfalls an der gesellschaftlichen Offenheit, dem Optionsdruck und ihrer riskanten Unübersichtlichkeit scheitert, was zu einer psychosozialen Handlungsunfähigkeit führt.

„Lebensbewältigung meint also in diesem Zusammenhang das Streben nach subjektiver Handlungsfähigkeit in kritischen Lebenssituationen, in denen das psychosoziale Gleichgewicht – Selbstwertgefühl und soziale Anerkennung – gefährdet ist" (ebd.: 202f.). Eine kritische Lebenssituation, so Böhnisch weiter, entsteht dann, wenn die Ressourcen des Subjektes zur Bewältigung der Situation nicht ausreichen. In dieser Situation der Handlungsunfähigkeit versucht das Subjekt folglich um jeden Preis die Handlungsfähigkeit wieder zu erlangen. Dieses Streben muss nicht rational kognitiver Natur, sondern kann emotional und triebgesteuert sein und damit zu Normverletzungen und antisozialem Verhalten führen.

Böhnisch (2012: 47ff.) nennt vier Grunddimensionen, in die man kritische Lebenssituationen, welche zum Verlust der Handlungsfähigkeit führen, untergliedern kann:

1. Die Erfahrung des Selbstwertverlustes
2. Die Erfahrung sozialer Orientierungslosigkeit
3. Der fehlende soziale Rückhalt
4. Die Suche nach der Möglichkeit einer sozialen Integration (2012: 47ff.)

Hauptaugenmerk und Aufgabe der Sozialpädagogik ist nach diesem Modell das Aufrechterhalten oder die Wiederherstellung des psychosozialen Selbst und des sozialen Umfeldes, um kritische Lebenssituationen zu bewältigen und den Bewältigungsdruck von den Einzelnen zu nehmen (vgl. ebd.).

2.6 Jugend und die soziale Integration

Die strukturelle Eigenständigkeit des Lebensalters Jugend basiert nicht zuletzt auf einer Vielzahl von Mitgliedsrollen. Die Wahrnehmung dieser, mit zunehmendem Jugendalter selbst zu tragenden Rollen in den vier von der Jugendforschung benannten (Entwicklungs-) Aufgaben (Ablösung von der Familie, Gleichaltrigen- und Paarbeziehung, Konsum, öffentliche und politische Partizipation vgl. Kapitel 2.3) sind für die sozialpädagogische Perspektive von besonderer Bedeutung.

Der sozialpädagogische Zugang zu Jugend ist vor allem durch die Frage gekennzeichnet, wie Jugendliche die Rollenübernahmen bewältigen und welche typischen Bewältigungsmuster dabei auftreten. Durch diesen Blick auf Jugend geraten die strukturellen Aspekte in den Hintergrund und die sozialpädagogischen Aspekte, wie die Frage nach der situativen und biografischen Handlungsfähigkeit, treten aus der Lebens- und Alltagswelt der Jugendlichen hervor (vgl. Böhnisch 2008: 145). Neben der Bewältigungsperspektive befasst sich die Sozialpädagogik mit den Übergängen der Jugendphase und der Integration der Jugend in die Erwachsenen- und Erwerbsgesellschaft. Die zweite Perspektive des sozialpädagogischen Zugangs befasst sich daher mit der sozialen Integration von Jugendlichen (vgl. hierzu Lenz u.a. 2004).

Böhnisch bezeichnet den gesellschaftlichen Mechanismus von „Separation und Integration" als „jugendsoziologische Zauberformel" (2012: 145). Junge Menschen werden nach dieser Formel ausnahmslos und automatisch nach der Kindheit von der Gesellschaft separiert – Jugend als Moratorium –, damit sie alle notwendigen Kompetenzen erlernen, um sich später in die Gesellschaft integrieren zu können. Trotz dieser bis heute aufrechterhaltenen „Zauberformel" hat das gesellschaftliche Übergangs- und Integrationsarrangement Jugend an Selbstverständnis und Verlässlichkeit eingebüßt. Dabei ist dieses Moratorium aus sozioökonomischen Prozessen entstanden und wandelt sich dementsprechend zusammen mit diesen. Inwieweit es daher tatsächlich einmal ein Jugendmoratorium gegeben hat oder ob es eine Utopie der Jugendforschung ist, bleibt offen, allein das Grundkonzept ist hier allerdings von Bedeutung.

Die „*Entstrukturierung*" (ebd.: 145) bezeichnet den oben beschrieben Umstand der sich wandelnden Jugend, sowohl bezüglich des Zeitraums[6] des Jugendalters als auch der Vorgegebenheit der Lebensläufe. Jugend muss von Jugendlichen individuell und selbstverantwortlich bewältigt werden, die Chance, dass Jugend gelingt, und das Risiko, dass sie »misslingt«, liegen nah beieinander und die eigene biografische Anstrengung rückt somit in den Vordergrund. Dies wird unter dem Begriff der *Biografisierung* der Jugendphase verhandelt. Eine Folge ist der andauernde Zwang, um jeden Preis mithalten zu können und folglich in Konkurrenz und Leistungsdruck mit anderen zu stehen, sei es im Kampf um den besten Schulabschluss, Ausbildungsplatz oder Job (vgl. hierzu Böhnisch 2012; Schröer 2004). Das zu Grunde liegende System von Rahmenbedingungen ist angesichts des strukturell erzeugten Wettkampfes auf das Scheitern eines Teiles der Jugend(lichen) angelegt. Dass unter diesen Umständen gerade Jugendliche, die biografisch und durch ihr Herkunftsmilieu benachteiligt sind, an sozial erwünschten Rollenübernahmen und der Integration in das Erwerbsleben aufgrund einer Entstrukturierung und Biografisierung der Jugend scheitern, ist wenig verwunderlich.

Neben diesen sich wandelnden Faktoren kann man aufgrund der kaum kalkulierbaren Zukunftsperspektiven und der geringen Lebenserfahrung von einer starken Gegenwartsorientiertheit der jungen Generation ausgehen.

---

[6] Schon aufgrund der Entstrukturierung des Jugendalters ist das Moratoriumskonzept hinfällig geworden. Ein Schon- und Experimentierraum mit einem Zeitraum von zum Teil mehr als zwei Jahrzehnten ist aus einer kapitalistischen gesellschaftlichen Sicht schwer durchführbar.

Besonders in Bereichen, die die Gegenwart, genauer gesagt die lebbare Gegenwart, betreffen, sind Jugendliche eher an Peers orientiert. „Die Suche nach lebbarer Gegenwart ist also zum einen jugendbiografisches Bewältigungsmuster, gleichzeitig aber auch jugendkulturell offenes Ausleben dieser Gegenwart“ (Böhnisch 2008: 150). Bildungseinrichtungen haben mit der Gegenwartsorientierung der Jugendlichen ein Problem, da die Lerninhalte erst zukunftsperspektivisch von Bedeutung sind. Das Dilemma in diesem Fall ist eine Zukunft, die in weiter Ferne liegt oder alternativ das Fehlen einer Perspektive, gerade für Jugendliche aus strukturschwachen Bildung- und Herkunftsmilieus. Der frühe biografische Druck auf Schüler*innen und die Selbstverantwortung widerspricht dem Gedanken eines Schonraums Jugend, auch wenn er schon immer durch Bildung geprägt war. Schule wird so zum Raum der Risikobewältigung. Schulmanagement oder Fächerwahl sind zugleich Zukunftsmanagement und tragen entscheidend zum Erfolg oder Misserfolg der Jugendlichen im Bildungssystem bei, nicht zuletzt aufgrund des hohen Leistungs- und Konkurrenzdrucks auch bezüglich späterer Ausbildungs- und Arbeitsstellen.

Jugendliche Adressaten*innen des Sozialstaates werden so in ein System von Maßnahmen in Erziehung und Bildung eingepasst, allerdings nicht als vollwertige Mitglieder der Gesellschaft mit sozialen Rechten und Ansprüchen wahrgenommen. Für sie gilt eine Politik der Bewältigung. Jugend wird mehr als andere Lebensalter frei gesetzt und entgrenzt. Neben den sozialen gilt es auch persönliche und psychische Krisen zu überstehen. Jugend ist somit zu einer Bewältigungsphase geworden, in der die individuelle Biografie gelingt oder misslingt (vgl. hierzu Münchmeier 2005; Böhnisch u.a. 2009; Böhnisch 2012).

Trotzdem ist der Optimismus der Jugendlichen in ihre Zukunft ungebrochen – ausgenommen die Jugendlichen aus sozioökonomisch schwachen Milieus (vgl. Shell Jugendstudie 2010: 56; Shell Jugendstudie 2015: 14). Dennoch sind viele Jugendliche von der Angst und Bedrückung erfasst, nicht zu wissen, ob sie ihren Platz in der Gesellschaft finden werden, von der Angst, nicht mithalten zu können und dem Frust, Jugend nicht ausleben zu können. „Bedrückung, Angst und Frust sind keine kognitiv bewertbaren Erfahrungskategorien, sondern Stresszustände, denen Jugendliche wiederum durch die Inszenierung von Unwirklichkeit, wie sie die Spaßkultur der Konsumgesellschaft anbietet, zu entgehen versuchen. Spaß haben bedeutet für sie, sich selbst aus sich heraus erleben zu können“ (Böhnisch 2008: 201). Das Experimentier- und Risikoverhalten als potenzielle Devianz des Jugendalters, welches der Jugend noch immer zugestanden wird, da es in der Regel kalkulierbar und gesellschaftlich kontrollierbar bzw. unverbindlich ist, hat heute bei nicht wenigen jungen Menschen die Schwelle übersprungen und ist zu einer »sozialen Risikozone in der Spaßkultur« geworden, da sie in ihrer Unbefangenheit soziale Belastungen nicht als solche Risiken wahrnimmt (vgl. hierzu Schröer

2004; Schefold 2004). Eine Ursache dieser Neukonstruktion von Jugend ist der ökonomisch getriebene Wunsch, möglichst schnell auf hochqualifizierte Arbeitskräfte zurückgreifen zu können (vgl. hierzu Hummrich 2008; Oehme 2009). Die Jugend wird so nur noch aus der ökonomischen Perspektive der Wirtschaft oder der Selbsterhaltungsperspektive der Gesellschaft wahrgenommen. Der einstige Leitgedanke »Jugend ist Zukunft« ist Geschichte und wird, um den Blick auf andere Lebensalter zu öffnen, in der gesellschaftlichen Wahrnehmung zu »Kindheit ist Zukunft« vorverlagert.

Rekurriert auf die bisherigen Ausführungen und in Bezug auf die subjektiven Entscheidungsfindungsprozesse lässt sich grundsätzlich konstatieren, dass Handlungsentscheidungen von (jungen) Menschen immer eine Ursache haben und zwar unabhängig von der gesellschaftlichen Perspektive auf Jugend und davon, ob sie als Risikohandlung bzw. Bewältigungshandlung gedeutet werden. Ursächlich für beabsichtigte Handlungen ist immer ein mehr oder weniger bewusster Abwägungsprozess, an dessen Ende ebenso ein bewusst getroffenes Ergebnis steht. Dabei kann es durchaus sein, dass die getroffene Entscheidung temporär nur für die Situation Gültigkeit besitzt und dem handelnden Subjekt bewusst ist, dass sie sich in einer Zukunftskonstruktion negativ (in Wahrnehmung als ein möglicher Fehler) auch biografisch auswirkt. Dies kann billigend, unter Aufwertung der gegenwärtigen Situation, in Kauf genommen werden. Andererseits kann eine getroffene Entscheidung auch in einer rekonstruktiven Perspektive auf die Vergangenheit als »Fehler« gedeutet werden, obwohl sie in der jeweiligen Situation ihre Bewandtnis hatte. Damit lässt sich festhalten, ausschließlich auf die Konstruktion der eigenen Gegenwart bezogen, dass Menschen keine »Fehler« machen. Dies besitzt seine Gültigkeit, sowohl in akuten Situationen, wie der konkreten Bewältigung eines Konfliktes oder einer Krise bzw. zum Erreichen eines Zieles, als auch zur Bewältigung struktureller wie auch gesellschaftlicher Zwänge, beispielsweise familiäre Irritationen oder ökonomischen Belastungen. In jedem Fall geht es um das Wiedererlangen der psycho-sozialen Handlungsfähigkeit sowohl auf situativer als auch auf biografischer Ebene.

2.7 Erziehungsresistente Problemjugend? Suche nach sozialpädagogischen Antworten

»Erziehungsresistent« ist eine Begrifflichkeit, die gleichermaßen eindeutig wie in sich inkonsistent ist. Eindeutig, da sofort deutlich wird, was gemeint ist, inkonsistent, da sich bei näherer Betrachtung die Erziehungswissenschaft einschließlich ihrer Sub-Disziplinen – wie die Sozialpädagogik eine ist (vgl. hierzu Krüger 2006:

321ff.) – nicht einmal auf eine einheitliche Definition ihres namensgebenden Grundbegriffs einigen kann.

Die Ursache für dieses Problem macht Winkler darin aus, dass bei Erziehung die Wirkung nicht unmittelbar auf das Geschehen einsetzt und auch nicht so zielgerichtet erzeugt werden kann, wie sich es die Erziehenden oft wünschen (vgl. Winkler 2006: 58). Dennoch werden, um einem Verständnisse zu folgen, unter Erziehung „Handlungen verstanden, durch die Menschen versuchen, das Gefüge der psychischen Dispositionen anderer Menschen in irgendeiner Hinsicht dauerhaft zu verbessern oder seine als wertvoll beurteilten Bestandteile zu erhalten oder die Entstehung von Dispositionen, die als schlecht bewertet werden, zu verhüten" (Brezinka 1981: 95). Brezinka konkretisiert weiter: „Als Erziehung werden Handlungen bezeichnet, durch die Menschen versuchen, die Persönlichkeit anderer Menschen in irgendeiner Hinsicht zu fördern" (ebd.). Dies geschieht immer in Abhängigkeit der jeweiligen Gesellschaft, ihren Einflüssen und Zielen.

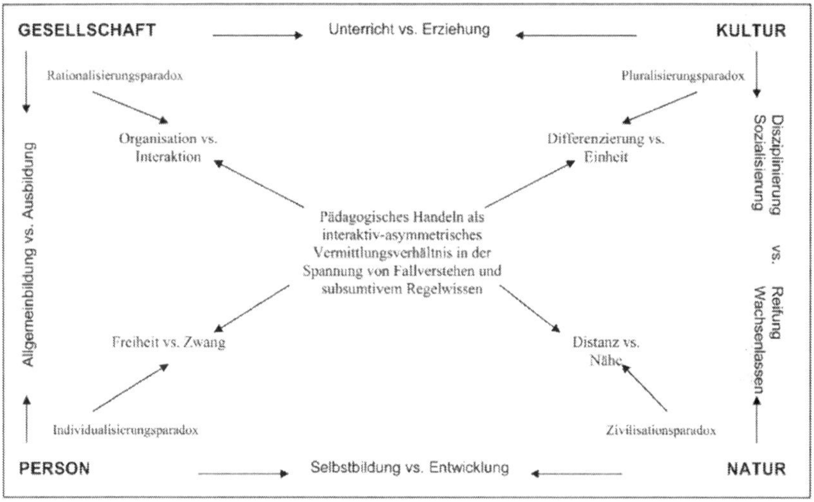

Abbildung 4: Pädagogisches Handeln
(Helsper 2006: 31)

Erzieherisches Handeln unterliegt daher immer Paradoxien und Antinomien. Werner Helsper beschreibt dies als „interaktiv-asymmetrisches Vermittlungsverhältnis in der Spannung von Fallverstehen und subsumtivem Regelwissen" (2006: 31). Er bestimmt vier Einflussgrößen auf das pädagogische Handeln (die Kultur, die Gesellschaft, die Person und die Natur), welche sich wiederrum wechselseitig beeinflussen. Aus den jeweiligen Einflussgrößen entstehen Paradoxien (Pluralisierungsparadoxon, Rationalisierungsparadoxon, Individualisierungsparadoxon, Zivilisationsparadoxon), welche sich wiederum, in ihrer Wechselwirkung mit den pädagogischen Handlungen, zu Antinomien (Differenzierung vs. Einheit; Organisation vs. Interaktion; Autonomie vs. Zwang und Distanz vs. Nähe) entwickeln (vgl. Helsper 2006: 15ff.).

Die Antinomie zwischen Freiheit/ Autonomie und Zwang, welche für das Handlungsfeld der freiheitsentziehenden Maßnahmen von besonderer Bedeutung ist, beschreibt Helsper als die wohl Grundlegendste im pädagogischen Handeln. Helsper 2006 rekurriert hierbei auf Immanuel Kant, wenn er sich auf das Spannungsverhältnis zwischen der Unterwerfung unter gesellschaftlichen Regeln und Normen sowie dem Kultivieren einer aufgeklärten individuellen Freiheit bezieht. Das Spannungsfeld besteht dabei a.) in Bezug auf die pädagogische Handlung selber, da diese nicht frei von äußeren und gesetzlichen Zwängen ist; b.) in Bezug auf die Adressat*innen, welche zur Autonomie erzogen werden sollen, allerdings, aufgrund von starken Asymmetrien und Machtunterschiede gekennzeichnete pädagogische Interaktionen, innerhalb von Erziehungsbeziehungen nicht autonom entscheiden können; und c.) im Spannungsfeld von Adressat*innen und Gesellschaft, da mit fortschreitender Modernisierung Autonomie und Selbstständigkeit zu zentralen Erziehungszielen avancieren. „Die Aufforderung zur Autonomie kann angesichts fern wirkender Systemzwänge Züge einer disziplinierenden Selbstinstrumentalisierung im Namen von Selbstständigkeit annehmen. [Von] Heranwachsende[n] können auch pädagogische Interaktionen als Möglichkeit der Realisierung ihrer Selbstständigkeitsansprüche gedeutet werden, die faktisch durch Asymmetrien gekennzeichnet sind, so dass es zu Formen illusionärer Selbsttäuschung über Freiheitsspielräume kommen kann“ (Helsper 2006: 20, Einschub M.E.). Den hieraus entstehenden Widerspruch, erziehen zu müssen ohne erziehen zu dürfen, wird erst durch die „moralische Metatheorie der Erziehung“ (Winkler 2006: 70) und durch die Einführung des Begriffs der „Pädagogik“ (ebd.) aufgelöst, durch die sich die Vorstellung einer „pädagogischen Erziehung“ (ebd.) gesellschaftlich implementiert. „Erziehung soll nun nämlich systematisch geplant und bewusst durchgeführt werden“ (ebd.).

Das Spannungsfeld von Organisation und Interaktion entstand in Folge der Institutionalisierung von Pädagogik. Pädagogische Institutionen, egal welcher Subdisziplin, unterliegen ihrer eigenen Logik, ihren Strukturen und Regeln, welche geschaffen wurden oder sich informell etabliert haben, um das gemeinsame Leben und Arbeiten über Routinen zu erleichtern. Diese organisationalen Strukturen haben allerdings auch zur Folge, dass die Kreativität und der individuelle Umgang mit Situationen eingeschränkt werden, so dass Abläufe und Prozesse nicht mehr in Interaktionen, auf einen Fall bezogen, ausgehandelt werden, sondern strukturell vorgegeben sind. Die Organisationsprinzipien „bilden eine ständig auszubalancierende Herausforderung für professionelles pädagogisches Handeln in formal-organisatorischen Rahmungen" (Helsper 2006: 22).

In direkter Folge der Individualisierung, Pluralisierung und Entgrenzung der Lebensmodelle innerhalb der verschiedenen Lebensalter ändern sich wesentliche gesellschaftliche Bezugsgrößen der Pädagogik. Dies bringt mit sich, dass sich die pädagogische Vorstellung der Abschließbarkeit von Erziehung und damit die Möglichkeit, Erziehung vollenden zu können, gewandelt hat hin zu einer Vorstellung von einem Prozess des lebenslangen Lernens. Dies trägt der Auffassung Rechnung, dass sich die gesellschaftlichen Anforderungen, an welche sich die Zöglinge – egal welchen Alters – gezwungen werden sich anzupassen, in einem dauerhaften Wandel befinden.

Die Spannung von Nähe und Distanz gehört zu den klassischen Problematiken innerhalb des professionellen pädagogischen Handelns. Es geht um die Problematik, wie viel Nähe oder »reformpädagogisch« gedachter pädagogischer Eros (vgl. Helsper 2006: 25) hilfreich sind und ab wann sich die Verstrickungen belastend auf die pädagogische Professionalität oder auch das Gefüge innerhalb einer Jugendgruppe auswirken.

Für Helsper ist das Projekt der Pädagogik damit verbunden, die Vervollkommnung von Menschheit und Welt zu erreichen. „Der Traum der Pädagogik von der Erschaffung eines neuen Menschen durch Erziehung, der sich entsprechend seiner menschlichen ‚Natur' entfalten soll, begleitet die Geschichte der Pädagogik in der Moderne bis in die Gegenwart hinein. Diese Vision geht aber mit der Vorstellung einher, sich des Menschen pädagogisch zu bemächtigen, die Kehrseite des pädagogischen Traums der Vervollkommnung des Menschen ist somit die Entfaltung pädagogischer Machtdiskurse und Disziplinierungstechniken" (Helsper 2006: 26).

Mit der Erziehung zum Menschen oder zum Bürger greift Helsper das Spannungsfeld zwischen Allgemeinbildung und „sozialer Brauchbarkeit" (ebd.: 28) auf. Auch wenn es sich bei diesem Spannungsfeld um keine Gegensätzlichkeit und damit Antinomie im eigentlichen Sinne handelt, ist es ein Spannungsfeld, in dem sich moderne Pädagogik bewegt. Die Frage dahinter ist, wie zielgerichtet und damit wie spezifisch bzw. wie frei pädagogische Bildungsprozesse sein dürfen.

Damit wird deutlich wie Vielfältigkeit die Einflussfaktoren auf Erziehung sind und dass bei den verschiedenen Einflüssen kaum eindeutig sein kann, was es eigentlich bedeutet, gegen eben diese Erziehung resistent zu sein. Überhaupt mutet es doch schon etwas paradox an, wenn Pädagog*innen über Jugendliche feststellen, diese wären erziehungsresistent. Bedeutet doch resistent, widerstandsfähig gegen äußere, zumeist negative, Einwirkungen zu sein. Dennoch erfasst der Begriff am ehesten das dahinter stehende Dilemma: Die so betitelten Jugendlich wollen gar nicht erzogen werden und verwahren sich gegen die vermeintlich negative Einflussnahme von außen. Also alles gut? Schließlich haben die Jugendlichen scheinbar eine Autonomie erreicht, zu der andere Altersgenoss*innen erst hin erzogen werden sollen. Eine Antwort kann nur lauten »keineswegs«, denn die Probleme sind a.) nicht die Autonomie an sich, sondern die Handlungen der Jugendlichen, die dazu führen, dass die Gesellschaft ein, wie auch immer geartetes, Problem erkennt und die zuständigen sozialstaatlichen Instanzen darauf aufmerksam gemacht werden; und b.) dass die Lebenssituation der Jugendlichen lediglich eine Illusion von Autonomie darstellt. „Mündigkeit und Unmündigkeit liegen also niemals in Reinkultur vor, sondern vielmehr" in Mischverhältnissen, die nicht trennscharf unterschieden werden können (Nugel 2013: 269).

Das Problem mit der Problemjugend
„Die »Problemjugendlichen«: Diese Heranwachsenden haben etwas Irritierendes, denn sie sind kaum bzw. nicht pädagogisch zu erreichen, sie sind scheinbar erziehungsresistent. Mit ihnen gerät das Hilfesystem in Deutschland immer wieder an seine Grenzen; [...]" (Witte/ Sander 2011: 7), und zwar an die Grenzen seines methodischen Handelns, seiner Fachkräfte sowie ihrer Handlungsfähigkeit und auch seiner Prinzipien. Diese „Systemsprenger" (Schwabe/ Evers 2006) scheinen kein Interesse daran zu haben, sich helfen zu lassen und »sprengen« stattdessen förmlich alle Maßnahmen, welche dies eigentlich sollten. Die Jugendhilfe scheitert an ihren Adressat*innen. Diese Jugendlichen sind eine Herausforderung für die Hilfeplanung und ihre Durchführung. Die Herausforderung ist hierbei, die passenden Hilfen für „besonders schwierige" (Klawe 2007: 2) Jugendliche zu finden und zu implementieren, woran die fallverantwortlichen Jugendämter scheinbar seit geraumer Zeit und bis heute bei einigen dieser jungen Menschen scheitern (vgl. hierzu Freigang 1986; Paetzold 2000; Mollenhauer/ Uhlendorff 2004; Permien 2010). Dieses Scheitern lässt sich möglicherweise darauf zurück führen, dass einige Fallverantwortliche dieser „Problemjugendlichen", welche allerdings nur eine statistische Irrelevanz (vgl. Winkler 2003) der Jugendlichen in der Jugendhilfe ausmachen, die Hilfen scheinbar nach einem »Trial and Error« Prinzip und nicht auf Grundlage einer Kasuistik (vgl. hierzu Müller 2012) oder dezidierten sozialpädagogischen Diagnostik (vgl. hierzu Mollenhauer/ Uhlendorff 2004) auswählen. In Folge dessen pendeln diese jungen Menschen zwischen verschiedenen Hilfesystemen und Maßnahmen. Sie erleiden eine Vielzahl von Beziehungsabbrüchen und sind im »Drehtüreffekt« zwischen Psychiatrie und Jugendheim gefangen

oder aber werden von Maßnahme zu Maßnahme weiter abgeschoben und können sich mit ihrer „Jugendhilfekarriere“ (vgl. Wendelin 2011: 92) bei anderen Jugendlichen »brüsten«. Am Ende dieser Abschiebungen finden sich, die finanziell kostspieligsten, als »Ultima-Ratio[7]« konzeptionierten, Sonderhilfen. Hilfen, die als Analogie für die Abschiebungsprozesse des Schulsystems die Rolle der Sonderschule der Erziehungshilfe wahrnehmen.

Innerhalb der Jugendhilfe gelten die Angebote als „Intensive sozialpädagogische Einzelbetreuung“ (finanziert nach §35 SGB VIII). Diese Maßnahmen arbeiten, in aller Regel, mit einem hohen Fachkräfteschlüssel sowie mit „individuell“ (vgl. hierzu Klawe 2007; Hoops/ Permien 2006) auf die Jugendlichen zugeschnittenen Angebote. Wobei es bezeichnend ist, dass sich Angebote das Prädikat »individuell« geben können, suggeriert es doch, dass die übrigen Hilfen nicht auf ihre Adressat*innen individuell zugeschnitten wurden, obwohl dies ursprünglich eines der Kernziele der Hilfeplanung darstellt oder um es mit Herrman Nohls Worten zu sagen:

> „[W]as immer an Ansprüchen aus der objektiven Kultur und sozialen Bezügen an das Kind herantreten mag, es muß sich eine Umformung gefallen lassen, die aus der Frage hervorgeht: welchen Sinn bekommt diese Forderung im Zusammenhang des Lebens dieses Kindes für seinen Aufbau und die Steigerung seiner Kräfte, und welche Mittel hat das Kind, um sie zu bewältigen? Insofern ist also jede Pädagogik Individualpädagogik“ (Nohl 1933: 160).

Aber wer sind die Adressat*innen dieser Hilfen? Der Stand der bisherigen Forschung zum Thema (Kap. 3.3) zeigt, dass die Jugendlichen ausnahmslos „multikomplexe Risikolagen“ bewältigen müssen. Das Vorgreifen ist an dieser Stelle notwendig, um den Begriff der „Jugendlichen in multikomplexen Risikolagen“[8], wie er in dieser Arbeit verwenden wird, von anderen Adressat*innen der Jugendhilfe abzugrenzen.

Jugendliche in multikomplexen Risikolagen ist eine Zuschreibung an Adressat*innen, welche in Hilfen leben, die als »Ultima-Ratio« gedacht sind. Diese jungen Menschen müssen eine Vielzahl von Risikolagen bewältigen und machen dies, in aller Regel, mit gesellschaftlich sanktionierten, desintegrierenden Handlungen, welche sie zu Fällen (vgl hierzu Müller 2012) für die Kinder- und Jugend-

---

7 »Ultima-Ratio« Maßnahmen bezeichnen in diesem Verständnis nicht das »letzte« Mittel der Jugendhilfe in einem Hilfeverlauf, sondern als »äußerstes« und intensivstes Mittel der Jugendhilfe.

8 In Bezug auf das in Kassel stattfindende Symposium für Michael Galuske mit der Fragestellung: „Was tun mit Jugendlichen in multikomplexen Risikolagen“.

hilfe werden lässt. Insbesondere in den Fallverläufen zeigt sich, dass die Jugendlichen zwar aufgrund ihrer Bewältigungshandlungen in den Maßnahmen untergebracht wurden, sich allerdings die zu bewältigenden Risikolagen nicht nur auf einer Ebene beziehen.

Im Mehrebenenmodell von Bronfenbrenner (1981: 38ff.) ist die Umwelt sozial mehrschichtig in Systemen angelegt. Die Umwelt besteht demnach aus:

> Dem *Mikrosystem*: Welches die „Muster von Tätigkeiten und Aktivitäten, Rollen und zwischenmenschliche Beziehungen" (: 38) die ein Individuum in einem Lebensbereich erlebt.
> Dem *Mesosystem*: Welche die Wechselbeziehungen zwischen den Lebensbereichen erfasst, in denen die Person selber beteiligt ist.
> Dem *Exosystem*: Welches die Auswirkungen von nicht aktiv mitgestalteten Lebensbereichen erfasst.
> Dem *Makrosystem*: Welches die allen Systemen übergeordnete, gesellschaftliche Ebene bildet.
> Dem *Chronosystem*: Welches die zeitliche Ebene erfasst.

Unter Bezugnahme auf dieses Modell zeigt sich, dass a.) „Jugendliche in multikomplexe Risikolagen" auf multiplen (eben multi) Modellebenen sowie in den Ebenen selber verschiedene (eben komplexe) Risikolagen zu bewältigen haben (vgl. Kap. 3.5). Weiter ist anzunehmen, dass b.) die den Menschen zur Verfügung stehenden Ressourcen zur Bewältigung von Krisen, Belastungen und Lebensereignissen endlich sind (vgl. hierzu Welter-Enderlin/ Hildenbrand 2010). Es kann davon ausgegangen werden, dass (junge) Menschen – mit einer Vielzahl von parallel zu bewältigenden Risikolagen – zum Wiedererlangen ihrer subjektiven und psychosozialen Handlungsfähigkeiten (vgl. hierzu Böhnisch 2008: 202ff.) zunächst die ihnen zur Verfügung stehenden Ressourcen nutzen, um die Belastungen zu bewältigen, welche ihre Handlungsfähigkeit akut bedroht. So kann sich ein Aufschub anderer zu bewältigender Krisen ergeben, bis wieder Ressourcen zur Verfügung stehen.

Die »Schwierigen« in der öffentlichen Wahrnehmung

In der Öffentlichkeit werden allerdings nicht die Risikolagen wahrgenommen und noch weniger die Jugendlichen verstanden (vgl. hierzu Niemeyer 2015), sondern sie werden gesellschaftlich als Jugendliche, die Probleme machen, verhandelt. Damit ist der Begriff der „Problemjugendlichen" gleich doppelt geprägt, zum einen bezeichnet er Jugendliche, die Probleme machen, zum anderen aber auch Jugendliche, die Probleme haben (vgl. Ziegler 2011: 71).

Der gesellschaftlichen Erwachsenenwelt hingegen, so Walter 2011, ist es schier unerträglich, nicht jede Störung im System reparieren zu können (vgl. Walter 2011: 123), wodurch die Systemstörungen als Probleme definiert werden, welche zu beheben sind. Diese Störungen nehmen, zumindest in der Wahrnehmung, oft männliche Jugendliche vor, deren ubiquitäre Delikte bereits als ernstzunehmende Straftaten medial ausgeschlachtet werden. Hieran schließt oft der Wunsch an, dies bereits präventiv unterbinden zu wollen, entstammen die Jugendlichen doch immer den gleichen Elternhäusern, haben die gleichen Karrieren hinter sich und weisen immer die gleichen wiederkehrenden Auffälligkeiten auf (vgl. Walter 2011: 124). Dieser Wunsch führt dann von Seiten der Kriminologie zu Forschungsprojekten, welche versuchen, die Kinder- und Jugendhilfe als Erfüllungsgehilfin zur Vorhersage von delinquenten Verhaltensweisen für sich zu vereinnahmen (vgl. hierzu Riesner 2015). Dass methodologisch zwar Fälle rekonstruiert werden können, aber Indikatoren umgedreht keine Fallkonstruktionen hervorbringen können, bleibt dabei unbeachtet und ist nur ein Indiz dafür, wie stark doch der Wunsch nach der »idealen Welt« verankert ist (vgl. Walter 2011: 123). Ein weiterer Aspekt in der Wahrnehmung und Darstellung von „Problemjugendlichen" in der Öffentlichkeit zeigt sich in der medialen Diskussion und auch der fachlichen Rezeption (vgl. hierzu Walter 2011; Wolffersdorff 2011). Es wird über Jungen und männliche Jugendliche sowie ihre Straftaten und delinquenten Verhaltensweisen diskutiert, dabei sind ca. 40% aller Ultima-Ratio Maßnahmen für Adressatinnen konzipiert. Wenn jedoch über Fälle von jungen Frauen berichtet wird, erfolgt dies in der Regel unter Bezugnahme auf vermeintlich männliche Verhaltensweisen.

Es zeigt sich doch deutlich, dass in der Öffentlichkeit in westlichen Gesellschaften (vgl. Ziegler 2011) abweichendes und zugleich systemstörendes Verhalten (vgl. Piller/ Schnurr 2011) nicht nur männlich besetzt ist, sondern auch in einer Reparatur oder Vermeidungslogik gesellschaftlich behoben werden soll. Der »interne« Fachdiskurs der Jugendhilfe ist zwar weiter (vgl. Pankofer 1997; Permien 2010), politische Forderungen beziehen sich aber dennoch auf die Auswirkungen, ohne die Ursachen/ Risikolagen (vgl. Wolffersdorff 2011) zu berücksichtigen.

Antworten der Jugendhilfe

Die zweite fachlich-pädagogische Antwortebene auf die scheinbar erziehungsresistenten „Problemjugendlichen" sind die verschiedenen Konzepte bzw. die Orte, an denen Hilfen angeboten werden. Witte/ Sander (2011) konstatieren, dass zu wenig über die Orte und Möglichkeiten für scheinbar »aussichtslose Fälle«" diskutiert wird. Sie erfassen in der Summe sieben Antwortmöglichkeiten der Kinder- und Jugendhilfe auf die Probleme von den »schwierigsten« Jugendlichen. Dabei kommen Angebote, die von Jugendlichen freiwillig wahrgenommen werden müssen und niedrigschwellig ansetzen, wie Streetwork für Obdachlose und –wenn auch erfolgreich arbeitende – Ambulante Intensive Begleitung zur Integration in die Gesellschaft (vgl hierzu Schwabe u.a. 2013), nur bedingt für Jugendliche in Frage, die sich jeglichen Hilfeangeboten entziehen. Ebenso scheiden fachfremde Institutionen, wie die Kinder- und Jugendpsychiatrie oder die Justizvollzugsanstalten, da sie keine primäre pädagogische Zielsetzung verfolgen, als Erziehungsinstanzen aus. Übrig bleiben drei Formen von pädagogischen Maßnahmen. Dies sind a.) intensivpädagogische Auslandsprojekte; b.) geschlossene Unterbringungen und c.) intensivpädagogische Inlandsprojekte, die ebenfalls auf strikte Strukturen, Regeln und Zwang setzen, wie z.B. Ableger der Glen-Mills Schools oder das Trainingscamp Lothar Kannenberg.

Es zeigt sich deutlich, dass die Träger in der Jugendhilfe für ihre besonders schwierigen Fälle kein systematisches Unterstützungsangebot haben oder, vielleicht besser ausgedrückt, dass alle Angebote in der Logik und den bisher bereits gescheiterten Strukturen (Systeme) der Jugendhilfe arbeiten und es sich ausnahmslos um Hilfen in stationären Maßnahmen der Kinder- und Jugendhilfe handelt.

2.8 Zwischenfazit

Die Jugend ist ein eigenständiges Lebensalter, welches sich zwischen der Kindheit und dem jungen Erwachsenenalter etabliert hat. Auch wenn aufgrund von differenten Lebensentwürfen und Bewältigungskonzepten nicht von einer homogenen „Jugend" als Lebensalter gesprochen werden kann (vgl. Böhnisch u.a. 2009: 190). Sie ist sozial und kulturell institutionalisiert und orientiert sich an Schule und Ausbildung (vgl. hierzu Winkler 2013: 30). Dem jungen Erwachsenenalter kommt dabei die Funktion einer biografischen Phase zum Nachreifen bei vollen gesellschaftlichen Rechten, allerdings noch nicht allen gesellschaftlichen Pflichten (bspw. ökonomische Selbstversorgung, Reproduktionsarbeit) zu. „Die bisher an die Jugendphase adressierten Lebensbewältigungsaufgaben diffundieren; das [(junge-)] Erwachsenenalter stellt inzwischen eine Lebensphase dar, das von dem „Zwang" nicht befreit ist, für die Jugendphase als typisch angenommene Aufgaben zu bewältigen" (Bock u.a. 2013: 9).

Aus gesellschaftlicher Perspektive leben Jugendliche bis heute in einem Moratorium, auch wenn dieses in seiner Schon- und Schutzfunktion stark erodiert ist. „Möglicherweise verbirgt sich hinter dieser Entwicklung ein später Effekt der Annahme eines Wandels der Jugendphase von einem psycho-sozialen Moratorium zu einem Bildungsmoratorium" (Bock u.a. 2013: 4). Um in das Lebensalter Jugend überzugehen und auch um den Übergang in das nachfolgende Lebensalter zu bewältigen, müssen die Jugendlichen verschiedene Verselbständigungs- und Selbstbestimmungsprozesse durchlaufen. Zur Bewältigung dieser Übergänge können Jugendliche auf verschiedene Handlungsweisen zurückgreifen. Diese können a.) einen positiven integrierenden und damit den Übergang fördernden Charakter, b.) einen risikohaften aber im Moratorium geduldeten Charakter – wodurch keine biografischen Irritationen ausgelöst werden –, aber auch c.) einen gesellschaftlich desintegrierenden Charakter – welcher biografische Irritationen hervorruft – haben.

Jugendliche, die desintegrierende Bewältigungshandlungen nutzen und auf kein ausreichendes privates Sicherungs- und Schutzsystem zurückgreifen können, werden zu Fällen der Kinder – und Jugendhilfe. Wenn auch die als Hilfe gedachte sozialpädagogische Intervention und die damit provozierte (im Oevermannschen-Sinne) Traumatisierungskrise (vgl. Garz/ Raven 2015: 41) desintegrierend bewältigt werden, erfolgt ein Labeling der Jugendlichen durch die Soziale Arbeit als »erziehungsresistent«. Die so gelabelten »systemsprengenden Problemjugendlichen« scheinen kein Interesse daran zu haben, durch die Kinder- und Jugendhilfe gefördert und in die Gesellschaft (re-)integriert zu werden. Die Soziale Arbeit, ihrem gesellschaftlichen Integrationsauftrag folgend, versucht die scheinautonomen Jugendlichen allerdings dennoch in einer öffentlichen Ersatzerziehung zu integrieren. Erziehung unterliegt dabei in „einem interaktiv-asymmetrisches Vermittlungsverhältnis" verschiedenen Paradoxien und Antinomien (vgl. Helsper 2006: 31).

Zur Erziehung der als Problemfälle gelabelten Jugendlichen stehen der Jugendhilfe derzeit drei intensivpädagogische Handlungsfelder zur Verfügung: die intensivpädagogischen Inlandsmaßnahmen (vgl. hierzu Galuske/ Böhle 2010), intensivpädagogische Auslandsmaßnahmen (vgl. hierzu Villányi/ Witte 2011a; auch Brumlik 2008) und geschlossene Unterbringen (vgl. hierzu Winkler 2011).

3 Freiheitsentziehende Maßnahmen in der Kinder- und Jugendhilfe

Im dritten Kapitel wird das Handlungs- und zugleich Forschungsfeld expliziert. Ziel des Kapitels ist eine umfangreiche Aufarbeitung des Wissenstandes zu freiheitsentziehenden Maßnahmen und den Adressat*innen

Nach einem kurzen geschichtlichen Exkurs zur Heimerziehung (Kap. 3.1) fokussiert die Arbeit im Folgenden das Handlungsfeld von Zwang in der öffentlichen Ersatzerziehung anhand von Freiheitsentzug. Im Anschluss (Kap. 3.2) an den Versuch, das Feld exakter zu bestimmen, folgt ein Einblick in den aktuellen Diskurs sowie in die Rahmenbedingungen freiheitsentziehender Maßnahmen. Bei Kap. 3.3 handelt es sich um eine systematisierende Übersichtsarbeit der genutzten empirischen Quellen dieses Kapitels. Die Kapitel zur Bestandsaufnahme von freiheitsentziehenden Maßnahmen (3.4), der Spezifika der Adressat*innen (3.5), den exemplarischen Fallverläufen (3.6) sowie den Wirkfaktoren im Handlungsfeld (3.7) schließen an die Ausführungen der Feldbestimmungen (3.2) an. Das Kapitel endet in einem kurzen Zwischenfazit (3.8).

3.1 Die Geschichte der Heimerziehung

Auch wenn die ersten Heime ihrer Art nicht viel mit Erziehung im heutigen Verständnis zu tun hatten, beginnt die Geschichte der Heimfürsorge bereits in der Antike. So waren in der Antike und vor allem ab dem 9. Jahrhundert die Motive für die Versorgung von jungen hilfebedürftigen Menschen vorwiegend religiös geprägt, da Armut ein Indiz für Verweigerung war oder als Gott gegeben galt. Der Alltag der besonders im Mittelalter in Klöstern aufgenommenen jungen Menschen war daher geprägt durch Zwangsarbeit oder Betteln. Dies blieb bis ins 20. Jahrhundert hinein ein konstituierendes Merkmal von Heimen und Fürsorgeeinrichtung, was im Nebeneffekt den Heimbetrieb kostengünstig gestaltete (vgl. Pankofer 1997: 19ff.).

M. Engelbracht, *Jugendliches Alltagsleben in freiheitsentziehenden Maßnahmen*, Kasseler Edition Soziale Arbeit 16, https://doi.org/10.1007/978-3-658-23843-8_3

Die religiöse Orientierung der Jugendfürsorge ist auch im 17. Jahrhundert weiter inhärent. Das von August Hermann Francke gegründete „Hallische Waisenhaus“ greift die Idee einer planvollen Erziehung durch religiöse Unterweisung und Arbeit auf. Ziel war es, die Seelen der jungen Menschen zu retten und sie auf den rechten Weg zu führen (vgl. ebd.).

Im 18. Jahrhundert, mit Beginn der Industrialisierung und den damit einhergehenden gesellschaftlichen Veränderungen, wandelt sich das Waisenhausprinzip. Auch wenn weiterhin viele Einrichtungen, die junge Menschen aufnehmen, in kirchlicher Trägerschaft sind, entstehen in den Waisenhäusern mehr und mehr Produktionsstätten, in denen die kindliche Arbeitskraft aus monetären Gründen eingesetzt wird (vgl. ebd.). Als eine Art Gegenbewegung etablierten sich ab Mitte des 18. Jahrhunderts erste Gedanken über Erziehungskonzepte, die sich auf humanistische Ideen berufen und zum Ziel haben, den (armen) Menschen zu helfen. Der bedeutendste Vertreter der Waisenhauserziehung zu dieser Zeit war Johann Heinrich Pestalozzi, der zwei Erziehungsanstalten (Neuhof und Stans) gründete, in denen er seine pädagogischen Prinzipien entwickelte (vgl. Thole u.a. 1998: 37ff.).

Mit Fortschreiten der Industrialisierung und in Folge der napoleonischen Kriegswirren im 19. Jahrhundert gewann die Problematik der Verarmung und Verelendung, insbesondere in städtischen proletarischen Familien, zunehmend an Bedeutung. Infolge des nun von den Waisen und bettelnden Kindern abweichenden Fokus des Staates auf die Versorgung der proletarischen Familien nimmt sich die „Rettungshausbewegung“ der Not der von Verelendung betroffenen Kinder an. „Die Rettungshausbewegung ist jedoch keine in sich homogene Bewegung, sondern hier vereinen sich verschiedene und in der pädagogischen Ausrichtung deutlich unterschiedliche Ansätze [...] Bei [Johannes Daniel] Falk zeigt sich eine erste kritische und eine sich auf psychologisches Wissen aufbauende Betrachtung von Freiheitsbeschränkung bei Kindern und Jugendlichen [...] Im Gegensatz dazu sieht [Adalbert] von der Recke [-Volmerstein], der als Begründer der geschlossenen Unterbringung gilt, im Einschluss das notwendige Mittel im Umgang mit ‚verwahrlosten‘ Mädchen und Jungen. [Johann Hinrich] Wichern hingegen betont den Aspekt der Freiwilligkeit als basales Element für gelingende Erziehung“ (Pankofer 1997: 27, Einschübe M.E.).

In den Zeiten der Weimarer Republik (1918-1933) erfolgte ein entscheidender Wandel innerhalb der öffentlichen Ersatzerziehung, indem Kinder und Jugendliche ein Recht auf Erziehung erhalten. Ein Wandel, der entscheidend von Gertrud Bäumer – geprägt von ihrer Zeit als Mitarbeiterin bei Herman Nohl – vorangetrieben wurde (vgl. hierzu Buchkremer 2009: 78; Thole u.a. 1998: 149). Aufgrund der Kriegsfolgen des ersten Weltkriegs entwickelt sich ein System der Ersatzerziehung. Um einen Zusammenbruchs dieses Systems zu verhindern, werden die Voraussetzungen geschaffen, damit am 01.04.1924 das Reichsjugendwohlfahrtsgesetz (offiziell: Reichsgesetz für Jugendwohlfahrt/ RJWG) in Kraft treten kann (vgl. Pankofer 1997: 36ff.). Auch mit beginnender Humanisierung einiger weniger »Erziehungsheime« änderte sich aufgrund von fehlenden finanziellen Mittel kaum etwas am Lebensalltag der Kinder und Jugendlichen, die schlecht versorgt, misshandelt und als Arbeitskraft ausgebeutet wurden (vgl. ebd.).

In der Zeit des Nationalsozialismus orientiert sich die Kinder- und Jugendfürsorge am völkischen Gedankengut. „Biologistische und sozialdarwinistische Theorien und Ansätze genetischer Determination werden als Begründung für die Notwendigkeit einer »Säuberung« von »asozialen« Elementen angeführt (vgl. ebd.: 39f.).

Nach der Niederlage des faschistischen Nazideutschlands im zweiten Weltkrieg knüpft die Jugendfürsorge an die Konzepte der 20er Jahre des 19. Jahrhunderts an, ohne den pervertierten Missbrauch des Unerziehbarkeitsgedankens zu hinterfragen. Die massiven sozialen Probleme und die große Masse an heimat-, elternlosen und geflohenen Kindern stellten die Fürsorge dabei vor große Herausforderungen.

Bis in die 1950er Jahre hinein bleiben die rigiden und geschlossenen Fürsorgeheime mit Großgruppen, in denen die Arbeitskraft von Kinder und Jugendliche systematisch ausgebeutet wird und Misshandlungen an der Tagesordnung stehen, übliches Strukturmerkmal der Jugendhilfe.

Beschränkt auf westdeutsche Bundesländer und erst in Folge der Heimkampagne, welche sich aus der Student*innenbewegung 1968/69 und nicht aufgrund fachlicher Diskurse entwickelt hat, gelang es, für Kinder und Jugendliche in staatlichen Fürsorgeanstalten eine Verbesserung ihrer Lebensumstände zu erreichen. Die Heimkampagne nahm ihren Ausgang im Jugendheim Staffelberg in Hessen. Zunächst beschränkte sich die Kampagne darauf, die skandalösen und inzwischen auch rechtlich nicht länger haltbaren Bedingungen, in denen die Kinder und Jugendlichen leben mussten, über Flugblätter anzuprangern. Nach einer Vollversammlung im Jugendheim, in der es um die Lebensbedingungen der Jugendlichen ging und Forderungen aufgestellt und nicht erfüllt wurden, verließen einige Jugendliche das Heim. In den folgenden Wochen summierte sich die Zahl der Jugendlichen, die flohen, auf ca. 70, was etwa die Hälfte der normalen Belegung ausgemacht hat. Die Geflohenen kamen zunächst in Wohngemeinschaften unter, was zu teilweise chaotischen Umständen führte. Das aktionistische Vorgehen scheiterte in Folge dessen konnte eine Einigung mit der Stadt Frankfurt erzielt werden, so dass die Jugendlichen in Wohnungen und nicht im Wohnheim untergekommen sind. Die an die Kampagne anschließende Entwicklung von Alternativen zur Heimunterbringung von Kindern und Jugendlichen wurde maßgeblich durch Klaus Mollenhauer geprägt, der als Gutachter für das Land sowie den Landeswohlfahrtsverband Hessen fungierte und für die Erprobung von Alternativen zur punitiven Heimerziehung votierte (vgl. Köhler-Saretzki 2008: 20ff.).

Für die DDR ist festzustellen, dass die Geschichte der stationären Erziehungshilfe, Kinder- und Jugendhilfe und Jugendwerkhöfe kaum aufgearbeitet wurde. Grundlage dieser staatlichen Erziehung war eine der DDR Staatsdoktrinen:

„Vorrangige Aufgabe bei der Gestaltung der entwickelten sozialistischen Gesellschaft ist es, alle jungen Menschen zu Staatsbürgern zu erziehen, die den Ideen des Sozialismus treu ergeben sind, als Patrioten und Internationalisten denken und handeln, den Sozialismus stärken und gegen alle Feinde zuverlässig schützen" (§1 (1) I Jugendgesetz der DDR).

Jugendliche, die durch Äußerungen auffällig wurden, welche ihren patriotischen Pflichten entgegenstanden, wurden in aller Regel in Umerziehungsheimen interniert. Innerhalb der DDR existierten zwei Arten von Fürsorgeanstalten. Auf der einen Seite waren dies die Waisenhäuser, in denen Kinder und Jugendliche erzogen werden sollten, welche, auch kriegsbedingt, Waisen waren oder die nicht »selbst verschuldet« in Not geraten waren. Auf der anderen Seite standen die zentral gesteuerten Umerziehungsheime und Jugendwerkhöfe, in denen »renitente Jugendliche« systematisch misshandelt und kritische Stimmen unterdrückt wurden (vgl. hierzu IGfH 2013a: 32ff.; auch Laudien 2015). Das offiziell einzige geschlossene Jugendheim in der DDR war der Jugendwerkhof Torgau mit ca. 60 Plätzen in dem über die gesamte Zeit des Bestehens der Institution zu Menschen unwürdigen Misshandlungen und Verbrechen gekommen ist (vgl. hierzu Jugendwerkhof Torgau 2015), die bis heute kaum aufgearbeitet wurden (vgl. hierzu Braun 2013).

Erst in Folge der Heimkampagne und der mit ihr angestoßen fachlichen Diskussion über alternative Erziehungsmodelle auf der einen Seite, aber auch menschenwürdige Lebensumstände auf der anderen Seite, entwickelte sich die moderne Jugendhilfe und Heimerziehung, welche im SGB VIII Kinder- und Jugendhilfe 1990/91 ihre rechtliche Implementierung fand und als Meilenstein einer modernen Kinder- und Jugendhilfe gesehen werden kann.

Im 21. Jahrhundert ist die Erziehung von Kindern und Jugendlichen in stationären Einrichtungen (Heimen) nur noch eine von vielen möglichen Hilfen der Sozialen Arbeit. Innerhalb der Heimerziehung wurden zentrale Forderungen aus der Heimkampagne der Student*innenbewegung, wie Anerkennung allgemeiner Rechte von Kindern und Jugendlichen, gewaltfreie Erziehung, kleinere Gruppen, dezentrale Unterbringung, Differenzierung von Unterbringungsarten, Schul- und Ausbildungsmöglichkeiten, Fachkräftegebot, Elternarbeit, umgesetzt, so dass die punitive und geschlossene Heimunterbringung zu Beginn der Bundesrepublik und der DDR nicht mehr mit den modernen stationären Unterbringungen vergleichbar sind (vgl. hierzu Köhler-Saretzki 2008). Kunstreich (2001) beschreibt die Entwicklung in der stationären Kinder- und Jugendhilfe als Dezentralisierung, Entformalisierung, Entspezialisierung, Individualisierung sowie eine Entwicklung der Wohngruppen hin zu einer lebensweltorientierten Jugendhilfe.

Für die Zukunft ist, so Matthias Hamberger eine Prognose der Heimerziehung kaum möglich. Er vergleicht das Feld mit einem „bunten und reichhaltigen Markt- und Gemüsestand. Heimerziehung, das sind vielfältigste Konzepte und Arrangements, die sich aus unterschiedlichen Überzeugungen, pädagogischen Vorstellungen und gesellschaftlichen Erfordernissen heraus entwickelt haben: Kleinsteinrichtungen in familienähnlicher Zusammensetzung, Außenwohngruppen für ältere Jugendliche, Gruppen mit intensivpädagogischen Betreuungsabsichten, betreutes Einzelwohnen, »Bude mit Bett, aber wenig Betreuung«, flexible Hilfen in offener oder geschlossener Form im In- und manchmal auch im Ausland, Erziehungsstellen, stark behandlungs- und therapieorientierte Spezialgruppen, Jugendwohngemeinschaften, heilpädagogische Einrichtungen mit »Pferd und Hund«, Verselbständigungsgruppen, Innenwohngruppen in einer Komplexeinrichtung mit oder ohne Beschulung oder Berufsausbildungsmöglichkeiten etc. »Die« Heimerziehung gibt es also nicht“ (2014: 231). Außerdem zeigt sich, dass trotz der vielfältigen Hilfemöglichkeiten und entgegen den ursprünglichen Erwartungen, die Heimerziehung heute nicht an Bedeutung verloren hat und weiterhin einen wichtigen Teil der Kinder- und Jugendhilfe darstellt (vgl. ebd.: 233).

Festzuhalten bleibt, dass die Heimerziehung die Ursprungsform der Jugendfürsorge ist und sie heute eine von vielen Unterstützungsmöglichkeiten für junge Menschen in Deutschland darstellt, welche nach dem Sozialgesetzbuch VIII Kinder- und Jugendhilfe aus öffentlichen Mitteln finanziert werden. Die öffentlichen und freien Träger der Jugendwohlfahrt unterhalten die Jugendheime, also stationäre Jugendwohngruppen, welche sich über die Tagessätze, die von den fallverantwortlichen Jugendämtern ausgezahlt werden, finanzieren. Ausnahmen hiervon bilden Sondervereinbarungen für festgelegte Platzkontingente, die von den Jugendheimen etwa für Inobhutnahmen oder zur U-Haftvermeidung vorgehalten werden und so von den Landesjugendämtern reserviert werden können, um im Notfall sofort auf einen Platz zugreifen zu können.

3.2 Von der geschlossenen Unterbringung zu freiheitsentziehenden Maßnahmen

Wie der fachliche Diskurs über freiheitsentziehende Maßnahmen in der Kinder- und Jugendhilfe zeigt, scheint es zunächst einen Konsens zu geben, was eigentlich „Freiheitsentzug“ ist, wenn auch über das Für und Wider, Pro und Contra, Sinn und Unsinn sowie vermeintliche positive wie negative Wirkmächtigkeiten gestritten wird. Grundlegend für die Definition der Maßnahmen ist auch heute noch die Bestimmung durch die Bundesarbeitsgemeinschaft der Landesjugendämter von 1982, welche von Wolffersdorff u.a. (1996) sowie Trenczek (1994) forciert wurde.

> „Eine geschlossene Unterbringung ist dadurch gekennzeichnet, daß besondere Eingrenzungs- und Abschließvorrichtungen oder andere Sicherungsmaßnahmen vorhanden sind, um ein Entweichen, also ein unerlaubtes Verlassen des abgeschlossenen oder gesicherten Bereiches zu erschweren oder zu verhindern und die Anwesenheit des Jugendlichen für die notwendige pädagogisch-therapeutische Arbeit mit ihm sicherzustellen“ (in Wolffersdorff u.a. 1996: 21).

Nach Reinhard Wiesner (1998) handelt es sich aus juristischer Perspektive um eine freiheitsentziehende Maßnahme, wenn das „Kind oder der Jugendliche auf einem bestimmten Raum festgehalten, sein Aufenthalt ständig überwacht und die Aufnahme von Kontakten mit Personen außerhalb des Raumes durch Sicherungsmaßnahmen verhindert wird“ (Wiesner 1998 zit. n. Lindenberg 2011: 557). Entsprechend des § 415 FamFG ist von Freiheitsentzug zu sprechen, „wenn einer Person gegen ihren Willen oder im Zustand der Willenlosigkeit insbesondere in einer abgeschlossenen Einrichtung, […], die Freiheit entzogen wird“.

Diese ziemlich klaren Definitionen von geschlossener Unterbringung bilden den Ausgangspunkt für die nähere Bestimmung des Handlungsfelds, da sie augenscheinlich so ziemlich die einzigen unstrittigen Konstanten im Feld sind.

Eine Bestimmung von Maßnahmen ist auf dieser Grundlage zunächst leicht möglich. Sie umfasst alle Einrichtungen, die beispielsweise durch bauliche Maßnahmen, wie nicht zu öffnende Fenster, Türen mit Schleusenfunktion, abgegrenzte Außenbereiche, und einer stark eingeschränkten und auf die Wohngruppe beschränkte Bewegungsfreiheit der Jugendlichen, einen dadurch konzeptionell verbindlichen »pädagogischen« Ort konstruieren. Verstärkt wird diese erzwungene Konfrontation mit Pädagogik in einigen Fällen durch die juristische Möglichkeit, Jugendarrest oder U-Haft durch eine solche vermeintlich »sichere« Maßnahme zu vermeiden, dies allerdings nur unter der Auflage, sich der Maßnahme zu fügen. Anderenfalls droht die ursprüngliche Strafe bzw. Sicherung wieder an die Stelle der Jugendhilfe zu treten. Diese zweite Ebene der Definition des Forschungsfeldes zielt auf die Verbindlichkeit und damit auf den strukturellen Zwang in den jeweiligen Jugendhilfemaßnahmen ab. Die Formel ist einfach, je größer der Zwang, umso eher handelt es sich um eine geschlossene Unterbringung.

Weitere Jugendhilfemaßnahmen, die mitunter einen hohen Grad an strukturellem Zwang für sich nutzen und bei denen besondere konzeptionelle Eingrenzungsmaßnahmen bestehen, die zumindest das Entfernen aus der Maßnahme erschweren und die Jugendliche in eine pädagogische Konfrontation zwingen, werden im fachlichen Diskurs unter individualpädagogische (Auslands-)Maßnahmen verhandelt. Auch wenn weder Schiff- noch Reiseprojekte aktuell angeboten werden (vgl. Wendelin 2011), so ermöglicht doch bei Standortprojekten „die natürliche und kulturelle Entbettung die Realisierung von Betreuungsformen, die als funktionales Äquivalent faktischer Geschlossenheit verstanden werden können" (Witte 2009: 32).

In ähnlicher Weise äußern sich Mollenhauer und Uhlendorff (1992) über zwei Auslandsstandortprojekte, an Hand derer eine „Sozialpädagogische Diagnostik" entwickelt wurde:

> „Es lässt sich nicht leugnen, eine Art von kaschierter geschlossener Unterbringung: das kulturelle Umfeld war sprachlich fremd, die passablen Überlebenschancen außerhalb der Kleinst-Kolonie mußten den Jugendlichen gering erscheinen, die Wege nach Deutschland waren zu weit und zu aufwendig… Überdies versprach die dichte Betreuung über 24 Stunden des Tages hinweg durch die immer gleichen Bezugspersonen Sicherheit, Zuverlässigkeit, Beziehungsdichte. Außerdem war der Tagesablauf durch die materiellen Herausforderungen durchsichtig und überzeugend strukturiert" (Mollenhauer/ Uhlendorff 1992: 15).

Die faktische Geschlossenheit von Auslandssettings beschreibt auch Michael Winkler: „die Kolonie im finnischen Kuttula erlaubt ebenso wenig eine Flucht wie eine mehrwöchige Fahrt auf einem Segelschoner" (Winkler 2003: 229) oder eine durch Abschluss und Einschluss gekennzeichnete Einrichtung in Deutschland. „Viele der einschlägigen Intensivmaßnahmen zeigen mehr Züge an Geschlossenheit als dies in den ausdrücklich so bezeichneten Einrichtungen der Fall ist (Winkler 2005: 200). „Ehrlich gibt sich nur die gefängnisähnliche Einrichtung, während die Unterbringung in einem fremden Land ohne Rückkehrmöglichkeiten oder erlebnispädagogische Unternehmung nur täuschen" (Winkler 2003: 229).

Praxistauglich ist diese theoretische Analyse allerdings nur bedingt: Hoops/ Permien fanden zwischen der alten Polarität von offenen und geschlossenen Maßnahmen gleich ein ganzes Kontinuum, „die von »offen« über »offen mit Freiheitsbeschränkung«, »offen, aber mit Time-Out-Raum«, »geografisch geschlossen«, »zu bestimmten Tageszeiten geschlossen«, »fakultativ (für bestimmte Jugendliche und zu bestimmten Zeiten) geschlossen« bis hin zu »teilgeschlossen« reichen" (2006: 28). In ähnlicher Weise verhält es sich auch mit den Auslandsmaßnahmen, auch wenn diese noch nicht so systematisch aufgearbeitet wurden. Es zeigt sich bereits mit einem Blick in die Konzepte der verschiedenen Träger, wie unterschiedlich mit straffen Tagesstrukturen oder formellen Betreuungszusammenhängen gearbeitet wird. In seiner Dissertation greift Wendelin dies 2011 wie folgt auf:

> „Auch die konzeptionellen Formulierungen einiger Träger hinsichtlich der Vermeidungs- und Distanzeffekte lassen darauf schließen, dass ihre Auslandshilfen durchaus mit der Idee der Geschlossenheit operieren. Auslandshilfen sind demnach in einer schwierigen Situation hinsichtlich der ‚Geschlossenheit': Sie bieten sich als Alternative zu FM an, argumentieren konzeptionell mit unausweichlichen Settings und stellen gleichzeitig heraus, dass sie keine FM sind und als solche auch nicht wahrgenommen werden wollen" (: 347).

Wendelin (2011: 348f.) weist kurz darauf auf zwei markante konzeptionelle Unterschiede zwischen individualpädagogischen Auslandsmaßnahmen und geschlossenen Unterbringungen hin. Es gibt keine Auslandsmaßnahme, die Einschluss methodisch als Erziehungsmittel (Stufenpläne, Isolations- oder Time-Out-Räume) nutzt, sondern lediglich unter strukturell/konzeptionellen Bedingungen (Kultur, Meer, Mauer, Türschleuse). Allerdings würde niemand ernsthaft die Ansicht vertreten, wenn geschlossene Unterbringungen auf Stufenpläne und Isolationsräume verzichten, wären sie keine freiheitsentziehenden Maßnahmen mehr und der Einschluss könnte folglich ohne Gerichtsbeschluss stattfinden. Vielmehr gilt es die Heterogenität des Feldes, sowohl was die Auslandsmaßnahmen (vgl. Wendelin 2011: 340) als auch die Inlandsmaßnahmen (vgl. Hoops/ Permien 2006: 28) angeht, zu berücksichtigen und freiheitsentziehende Maßnahmen anhand des strukturell/konzeptionellen Zwanges zu definieren. In der „Einführung in die Sozialpädagogik" sprich Klaus Mollenhauer bereits/ noch von einem Grad der Geschlossenheit [respektive Zwang (vgl. hierzu Bjk 1982: 7)], welche an den Bedarf der Jugendlichen anzupassen sei (vgl. Mollenhauer 2001: 165).

Freiheitsentziehende Maßnahmen subsumieren in diesem Sinne alle Hilfen der Kinder- und Jugendhilfe, die über strukturelle und konzeptionelle Zwänge die Bewegungsfreiheit der Adressat*innen für einen signifikanten Zeitraum einschränken.

Als Gradmesser ist dabei immer von der subjektiven Wahrnehmung der Jugendlichen auszugehen. Indikatoren können Faktoren wie Partizipation am Hilfeprozess, Strukturierung des Tagesablaufes, Sanktionsmechanismen, die Bewegungsfreiheit bzw. das schrittweise Erlangen selbiger, kulturelle Barrieren, die Möglichkeit, die Maßnahme auf eigenen Wunsch hin zu beenden, Konsequenzen und Strafen, die aus dem Abbruch einer Maßnahme entstehen bzw. ein richterlicher Beschluss zur Unterbringung oder als (Verfahrenseinstellungs-) Auflage sein.

Ob es sich bei einer Maßnahme um eine freiheitsentziehende Unterbringung handelt oder nicht, lässt sich nicht ausschließlich anhand von Konzepten oder äußeren Indikatoren festlegen. So wurden in der Vergangenheit verschiedene Ein richtungen aufgrund von Misshandlungsvorwürfen behördlich geschlossen, auch wenn sich in ihren Konzeptionen keine Bezüge zu Zwangsmitteln, Einschluss oder Geschlossenheit finden lassen. Dennoch werden sie aber in der Fachdiskussion als »geschlossene Unterbringungen« verhandelt und in Form eines »Beweismittels« angeführt. Welche Unterbringungsform gilt also als freiheitsentziehend?

1.) Eine Heimgruppe, wie sie Schwabe u.a. beschreiben, in der es in der Einrichtungskultur en vogue ist, die Adressaten, wenn sie sich trotz guten Zuredens verweigern, eine Aufgabe zu erledigen, von mehreren Fachkräften über körperlichen Zwang auf den Boden gelegt werden oder der Arm umgedreht wird, bis sie sich unterwerfen und ihr Amt verrichten, also z.B. den Boden fegen, auf den sie gerade gedrückt wurden? (vgl. hierzu 2006c: 17) bzw. der Körper „gegen den Willen des Kindes z.B. zur Durchsetzung der Beschulung“ transportiert wird (2006a: 16).

2.) Eine geschlossene Unterbringung, in der die Adressatin, nachdem sie sich den gesamten Tag über verweigert hat, schreit, gegen die Wände schlägt, ihre privaten Gegenstände zerstört und sich mit Plastikscherben beginnt selber zu verletzen und in der Nacht in einen Time-Out Raum begleitet wird mit der Begründung, dass sie sich in ihrem Zimmer nicht beruhigt und sich mit den versteckten Splittern immer wieder selbst verletzt? Dabei erfolgt das Begleiten in den Time-Out Raum mit einer leichten Berührung an einer Schulter. Die Machtquelle hier war eine massive Überlegenheit der Pädagog*innen, die alle Kolleg*innen der gesamten Einrichtung zusammengerufen hatten (vgl. P 2.3; Vignette 2 Sonnenbörde).

3.) Ist es die Einrichtung in Kirgistan, in der Jugendliche und Pflegeeltern keine gemeinsame Sprache haben (vgl. Wendelin 2011: 24f.), die Beschulung, wenn überhaupt, über eine Fernschule stattfindet und die Adressat*innen auf dem Bauernhof als Arbeitskraft eingesetzt werden (vgl. Fischer/ Ziegenspeck 2009: 198f.)?

Oder 4.) die Auslandsmaßnahme, in der die Jugendlichen sich auf einer Insel frei bewegen können, einen strikte Tagesstruktur haben, die örtliche Ganztagsschule besuchen müssen und fast die gesamte Zeit in die schulische Bildung investiert wird und Regelverstöße restriktiv gehandhabt werden?

Diese vier Schlaglichter sollen veranschaulichen, wie breit sich das Feld von freiheitsentziehenden Maßnahmen heute fächert und warum eine exakte Definition kaum sinnvoll ist. Es wird deutlich, dass der Zwang in den Einrichtungen sowohl auf struktureller Ebene, aber eben auch auf Verfahrensweisen beruhen kann, was in der aktuellen Fachdiskussion, insbesondere über den Begriff von „Freiheitsentzug“, zu berücksichtigen ist.

Auch wenn diese Facetten der freiheitsentziehenden Maßnahmen, auch insbesondere ihrer historischen Wurzeln, als Gegensätze nicht zusammen gedacht werden dürfen, bedeutet dies dennoch in aller Konsequenz, dass die Kinder- und Jugendhilfe sowohl in Deutschland als auch im Ausland methodisch und konzeptionell mit Freiheitsentzug arbeitet. Insofern muss auch die Diskussion um Freiheitsentzug in der Kinder- und Jugendhilfe um diese Perspektive erweitert werden. Ansonsten läuft sie Gefahr, nicht nur die Kontrolle über die Maßnahmen, sondern auch die Verantwortung für die Kinder und Jugendlichen in ihrer Obhut, in dieser, fachlich wenig beachteten, Grauzone zu verlieren.

3.2.1 Geschlossene Unterbringung: Stationen des Diskurses

Zu jeder Zeit hat es in Deutschland Kinder und Jugendliche gegeben, die freiheitsentziehend untergebracht wurden. Spätestens aber seit Anfang der 1960er Jahre wird kontrovers und zumeist ideologisch über freiheitsentziehende Maßnahmen und damit Zwang in Erziehung gestritten (vgl. Bjk 1982: 7). Die Diskussion wird unter dem Label „Zwang in öffentlicher Erziehung“ (vgl. hierzu Widersprüche 2007 Heft 106) geführt. Woran der Diskurs zu den Überlegungen über Antinomien in Erziehung, insbesondere zum Spannungsfeld von Freiheit/Autonomie und Zwang anschließt.

Hoops und Permien (2006: 119ff.) identifizieren drei Lager innerhalb des fachlichen Diskurses, welcher inzwischen vermehrt auf empirischer Basis und weniger auf ideologischen Überlegungen geführt wird. Im ersten Lager sind die Befürworter*innen von Zwang in Erziehung, im zweiten die strikten Gegner*innen zu finden, während sich jüngst im dritten Lager eine Fraktion von „skeptischen Befürworter*innen“ an der Debatte beteiligen. Während das Pro-Lager mit „realen Erziehungsprozessen“ aus der Praxis argumentiert und anhand von Bespielen bekräftigen, dass Zwang zur Erziehung dazu gehört (Schwabe u.a. 2006c; Schwabe 2009) oder aber eben auch trotz oder gerade wegen der strukturellen Ebene von Zwang in Freiheitsentzug pädagogische Arbeit ermöglicht wird (Pankofer 1997; 2006), führt das Contra-Lager eine aufgeklärte humanistische Perspektive in die Debatte ein, welche gar nicht die Existenz von Zwang in Erziehung leugnet, allerdings durchaus die Formen von Zwang ebenso wie den expliziten Nutzen hinterfragt (May/ May 2007; Ziegler 2009; IGfH 2013a/b), aber auch wie Helga Cremer-Schäfer Zwang aus einer Dualität von Strafe und Disziplin begreifen und daher grundsätzlich jegliche Form von Strafe, Disziplinierung und eben auch Zwang in

Erziehung brandmarken und insbesondere „körperlich gestützten Zwang“ als eine Missachtung der Adressat*innen begreifen (May/ May 2007). Das Contra-Lager engagiert sich vehement dafür, freiheitsentziehende Maßnahmen grundsätzlich abzuschaffen, wie die von 2.723 Personen unterzeichnete Petition der IGfH (2013b) sowie eine Erklärung von zehn Kasseler Wissenschaflter*innen (vgl. Pflüger-Scherb 2012) zur Eröffnung einer neunen geschlossenen Unterbringung verdeutlicht.

Das Skepsis-Lager sieht die Antinomie von Freiheit und Zwang. Erziehung ist nicht ohne Zwang möglich (vgl. Wolf 2008: 93), da Erziehung nur in asymmetrischen Beziehungen mit einem Machtüberhang zu Gunsten der Erziehenden stattfindet, aus denen Machtdifferenzen entstehen. „Der eine ist – zumindest in einer Dimension – vom anderen abhängiger als dieser von ihm. Grundsätzlich kann jedes Bedürfnis, zu dessen Befriedung ein Mensch auf einen anderen angewiesen ist – und da kommen bekanntlich einige in Frage – und außerdem alle Formen von Unbehagen, zu deren Vermeidung oder Abmilderung der eine auf den anderen angewiesen ist, zu einer Machtquelle werden, d.h. Abhängigkeiten hervorbringen“ (Wolf 2008: 94).

Macht ist daher durchaus in der Lage, die Autonomie und die Handlungsoptionen anderer Personen zu beschränken. Allerdings muss in stabilen Machtverhältnissen keineswegs ständig mit dem Einsatz der Machtquellen oder -mittel gedroht oder diese immer wieder exekutiert werden. Wenn alle Akteur*innen um die Machtquellen wissen und sie kontinuierlich fühlen, dann sind Machtproben unwahrscheinlich (vgl. Wolf 2008: 95).

Für die Heimerziehung macht Wolf insgesamt sieben Machtquellen aus, die wechselseitig zwischen Fachkräften und Jugendlichen existieren (materielle Versorgung; Zuwendung und deren Entzug; Sinnkonstruktionen und deren Entzug; Orientierungsmittel; körperliche Stärke; staatliche Legitimation sowie gesellschaftliche Deutungsmuster vgl. ebd. 1999: 139ff.). Wobei er ebenso festhält, dass sich Machtquellen nicht zwingend addieren lassen. Wirkt in einer Jugendgruppe verstärkt eine Machtquelle, so reduziert sich dadurch eine andere (vgl. ebd. 2008: 106). Setzen Fachkräfte verstärkt auf die Quelle ihrer körperlichen Überlegenheit, kann sich dadurch die vertrauensvolle Beziehung zu den Jugendlichen als Machtquelle reduzieren. Lassen sich die Pädagog*innen, in entsprechenden Situationen, auf Machtkämpfe ein, um ihre Entscheidungshoheit unter Beweis zu stellen, laufen sie auch immer Gefahr, den Machtkampf zu verlieren, sollten sich die Jugendlichen nicht unterordnen. Die damit wachsende Autonomie der Jugendlichen wiederum schränkt die Handlungsfähigkeit der Fachkräfte massiv ein, welche – in der Logik der Kinder- und Jugendhilfe – durch Sanktionen wiederhergestellt werden muss und denen sich die Jugendlichen unterzuordnen haben.

In freiheitsentziehenden Maßnahmen haben die Fachkräfte neben den sieben von Wolf für herkömmliche Wohngruppe ausgearbeiteten Machtquellen noch eine weitere Quelle auf der konzeptionellen/strukturellen Ebene, nämlich den Freiheitsentzug an sich.

Wolf resümiert in Bezug auf die Nutzung von Zwang und Machtquellen, dass „gerade weil die pädagogischen Beziehungen strukturell asymmetrisch sind und eine Machtüberhang der Erziehenden unverzichtbar ist, damit Erziehung gelingen kann, sind die Anforderungen an die Legitimation [von Zwang] so hoch“ (ebd.: 107, Einschub M.E.).

Als Kritik eben an diese Macht und Zwang in freiheitsentziehenden Maßnahmen werden, maßgeblich die Argumente vorgebracht, a.) dass Erziehung nur in Freiheit möglich ist, b.) geschlossene Unterbringen Erfüllungsgehilfinnen einer auf vermehrte soziale Kontrolle abzielenden Politik ist, c.) ihre pure Existenz eine progressive Kinder- und Jugendhilfe verhindert und damit c.) einer reinen Organisationslogik folgt (vgl. IGfH 2013a: 66ff.). Während die Beführworter*innen der Maßnahmen dahingehend argumentieren, dass nur erzogen werden kann, wer anwesend ist, antiquierte Erziehungsmittel nicht mehr genutzt werden und sich die Maßnahmen nicht als letztes Mittel, also als »Ultima- Ratio« verstehen (vgl. hierzu AK GU14+ 2015).

Dass die verschiedenen Akteur*innen innerhalb der Debatte nicht nur vollkommen unterschiedliche »Bilder« von Zwang in Erziehung, aber eben auch von freiheitsentziehenden Maßnahmen haben, sondern diese auch kommunizieren, wird in den unterschiedlichen Positionierungen und den zur Veranschaulichung herangezogenen Beispielen deutlich. Auch wenn bislang nicht festzustellen ist, was eigentlich freiheitsentziehende Maßnahmen sind und wie insbesondere ihr Alltag aussehen kann, lassen sich aber zumindest auf theoretischer Ebene verschiedene Formen von Zwang, welche in Erziehung genutzt werden, explizieren.

Carsten Höhler (2009) arbeitet dazu drei Arten von körpergestütztem Zwang aus. Unter körpergestütztem Zwang fällt jegliche Form von Einwirkungen über körperliche Überlegenheit auf Kinder und Jugendliche wie festhalten, tragen, wegziehen o.ä. Die erste Art von körperlichem Zwang ist institutionell legitimiert und basiert auf einer einrichtungsinternen Anerkennung, sie ist offen und transparent und wird verbindlich reflektiert. Die zweite Art ist Zwang zum Schutz von Kindern und Jugendlichen, durch die also konkrete Gefahren abgewendet werden können und sollen. Die dritte Form des körperlichen Zwangs bezeichnet den willkürlichen Einsatz, wenn beispielsweise Pädagog*innen in konflikträchtigen Situationen oder aus einer Überforderung heraus Zwang einsetzen. Während die ersten beiden Arten noch pädagogisch legitimierbar sind, ist die letzte Form weder pädagogisch noch juristisch akzeptabel.

Neben dem körperlichen Zwang beschreibt Höhler den Zwang über den Entzug oder die Beschränkung der Freiheit. Dies bezieht sich sowohl auf freiheitsentziehende Maßnahmen als auch auf Time-Out Räume. Als dritte Art wird der Zwang durch den Entzug von Zuwendungen beschrieben. Der Zwang durch Ausschluss oder Abschiebung bzw. die Androhung davon ist ein gängiges pädagogisches Sanktionsmittel, welches nicht nur in der Jugendhilfe, sondern auch in Schulen Anwendung findet. Der durch Gruppendruck aufgebaute Zwang kann etwa durch Androhung von Kollektivstrafen erzeugt werden oder aber durch Bündnisse mit in einer, in der Gruppenhierarchie ranghöheren, Jugendlichen erzeugt werden. Die letzte Form von Zwangselementen in der Heimerziehung ist die Nutzung von Privilegiensystemen wie Stufen- oder Verstärkerplänen, mit denen Boni oder Freiheiten zugestanden oder aberkannt werden können (vgl. ebd.).

Abgesehen von den pädagogischen Argumenten werden auch immer wieder juristische Argumente bemüht. „Ungeachtet dessen [der zukünftigen Rechtsentwicklung] sprechen auch jetzt schon verfassungsrechtliche Prinzipien und Grundwerte unserer freiheitlich-demokratischen Grundordnung gegen die Rechtmäßigkeit Geschlossener Unterbringungen in der Jugendhilfe" (IGfH 2013a: 73). Juristisch wird auf die vermeintlich fehlende Legitimation von freiheitsentziehenden Maßnahmen durch die UN-Kinderrechtskonvention, den Grund- und Menschenrechten argumentiert, die im Grundgesetz verankert sind, darauf verwiesen, dass geschlossene Unterbringung dem Gedanken des SGB VIII widersprechen, die Verhältnismäßigkeit der Mittel nicht gewahrt werden oder der Verfassungsrang der Elternrechte durch den Eingriff verletzt werden würde (vgl. IGfH 2013a: 73ff.). Ungeachtet der juristischen Argumentationen der Gegner*innen von geschlossenen Unterbringungen wird jede durchgeführte Unterbringung heute von einem Familiengericht genehmigt und trotz verschiedener Versuche wurde diese Praxis auch von den obersten Gerichtshöfen des Bundes ebenso wie der Verfassungsgerichtsbarkeit bislang als rechtens befunden.

Die Diskussion um Zwang in der Kinder- und Jugendhilfe hält bis heute an, wird allerdings inzwischen wesentlich unaufgeregter geführt als es noch vor einigen Jahren der Fall war, was vielleicht auch daran liegen mag, dass sich das System Kinder- und Jugendhilfe nach der Heimkampagne etablieren konnte und kaum jemand davon ausgeht, dass wieder ein Rückfall in längst vergangene punitive Zeiten droht. Ein Indiz für diese neue Diskussionskultur mag auch die Vielzahl von Qualifikationsarbeiten sein, die in den vergangenen Jahren zum Thema entstanden sind. Ein anderes Indiz für den Wandel der Debattenkultur zusammen mit einer stärkeren empirischen Unterfütterung sowie der Verquickung der Debatten um Zwang und geschlossener Unterbringung, zeigt sich am gewandelten Titel der IGfH Publikation von „Argumente gegen geschlossene Unterbringung in Heimen der Jugendhilfe“ (1997) zu „Argumente gegen Geschlossene Unterbringung *und Zwang in den Hilfen zur Erziehung“* (2013a, hervorheb. M.E.).

Dass die Diskussion über Erziehung (Winkler 2006) und dem Spannungsfeld von Zwang und Erziehung (Wolf 2008) weiter geführt werden muss, ist unstrittig, denn „ein rationaler Diskurs kann und muss Kriterien hervorbringen, mit denen diese Legitimationen kritisch geprüft und dann im Einzelnen akzeptiert oder zurückgewiesen werden können“ (Wolf 2008: 107).

3.2.2 Rahmenbedingungen von freiheitsentziehender Maßnahmen

Freiheitsentziehende Maßnahmen der Kinder- und Jugendhilfe unterliegen strikten Regeln und Rahmenbedingungen. Neben dem Bürgerlichen Gesetzbuch, dem Sozialgesetzbuch VIII: Kinder- und Jugendhilfe (vgl. Stascheit 2015), regelt die UN-Kinderrechtskonvention, dass auch Kinder und Jugendliche Träger*innen von Grundrechten sind. In diese Grundrechte darf nur auf Grundlage eines Gesetzes eingegriffen werden. Einen solchen Eingriff in die Grundrechte, in diesem Fall in das Recht auf die persönliche Freiheit (Art. 2 GG) sowie auch eingeschränkt bezüglich ihres Alters und der Fürsorgepflicht der Sorgeberechtigen in die Freizügigkeit (Art. 11 GG) stellt die Anordnung einer geschlossenen Unterbringung dar. Dies darf ausschließlich von einem Gericht angeordnet werden (vgl. hierzu IGfH 2013a).

Die mit Freiheitsentzug einhergehenden Unterbringungen in der Kinder- und Jugendhilfe kann von den Personensorgeberechtigten beantragt werden, wobei es einer Familienrichterlichen Anordnung gemäß § 1631b BGB bedarf. Wenn alle gesetzlichen Voraussetzungen erfüllt sind, kann in Verbindung mit dem § 34 SGB VIII (Heimerziehung) sowie dem § 151 FamFG eine Anordnung ergehen. Sie ist in jedem Fall davon abhängig, ob das „Wohl des Kindes“ die Unterbringung erfordert. Dies ist ausschließlich bei Selbst- und Fremdgefährdung der Fall. Das Kindeswohl selber ist ein unbestimmter Rechtsbegriff und muss daher nach dem Verhältnismäßigkeitsgrundsatz für den jeweiligen Fall konkretisiert werden. So ist zu prüfen, ob die freiheitsentziehende Maßnahme tatsächlich geeignet ist oder ob eine andere, weniger einschneidende Maßnahme Vorrang hat. Der Freiheitsentzug endet umgehend, wenn das Wohl des Kindes nicht mehr gefährdet ist (vgl. Lindenberg 2011: 558).

Da in dem dann anhängigen Familiengerichtsverfahren in die Freiheitsrechte des Kindes eingegriffen wird, sind überdies grundrechtssichernde Verfahrensvorschriften des Familiengerichtsgesetzes (ehemals FGG, 2009 ersetzt durch das FamFG[9]) anzuwenden. Insbesondere die Bestellung einer Verfahrenspflegschaft gemäß §§ 276b bzw. 419 FamFG als Beistand für das minderjährige Kind, welche im Verfahren als Anwalt oder Anwältin des Kindes dessen Interessen vertreten soll, ist zwar von zentraler Bedeutung für das Verfahren, wird allerdings in zu wenigen Fällen tatsächlich von den Gerichten bestellt (vgl. Hoops/ Permien 2006: 123) ist allerdings seit 2009 nach § 312 S. 3 FamFG zwingen erforderlich.

Eine weitere Verfahrensvorschrift war bis 2009 das Einholen eines Sachverständigengutachtens. Dies erfolgte bis 2009 auf Grundlage des § 70e FGG und regelt Folgendes: „In den Fällen des § 70 Abs. 1 Satz 2 Nr. 1 Buchstabe a soll der Sachverständige in der Regel Arzt für Kinder- und Jugendpsychiatrie und -psychotherapie sein; das Gutachten kann auch durch einen in Fragen der Heimerziehung ausgewiesenen Psychotherapeuten, Psychologen, Pädagogen oder Sozialpädagogen erstattet werden" (§ 70e Abs. 1 Satz 3 FGG). Das FamFG regelt analog dazu, dass „[i]n Verfahren nach § 151 Nr. 6 [freiheitsentziehende Unterbringung eines Minderjährigen] kann das Gutachten auch durch einen in Fragen der Heimerziehung ausgewiesenen Psychotherapeuten, Psychologen, Pädagogen oder Sozialpädagogen erstattet werden" (§ 167 Abs.6 S.2 FamFG). In der Praxis werden von Gerichten fast ausschließlich Ärzte für Kinder- und Jugendpsychiatrie und -psychotherapie oder Psychologen bestellt. Dies erscheint als besonders problematisch, da Ärzte und Psychologen über keinerlei sozialpädagogisch diagnostischen Kompetenzen verfügen und daher eine pädagogisch angezeigte Kindeswohlgefährdung mit falschen und nicht ausreichenden Kinder- und Jugendpsychiatrischen ICD-10 Diagnoseinstrumenten diagnostiziert werden soll. Sprich, ein Psychiater pathologisiert einen Jugendlichen, um im selben Gutachten festzustellen, dass der Jugendlichen nicht krank ist, allerdings eine öffentliche Ersatzerziehung unter freiheitsentziehenden Bedingungen als Antwort auf die »pathologische Nicht-Krankheit« angezeigt ist. Des Weiteren sollen im Verfahren das Jugendamt, das Kind und eine Vertrauensperson angehört werden. Mit Inkrafttreten des FamFG hat sich am praktischen Vorgehen der Gerichte augenscheinlich nicht viel geändert, allerdings auf juristischer Ebene Klarheit bezüglich der rechtlichen Situation geschaffen. Die Verfahren zur freiheitsentziehenden Unterbringung von Minderjährigen sind dementsprechend heute Juristisch eindeutig über § 151 Abs. 6 FamFG als „Kindschaftssachen" geregelt.

Im Rahmen einer Einstweiligen Anordnung ist es legitim, von den üblichen Verfahrensweisen abzuweichen. Dies findet insbesondere in Fällen Anwendung, in denen aufgrund einer akuten Krise ein sofortiges Handeln angezeigt ist. Die

9 Gesetz über das Verfahren in Familiensachen und in den Angelegenheiten der freiwilligen Gerichtsbarkeit

einstweilige Anordnung darf sechs Wochen nicht überschreiten, kann aber auf bis zu maximal drei Monate verlängert werden. Unterbringungen auf Grundlage einer einstweiligen Anordnung in der Kinder- und Jugendhilfe sind eher selten, sie betreffen meist die Kinder- und Jugendpsychiatrien, sind allerdings formal auch in der Kinder- und Jugendhilfe möglich (vgl. Büchner 2006: 8).

Zu unterscheiden sind weiterhin die freiheitsentziehenden von den freiheitsbeschränkenden Maßnahmen. Während die entziehenden Maßnahmen richterlich angeordnet werden müssen, sind die beschränkenden Maßnahmen hingegen innerhalb der üblichen pädagogischen Handlungen möglich. Wo exakt hier die Trennlinie verläuft, ist einzelfallabhängig. Die Nutzung eines Time-Out Raums oder des Zimmers der Jugendlichen zur kurzzeitigen Freiheitsbeschränkung ist ohne richterliche Genehmigung erlaubt, was allerdings ist kurzzeitig (vgl. hierzu Fieseler 2010: 177)?

Im Anschluss an die Darstellung der Rahmenbedingungen erfolgt eine systematisch aufgearbeitete Übersicht über die bislang im Handlungsfeld der freiheitsentziehenden Maßnahmen einschließlich des Grau-Bereiches erschienenen Studien.

3.2.3 *Zur bislang erschienenen Empirie*[10]

Auch wenn die empirische Datenbasis bis heute dürftig erscheint, lässt sich in den vergangenen fast zehn Jahren, zumindest mit Blick auf die abgeschlossenen Projekte, eine zunehmende Bereitschaft von Wissenschaftler*innen erkennen, der Tabuisierung des Forschungsfeldes freiheitsentziehende Maßnahmen entgegenzutreten. Diese lange Tabuisierung ist insofern problematisch, als dass es sich bei dem Forschungsfeld um ein sozialpädagogisches Handlungsfeld handelt, in dem gravierend in die Rechte junger Menschen eingegriffen werden kann bzw. wird (vgl. hierzu Oelkers 2013: 99).

Aus den bislang erschienen Studien lassen sich Erkenntnisse zum Handlungsfeld von freiheitsentziehenden Maßnahmen (vgl. hierzu Permien 2010; Hoops/ Permien 2006), zu den Adressat*innen (vgl. hierzu Permien 2010; Hoops/ Permien 2006; Pankofer 1997; Schwabe 2006; Sülzle-Temme 2007; Paetzold 2000) oder den Hilfeverläufen und Wirkfaktoren (Permien 2010; Pankofer 1997; Menk u.a. 2013) gewinnen. Aber auch in Bezug auf weitere Studien zu intensivpädagogi-

[10] Die hier gedruckte Fassung des Kapitels ist eine stark gekürzte Version des ursprünglichen Kapitels „Review der bisherigen Empirie" der Dissertation

schen »freiheitsentziehenden« Maßnahmen (vgl. hierzu Winkler 2003/ 2005) lassen sich Fallrekonstruktionen und „Verläufe und Wirkfaktoren“ (Klawe 2010; auch Tautorat 2004; Witte 2009; Wendelin 2011) ausmachen.

Aber: Wer sind die Adressat*innen von freiheitsentziehenden Maßnahmen und welche Biografien schreiben sie? Welche gesellschaftlichen Risikolagen (vgl. hierzu Bock u.a. 2015b) müssen sie bewältigen? Welche Bewältigungsstrategien machen sie zu »Problemfällen«, an denen die Kinder- und Jugendhilfe scheitert und wie reagiert diese?

In den folgenden Abschnitten wird ein Vergleich von Studienergebnissen – also ausschließlich der publizierten Daten – vorgenommen um, einen umfassenden Überblick über junge Menschen zu erhalten, die als »Systemsprenger« die »Problemfälle« der Jugendhilfe bilden. Nach einer kurzen Einführung in die soziodemografischen Merkmale der Adressat*innen dieser Hilfeform werden, basierend auf den theoretischen Vorüberlegungen zu jungen Menschen in freiheitsentziehenden Maßnahmen, aus dem bisherigen Erkenntnisstands Risikolagen von Bewältigungshandlungen ausdifferenziert.

Zudem erfolgt für ein besseres Verständnis der Erziehungsprozesse in den stationären intensivpädagogisch arbeitenden Einrichtungen der Kinder und Jugendhilfe, ein Überblick von bislang diskutierten Wirkfaktoren von intensivpädagogischen Maßnahmen.

Die aus Aktenanalysen sowie biografisch-narrativen Interviews rekonstruierten Fallverläufe von »Problemjugendlichen« oder »Systemsprengern« der Kinder- und Jugendhilfe bilden die Grundlage für das Kapitel zu den Fallrekonstruktionen und -verläufen. Insgesamt wurden hierzu 17 Fälle aus fünf unterschiedlichen Studien herangezogen. Zur Operationalisierung wurden die jeweiligen Meta-Daten aus den verschiedenen Studien teilweise reduziert, um eine Vergleichbarkeit der Merkmale zu ermöglichen.

Am Ende des Kapitels steht die Aufarbeitung von Erziehungszielen aus intensiv- und individualpädagogischen Maßnahmen.

Tabelle 2: tabellarische Übersicht der genutzten Quellen

Autor*in / Studie	Jahr	Titel (verkürzt)	Verlag
Freigang, Werner	1986	Verlegen und Abschieben. Zur Erziehungspraxis im Heim	Belz Juventa
Wolffersdorff, Christian v.; Sprau-Kuhlen, Vera; Kersten, Jochim	1990 [1996]	Geschlossene Jugendhilfe in Heimen. Kapitulation der Jugendhilfe	Belz Juventa
Pankofer, Sabine	1997	Freiheit hinter Mauern. Mädchen in geschlossenen Heimen	Belz Juventa
Paetzold, Ulrich	2000	Gutachten zu den „schwierigsten" Kindern und Jugendlichen... Brandenburg. Fallanalyse aus den Jahren 1997-1999	Mbjs Brandenburg
Kriseninter-ventionsteam	2003	Bericht über die Unter-suchung schwerwiegender Fälle von Intensivtätern im Kinderbereich.	Eigenpublikation
Stadler, Bernhard	2004	Therapie unter geschlossenen Bedingungen – ein Widerspruch? Eine Forschungsstudie einer Intensiv-therapeutischen individuell-geschlossenen Heimunterbringung dissozialer Mädchen am Beispiel des Mädchenheims Gauting	Edoc.hu-Berlin
DJI-Studie (Steger 2005; Hoops, Sabine; Permien, Hanna 2006; Permien, Hanna 2010)	(ab) 2005	Effekte freiheitsentziehender Maßnahmen in der Jugendhilfe.	DJI-Eigenverlag
Sülzle-Temme, Kristine	2007	Geschlossen untergebrachte Jugendliche. Ausgangssituation, Ziele, Verläufe und Ergebnisse von Hilfeplanungen und deren Umsetzung	Onlinepublikation
Koch, Nicole; Kessl, Fabian	2012	Fachliche Haltungen und Kompetenzen von Fachkräften in einer Jugendhilfeeinrichtung mit fakultativ geschlossener Unterbringung	Onlinepublikation
LAKRIZ-Studie (Menk, Sandra; Schnorr,Vanessa; Schrapper; Christian)	2013	»Woher die Freiheit bei all dem Zwang?«. Langzeitstudie zu (Aus-) Wirkungen geschlossener Unterbringungen in der Jugendhilfe	Beltz Juventa

Oelkers, Nina Feld-haus, Nadine; Graßmöller, Annika	2015	„Geschlossene Unterbringung in der Kinder- und Jugendhilfe". Ergebnisse des Forschungsprojekts zur GITW Lohne	Onlinepublikation
Studien zum „Grau-Bereich" der freiheitsentziehenden Maßnahmen bzw. ihren Adressat*innen			
Mollenhauer, Klaus; Uhlendorff, Uwe	1992	Sozialpädagogische Diagnosen 1-3	Beltz Juventa
Wolf, Klaus	1999	Machtprozesse in der Heimerziehung. Eine qualitative Studie über ein Setting klassischer Heimerziehung	Votum
Tautorat, Petra	2004	Auswirkungen einer Intervention der Jugendhilfe auf die Lebens-bewältigungs-strategien von jungen Erwachsenen am Beispiel der Intensiven Sozialpädagogischen Einzelbetreuung (§ 35 SGB VIII) in Form eines Auslandsstandprojektes.	Onlinepublikation
ECKART Fachverband (Schwabe, Mathias; Vust, David; Evers, Thomas)	2006	Erziehung und Zwang. Formative Ergebnisse aus dem Modellprojekt „Systemsprenger"	Eigenverlag
Klawe, Willy	2007	Evaluationsstudie: Jugendliche in individualpädagogischen Maßnahmen	Onlinepublikation
Fischer, Thorsten; Ziegenspeck, Jörg	2009	Betreuungsreport Ausland. Eine empirische Analyse zur Wirklichkeit und Wirksamkeit intensivpädagogischer Betreuungsmaßnahmen im Ausland	Edition Erlebnis-pädagogik
Witte, Matthias D.	2009	Jugendliche in intensiv-pädagogischen Auslandsprojekten. Eine explorative Studie aus biografischer und sozialökologischer Perspektive	Schneider Verlag Hohengehren
Klawe, Willy	2010	Verläufe und Wirkfaktoren Individualpädagogischer Maßnahmen	Onlinepublikation
Wendelin, Holger	2011	Erziehungshilfen im Ausland. Konzeptionen, Strukturen und die Praxis von individual-pädagogischen Auslandshilfen	Beltz Juventa
Böhle, Andreas u.a.	2014	Zusammenfassung des Abschlussberichts der Evaluation des Trainingscamps Lothar Kannenberg	Onlinepublikation
Riesner, Lars	2015	Die Möglichkeiten und Grenzen der Vorhersage delinquenten Verhaltens von jungen Menschen anhand ihrer Jugendhilfeunterlagen	Onlinepublikation

3.3 Forschungsstand: Bestandsaufnahme freiheitsentziehender Maßnahmen

Zunächst werden die verschiedenen Ergebnisse der Studien – beschränkt auf die Maßnahmen – im folgenden Kapitel einerseits miteinander verwoben andererseits verglichen. Diese gemeinsame Betrachtung des Handlungsfeldes erscheint aus der Perspektive von *Zwang in Erziehung* sinnvoll, da empirisch deutlich wird, dass nicht nur geschlossene Unterbringung mit einem hohen Grad an Zwang sowohl strukturell aber auch in ihren Erziehungstechniken arbeiten (vgl. hierzu Wolffersdorff u.a. 1996; Schwabe/ Evers 2006; Fischer/ Ziegenspeck 2009; Witte 2009; Wendelin 2011).

Ebenfalls deutlich wird eine andere, sowohl aus der Empirie als auch aus dem Handlungsfeld direkt auftretende, Tatsache: Der Grau-Bereich oder – vielleicht besser – das *Dunkelfeld* von mit Freiheitsentzug erziehenden Maßnahmen, die verdeckt arbeiten, ist größer als bislang angenommen. Auch wenn hier eine deutliche Unterscheidung zwischen mal mit mehr, mal mit weniger Zwang arbeitenden Auslandsprojekten oder auch Maßnahmen wie dem Trainingscamp Lothar Kannenberg (vgl. hierzu Galuske/ Böhle 2010) aber sich immerhin der öffentlichen Diskussion stellen und den verdeckten Einrichtungen wie dem Friesenhof (vgl. hierzu NDR 2015) oder der Haasenburg (vgl. hierzu Kutter 2013) deren skandalöse Erziehungspraktiken erst durch die Medien und nicht durch die Heimaufsicht bekannt geworden sind.

Mitte der 1970er Jahre waren in den »alten« Bundesländern noch 1.092 Mädchen und 208 Jungen in insgesamt 109 Einrichtungen der Erziehungshilfe freiheitsentziehend untergebracht. Damit waren 43% aller Mädchenheime geschlossen, während nur 2% der Jungen und 2,5 % der koedukativen Heime geschlossene Unterbringung waren (vgl. Wolffersdorff u.a. 1996: 60). In Folge der Heimkampagne verringerte sich die Zahl der geschlossenen Heime drastisch im Dezember 1989 auf 25 (17 für Jungen und acht für Mädchen) mit insgesamt 393 Plätzen (251 für Jungen und 142 für Mädchen) von denen 355 belegt waren. Für das Jahr 2006 zählten Hoops/ Permien 196 Plätze in insgesamt 14 Jugendheimen, konstatieren aber bereits, dass es einen großen nicht näher bestimmten Grau-Bereich gibt. Im Laufe des Forschungsprojektes korrigiert sich die Zahl 2007 auf 22 Heime mit genehmigten 279 Plätzen (vgl. Hoops/ Permien 2007) und endet 2010 mit einer Schätzung von Permien bei 350 Plätzen (vgl. Permien 2010: 8).

Im Grau-Bereich der Auslandsmaßnahmen sind die aktuellen Zahlen strittig und die empirische Lage unbefriedigend. Während Wendelin für das Jahr 2011 von 500-550 Fällen in Auslandshilfen ausgeht, schätzen Villányi/ Witte 2011a die Zahl auf 500 bis 1200. Das Statistische Bundesamt (vgl. ebd. 2014: 34) hingegen gibt die Zahl der „Außerhalb von Deutschland“ erbrachten Hilfen insgesamt mit

279 an. Das Trägererhebungen andere Zahlen zu Tage fördern als öffentliche Stellen zeigt der Betreuungsreport Ausland (Fischer/ Ziegenspeck 2009: 68), wo die Jugendämter (bei einer Rücklaufquote von 49%) die Belegung von 290 Plätzen melden, bei einer Trägererhebung mit einem Rücklauf von 88% allerdings 605 im selben Zeitraum durchgeführte Auslandshilfen angegeben werden. Nach Novellierung des KICK's, welches am 1. Oktober 2005 in Kraft getreten ist, und der damit einhergehenden Gesetzesänderungen und deren Auswirkungen auf Auslandshilfen ist davon auszugehen, dass sich die Zahlen der Auslandsmaßnahmen seither zwar verringert haben, sich aber von der Platzbelegung auf einem Niveau von 2010 halten werden. Damit ist, aufgrund der Gesetzesänderung und der Datengrundlage, von aktuell ca. 500 durchgeführten Jugendhilfemaßnahmen im Ausland auszugehen.

Wie viele dieser Hilfen die Rückkehr nach Deutschland ohne gravierende Auswirkungen ermöglichen, eine sozialpädagogische Arbeit auf einem deutschen Qualitätsniveau leisten und die weder die Jugendlichen noch ihre Kontakte überwachen bzw. steuern, ist dabei unklar. Womit die Zahl der freiheitsentziehenden Plätze im Ausland noch weniger einzuschätzen ist.

Die Plätze und ihr Bedarf ist heute, wie auch vor 30 Jahren (vgl. hierzu Wolffersdorff u.a. 1996), auf der einen Seite mit vermeintlichen Problemindikatoren der Jugendlichen (vgl. hierzu Stadler 2004; Hoops/ Permien 2006; Sülzle-Temme 2007; Klawe 2010; Menk u.a. 2013), auf der anderen Seite mit dem Versagen des Systems Kinder- und Jugendhilfe (vgl. hierzu Freigang 1986; Wolffersdorff u.a. 1996; Hoops/ Permien 2006; Menk u.a. 2013) begründet.

Vielfach hinterfragt sind hingegen die Gründe für eine freiheitsentziehende Unterbringung, welche anhand der Jugendlichen Problemindikatoren ausgemacht werden. Zwar lässt sich eine Vielzahl von Zuschreibungen für die Aufnahmeanlässe (vgl. hierzu Kap. 3.5) rekonstruieren, allerdings lassen keine Indikatoren, bei deren Erfüllung Freiheitsentzug diagnostisch angezeigt ist, feststellen (vgl. hierzu Stadler 2004; Hoops/ Permien 2006; Sülzle-Temme 2007; Klawe 2010; Menk u.a. 2013).

Die zweite Begründung für die Existenz von freiheitsentziehenden Maßnahmen deutet sich im System der Kinder- und Jugendhilfe an, welche aufgrund von Überforderung bis heute Jugendliche Verlegt und Abschiebt (vgl. hierzu Freigang 1986). Eine weitere vielfach vorgetragene Kritik an freiheitsentziehenden Maßnahmen ist ihre „Sogwirkung" (Hoops/ Permien 2006: 50). Diese Sogwirkung, welche einen Teil der Systemkritik ausmacht, beschreibt den Umstand, dass der Bedarf an dieser spezifischen Form von Hilfe erst dadurch entsteht, dass die Heime überhaupt vorhanden sind. Einen Indikator bietet hierbei die Studie des DJI, da sie 2006 noch davon ausgeht, dass 87% der Fälle aus Bundesländern, welche die Einrichtungen vorhalten, kommen.

Ein letzter, innerhalb dieses Vergleichs, ausgeführter Kritikpunkt ist die mangelnde Einhaltung von rechtlichen Standards innerhalb des Verfahrens. Die massiven eklatanten Verstöße gegen die Rechtsvorschriften zu Lasten der Kinder und Jugendlichen zeigen Hoops/ Permien 2006 auf. Sie bemängeln ein Fehlen von juristischem Beistand für die Kinder und Jugendlichen sowie fehlerhafte bzw. teilweise nicht vorhandene richterliche Beschlüsse. Kritikpunkte, die in späteren Studien in dieser massiven Weise nicht weiter geteilt werden (vgl. Menk u.a. 2013; Oelkers u.a. 2015), auch wenn die Bestellung von Verfahrenspfleger*innen immer noch von den jeweiligen Richter*innen abhängig ist.

3.4 Forschungsstand: Spezifika Adressat*innen in freiheitsentziehenden Maßnahmen

Wie bereits in Kapitel 2.7 ausgearbeitet können sozialpädagogische Interventionen für Jugendliche in multikomplexen Risikolagen nur über die Adressat*innen in Anlehnung an ein kasuistisches (vgl. Müller 2012) Fallverstehen (vgl. Braun u.a. 2011) gedacht werden. Auch wenn die bislang zugängliche Empirie immer nur Teilbereiche des Handlungsfeldes in den Fokus nimmt, lässt sich – vorausgesetzt, die verschiedenen Studien werden zusammengeführt – doch ein umfangreiches Bild der Adressat*innen in diesen so genannten »Ultima-Ratio« Hilfen explizieren.

Nach einem Überblick über soziodemografische Merkmale der Jugendlichen (3.5.1) explizieren sich die Themen aus den theoretischen Ausführungen, in welchen (3.5.2) Risikolagen und Problemlagen die Jugendlichen aufgewachsen sind, welche (3.5.3) Bewältigungshandlungen auffällig sind und welche (3.5.4) Ziele die Jugendhilfe in den Akten formuliert.

*3.4.1 Soziodemografien der Adressat*innen*

Nimmt man die Tendenzen, die in den soziodemografischen Merkmalen der Adressat*innen freiheitsentziehender Maßnahmen deutlich werden, zeigt sich, dass die verschiedenen Studien zu ähnlichen Adressat*innen der Jugendhilfe entstanden sind. Lediglich Stadlers Evaluation und Pankofers Studie, beides aus einer Mädcheneinrichtung, weichen strukturbedingt, von den anderen Studien bezüglich des Geschlechtes deutlich ab. Die Jugendlichen, die freiheitsentziehend untergebracht werden, sind heute zwischen 14 und 15 Jahre alt. Es werden in den verschiedenen Arten von Maßnahmen ca. 2/3 Jungen zu 1/3 Mädchen betreut.

Tabelle 3: Alter und Geschlecht freiheitsentziehender Maßnahmen

	Sülzle-Temme (2007)	Hoops/ Permien (2006)	Wendelin (2011)	Klawe (2007)	Menk u.a. (2013)	Wolffers-dorff u.a. (1996)
Durch-schnitts-alter	14,1	13,8	15,37[11]	14,8	14,34[12]	Geschätzt: ca. 16
Geschlechts-verteilung Jungen/ Mädchen	67%/ 33%	52,8%/ 47,2%	67%/ 33%	66%/ 34%	53,6%/4 6,4%	Ca. 67%/ 33%

Bezüglich der elterlichen Erziehungssituation zeigt sich, dass zwischen 30% und 38% der Jugendlichen zum Zeitpunkt der Unterbringung aus Einelternfamilien stammen, zwischen 38% und 49% der Adressat*Innen kommen aus anderen Familienformen. Hoops/ Permien (2006) gehen von 62% an „Eineltern-, Stief-, »Wechsel-« Familien" aus. Auf einen ähnlichen Wert dürften die Jugendlichen aus der LAKRIZ-Studie kommen, wo lediglich der „vorwiegende Aufenthalt vor der Aufnahme" bekannt ist, was in 51% der Fälle alleinerziehende Elternteile waren, wobei zusätzlich noch 28% der Jugendlichen vorher in einem anderen Jugendheim untergebracht waren.

Ein Großteil der untergebrachten Jugendlichen wächst mit Geschwistern auf, laut Sülzle-Temme (2007) wuchsen 62,5%, laut Stadler (2004) 52% der Jugendlichen in den unterschiedlichen Familienkonstellationen mit drei und mehr Kindern auf.

3.4.2 Risikolagen und Problemlagen

Unter Risikolagen lassen sich alle von der Gesellschaft auf die Adressat*innen einwirkenden Lebenslagen subsumieren, die eine desintegrierende Wirkung entfalten (können), welche sich auf die jeweiligen Zukunftsperspektiven der Individuen auswirken (vgl. hierzu Böhnisch/ Schröer 2012). Risikolagen sind demnach insbesondere soziale und ökonomische Belastungen der Herkunftsfamilien. Die Lebenslagen der Kinder und Jugendlichen und deren Familien, explizit was ihre

11 Wendelin merkt an, dass die Studie auf über 14-Jährige angelegt war und somit die unter 14-jährigen unterrepräsentiert sein könnten, was zu einer Erhöhung des Mittelwertes führen kann.

12 Eigenberechnung anhand der angegebenen Daten Abb. 3 Seite 58.

soziale Situation aber auch die ökonomische Absicherung angeht, wurden von verschiedenen Studien erfasst. Diese Lebenslagen werden daher unter dem Begriff der Risikolagen zusammengeführt. Risikolagen sind demnach soziale wie ökonomische Lebenslagen, welche Kinder und Jugendliche, zusätzlich zu den spezifischen Anforderungen ihrer jeweiligen Lebensalter, bewältigen müssen.

Dabei ist zu beachten, dass nur zwei Studien explizit auf die ökonomischen Verhältnisse der Kinder und Jugendlichen oder ihrer Herkunftsfamilien eingehen. Eine gewisse Schwierigkeit bei der Zusammenführung der Daten boten die unterschiedlichen Kategorien, wie „Probleme, Defizite und Zuschreibungen"; „materielle Probleme" bzw. „familiäre Konflikte" und „Belastungen der Familien", unter denen verschiedene Risikolagen behandelt wurden. Auch wurde methodisch nicht direkt nach Risikolagen geforscht und die Benennung einzelner risikohafter Lebenslagen (beispielsweise auf Grundlage der Hilfepläne) setzt wiederum voraus, dass die verantwortliche Fachkraft diese dokumentiert und thematisiert hat, da die den Studien zugrundeliegenden Daten aus Aktenanalysen stammen.

Ein weiteres Charakteristikum, und vielleicht auch mit ein Grund für die sehr geringe Berücksichtigung in den verschiedenen Studien, ist der Einfluss des Arbeitsfeldes auf die Risikolagen. Insbesondere bei der Unterstützung zur Bewältigung der ökonomischen Risikolagen ist die Jugendhilfe so gut wie handlungsunfähig. Auch die Interventionsmöglichkeiten von Jugendhilfe bei sozialen Risikolagen sind eher gering. Zwar gibt es durchaus familienunterstützende Systeme oder Elternarbeit in den jeweiligen Einrichtungen, dennoch ist eine intensive Hilfe, die mehr als „nur" eine beratende Funktion hat, bei familiären Problemen nicht beabsichtigt. Alles Weitere steht zumindest schnell im Verdacht, paternalistische Züge zu erhalten. Der Sozialen Arbeit bleibt damit nur, die Symptome zu bearbeiten und präventiv die Resilienz der Kinder und Jugendlichen im Umgang mit den Risikolagen zu stärken sowie darauf hin zu arbeiten, dass Risikolagen und soziale Probleme gesellschaftlich bearbeitet und gelöst werden.

Inwieweit ökonomische Risikolagen anhand von Fallakten überhaupt erhoben werden können, ist stark abhängig von der Sensibilisierung der Fachkräfte. Eine statistische Erfassung von ökonomischen Risikolagen von Adressat*innen freiheitsentziehender Maßnahmen gibt es bislang nicht. Stadler (2004), dessen Ergebnisse noch nach dem Geschlecht der Eltern differenziert werden und daher nicht vergleichbar sind, konstatiert, dass es „keinen Zusammenhang zwischen Schichtzugehörigkeit" (ebd.: 71) und der Form der Unterbringung gibt. Dies zeigen auch die Ergebnisse von Sülzle-Temme (2007) und Klawe (2007), wobei in keinem Fall mit Indikatoren für »relative« Armut gearbeitet wurde.

Tabelle 4: Ökonomische Risikolagen

	Sülzle-Temme (2007) (m/w)	Klawe (2007)	Wolffersdorff u.a. (1996) (m/w)
Ökonomische Risikolagen	(40,4%/24,4%) 32,9%	51,8%[13]	(48%/28%)
Arbeitslosigkeit	(19,1%/9,7%) 14,8%	10,5%	
Sozialhilfeempfänger	(17%/9,7%) 13,6%	(26,4%)[14]	
Enges Wohnverhältnis	(14,9%/9,7%) 12,5%	7,5%	
Verschuldung	(8,5%/9,7%) 9,1%	(26,4%)[15]	

Anders als bei ökonomischen Risikolagen ist es üblich, soziale und familiäre Risikolagen statistisch zu erfassen. Deutlich wird auf jeden Fall, wie massiv die sozialen und familiären Belastungen für die Kinder und Jugendlichen sind. Fast 90% der Adressat*innen haben mindestens eine, oft allerdings gleich eine Vielzahl von Risikolagen zu bewältigen. Dabei sind weniger die Summe, sondern vielmehr die Wirkmächtigkeit der Risikolagen, bezüglich ihrer Auswirkungen auf die Kinder und Jugendlichen und den damit gebundenen Bewältigungskräften, für den weiteren biografischen Verlauf ausschlaggebend.

13 Zuzüglich des Items „hohe Kinderanzahl"(5,0%) sowie „ja" (2,5%) als Zustimmung zu materiellen Problemen welches von Klawe unter „Materielle Probleme" gefasst wird.

14 Eine Kategorie, zusammen mit Verschuldung

15 Eine Kategorie, zusammen mit Sozialhilfeempfänger

Tabelle 5: Soziale und familiäre Risikolagen

	Sülzle-Temme (2007)	Wendelin (2011)	Klawe (2007)	Stadler (2004)	Wolffersdorff u.a. (1996)
Sozial und familiäre Risikolagen	(83%/97,6%) 89,8%		89,7%		
Partner-schaft/Eheprob-leme/Tren-nung/Konflikte mit Eltern	(61,7%/73,2%) 67,0%	(57,8%/64,7%) 59,7%	50,1%	63%	(28%/48%)[16] (25%/40%)[17]
Gewalt in der Fami-lie/Opfer von Ge-walt oder Miss-brauch in der Fami-lie	(46,8%/75,6%) 60,2%	Gewalt Opfer: (4,4%/11,8%) 6,5%	20,9%	> 51%	(10%/29%)
Suchtprobleme in der Familie	(25,5%/46,3%) 35,2%		2,6%	> 40%	(10%/20%)[18]
Abwesenheit eines Elternteils	(19,1%/36,6%) 27,3%		8,5%		
Wechselnde Famili-enzusammenset-zung	(21,2%/19,5%) 20,5%				
Sexueller Miss-brauch/Gewalt (au-ßerhalb der Fami-lie?)	(8,5%/39%) 29,5%	(13,3%/23,5%) 16,1%[19]		43%	
Schulsitua-tion/Schulproblema-tik	[20]52,3%[21]; 27,3%[22]	(60%/82,4%) 66,1%	44,3%[23]	95%	(49%/35%)
sonstiges	(36,2%/17,1%) 27,3%		Krank-heit: 1,5%		

[16] Familiäre Probleme, die bis hin zur Flucht aus der Familie geführt haben

[17] Trennung/Scheidung der Eltern

[18] Ausschließlich Alkoholmissbrauch

[19] Kategorie: Missbrauch bei Wendelin

[20] Als Indikator für Schulschwierigkeiten kann die Schulsituation vor der geschlossenen Unterbringung dienen. 1/3 der Jugendlichen besuchte die Hauptschule, 31,8% eine Förderschule und 21,6% keine Schule. Sülzle-Temme weist bei diesen Ergebnissen zu Recht auf den gravierenden Unterschied zum bundesdeutschen Durchschnitt hin.

[21] Lern- und Leistungsschwierigkeiten.

[22] Konzentrations- oder Aufmerksamkeitsschwierigkeiten

[23] 44,3% der Jugendlichen haben die Schule abgebrochen, gefolgt von 7,3% Förderschule und 5,3% Hauptschule; bei 32,4% der Jugendlichen hat Klawe keine Angaben gefunden.

Mit Blick auf die verschiedenen Risikolagen wird der Grundtenor der Studien deutlich: Die Jugendlichen kommen aus hoch belastenden Lebensbedingungen.

Dennoch zeigen die Studien sowohl bei den Geschlechterzuweisungen als auch in der Unterscheidung von Inlands- und Auslandsmaßnahme einige Differenzen. Die wenig erforschten ökonomischen Risikolagen scheinen eher bei Jugendlichen in Auslandsmaßnahmen (ca. bei der Hälfte der Jugendlichen) thematisiert zu werden als bei Jugendlichen in geschlossener Unterbringung (ca. 33%). Auch scheinen bei männlichen Adressaten wesentlich häufiger ökonomische Belastungen von den Fachkräften erkannt zu werden. Es deutet sich an, dass von den zunächst nicht geschlechtsspezifischen Risikolagen wie Armut und Wohnlage auf unterschiedliche geschlechtsabhängige desintegrierende Bewältigungshandlungen geschlossen wird.

Andersherum verhält es sich bei sozialen familiären Risikolagen. Bei den Adressatinnen wird häufiger auf diese Risikolagen rekurriert und diese als Begründung oder Ursache herangezogen. Grundsätzlich ist das Niveau von risikohaften sozialen Lebenslagen bei Auslands- und Inlandsmaßnahmen auf einem sehr hohen Niveau und Mädchen sind in fast allen Kategorien häufiger betroffen. Einen signifikanten Unterschied zwischen den beiden Formen von Freiheitsentzug stellen die Gewalterfahrungen der Jugendlichen dar, hier sind Jugendliche in geschlossenen Unterbringungen wesentlich häufiger betroffen als Jugendliche in Auslandsmaßnahmen. Ebenso zeigt sich, dass Mädchen vor ihrer Unterbringung in freiheitsentziehenden Maßnahmen häufiger als Jungen Opfer von Gewalt, insbesondere von sexueller Gewalt, geworden sind.

Die schulische Situation der Jugendlichen wurde in allen Studien anders erfasst, folgt aber immer demselben Tenor: Die Schulsituation der Jugendlichen ist entweder als konflikthaft, problematisch/prekär oder schlichtweg als „vorzeitig" beendet betitelt. Ob es sich bei Schulproblematiken allerdings nun um Risikolagen, Problemlagen oder aber um Bewältigungshandlungen handelt, ist nicht abschließend zu beurteilen. Probleme in oder mit der Schule können beides sein. Sie können sowohl auf Konzentrationsschwierigkeiten (Risikolagen), allerdings auch auf z.B. Störverhalten oder Schulschwänzen (Bewältigungshandeln) zurückgeführt werden. Eine exaktere Differenzierung ist mangels Falldaten nicht möglich und wäre eine mögliche Aufgabe für die Schulpädagogik.

Nicht aus den Zahlen ablesbar sind die Mehrfachnennungen der Jugendlichen, die gleich eine Vielzahl von risikohaften Lebenslagen zu bewältigen haben. Auf Grundlage der Zahlen ist davon auszugehen, dass ein signifikanter Teil der Betroffenen eine Multikomplexität bereits im Bereich der Risikolagen aufweist, was auch durch gewisse, zu erwartende, negative Synergien der verschiedenen Lebenslagen bedingt ist.

3.4.3 *Bewältigungshandlungen*

Kinder und Jugendliche entwickeln oder übernehmen Strategien und Techniken, um Risikolagen und Probleme zu bewältigen. Wenn die Bewältigungshandlungen dann dissoziale (vgl. hierzu Böhnisch 2012) Züge annehmen und damit gesellschaftlich auffällig werden, reagieren soziale Eingreifmechanismen. Die Jugendlichen in freiheitsentziehenden Maßnahmen weisen dabei eine Vielzahl von Bewältigungshandlungen auf, welche gesellschaftlich nicht toleriert oder als gefährdend eingestuft werden.

Tabelle 6: Bewältigungshandlungen

	Sülzle-Temme (2007)	Hoops/ Permien (2006)	Wendelin (2011)	Klawe (2007)	Stadler (2004)
Entweichen/Trebegang/ Streunen	(74,5%/87,8%) 80,7%	(56%/79%) 68%	(37,8%/82,4%) 50%	24,5%	99%
Aggressivität	(91,5%/63,4%) 78,4%	(74%/49%) 65%	(84,4%/64,7%) 79%	30,3%	53%
Delinquenz/Kriminalität	(93,6%/51,2%) 73,9%	(86%/72%) 79%	(60,0%/52,9%) 58,1%	14,2%	38%
Suchtprobleme	(44,7%/68,3%) 55,7%	(39%/56%) 48%	(24,4%/35,3%) 27,4%	14,0%	65%[24]
Lern- und Leistungsschwierigkeiten	(59,6%/43,9%) 52,3%				95%
Autoaggressivität	(19,1%/56,1%) 36,4%	(11%/21%) 16%[25]		1,3%	
ADS/ADHS	(27,7%/26,8%) 27,3%		(35,6%/23,5%) 32,3%		
Beziehungsstörungen	(19,1%/22%) 20,5%		(64,7%/46,7%) 51,6%	2,0%	
Suizidgefährdung		(11%/21%) 16%[26]		0,7%	52%[27]
Sexualisierung/Prostitution		(7%/61%) 35%	(13,3%/11,8%) 12,9%	0,7%	[28]39%/ 18%

[24] Alkohol-, Drogen- und Tablettenmissbrauch

[25] Bildet zusammen mit Suizidgefährdung bei Hoops/ Permien 2006 eine Kategorie

[26] Bildet zusammen mit Autoaggression (Selbstverletzung) bei Hoops/ Permien 2006 eine Kategorie

[27] Suizidgefährdet/ -versuch

[28] Sexualisiertes Verhalten; Promiskuität / Prostitution

Die prägnanteste Bewältigungshandlung von Jugendlichen, die freiheitsentziehend untergebracht sind, ist das Entweichen aus Jugendhilfeeinrichtungen. Die Reaktion der Jugendhilfe darauf ist, das Entweichen über strukturelle Maßnahmen wie Entfernung, Kultur oder bauliche Maßnahmen zu unterbinden, sprich die Jugendhilfe schafft sich zusätzliche Machtquellen, um erzieherisch auf die Jugendlichen einwirken zu können. Aus welchen Gründen die Jugendlichen aus den Einrichtungen oder den Familien entwichen sind, wurde nicht erfasst.

Auf einem ebenfalls hohen Niveau sind aggressive Verhaltensweisen und Delinquenz angesiedelt. Während es bei den Risikolagen noch um vergleichsweise geringe geschlechtsspezifische Abweichungen (prozentual) geht, zeigen sich bei den Bewältigungshandlungen in fast allen Bereichen eklatante Unterschiede. Während nahezu alle Jungen, aus der Sicht von Fachkräften, mit fremdgefährdendem Verhalten auf die Bewältigungsaufgaben reagieren, sind wesentlich weniger Mädchen von diesen Zuschreibungen betroffen. Bei den Adressatinnen werden häufiger »klassische« selbstgefährdende Verhaltensweisen, wie Missbrauch von Suchtmittel, Suizidalität oder sexuell auffälliges Verhalten, als Begründungen für eine freiheitsentziehende Maßnahme benannt.

Bei einem gesonderten Blick auf die Bewältigungshandlung der „Delinquenz", welche nach der eher unbestimmten „Aggressivität" an dritter Stelle steht, werden geschlechtsspezifische Unterschiede deutlicher. Abgesehen von den Verstößen gegen das BtMG (Betäubungsmittelgesetz), verstoßen Jungen häufiger gegen Gesetze. Lediglich 6,4% der Jungen haben nach Sülzle-Temme (2007) bislang keine Straftaten begangen, bei den Mädchen sind es fast 50%.

Auch in der zweiten Vergleichsebene, die Form der freiheitsentziehenden Unterbringung, war bei den Risikolagen kaum eine Differenzierung zwischen geschlossener Unterbringung und Auslandsmaßnahme möglich. Abgesehen von der Kategorie der Aggressivität scheinen die Jugendlichen in Auslandsmaßnahmen insgesamt seltener die am häufigsten genannten Bewältigungshandlungen zugeschrieben zu bekommen. Ob dies Rückschluss auf die Belegungspraxis geben könnte, ob es sich um Ausschlusskriterien der Träger handelt oder aber die Gründe in den forschungsmethodischen Zugängen liegen, ist nicht zu klären.

Wendelin (2011) hat zusätzlich noch die „Anzahl der Problemzuschreibungen" (ebd.: 164) erfasst. Die Anzahl der erfassten Zuschreibungen entsprechen in etwa einer Normalverteilung, zumindest, wenn beide Geschlechter berücksichtigt werden. Der der Hälfte der Jugendlichen werden zwischen fünf und acht desintegrierende Bewältigungshandlungen dokumentiert. Bei den Mädchen haben ca. 65% zwischen vier und acht Zuschreibungen, wobei es kein Mädchen mit nur einer oder zwei Zuschreibungen gibt, allerdings jeweils 5,9% mit zwölf bzw. 13 Zuschreibungen. Bei den Jungen weisen ca. 60% zwischen sechs und neun Zuschreibungen, je 2,2% entweder eine oder zwei Zuschreibungen auf, allerdings hat niemand mehr als zehn Zuschreibungen.

Anhand der „Problemzuschreibungen" lassen sich Rückschlüsse auf die Komplexität der Bewältigungshandlungen schließen, mit der Fachkräfte konfrontiert werden. Unter „multikomplexen Problemlagen" ist demzufolge das Zusammenspiel von verschiedenen problemhaften desintegrierenden Bewältigungshandlungen zu verstehen.

Auffällig ist, dass die Bewältigungshandlungen von Jugendlichen in vielen Studien entweder als statistische Indikatoren für Freiheitsentzug oder aber als Problemlagen verhandelt werden. Ein differenzierter Blick auf Ursachen und deren Auswirkungen und die deutliche Trennung dessen ist ein inhärenter Bestandteil für sozialpädagogische Hilfen.

3.4.4 Ziele der Jugendhilfe

Neben Risikolagen und Bewältigungshandlungen lassen sich in allen Jugendhilfeakten, bedingt durch die Hilfepläne, Ziele ermitteln, welche die Jugendlichen durch diese Maßnahme erreichen sollten. Diese Ziele sollen im Idealfall von den Jugendlichen selbst formuliert und von ihnen eingebracht werden, was sich oft als Utopie herausstellt. Aus der Gewichtung der Ziele lassen sich Rückschlüsse auf die Prioritäten der Jugendhilfemaßnahmen schließen, beispielsweise ob es den Jugendämtern als Fallverantwortliche eher darum geht die Schulkarriere zu fördern, Bewältigungskompetenzen zu erweitern oder biografisch belastende Erfahrungen zu bewältigen. Die Zielsetzungen aus der Tabelle entstammen dabei den Jugendhilfeakten:

Tabelle 7: Ziele der Kinder- und Jugendhilfe

	Sülzle-Temme (2007)[29]	Stadler (2004)	Wendelin (2011)
Verbesserung der Schulsituation/Regelmäßiger Schulbesuch	(89,4%/73,2%) 81,8%	3,5%	(73%/50%) 65,5%
Verbesserung des Sozialverhaltens	20,5%		52,7%
Sonst. Persönlichkeitsentwicklung			52,7%
Vermeidung von Delinquenz	(12,8%/4,9%) 9,1%		38,2%
Vermeidung von Entweichung	31,8%		(24,3%/61,1%) 36,4%
Alltagsbewältigung	71,6%		(40,5%/22,2%) 34,5%
Beziehung/Bindung	21,6%	14,9%	(29,7%/44,4%) 34,5%
Distanz von Milieu			(24,3%/55,6%) 34,5%
Distanz von Familie			23,6%
Abbau von Aggressivität	(42,6%/19,5%) 31,8%		(27%/11,1%) 21,8%
Konflikte aufarbeiten	(21,3%/31,7%) 26,1%	15,9%	
Selbstvertrauen stärken	(34%/41,5%) 37,5%	10,6%	
Problembewusstsein sensibilisieren		9,0%	
Verantwortung übernehmen		8,5%	

Obwohl das Thema Schulbesuch in den Risikolagen und Bewältigungshandlungen eher eine untergeordnete Rolle spielt, ist es doch der Bereich Lernen und Schule, welcher am häufigsten als Ziel festgehalten wird. Dabei wird dies öfters bei Jungen als bei Mädchen niedergeschrieben und scheint in geschlossenen Unterbringungen eine stärkere Rolle zu spielen. Die Vermeidung von kriminellen Verhaltensweisen wird besonders stark bei Jugendlichen in Auslandsmaßnahmen benannt, während das Wiederherstellen einer Alltagsstruktur vermehrt Ziel in geschlossenen Unterbringungen ist. Der Abbau von aggressiven Verhaltensweisen wird, entsprechend den Zahlen zu den Bewältigungshandlungen, öfters bei Jungen

[29] In 61,4% der Fälle wurden weitere emotionale und gesundheitliche Ziele vereinbart. In weiteren 67% der Fälle wurde Ziele für eine aktive Elternarbeit festgehalten. Bei 56,8% der Jugendlichen wurden ebenfalls abgesprochene pädagogisch-therapeutischen Ziele angestrebt.

als Ziel benannt. Die ebenfalls als Verhaltensweise oft angegebene Handlung des Weglaufens scheint in den Zielen nur noch von jeweils einem Drittel der Hilfen als explizit abbauwürdig benannt zu werden. Als letztes Ziel und lediglich in der Dissertation von Sülzle-Temme (2007) erhoben, wurden bei den geschlossenen Unterbringungen der Bereich der Gesundheit, Elternarbeit bzw. abgegrenzte therapeutische Ziele im Hilfeplan erarbeitet oder erfasst.

3.5 Analyse des Forschungsstandes: Fallverläufe der Hilfen

Tabelle 8: exemplarische Fallverläufe

Fall[30]	Risikolagen	Bewältigungs-handlungen	Hilfe[31] (Vor-hilfen)	Schule/ Per-spek-tive	Autor* in
Miriam (w) 14 10	Gewalterfahrungen, Scheidung der Eltern, alleinerziehende Mutter, Alkoholproblem und Essstörungen der Mutter,	Weglaufen, oppositionelles Verhalten, Alkohol- und Marihuana Konsum, ältere männliche Freunde, Schul-verweigerung, Delinquenz (strafunmündig),	gU (stationärer Aufenthalt, Familienhilfe)	Schul-besuch	Sülzle-Temme
Tim (m) 12 8	Gewalterfahrungen, alleinerziehende Mutter, Armut, Alkoholkonsum und Aggressivität des Vaters, Vater bestreitet dies, kleine Wohnung,	Aggressives Verhalten, Sach-beschädigung (Grundschule), Schulschwänzen (Grundschule), Entweichen	gU (stationärer Aufenthalt in sechs Heimen, KJPP)	Lehrstelle	Sülzle-Temme
Paul (m) 13 7	Eltern heroinabhängig, Schulversäumnis,	Entweichen, Diebstähle, Schul-verweigerung, Stricher- und Drogenmilieu,	gU (stationärer Aufenthalt, Pflege-familie, Heim, am-bulante Ta-ges-pflege)	Haupt-schul-abschluss. Geplante Aus-bil-dung	Menk u.a.

30 1.) Name 2.) körperliches Geschlecht in (m)/(w) 3.) Alter bei der Befragung 4.) Alter bei Erstkontakt mit dem Jugendamt

31 Art der Hilfe zum Zeitpunkt der Datenerhebung sowie in Klammerns möglich chronologisch geordnet die Vorhilfen.

Anni (w) 15 0	Armut, Scheidung der Eltern, Verdacht auf sexuellen Missbrauch durch den Vater,	(Beginn fünfte Klasse) Autoaggressivität, Borderline-Syndrom, Suizidalität, Schulverweigerung, Aggressivität, Entweichen, Bedrohung der (Halb-) Geschwister	gU (Beratung durch das Jugendamt, Soziale Gruppenarbeit, KJPP, stationärer Aufenthalt, Jugendschutzstelle)	AbM	Menk u.a.
Erik (m) 16 12,5	Scheidung der Eltern, Konflikte mit beiden Elternteilen	In kurzer Zeit viele Straftaten, Schulverweigerung, Drogenkonsum, Entweichen, Wahl Jugendstrafanstalt oder gU	gU stationärer Aufenthalt	Ausbildung nach Jugendarrest und Drogen-therapie	Menk u.a.
Julia1 (w) 15 0	Adoption im Alter von vier Jahren, Konflikt mit der Adoptivmutter infolge der Bewältigungshandlungen,	(ab dem 12 Lebensjahr) Diebstähle, Vandalismus, Weglaufen, Konsum von Rauschmitteln bis zur Bewusstlosigkeit,	gU (Drehtür-effekt zwischen, stationärer Aufenthalt, Familie, ambulanten Hilfen und KJPP, Suchtklinik)	Mehrfach Abbruch des Entzugs; Einrichtungswechsel; Geburt des ersten Kindes	Menk u.a.
Julia2 (w) 15 2	Vernachlässigung, Adoption im Alter von fünf Jahren, Erkrankung der Schwester,	Weglaufen (ab 11), bedroht und bestiehlt die Familie, Weglaufen aus den Jugendhilfemaß-nahmen	Ausland (stationärer Aufenthalt, Pflege-familie u. Adoption, Heim, ge-schlossene KJPP)	Hauptschulabschluss und Berufs-ausbildung	Witte
Heike (w) 13 11	Mutter alleinerziehend, Alkohol- und Heroinabhängig, zwingt die Tochter zur Prostitution, Rausschmiss aus dem Elternhaus mit neun Jahren, lebt auf der Straße, versagende Jugendhilfe	Weglaufen, Wahl gU oder Ausland Drogenkonsum, Prostitution, Diebstähle,	Ausland (stationärer Aufenthalt)	Berufstätig	Witte

Martin (m) 15 6	Alkohol und Gewalterfahrungen im Elternhaus, Wechselnde Familienkonstellationen, Lernbehinderung,	Impulsivität, (ab 12 Jahren) Aggressivität, Bedrohungen und Gewaltanwendungen, (ab 13 Jahren) Drogen- Alkoholkonsum,	Ausland (KJPP)	Abbruch der Maßnahme nach einem Jahr	Witte
Serda (m) 16 6	Vater wird mit 12 von einem katholischen Missionar im Ausland adoptiert. Wächst in Deutschland auf. Arrangierte Hochzeit des 21 Jahre alten Vaters mit seiner 12 Jahre alten Cousine. Scheidung der Eltern und erneute Heirat, Großfamilie, starke Ablehnung durch die Stiefmutter, Gewalterfahrungen	Entweichen, Delinquenz, „organisiertes Bandentum", Alkohol und Drogen-missbrauch	Ausland (Jugendschutzstelle, stationärer Aufenthalt)	Höhere Handelsschule, Aus-bildung, Übernahme zuge-sichert.	Tautorat
Marcel (m) 14 10	Großeltern Vertriebene, Vater Soldat, alkoholkrank und gewalttätig, sexueller Missbrauch des 6 Jahre jüngeren Bruders durch die Mutter, zeitweise Trennung der Eltern	Gewalttätig, Straffällig,	Ausland (KJPP, Pflege-familie, Jugendschutzstelle, stationärer Aufenthalt,	Nach Bundeswehr AbM	Tautorat
Mona (w) 13 -	Bruder wächst bei Großeltern auf, Mutter ohne Ausbildung, konsumiert Drogen, Armut, Vater inhaftiert, Scheidung, sexueller Missbrauch durch den Vater,	Weglaufen und Trebegang, Leben auf der Straße	Ausland (stationärer Aufenthalte und KJPP)	Gymnasium	Tautorat
Matti (m) 16 16	Scheidung als Matthias 6 Jahre alt ist, Umzug, Mutter ist durch die Scheidung belastet.	Vandalismus (mit 14), Diebstahl und Drogenkonsum (15), Zunahme des straffälliges Verhaltens	Ausland (Sozial Trainings)	Nach sieben Jahren Aufent- halt Pizza-Kurier in Griechenland	Tautorat

Alex (m) 15 11	Leibliche Mutter geistig behindert, Pflegeeltern, Tod des Vaters, Verwahrlosung	Alkoholkonsum, Aggressivität, Leben auf der Straße	Ausland (SPFH, Vollzeit-pflege, KJPP, Heim)	Betreutes Wohnen / Praktikum	Klawe
Grit (w) 15 12	Konflikt mit der Mutter, Gewalterfahrung, Trennung der Eltern neue Partnerschaft der Mutter,	Schulschwänzen, Drogenkonsum, Gewalthandlungen, Entweichungen, Wahl gU oder Ausland	Ausland (Heim, Vollzeit-pflege, ISE)	Eigene Wohnung / Berufsvorbereitung	Klawe
Mirko (m) - -	Pflegefamilie	Schulprobleme, viele Straftaten in kurzer Zeit (Einbrüche, Raub u. Sachbeschädigungen), Drogenkonsum,	Ausland (Pflege-familie, Heim, Jugendschutzstelle)	Eigene Wohnung/ berufs-tätig	Klawe
Sameh (m) 13 10	-	Massive Auffälligkeiten in der Grundschule, Drogenkonsum, Diebstahl und Brandstiftung	Ausland (Heim)	Eigene Wohnung / Bundeswehr	Klawe
Sven (m) 17 -	Punkszene	Diebstähle, Schulschwänzen, versuchter Einbruch, Leben auf der Straße	(Ausland) JVA, gU	Eigene Wohnung / Schule	Klawe

Nach der Bestandsaufnahme und den Adressat*innen von freiheitsentziehenden Maßnahmen werden im dritten Schritt Fallverläufe, welche in der Empirie belegt sind, verglichen. Die Fallverläufe sollen dabei die Lebenslagen bis zur freiheitsentziehenden Unterbringung rekonstruieren. Auch wenn die statistischen Risikolagen und Bewältigungshandlungen die jeweiligen Durchschnittswerte der Zielgruppe offenbaren, verschleiern sie doch eher, wer die Jugendlichen in den Maßnahmen sind. Nur die Rekonstruktionen der jeweiligen Einzelfälle, Biografien und Geschichten, in denen sich die Bewältigungshandlungen von Jugendlichen so weitreichend spiegeln, dass Fachkräfte sie für „systemsprengend" halten, ermöglichen es, ein Bild über die Jugendlichen zu geben. Schließlich sind es die Kombinationen der Risikolagen und Bewältigungshandlungen der Einzelfälle, die zu einer freiheitsentziehenden Unterbringung geführt haben. Die Tabelle zeigt stichwortartig insgesamt 16 aus der Literatur rekonstruierte Fallverläufe bis zur Unterbringung der Jugendlichen in freiheitentziehenden Maßnahmen.

Alle Adressat*innen stammen aus multikomplexen, risikohaften Lebenslagen. Das Herkunftsmilieu ist geprägt von familiären Konflikten und ökonomischen Problemen. Hinzu kommen bei einigen Jugendlichen weitere Risikolagen wie Gewalterfahrungen bis hin zum Missbrauch sowie akute Vernachlässigungen oder generelle Ablehnungserfahrungen durch die Eltern. Auch wenn in vielen Fällen die Jugendlichen bereits früh zu Adressat*innen der Kinder- und Jugendhilfe geworden sind zeigt sich weiter, dass die Jugendlichen erst mit Einritt in die Lebensphase Jugend zu Systemsprengern der Jugendhilfe werden.

Die Fallverläufe zeigen, dass sich die Bewältigungshandlungen der jeweiligen (Lebens-)Situation noch weiter differenzieren lassen. Für das Ziel der Rückgewinnung der psychosozialen Handlungsfähigkeit deuten sich drei Muster desintegrierender Handlungsweisen an, auch wenn keine Verbindung zwischen Risikolagen und Bewältigungshandlungen besteht. Musterübergreifend sind Bewältigungshandlungen wie das Weglaufen, die Schulverweigerung sowie Alkohol- und Drogenkonsum zu finden. Ansonsten lassen sich die Jugendlichen in drei Muster von Kernproblematiken unterteilen: Jugendliche, die drohen zu »verwahrlosen« (Miriam; Julia1; Julia2; Heike; Mona, Sven), Jugendliche, die mit gesundheitlichem Risikoverhalten (Paul, Anni. Matti, Alex, Grit) und Jugendliche, die mit delinquenten Verhaltensweisen reagieren (Tim; Erik; Martin; Serda; Marcel; Mirko; Sameh).

Auch wenn der Fokus bei den Fallverläufen auf der Situation vor den jeweiligen Maßnahmen liegt, geben sie doch einen kleinen – wenn auch nicht ausreichenden – Einblick in den groben Ablauf der Hilfemaßnahmen. Aufgearbeitet wurden die Verläufe der Hilfen begrenzt auf die Auslandsmaßnahmen von Witte (2009). Hoops/ Permien haben 2006 bereits vier Stufen als Verlauf für geschlossene Unterbringung vorgelegt, die letzten beiden Phasen von Witte konnten aufgrund differenter Methodologie nicht von Hoops/ Permien erfasst werden, wobei die übrigen Stufen ähnlich aufgebaut sind. Die Langzeitevaluation des Kriseninterventionszentrums hingegen erfasst auch die Zeit nach der geschlossenen Unterbringung und demnach die Phasen des Transfers und der Normalisierung (vgl. hierzu Witte 2009), womit das Feld der geschlossenen Unterbringungen auch hier erfasst ist.

Phase 1, *Diagnose*: Diese erste Phase des Hilfeverlaufes entscheidet über die Art der möglichen Hilfe, die Ziele und die zu erarbeitenden Perspektiven der Hilfe (vgl. Witte 2009). Wie Freigang bereits 1986 und in den letzten Jahren unter anderem Tautorat und Sülzle-Temme kritisieren, wird diese Phase oftmals nicht im ausreichenden Maße berücksichtigt, was zu einer nicht angemessenen Passung der Maßnahme führt und damit zu vermehrten Abbrüchen. Daraus resultieren Probleme, die bis zum Scheitern der Hilfe führen können. Ein mangelndes Fallverstehen der professionellen Akteur*innen oder das fehlende Verständnis bezüglich einer „sozialpädagogischen Diagnose“ (Mollenhauer/ Uhlendorff 2004) wird immer wieder kritisiert. Tautorat (2004: 439) greift dies in ihrem „Primat der fachlichen Diagnose“ auf.

Phase 2, *Delegitimieren*: In dieser Phase werden die bislang angeeigneten desintegrierenden Bewältigungshandlungen erschüttert. „Routinemäßig praktizierte Handlungsmuster der Jugendlichen“ (Witte 2009: 40) erweisen sich in der neuen Lebenswelt als nutzlos. Die Adressat*innen werden verunsichert, durchlaufen Krisen und eine Reflexion der bisherigen Verhaltensweisen wird bereits strukturell erzwungen. „Die erste Zeit im Heim erleben die Jugendlichen häufig in einem Zustand offenen Widerstands oder hilfloser Ohnmacht. Einige konnten es nur schwer fassen, dass nun – nach oft Jahren der Regel- und Konsequenzlosigkeit – *„voll alles vorgegeben“* war und sie zunächst nicht einmal eine halbe Stunde Ausgang hatten und auch keinen Besuch empfangen konnten“ (Hoops/ Permien 2006: 110). Insbesondere in geschlossenen Unterbringungen scheinen die Thematiken „Einschluss“ und „Zwang“ den Jugendlichen besonders präsent zu sein und sich im aktiven Erleben zu manifestieren.

Phase 3, *Neustrukturieren*: Im Mittelpunkt dieser Phase steht der Erwerb neuer Handlungs- und Bewältigungsmuster, angeregt durch eine neue vertrauensvolle Beziehung zu den jeweiligen Fachkräften. „Denn nur auf Grundlage von neu gewonnenem Vertrauen ist der Aufbau neuer Auslegungs- und Anweisungsmuster überhaupt vorstellbar“ (Witte 2009: 42).

> »Als ich vier Monate drin war, hab ich gedacht: Ist ja vielleicht doch ‘ne Chance, Neustart zu machen. Und dann hab ich mich an den Alltag gewöhnt« (Nora)“ (Hoops/ Permien 2006: 113).

Auch wenn die Jugendliche in diesem Fall von vier Monaten spricht, schreiben Hoops/ Permien von einer starken Varianz bezüglich der zeitlichen Angaben und schätzen die durchschnittliche Zeit auf „etwa sechs Wochen“ (ebd.) ein. Nach den Erkenntnissen aus dem Phasenkonzept von Witte scheint ein individuell festgelegter Zeitraum, im Gegensatz zu manchen Stufenkonzepten, der Entwicklung der Jugendlichen angemessener zu sein. Ebenso markant: An dem Zeitpunkt der Vertrauensbildung scheint es eine Verquickung mit dem Wiedererlangen persönlicher Freiheiten sowie der Akzeptanz der Einrichtungsregeln zu geben (vgl. Menk u.a. 2013).

Phase 4, *Konsolidieren*: „Die neuen, vorerst noch instabilen, weil wenig etablierten Strukturen erfahren in dieser Phase Festigung und Sicherheit“ (Witte 2009: 43). Auch Hoops/ Permien (2006: 115f.) berichten in der vierten Phase von Erfolgen der Jugendlichen, die sich nicht nur auf das Vermeiden von bisher destruktiven Verhaltensweisen, sondern auch im Erreichen selbst und neu gesteckter Ziele widerspiegeln.

Phase 5, *Transfer*: Diese Phase ist geprägt durch einen Strukturbruch bei den Jugendlichen. Sie verlassen ihre bisherige »Lebenswelt« in der Maßnahme und kommen in eine neue Lebenssituation, in die das bislang gelernte Wissen transferiert werden muss. Die Empirie, insbesondere bezogen auf die Anschlussmaßnahmen, zeigt, dass diese Phase eine besondere Bedeutung für den weiteren Erfolg des Fallverlaufs hat. Kann eine passungsfähige Hilfe initiiert werden, ist ein Wissens- und Kompetenztransfer möglich. Kann kein geeignetes Anschlusssetting gefunden werden, bleibt der Transfer und die Wirkung der intensiven Hilfe für die Jugendlichen aus (vgl. Witte 2009: 44ff.).

Phase 6, *Normalisieren*: Bezeichnet eine zweite Phase des Konsolidierens, so dass Handlungs-/Bewältigungsmuster sowie Verhaltensweisen als selbstverständliche Routinen etabliert werden können. Witte formuliert vier Grundannahmen, die eine „Normalisierung“ möglich machen:

1. Der Jugendliche muss darauf vertrauen können, dass die erworbenen Auslegungs- und Anweisungsschemata unumschränkt anstehende Probleme lösen können.
2. Der Jugendlichen muss sich auf das erlernte Wissen verlassen können, auch ohne die reale Bedeutung zu erkennen.
3. Der Jugendliche muss daran glauben, dass es genügt, in dem normalen Ablauf der Dinge ein Wissen über die Ereignisse zu haben.
4. Der Jugendliche muss sich über die gesellschaftliche Akzeptanz seiner erworbene Auslegungs- und Handlungsschemata gewiss sein (vgl. Witte 2009: 46).

Besonders für die als Krise erlebte Ankunftsphase in der Maßnahme lassen sich drei verschiedene analytische Bewältigungsmuster der »Krise« Freiheitsentzug ausmachen (vgl. Permien 2010; Menk u.a. 2013). Die Rebellen reagieren mit heftiger Opposition auf den Entzug ihrer Bewegungsfreiheit. Die Rationalen passen sich an die an sie herangetragenen Bedingungen an, wobei einige hier „Bluffen“, um eine möglichst einfache Zeit zu verbringen, während andere sich wirklich auf die Maßnahme einlassen. Als letzte Gruppe gibt es die Ohnmächtigen bzw. Depressiven, welchen „alles egal ist“ und denen ihre Situation gleichgültig zu sein scheint.

Im Anschluss an die Fallverläufe, mit denen verschiedenen Phasen einer freiheitsentziehenden Unterbringung, sowie den drei Bewältigungsmustern von Freiheitsentzug folgt im letzten Kapitel die Rekonstruktion von unterschiedlichen Wirkfaktoren innerhalb der Einrichtungen. Sprich: Welche Faktoren sich auf die Jugendlichen und denen Fallverläufe, anhand der bisher erschienenen Empirie, auswirken.

3.6 Analyse des Forschungsstandes: Wirkfaktoren im Freiheitsentzug

> „Gelernt habe ich am meisten durch die Gespräche. Ein bisschen auch durch die Strafen. Aber die Strafen haben einen meistens nur aufgeregt und geärgert. Das könnte ein bisschen lockerer sein, dann würde man auch was lernen!“ (Permien 2010: 36).

Was den Erfolg von Maßnahmen angeht gilt auch heute: „Was eine bestimmte Konzeption leisten kann, ist immer in hohem Maße abhängig von Faktoren, die an situative, persönliche und strukturelle Rahmenbedingungen einer Einrichtung gebunden sind und nur in diesem Kontext bewertet werden können“ (Wolffersdorf u.a. 1996: 339). Außerdem ist es schwierig, Veränderungen als explizierte Wirkung von Freiheitsentzug auszumachen (vgl. Sülzle-Temme 2007: 175; auch hierzu Pankofer 1997: 214). An dieser wichtigen Fragestellung, insbesondere für die Weiterentwicklung von Jugendhilfemaßnahmen, setzten gleich mehrere Studien an. Diese sind das zweite Modul der DJI- Studie „Effekte freiheitsentziehender Maßnahmen in der Jugendhilfe“ (Permien 2010, Teilstudie), die Dissertation von Sabine Pankofer (1997) sowie die Studie von Willy Klawe 2010, „Verläufe und Wirkfaktoren individualpädagogischer Maßnahmen“. Dabei folgen Wirkfaktoren keiner linearen Ursache-Wirkung-Logik, sondern es werden vielmehr Einflüsse aufgezeigt, welche die Entwicklung von Adressat*innen in maßgeblicher Weise beeinflussen können (vgl. Klawe 2010).

Als empirisch gesichert gilt, dass Beziehungen eben diese Einflussmöglichkeit auf die Adressat*innen haben. Sie sind zweifellos einer der wichtigsten – wenn nicht sogar der wichtigste – Wirk- bzw. Unterstützungsfaktor (vgl. hierzu Klawe 2010; Permien 2010; Pankofer 1997). Insbesondere die Beziehung zu den Fachkräften scheint für die Entwicklung der Jugendlichen von besonderer Bedeutung zu sein. „Die Herstellung einer pädagogischen Beziehung gilt also – genauso wie in der Jugendhilfe allgemein – auch in FM als zentrales Element des pädagogisch-therapeutischen Settings“ (Permien 2010: 36). Dabei wird in geschlossenen

Unterbringungen die Herstellung dieser Beziehung durch die strukturbedingte Doppelrolle der Fachkraft als »Vertrauensperson« und »Bewacher*in« sichtlich erschwert. Ein weiterer belastender Faktor für die Beziehungsbildung kann durch die, je nach Partizipation an der Hilfeplanung bzw. auf Grund der richterlichen Weisung, »bedingten Freiwilligkeit« der Maßnahmen, entstehen.

Die von den Jugendpsychiatrien häufig bescheinigte (vgl. Sülzle-Temme 2007: 133; auch Stadler 2004: 89) »Beziehungsstörung« der Adressat*innen stellt eine weitere strukturelle Belastung für die Etablierung von professionellen Beziehungen dar (vgl. Permien 2010: 37). Trotz aller Hindernisse zeigt sich in den bisherigen Studien, dass der Aufbau einer Pädagog*innen-Adressat*innen Beziehung möglich ist, was ein Mädchen in Form eines »Leidensdruck« beschreibt, mit einer Bezugsperson sprechen zu können:

> „wenn es Probleme gab, man davor nicht weglaufen konnte. Dass man das in dem Raum klären musste. Und nach einer Zeit findet man dann eine Bezugsperson, dann kannst du mit der über alles sprechen … auf der Geschlossenen kannst du nicht mehr vor deinen Problemen weglaufen. Und irgendwann sagt man was, weil irgendwann platzt man innerlich. Und dann hält man das nicht mehr aus, was man alles runtergeschluckt hat!" (Permien 2010: 38)

Abgesehen von dem Zwang und Druck sich jemanden anzuvertrauen, treffen die Jugendlichen in den Einrichtungen durchaus auch auf Mitarbeiter*innen zu denen sie freiwillig und ohne Leidensdruck ein aus ihrer Sicht gutes Verhältnis aufbauen können. Für diese gelingende und tragfähige professionelle Beziehung sind, insbesondere aus Sicht der Jugendlichen, persönliche Eigenschaften wie Verlässlichkeit, Ermutigungen/Unterstützung, Motivation, Verständnis/Empathie sowie belastbare Beziehungsangebote notwendig (vgl. hierzu Pankofer 1997, Permien 2010, Klawe 2010).

Eine zweite Beziehungsebene als Wirkfaktor in freiheitsentziehenden Maßnahmen ist unter genauer: zwischen den Jugendlichen zu finden[32]. Permien (2010: 46ff.) bezeichnet es als ein Paradox von Freiheitsentzug, dass Jugendliche mit einer „Störung des Sozialverhaltens" Sozialkompetenzen ausgerechnet in einer Gruppe von „Dissozialen" lernen sollen. Sie verweist vordringlich auf die Risiken und Schwierigkeiten, welche aus Gruppen heraus entstehen können, bspw. wenn sich »Gruppenbosse« gegen die Erzieher*innen stellen, Gruppen wie „emotionale

[32] In diesem Fall begrenzt auf Maßnahmen die mit Gruppen arbeiten. Projekte in familiären Kontexten und 1:1 Betreuungen können schon konzeptionell keinen „Gruppenwirkfaktor" aufweisen.

Treibhäuser“ fungieren, die die Emotionen hochkochen, Positionskämpfe ausgefochten werden oder die Gruppendynamik stereotypische Verhaltensmuster reproduziert.

Pankofer (1997: 206ff.) beschreibt aber auch die positiven Seiten vom Paradoxon „soziales Lernen unter Dissozialen“. Hier beschreiben es Mädchen als unterstützend, in einer Gruppe mit Jugendlichen zu leben, welche ähnliche Probleme mitbringen und vergleichbar stigmatisierte und problematisierte Biografien aufweisen. Sie erlebten ähnliche Erfahrungen als stützendes Gerüst und emotionale Verbundenheit, so dass sich über den Austausch mit und die Rückmeldungen von Anderen, die in ähnlichen Lagen waren, Vertrauen entwickeln konnte. Ein Mädchen meinte dazu:

> „Also ich kenne keine im Heim, die wo keine Drogen nimmt oder es nicht mal getan oder kein Bier trinkt oder so. (..) Ich glaube, ich hätt mich nie ändern können, wenn ich wo hingekommen wär, wo alle, was weiß ich, das noch nie getan hätten, nichts davon gewußt hätten. Das ist schon was anderes, wenn man zu mehreren ist. Man kann darüber reden, jeder sagt, mei, die eine sagt, bei mir war`s so, die andere sagt, oh mir ist schlecht geworden, würd ich nie wieder tun. Das ist schon ein Unterschied, ob man mit jemanden redet, der muß es nicht unbedingt getan haben, aber der da auch reden kann.“ (Pankofer 1997: 208)

Beide Autorinnen zeigen, in unterschiedlichen Ausprägungen, dass die Gruppe an sich ein nicht zu unterschätzender Wirkfaktor auf die Jugendlichen sein kann.

Der in der Kinder- und Jugendhilfe wirkmächtigste Faktor in der Erziehung ist die »Beziehung« zwischen Pädagog*innen und Jugendlichen. Damit ist auch der wichtigste Erziehungsfaktor von freiheitsentziehenden Maßnahmen nicht genuin auf diese beschränkt, allerdings ist auch ein Beziehungsaufbau in diesen aus strukturell geprägten Zwängen geprägten Hilfen möglich (vgl. ebd.).

Auch wenn es, für eine wirkungsorientierte pädagogische Arbeit, scheinbar nicht die bedeutendsten Wirkfaktoren sind, gibt es durchaus auf Freiheitsentzug beschränkte Rahmenbedingungen, die Auswirkungen auf den Hilfeverlauf haben, bzw. denen eine besondere Bedeutung zugesprochen werden kann.

Bei der markantesten Rahmenbedingung von Freiheitsentzug handelt es sich um das Setting an sich. Dieses hat, abhängig von der Maßnahme in Form eines Auslandsprojektes oder einer geschlossenen Unterbringung, Auswirkungen auf den Alltag und den weiteren Verlauf der Hilfemaßnahme. Witte (2009) begreift Auslandsprojekte weniger als eine alltagsergänzende, sondern vielmehr als eine alltagsersetzende Maßnahme, eine „Alltags-Alternative“. Als Begründung hierfür benennt er die konzeptionell bei den Adressat*innen geplante räumliche Distanz zum Herkunftsmilieu, was notwendig scheint, um neue Lern- und Erfahrungsprozesse anzustoßen. Der „kulturellen Entbettung“ kommen damit zwei weitere primäre Funktionen zu:

> „Erstens schafft Entbettung den notwendigen Rahmen für eine Delegitimierung, d.h. für die Erschütterung des bisherigen Horizontes seines Vorwissens, […]. Zweitens ermöglicht die natürliche und kulturelle Entbettung die Realisierung von Betreuungsformen, die als funktionales Äquivalent faktischer Geschlossenheit verstanden werden können.“ (Witte 2009: 32)

Die Entbettung der Jugendlichen aus ihrem bisherigen Lebensumfeld ist, in der konzeptionellen Argumentation, ein strukturelles Element von Freiheitentzug, egal in welcher Art der Maßnahmen. Sie kann allerdings von den Adressat*innen unterschiedlich wahrgenommen werden (vgl. hierzu Witte 2009; Wendelin 2011).

Ein für die Betreuenden besonders wichtiger Wirkfaktor sind klare Regeln, Tagesstrukturen und mitunter strikte Konsequenzen. Sie bieten Verlässlichkeit und Orientierung, was – so die Annahme – besonders für Jugendliche wichtig ist, die sich bislang nicht an Regeln gehalten haben (vgl. Permien 2010). Auch wenn die Jugendlichen diese Berechenbarkeit in den Interviews als hilfreich beschreiben, beurteilen dieselben Jugendlichen allerdings Regeln und Verbote, deren Gründe für sie unersichtlich oder gar willkürlich sind, besonders kritisch und dekonstruktiv (vgl. ebd.). Der Umgang mit dem Reglement ist von Individuum zu Individuum unterschiedlich. Dennoch scheinen viele gerade zu Beginn ihres Aufenthaltes die Regeln und Konsequenzen „austesten“ zu wollen. Für das Feld der Auslandsmaßnahmen lässt sich keine grundlegende Tendenz zur Reglementierung und Strukturierung feststellen, es gibt hier immer wieder Anzeichen und Berichte, welche einen sehr engen Tagesverlauf aufweisen, aber dann auch wieder zum genauen Gegenteil tendieren (vgl. hierzu u.a. Wendelin 2011; Klawe 2010; Felka/Harre 2011).

In verschiedenen Studien (Permien 2010; Sülzle-Temme 2007; Wolffersdorff u.a. 1996; Schwabe u.a. 2006a/b) gibt es Berichte zu Konsequenzen und Strafen über Isolationen von einzelnen Jugendlichen. Die Nutzung dieser sogenannten Time-Out Räume ist von Einrichtung zu Einrichtung unterschiedlich. Retrospektiv beschreiben verschiedene Jugendliche ihre Erfahrungen mit Time-Out übereinstimmend als sehr negativ und kontraproduktiv, was sich demnach – ähnlich wie andere demütigende, bloßstellende oder den freien Willen beraubende Strafen – sehr belastend auf die weitere erzieherische Einflussnahme und Entwicklung auswirkt. Ein Mädchen beschreibt die Isolation wie folgt:

> „Und im Heim hat man Zimmer gekriegt, drei Tage lang … durftest du da schmorren wie ne Bescheuerte, durftest gar nichts machen, und hinter wurde gar nicht groß darüber gesprochen. Also man ist zwar bestraft worden, aber direkt auf die Situation bezogen wurde da kaum was gemacht“ (Permien 2010: 33).

Wolffersdorff u.a. (1996) greift auch die „Stumme Botschaft“ der Time-Out Räumen zu den Jugendlichen über ihr bloßes Vorhandensein in den Einrichtungen auf. Die Autor*innen resümieren: „Im Ergebnis laufen unsere Erfahrungen auf die Forderung hinaus, lieber den Mut zur verbindlichen Abschaffung sämtlicher Isolationsräume in Heimen (offen wie geschlossen) aufzubringen als mit widersprüchlichen und fadenscheinigen Argumenten weiterhin nach fachlichen Rechtfertigungen für eine solche Praxis zu suchen“ (ebd.: 331). Wie die Studien von Permien (2010), Sülzle-Temme (2007) und (Schwabe/ Evers 2006) zeigen, blieb diese Forderung bis heute unerfüllt.

Die Beschulung der in den Maßnahmen untergebrachten Adressat*innen ist aus Sicht der Jugendämter eine zentrale Zielsetzung der Maßnahmen. Egal in welcher Form eine Beschulung stattfindet, sie wirkt sich, in Erfolgen und Misserfolgen, auf die spätere Lebensplanung und mögliche Perspektiven nach der Jugendhilfe aus (vgl. hierzu Permien 2010; Wendelin 2011).

Die oben aufgeführten Belegstellen, insbesondere bezüglich des Wirkfaktors Beziehung, können aus Pankofers Sicht

> „höchstens ein Beleg dafür sein, daß auch in geschlossenen Heimen pädagogische sinnvolle Arbeit gemacht wird bzw. werden kann, wenn bestimmte Voraussetzungen auf verschiedenen Ebenen – wie z.B. pädagogischer Freiraum von PädagogInnen in Entscheidungen, kritische Auseinandersetzung der PädagogInnen mit ihrer Rolle, Macht und Normen, klare pädagogische Haltung der PädagogInnen den Mädchen gegenüber u.v.m. – gegeben sind“ (Pankofer 1997: 215).

3.7 Zwischenfazit

Freiheitsentziehende Maßnahmen in der Kinder- und Jugendhilfe arbeiten mit einem besonders hohen Grad an möglichem Zwang, welcher durch –in herkömmlichen Jugendhilfesettings– unüblichen Machtquellen gespeist wird. Damit lässt sich die Diskussion um Zwang in Erziehung und Freiheitsentzug nicht auf klassische geschlossene Unterbringungen eingrenzen.

Insgesamt kann man davon ausgehen, dass ca. 800 Kinder und Jugendliche (350 klassisch zuzüglich bis zu 500 im Grau-Bereich einschließlich des Dunkelfeldes) in freiheitsentziehenden »Ultima-Ratio« Maßnahmen untergebracht sind. Der Bedarf an Plätzen speist sich einerseits aus den gravierenden multikomplexen Aufnahmegründen, welche herkömmliche stationäre Jugendhilfeeinrichtungen überfordern, andererseits aus der Abschiebeverhalten der Jugendhilfe. Diesen standen im Jahr 2013 insgesamt 66.788 (60.553 im Jahr 2010) stationäre Heimunterbringungen zuzüglich 3.525 Belegungen (2.638 im Jahr 2010) in intensivpädagogischen Maßnahmen (vgl. Statistisches Bundesamt 2015) gegenüber. Die freiheitsentziehenden Hilfen machen demnach schätzungsweise 1,13% der Heimerziehungen aus und bleiben damit eine „marginale Größe" (Permien 2010: 8).

Bezüglich der Adressat*innen belegen über alle Studien Jungen häufiger Plätze (2/3) in freiheitsentziehenden Maßnahmen als Mädchen. Was im Vergleich zu den übrigen Hilfen zur Erziehung, 60% Adressaten zu 40% Adressatinnen, einen leicht erhöhten Anteil ausmacht.

Ebenso wie Permien (2010) spricht Sülzle-Temme (2007) von einer Sogwirkung der geschlossenen Unterbringungen, da insbesondere die Bundesländer mit entsprechenden Einrichtungen von der Möglichkeit Gebrauch machen, freiheitsentziehend innerhalb der Jugendhilfe unterzubringen. Beide Studien gehen allerdings nicht der Frage nach, wie andere Bundesländer mit »Systemsprengern« umgehen oder weisen stattdessen auf andere Möglichkeiten der Unterbringung außerhalb der Kinder- und Jugendhilfe wie Psychiatrien mit geschlossenen Abteilungen, Auslandsmaßnahmen oder Einrichtungen im Grau-Bereich hin. Wie sich bereits die Möglichkeit des Freiheitsentzugs auf das Belegverhalten der Jugendämter auswirkt, kann bislang nur gemutmaßt werden. Dennoch stellt die beschriebene Sogwirkung einen der zentralen Kritikpunkte an geschlossener Unterbringung dar, auch wenn weder Einwohner*innenzahlen noch die Jugendpopulation oder Urbane Regionen zusammen mit den Jugendhilfestatistiken der Länder gegenübergestellt werden.

Das Durchschnittsalter bei der Aufnahme in den Maßnahmen liegt zwischen dem 13. und 14. Lebensjahr, allerdings immer im Übergang vom Lebensalter Kindheit zum Lebensalter Jugend (vgl. hierzu Böhnisch 2012) und ist geschlechterspezifisch bei Mädchen tendenziell eher später als bei Jungen. Dies scheint sich auch in der Zielgruppe der Maßnahmen abzuzeichnen, da diese konzeptionell für Jugendliche gedacht sind.

Ein großer Teil der Adressat*innen stammt aus sozial-familiär belasteten Lebens- und Risikolagen, zwischen 33% bis zu 50% der Jugendlichen haben zusätzlich noch ökonomische Risikolagen zu bewältigen. Während die finanziellen Belastungen häufiger in den Akten von Jungen genannt werden, sind die sozialen Belastungen häufiger bei Mädchen dokumentiert. Die könnte auf der einen Seite an den Erwartungen der Fachkräfte und der damit einhergehenden subjektiven geschlechtstypischen Zuschreibungen liegen, auf der anderen Seite kann es auf einer gesellschaftlichen Konstruktion von Normalität beruhen. Allerdings sind die Bewältigungsaufgaben der Jugendlichen bereits so komplex, dass auch die Möglichkeit in Betracht gezogen werden muss, dass sich die Jugendlichen zunächst an geschlechterstereotypen Strukturen orientieren.

Zwischen den Risikolagen und Bewältigungshandlungen anzusiedeln ist die in allen Fallverläufen entweder konflikthafte, in jedem Fall aber prekäre Schulsituation der Jugendlichen. Schulverweigerung, Rückstufungen, Schulverweise sind eher die Regel als die Ausnahme. Demnach scheitert nicht nur die Kinder- und Jugendhilfe als erste, sondern ebenso die Schule als zweite öffentliche Institution an den Jugendlichen. Insbesondere bei den Zielen der Kinder- und Jugendhilfe Maßnahmen spielt die Schule wiederrum, nicht zuletzt aufgrund der Bedeutung von Schulabschlüssen für die weitere Lebensplanung und Selbstständigkeit, eine hohe Bedeutung.

Die Bewältigungshandlungen füllen, wie die Studie von Sülzle-Temme (2007) und die skizzierten Fallverläufe aufzeigen, ein breites Spektrum. Für die freiheitsentziehenden Maßnahmen haben sich allerdings drei signifikant auffällige Zuschreibungen (Verwahrlosung, gesundheitliches bzw. delinquentes Risikoverhalten) als Begründung für den weitreichenden Eingriff in die Autonomie der Jugendlichen herauskristallisiert. Auch wenn die Zuschreibungen nicht trennscharf sind, zeigt sich doch, dass vor allem das Entziehen aus dem pädagogischen Einfluss fallübergreifend als Argument für Verwahrlosung und gesundheitliches Risikoverhalten herangezogen wird.

Dass die Kinder- und Jugendhilfe an ihren Adressat*innen gescheitert ist, belegen die Zahlen zu den Jugendhilfekarrieren. Immerhin 2/3 der Jugendlichen haben mehr als drei Vorhilfen durchlaufen. Menk u.a. (2013) haben mit den Interventionsverläufen einen Überblick über die Zeiträume und Intensitäten der Maßnahmen gegeben. Dabei zeigt sich, auch untermauert durch die Fallverläufe, dass die konkreten, für die Unterbringung in der jeweiligen Maßnahme ursächlichen Problematiken oft erst im Übergang von der Kindheit ins Jugendalter entstehen. In diesem Zusammenhang sind wohl auch die in den Hilfeplänen benannten Zielsetzungen zu sehen. Hauptsächlich beziehen diese sich auf die Vermeidung desintegrierender Handlungsweisen sowie auf das Schaffen von Perspektiven durch Schule und Ausbildung.

An die Interventions- und Fallverläufe anschlussfähig sind die Studien von Permien (2010), Menk u.a. (2013) sowie Witte (2009), die insgesamt sechs analytische Ablaufphasen für freiheitsentziehende Maßnahmen ausgearbeitet haben. Während die zentralen Wirkfaktoren im Handlungsfeld die Beziehung zu den

Fachkräften, das Jugendhilfesetting und die damit geschaffenen Machtquellen sowie die Befähigung gesellschaftlich integrierende Perspektiven insbesondere über die Beschulung zu ermöglichen. Das auch in freiheitsentziehenden Maßnahmen eine pädagogische Arbeit möglich, wenn auch durch die Struktur erschwert ist, zeigen sowohl Koch/Kessl (2007: 32f) als auch Pankofer (1997: 215).

Abschließend scheint es noch einmal sinnvoll, auf die unterschiedlichen empirischen Grundlagen der Studien zu verweisen. Ein Großteil der empirischen Ergebnisse entstammt Jugendhilfeakten. Akten, die aus einem bestimmten Grund von einer Fachkraft mit einem bestimmten Ziel verfasst wurden. Diese Akten rekonstruieren keine Biografien, sondern haben zum Ziel, Jugendhilfefälle zu konstruieren. Sie gewähren keinen Blick auf die Jugendlichen, auf ihre Abwägungsprozesse in Entscheidungen, ihre Handlungsbegründungen oder ihren Alltag und haben damit nur eine eingeschränkte Aussagekraft. Einen anderen Teil der Ergebnisse liegen sowohl biografische wie auch leitfadengestützte Interviews zugrunde. Aus diesen Interviews wiederum lassen sich Biografien und andere Narrationen der Jugendlichen aus und während ihrer Zeit in den Jugendhilfeeinrichtungen erheben. Eine systematische Analyse der verschiedenen Maßnahmen und dem Alltagsleben der Jugendlichen in den Hilfen lässt sich aus der bisherigen Empirie allerdings nicht rekonstruieren.

4 Anlage der ethnografischen Untersuchung

Meine Dissertation zielt darauf ab, alltägliche Erziehungsprozesse in freiheitsentziehenden Maßnahmen zu beforschen. Daher befasse ich mich nicht nur mit den Erziehungszielen und -methoden der verschiedenen Projekte, sondern auch grundlegend nach den Konstruktionsweisen und Entwürfen von Freiheitsentzug in der Kinder- und Jugendhilfe. Bedingt durch die Fragestellung und Zielsetzung folgte die Entscheidung, ein ethnografisches Forschungsdesign zu wählen. Ähnlich der, wie es Malinowski (1973) ein wenig lapidar ausdrückt, „Liegestuhl-Ethnologie" (ebd.: 128) habe ich damit begonnen, die bislang zum Thema erschienene Empirie, die damit verbundenen theoretischen und historischen Grundlagen der Heimerziehung in Deutschland sowie insbesondere den wissenschaftlichen wie medialen Diskurs aufzuarbeiten. Hierauf aufbauend habe ich mich, entsprechend Malinowskis Forderung (vgl. ebd.: 128) und vor allem auch den gängigen ethnografischen Merkmalen folgend (vgl. Breidenstein u.a. 2013: 31ff.), mittels eines immer wieder zirkulierenden Prozesses von Feldforschungs- und Auswertungsphasen dem Alltag in freiheitsentziehenden deutschen Jugendhilfemaßnahmen angenähert.

Bei der ethnografischen Feldforschung handelt es sich um eine zur qualitativen Sozialforschung zählenden Forschungstradition (vgl. hierzu auch Bock/ Maischatz 2010), deren vornehmliches Ziel es ist, Menschen in ihren alltäglichen Lebenskontexten zu erforschen, um Einblicke in ihre Lebenswelt und -weisen, sozialen Praktiken und Sinnkonstruktionen zu gewinnen (vgl. Friebertshäuser/ Panagiotopoulou 2010: 301). „Die besondere Leistung der Ethnografie besteht dann in einer analytischen Beschreibung fremder (oder eigener) kultureller Praktiken" (Breidenstein u.a. 2013: 7). Diese Beschreibung basiert dabei auf einem Methodenkanon von Beobachtungen, Gesprächen, Interviews, Ton- und Bildmitschnitten, Text- oder anderen Artefakten. „Im Zentrum dieser [ethnografischen] Forschung steht die *teilnehmende Beobachtung*" (Breidenstein u.a. 2013: 7, Einschub M.E.). Dies ist bemerkenswert, galt doch lange Jahre besonders das Befragen bzw. Interviewen und nicht das Beobachten von Proband*innen und schon gar nicht die Teilnahme an ihrem Alltag, als „Königsweg der Sozialforschung, als der eigene

M. Engelbracht, *Jugendliches Alltagsleben in freiheitsentziehenden Maßnahmen*, Kasseler Edition Soziale Arbeit 16, https://doi.org/10.1007/978-3-658-23843-8_4

Beitrag der Soziologie“ (Honer 1993: 55) zur empirischen Wissenschaft. Dieser privilegierte Zugang zur sozialen Wirklichkeit basiert, so Honer weiter, auf der schlichten Annahme, dass man „eben mit den Leuten reden muss“ (ebd.: 55), wenn man etwas über ihre Wirklichkeitskonstruktion in Erfahrung bringen möchte. Nicht nur der lebensweltliche ethnografische Forschungsansatz von Ronald Hitzler und Anne Honer (1988), sondern auch die Arbeiten weiterer Sozial- und Erziehungswissenschaftler*innen (vgl. hierzu u.a. Cloos/ Thole 2006; Hünersdorf u.a. 2008; Heinzel u.a. 2010; Breidenstein u.a. 2013; Bock u.a. 2015a) haben inzwischen zur Methodenpluralität, auch in der Erforschung von sozial konstruierter Wirklichkeit, beigetragen. Dieser »cultural turn« und die damit verbundene methodologische Diskussion haben dazu geführt, dass sich die Ethnografie zu einem der prädestiniertesten Forschungszugänge zur Untersuchung von sozialen Praktiken entwickelt hat, sodass ihr nicht länger ein „mystisch-verklärter Habitus“ (vgl. Cloos/ Thole 2006) und der Vorwurf anhaften, sie sei lediglich in der Lage, eine „»feldnarzisstische« Vertextung des Beobachteten“ (Thole 2010: 33) zu liefern. Heute stellen Bock u.a. (2015a) fest: Ethnografische Forschungszugänge haben in der qualitativen Forschung der Sozialen Arbeit „Hochkonjunktur“ (ebd.: 1).

Auch wenn es keinen festgeschriebenen und damit eingrenzenden Methodenbegriff innerhalb der Sozialforschung gibt, auf den sich alle Akteur*innen einigen können, bezeichnet eine Methode, in einer weit gefassten Definition, „ein intendiertes, regelgeleitetes und planmäßiges Vorgehen von Handelnden, um ein bestimmtes Ziel zu erreichen“ (Zierer u.a. 2013: 13). Wenn man unter Methode also eine geregelte und immer wiederkehrende, ähnlich anzuwendende feststehende Verfahrensweise versteht, kann Ethnografie keine Methode im eigentlichen Sinne sein. Ein Beispiel: Der Begriff des Interviews besagt zunächst nur, dass ein Gespräch stattgefunden hat. Wenn hingegen von biografisch narrativen Interviews als Forschungsmethode innerhalb der Sozialwissenschaften die Rede ist, haben (bzw. sollten) Wissenschaftler*innen in etwa eine Vorstellung davon haben, wie sich der forschungslogische Aufbau in etwa konstruiert: Also wie das Interview mittels einer erzählgenerierenden Fragestellung, die zu einer Narration anregen soll, erhoben wurde; wie transkribiert wird, welche Regeln hierbei gelten; wie mit diesen verschriftlichten Sequenzen aus den Erzählungen der Biografieträger*innen umgegangen wird, wie sie gedeutet und interpretiert werden können. Bei einer ethnografischen Forschungskonzeption ist zunächst nur klar, dass in irgendeiner Form eine Beobachtung durchgeführt wurde. Bereits bei der Frage, ob die Forschenden selbst vor Ort waren oder unter zu Hilfenahme moderner Technik beobachtet haben, ist, wie jede andere Fassette von den Beobachtungsoptionen, ebenso unklar wie eine mögliche Gesprächsführung, das Sammeln von Artefakten oder ähnliches. Erst durch das Explizieren des Forschungsdesigns – ob die Beobachtung teilnehmend war oder nicht; offen oder verdeckt; aktiv am Geschehen teilgenommen wurde oder nur passiv, mitunter aus einer örtlichen Distanz beobachtet wurde; die Beobachtungskategorien systematisch vorlagen oder offen dokumentiert wurde usw. – lassen sich Ethnografien miteinander vergleichen und Ähnlichkeiten bestimmen. Um es auf den Punkt zu bringen: Innerhalb eines ethnografischen Designs sind Beobachtungs-, Gesprächs- bzw. Interview- und andere Erhebungs*methoden* eben die ethnografischen Forschungsmethoden, die zum Verfassen von Ethnografien erforderlich sind. Zusammengefasst bedeutet dies, dass der Terminus des »Interviews« ebenso ein Überbegriff für eine Forschungsmethode darstellt wie eben »Ethnografie«, auch wenn beide Begriffe methodologisch auf vollkommen verschiedenen Ebenen anzusiedeln sind. Anders verhält es sich bei »Biografisch narrativen Interviews« (Fritz Schütze) oder »involvierten Beobachtungen« (Anne Honer), beide Vorgehensweisen zeichnen sich durch ein ähnliches, geregeltes und geplantes, eben methodisches Handeln aus.

Bei der Choreografie eines ethnografischen Forschungsdesigns geht es eben „um einen kaum zu stillenden Erfindungsbedarf für das empirische Vorgehen, einen Erfindungsbedarf, der vom klassischen Methodenbegriff geleugnet wird. Das Vorgehen selbst ist elementar vom jeweiligen Fall und Feld sowie von den Fragen abhängig, die Forschende verfolgen. Hieraus entwickeln sie ihr empirisches Vorgehen, das nie einfach nur eine Kopie sein kann, sondern darauf wartet, spezifiziert zu werden" (Breidenstein u.a. 2013: 8). Im Gegensatz zu Breidenstein u.a. (2013) unterscheiden Hitzler/Gothe (2015: 10) zwischen Ethnografien und Mikrostudien, wie sie etwa Erving Goffmann vorgelegt hat und die in der Erziehungswissenschaft weit verbreitet sind. Von „Ethnografie" ist dann zu sprechen, „wenn sich die forschende Person so lange und intensiv auf die Weltsichten (und die damit korrespondierenden, besonderen Praktiken) der sie jeweils interessierenden Akteure einlässt, bis sie tatsächlich umfassend mit ihnen vertraut ist" (ebd.). Dieses »vertraut sein mit dem Feld« geht in aller Regel mit einem Vertrauen des Feldes in die Forschenden einher (vgl. Girtler 2001: 119).

4.1 Das forschungslogische Vorgehen

Die Vorarbeit oder »Liegestuhl-Ethnografie«:
Für mich erwies es sich als produktiv noch vor Beginn und vor der Konzeptionierung des ethnografischen Forschungszugangs, insbesondere um das eigentliche

Forschungsfeld kennen zu lernen, Dokumente und Text-Artefakte zu freiheitsentziehenden Maßnahmen zu sammeln. Damit habe ich auf der einen Seite das Ziel verfolgt, mich umfangreich mit dem bisherigen Forschungsstand auseinander zu setzen. Dies erfolgte zum Teil auch über unveröffentlichte aktuelle Forschungsergebnisse oder auch nicht aufbereitetes Material wie Biografien von Kindern und Jugendlichen aus geschlossenen Unterbringungen. Material also, welches ich nicht selbst erhoben habe, aber dass dazu beigetragen hat, das Feld erschließen zu können.

Auf der anderen Seite habe ich bereits in dieser Phase eine Vielzahl von nichtwissenschaftlichen Artefakten gesammelt, beginnend mit Einrichtungskonzepten von freiheitsentziehenden Maßnahmen, Gesprächen mit ehemaligen und aktuellen Mitarbeiter*innen, darüber hinaus aber auch Zeitungsartikel, Berichte von Untersuchungsausschüssen, Handreichungen oder Petitionen von gesellschaftlichen wie pädagogischen Akteur*innen.

Erst mit diesem Wissensfundus war es möglich, ein passendes ethnografisches Forschungskonzept zu entwickeln, die Form der Beobachtung als „aktiv teilnehmend“ (Girtler 2001: 60ff.) zu definieren und die Feldphasen in einer »semioffenen« Weise zu dokumentieren. Ein wichtiges Merkmal von Ethnografie ist, die Methodenpluralität (vgl. Breidenstein u.a. 2013: 71). Das heißt, neben der Beobachtung fließen weitere Forschungsmethoden in die Erhebung mit ein, um das »Bild«, welches aus dem Feld vermittelt wird, auf der einen Seite umfassender gestalten, auf der anderen Seite selbst kritisch hinterfragen zu können. Die aktive Teilnahme am Alltag in einem Jugendheim impliziert dabei, ero-epische Gespräche (vgl. Girtler 2001: 147ff.) zu führen. Um etwaige Unklarheiten und Fragen, die im Verlaufe des Forschungsaufenthaltes entstanden sind, noch zu klären, habe ich mich zudem dafür entschieden, in der letzten Phase des Aufenthaltes noch mit verschiedenen Feldteilnehmer*innen »ethnografische Interviews« zu führen. Der letzte Teil meines methodischen Vorgehens beinhaltete das Sammeln möglichst vieler Artefakte während der Feldaufenthalte, wie gemalte Bilder, Fotos, Briefe, Karten, Grundrisse der Einrichtungen, Heimakten, Dienstanweisungen, Tagespläne etc., um diese dann systematisch den Beobachtungsprotokollen gegenüber stellen zu können.

Herstellung des Forschungsfeldes:
Zunächst galt für diese Studie zu bestimmen, was überhaupt das Forschungsfeld „freiheitsentziehende Maßnahmen“ ist. Wie bereits formuliert handelt es sich dabei um Maßnahmen der deutschen Kinder- und Jugendhilfe, das heißt die Adressat*innen der jeweiligen Projekte müssen auf Grundlage des SGB VIII bzw. des

JGG und unter Fallführung eines deutschen Jugendamtes als Kostenträger untergebracht werden. Die Unterbringung erfolgt dabei, wie in Kapitel 3.2 beschrieben, 1.) in einem begrenzten Raum, 2.) mit umfassender Überwachung der Jugendlichen und (3) Kontrolle der Außenkontakte. Demnach sind die Übergänge von freiheitsentziehenden zu offenen Maßnahmen fließend, können doch alle drei Kategorien in den jeweiligen Einrichtungen unterschiedlich stark ausgeprägt sein. Ab wann und ab welchem Entwicklungsstand die Kontrolle der Kontakte angemessen, übertrieben oder freiheitsentziehend ist, kann im Zweifelsfall nur am jeweiligen Einzelfall entschieden werden (vgl. hierzu Kap. 3).

Nach der Definition des Forschungsfeldes erfolgt die Bestimmung der einzelnen zu beforschenden Fälle mittels eines theoretischen selektiven Samples (vgl. hierzu Lamneck 2005: 192; Flick 2007: 154ff.) oder auch „Stichprobenplan" (Kelle/ Kluge 2010: 50). Aus der Analyse von insgesamt 25 Heim- und Projektkonzepten ergaben sich zur theoretischen Auswahl möglichst devianter Fälle insgesamt neun Merkmale mit möglicherweise „bedeutsamen Struktureinflüssen" (Kelle/ Kluge 2010: 52). Dies sind die (1) Form der Unterbringung (freiheitsentziehend (feM) oder im Grau-Bereich), das (2) Geschlecht sowie das (3) Alter der Kinder und Jugendlichen, die (4) Größe der Einrichtung bzw. der (5) Gruppe, dem (6) Träger (z.B. konfessionelle Bindung, Größe, kommunal oder privat), der Region innerhalb von Deutschland, in der die Einrichtung arbeitet, die Nutzung von (7) Time-Out-Räumen und/oder (8) Erziehungsplänen und ob ein Beschluss zur Unterbringung notwendig ist und auf welcher (9) rechtlichen Grundlage (§ 1631b BGB oder §§ 71/72 JGG) dieser erfolgt.

In dieser Auswahl bildet jede Einrichtung einen eigenständigen ethnografisch zu beforschenden Fall, da die Forschungsfrage auf die jeweiligen alltäglichen Erziehungskulturen abzielt. Die theoriegeleitete Auswahl der Fälle hat zum Ziel, ein möglichst breites Spektrum des Feldes abzudecken. Diesem Vorgehen liegt die Annahme zu Grunde, dass die verschiedenen Merkmale, die aus den Konzepten expliziert wurden, Auswirkungen auf das Erziehungsverständnis und den Alltag in den Einrichtungen haben. Aufgrund der Forschungsplanung und den langfristigen Absprachen mit den Einrichtungen zur Organisation der mehrtägigen Aufenthalte war es notwendig, die Fallauswahl statisch festzulegen:

Tabelle 9: Fallauswahl

Einrich-tung	FM	m/w	Alter	Einrich-tung[33]	Gruppe[34]	Träger	TOR[35]	Erziehungs-pläne	§§[36]
Blautal	gU	m	Ab 11	Klein	Groß	Groß, frei		Stufenplan	BGB
Sonnen-börde	gU	w	Ab 12	Mittel	Mittel	Groß, kirchlich	Ja	Verstärker-plan	BGB
Weiß-gipfel 1	gU	m	Ab 14	Groß	Groß	Kommu-nal		Stufenplan	JGG
Weiß-gipfel 2	gU	m	11-15 J.	Groß	Mittel	Kommu-nal		Stufenplan	BGB
Über-meer	Grau	w	Ab 12	Klein	Klein	Ltd.; klein			keine

Die Kontaktaufnahme zu den Einrichtungen erfolgte in allen Fällen per Email. Den ersten Kontakt zu einer freiheitsentziehenden Maßnahme stellte dabei ein Mitglied des Bundesvorstands eines großen freien Träger her. Angeschrieben habe ich dabei jeweils die laut Homepage verantwortlichen Leitungspersonen (Geschäftsführer*innen oder Bereichsleiter*innen). Die Geschäftsführerin des ersten Jugendheims fungierte nach Absprache im weiteren Verlauf als „Gatekeeperin" (Breidenstein u.a. 2013: 53) für die folgenden Einrichtungen. In den ersten Emails habe ich es vermieden, von Ethnografie, teilnehmenden Beobachtungen oder geschlossenen bzw. freiheitsentziehenden Unterbringungen zu schreiben, allerdings dezidiert auf mein Dissertationsprojekt samt Thematik und der jeweiligen Länge des geplanten Forschungsaufenthaltes verwiesen. Ziel dieses Vorgehens war es, die Hemmschwelle zur Teilnahme zu senken. Bei den anschließenden Telefonaten habe ich dann mein forschungsmethodisches Vorgehen erläutert sowie darum gebeten, mir die aktuelle Konzeption zukommen zu lassen.

Lediglich zwei freiheitsentziehende Einrichtungen haben meine ursprüngliche Anfrage abgelehnt mit der Begründung, dass sie bereits von anderen Forschungsprojekten angefragt wurden. Eine dieser Einrichtungen hat sich, nach einem zufälligen Treffen, für eine Teilnahme zu einem späteren Zeitpunkt bereiter-

33 Einrichtungsgröße
34 Gruppengröße
35 Time-Out-Raum
36 Rechtliche Grundlage

klärt. Aufgrund des bereits erfolgten Sampelns und der statisch festgelegten Fallauswahl war allerdings der Besuch einer zusätzlichen Einrichtung nicht notwendig. Im Grau-Bereich des Feldes war der Feldzugang hingegen schwieriger, da die Einrichtungen teilweise gar nicht oder zurückhaltend auf meine Anfragen reagiert haben. Erst der Bereichsleiterin einer Einrichtung gelang es, mir den Zugang zu einer Maßnahme im Grau-Bereich zu vermitteln.

Eines der zentralen Probleme in der Ethnografie ist der Feld- bzw. Falleinstig, also die Ankunft im Forschungsfeld und damit einhergehend das Aufbauen der Feldbeziehungen. Nur weil man als Feldteilnehmer*in quasi ein Aufenthaltsrecht, z.B. von einer sich weit entfernt aufhaltenden Geschäftsführung, hat, erhält man dadurch noch keinen Zugang unter anderem zu möglichen heiklen Situationen. „Die Aufgabe des Feldzugangs beschränkt sich daher nicht auf die Kontaktaufnahme und eine einmalige formelle Aufenthaltserlaubnis. Sie besteht vielmehr in einem kontinuierlichen Werben um Vertrauen, im Gewinnen von Gesprächspartnern, im diplomatischen Einflechten neugieriger Fragen und darin, sich geduldig in Positionen zu manövrieren, in denen sich lohnende Beobachtungen aus der Nähe machen lassen“ (Breidenstein u.a. 2013: 60). Eine besondere Herausforderung stellt dabei die Kontaktaufnahme in nicht öffentlichen Settings dar, in denen die Ethnograf*innen als fremd wahrgenommen werden. Settings, die sich „fast jeder Beobachtung verschließen“ (ebd.: 61), wie, im konkreten Fall, freiheitsentziehende Maßnahmen.

Wie unterschiedlich sich die Ankunft und damit die erste Kontaktaufnahme in meiner Ethnografie gestalten und welche Konsequenzen sich daraus ergeben, zeigt sich deutlich in den unterschiedlichen Feldeinstiegen.

> Nach meiner Ankunft in Blautal werde ich von einer Mitarbeiterin der Verwaltung zum Büro der Geschäftsführerin und späteren Gatekeeperin geschickt. Hier werde ich bereits erwartet und es folgt ein mehr als einstündiges Gespräch über die Geschichte der Einrichtung, freiheitsentziehenden Maßnahmen im Allgemeinen und aktuelle Entwicklungen im Feld. Die Geschäftsführerin erkundigt sich nach meinem Vorgehen und meinen Wünschen, was für mich interessant ist und wie und in welcher Rolle ich mich in der Wohngruppe vorstellen möchte. Um mir ein möglichst »realistisches« Bild vom Alltag in der Einrichtung zu vermitteln, ist die Wohngruppe nicht über mein Kommen informiert. Am Ende des Gesprächs werde ich der Psychologin, welche zum Leitungsteam gehört, vorgestellt und »übergeben«. Ich habe die Möglichkeit, die Psy-

chologin zu einem Vorstellungsgespräch eines Jungen zu begleiten. Nach dem Gespräch und dem Mittagessen werde ich noch in die Wohngruppe begleitet, wo ich mich als promovierender Nachwuchswissenschaftler vorstelle (Vignette; P 1.01).

Bei der Ankunft in der zweiten Einrichtung (Sonnenbörde) wurde ich von einer Sekretärin in ein Besprechungszimmer geleitet. Ich treffe mich mit der Bereichsleiterin zu einem etwa einstündigen Gespräch in dem wir über Freiheitsentzug in der Jugendhilfe, der Geschichte der Einrichtung und aktuelle Themen und Tagungen sprechen. Außerdem werde ich speziell über die Einrichtungsregeln, wie das Einhalten einer »professionellen körperlichen Distanz« zu den Mädchen, dass ich kein Praktikant bin und auch nicht in Situationen, insbesondere Konflikt- Situationen, eingreifen soll, belehrt. Nach dem Gespräch esse ich zusammen mit den Mitarbeiter*innen zu Mittag, die nicht im Gruppendienst tätig sind, und werde von der Bereichsleiterin in die Wohngruppe begleitet. Die Wohngruppe ist über mein Kommen informiert, lediglich ein Mädchen kann sich nicht daran erinnern (Vignette; P 2.01).

Meine Ankunft in Weißgipfel verlief für mich unerwartet. Nachdem ich mich bei der Rezeption angemeldet habe, werde ich von der Rezeptionistin telefonisch in der Wohngruppe angekündigt. Ich erhalte die Wegbeschreibung über das weitläufige Gelände und gelange problemlos zur Tür der Einrichtung. Nach meiner Ankunft erfahre ich von einer gut gelaunten Mitarbeiterin, dass sie nichts von mir weiß, was allerdings kein Problem ist, ich soll einfach erstmal bei ihr bleiben, „das kommt schon mal vor“. In der anschließenden Unterhaltung erläutere ich meine Ziele und mein methodisches Vorgehen. Im Laufe des Gesprächs kommt der Bereichsleiter in die Wohngruppe, mit einem breiten Lächeln fragt ihn die Mitarbeiterin, ob er nicht vielleicht etwas vergessen hat. Erst im anschließenden Gespräch erinnert er sich daran, dass da etwas gewesen ist. Auch wenn unvorbereitet stößt meine Anwesenheit auf keinerlei Widerstände, ich werde wie selbstverständlich willkommen geheißen (Vignette; P 3.01).
Umfangreich vorbereitet auf meine Anwesenheit ist Übermeer. Nach einem zeitlich getrennten Vorgespräch mit der Geschäftsführerin, welches allerdings noch in Deutschland stattfindet, läuft meine Anreise weitgehend reibungslos ab. Meine Ankunft auf dem Anwesen ist zum Zeitpunkt des Abendessens, ich werde bereits erwartet und die Mädchen sind gespannt darauf zu erfahren, wer die kommenden Wochen bei ihnen leben wird. Neben meiner Arbeit wissen sie bereits im Vorfeld, dass ich von

Dresden aus angereist bin. Da eine Pädagogin aus Dresden stammt und eines der Mädchen die Stadt kennt, beginnt schnell ein persönliches Gespräch über die Herkunft aller Anwesenden (Vignette; P 5.01).

Wenn auch unbeabsichtigt waren zwei Wohngruppen auf mein Kommen vorbereitet, während die übrigen beiden von meiner Anwesenheit überrascht wurden. Als Konsequenz daraus war meine Rolle als „Herr Wissenschaftler" (P 1.07) in zwei Einrichtungen lediglich den direkt involvierten Personen in den Wohngruppen, nicht aber Vertretungskräften und Jugendlichen aus anderen Gruppen, mit denen ich ebenso Kontakt hatte, bekannt. Dies entkräftet –zumindest in Teilen und für diese Dissertation – den immer wieder erhobenen Vorwurf, Ethnograf*innen würden bei offenen teilnehmenden Beobachtungen das Feld in unzulässiger Weise durch ihre Anwesenheit beeinflussen. Da die Personen im Feld immer nur in der dem Feld auch eigenen Logik auf Einflüsse reagieren, ist die Art der gespielten Rolle für Ethnografien weitgehend irrelevant, solange sie mehr als nur Vertextungen liefern möchte, da die Reaktion immer in der Logik des Feldes erfolgt (vgl. hierzu Breidenstein u.a. 2013: 66ff.; Goffmann 2008: 19ff.; Thole 2010: 33ff.). Was mit dem Agieren in der Logik des Feldes gemeint ist, wird in einer Szene[37] aus Blautal deutlich, welche ich in der Fallkonstruktion vorstelle (Kap. 5.1 Fall Blautal).

Die soziale Position, also der Grad der Teilnahme am Forschungsfeld und damit die Kompetenz am Geschehen teilzunehmen, ist von zentraler Bedeutung für den Forschungsablauf und sollte sich an der jeweiligen Fragestellung und dem Forschungsfeld orientieren (Breidenstein u.a. 2013: 66ff.). Da es in meiner Dissertation um alltägliche Erziehungsprozesse geht, habe ich mich für eine involvierte teilnehmende Beobachtung entschieden. Ziel ist es dabei, aktiv am Alltag in den Einrichtungen teilzunehmen und Aktivitäten oder Ereignisse mit zu erleben und dadurch überhaupt erst dokumentieren zu können. Meine soziale Position in den Fällen war dabei abhängig von der Logik der jeweiligen Einrichtung. Auch wenn ich mich jeweils offen als Wissenschaftler zu erkennen gegeben habe, war meine Rolle dabei immer von den übrigen Feldteilnehmer*innen abhängig. So stand ich in Sonnenbörde zunächst unter dem Verdacht, ein Polizist zu sein, wohl, weil ich einem Polizisten aus dem Ort ähnlichsehen würde, was es zunächst schwierig gestaltet hat, das Vertrauen der Mädchen zu gewinnen. Auf der anderen Seite war ich in Blautal, da sich ein Jugendlicher zunächst meinen Namen nicht

37 „Die Methodologische Kategorie der Szene" unterstützt der Prozess der Beobachtung und Beschreibung und stellt sinnhafte interaktionszusammenhänge dar (Göhlich u.a. 2012: 159).

merken konnte, „Herr Wissenschaftler" (P 1.07). Der „Herr Wissenschaftler" hatte in der Rollenzuschreibung eine neutrale Position, war verschwiegen, durfte überall dabei sein, war ein Vertrauter und konnte umgekehrt auf Fragen wie „Gibt es einen Gott?" (P 1.02) antworten. In jedem Fall war es von der jeweiligen Rollenzuschreibung abhängig, wie intensiv dokumentiert und ab welchem Zeitpunkt offen Feldnotizen niedergeschrieben werden konnten. Offen dokumentiert habe ich immer erst ab dem Moment, ab dem ich den Eindruck gewonnen habe, im Feld angekommen zu sein und akzeptiert zu werden, also nach dem Erlangen einer vertrauensvollen Rolle als Forschender.

4.2 Methoden der Feldforschung

Fragestellung und Forschungsziel bestimmen die Methode. Der methodische Zugang dieser Studie ist dementsprechend ein ethnografisches Forschungskonzept. Charakteristisch für dieses Forschungskonzept ist in aller Regel eine „multimethodische Forschungsstrategie" (Breidenstein u.a. 2013: 71), durch die sich eine Vielzahl von unterschiedlichen Daten gewinnen lassen. Neben der, zur Erhebung des Alltags naheliegenden, involvierten oder auch aktiv teilnehmenden Beobachtung, welche neben ero-epischen Gesprächen auch ethnografische Interviews einschließt, ist es zum Verständnis des Feldes und auch der alltäglichen Abläufe sinnvoll, möglichst viele Feldartefakte zu sammeln. Die vorliegende Ethnografie speist sich demnach zunächst aus den Beobachtungen (4.2.1), ero-epischen Gesprächen (4.2.2), ethnografischen Interviews (4.2.3) und zuletzt dem Umgang mit Feldartefakten (4.2.4). Die beiden erstgenannten Methoden bezeichnet Girtler (2010) als die „Königsmethoden" (ebd.: 290) der Feldforschung.

Zur Datengewinnung im Feld wurde in der Methode der teilnehmenden Beobachtung ein zirkulierendes Fokussierungsverfahren angewendet. Für die verbalen Methoden sind neben ero-epischen Gesprächen auch non-direktive Gesprächstechniken angewendet worden. Die Datenerhebung selber war dabei „situationsflexibel" (Hitzler/ Gothe 2015: 10) und wurde von Fall zu Fall angepasst, um dem Anliegen einer möglichst vielfältigen Datengewinnung gerecht zu werden. Das erhobene ethnografische Datenmaterial setzt sich daher aus den Protokollen der teilnehmenden Beobachtungen und den vor Ort geführten Gesprächen und Interviews sowie aus Feldartefakten wie Einrichtungskonzepten, Dienstanweisungen,

Briefen und Liedtexten zusammen. Gemeinsam mit den Jugendlichen und Pädagog*innen habe ich in vier Forschungsphasen insgesamt 47 Forschungstage in freiheitsentziehenden Einrichtungen verbracht.

4.2.1 Die involvierte aktiv teilnehmende Beobachtung

Ethnografische Beobachtungen und insbesondere involvierte Beobachtungen sollten aus allen Sinneswahrnehmungen entstehen, welche sich durch die aktive Teilnahme im Feld erschließen. „Beobachtung ist also die Nutzung der kompletten Körpersensorik des Forschenden: das Riechen, Sehen, Hören und Ertasten sozialer Praxis. Aber auch der soziale Sinn der Forscherin, ihre Fähigkeit zu verstehen, zu fokussieren, sich vertraut zu machen, fällt in ihre Aufnahmekapazität" (Breidenstein u.a. 2013: 71).

Die Beobachtung in den verschiedenen Forschungsphasen erfolgte immer an aufeinander anschließenden Tagen. Die entsprechenden Beobachtungszeiten habe ich protokolliert und an die jeweilige Tagesstruktur und den Geschehnissen im Feld angepasst. In jeder Einrichtung habe ich an mindestens einem Tag am gesamten Tagesablauf teilgenommen, also vom Aufstehen bis zur Nachtruhe. Mein routinemäßiges Beobachtungszeitfenster lag allerdings in der Zeit vom Mittag- bis zum Abendessen. Eine der ersten Beobachtungen war in allen Einrichtungen eine fokussierte Dokumentation der Räumlichkeiten. Da die meisten Beobachtungen an feststehenden Orten (z.B. Küche oder Büro) entstanden sind, welche sich von ihrer Gestaltung in aller Regel kaum ändern, waren diese Beobachtungen Grundlage für alle weiteren Notizen. Meine Beobachtungen habe ich dabei, je nach Fall und Vertrauensbasis, entweder sofort in mein mitgeführtes Notizbuch geschrieben oder Szenen direkt im Anschluss an die Beobachtung an einem ruhigen Ort (Büro, Toilette, leere Sitzecke) protokolliert.

Um möglichst umfangreiche Beobachtungsprotokolle zu erhalten, habe ich methodisch mit einer thematischen Fokussierung gearbeitet. Themen waren dabei, neben den bereits angesprochenen örtlichen und architektonischen Verhältnissen, die Dokumentation des zeitlichen Ablaufes, der Umgang mit Konfliktsituationen und das Rauchverhalten der Jugendlichen.

Den fließenden Übergang von Beobachtungen zu Gesprächen bilden beigewohnte Gespräche, an denen ich nicht aktiv teilgenommen, sondern quasi als Zuhörer lediglich anwesend war. Diese Gespräche sind im Forschungsfeld eine wichtige Informationsquelle und finden zwischen anderen Personen statt. Dies können

Teamsitzungen sein, bei denen über Jugendliche und Erziehungspläne diskutiert wird, aber auch Diskussionen zwischen Mitarbeiter*innen, beiläufig geführte Privatgespräche (aus denen es z.B. möglich ist, die Ursache für die Angespanntheit von Mitarbeiter*innen zu explizieren) oder interne Treffen der Jugendlichen. Grundsätzlich scheint sich die Regel zu bestätigen, dass je stärker Ethnograf*innen mit dem Feld verschmolzen und zur Gewohnheit geworden sind, umso einfacher und beiläufiger an informellen oder vertrauten Treffen und Gesprächen teilhaben können.

> Ich unterhalte mich mit dem Mädchen Sandra nach dem Mittagessen in der Küche. Wir sprechen über ihr Nasenpiercing. Zunächst erzählt sie mir die offizielle Geschichte, dass sie das Piercing bereits vor ihrer Zeit in der Wohngruppe hatte. Daraufhin lächele ich Sandra an, gucke ihr in die Augen und antworte ihr, dass es mein Job ist zu beobachten und dass ich weiß, dass sie an meinem ersten Tag in der Wohngruppe noch kein Piercing hatte und es sich jetzt, da es frisch gestochen ist, entzündet hat. Nachdem Sandra festgestellt hat, dass ich mich auf der einen Seite nicht mit der offiziellen Geschichte zufriedengegeben und mich auf der anderen Seite aus solchen Ereignissen heraushalte, fasst sie Vertrauen und erzählt mir, wie sie sich das Piercing von einem anderen Mädchen hat stechen lassen. Im Laufe dieses Gesprächs kommt die Jugendlichen Manuela hinzu. Sie ist sichtlich irritiert, dass Sandra mir alles erzählt hat, unter anderem auch, dass sich Manuela frisch ein Piercing hat stehen lassen. Nach einem lustigen Kommentar von mir dreht sich Manuela zu mir um und schlägt mir reflexartig auf den Arm. Auch wenn der Schlag fest war, interpretiere ich es als eine »freundschaftliche« und interne Jugendgruppengeste. Direkt nach dem Schlag zuckt Manuela zusammen, sie kann sich nicht sicher sein, wie ich die Geste deute bzw. ob ich mit den Pädagog*innen darüber spreche und sie bestraft werden könnte. Erst nachdem ich weiter lache und mich nicht über den Schlag beschwere, lacht auch Manuela weiter. Ich habe das Gefühl, dass die Mädchen in der Gruppe langsam beginnen, mir zu vertrauen (Vignette P. 2.05).

Ein hoher Grad an Vertrautheit im Feld kann allerdings auch zu Verstrickungen und mitunter zu heiklen Situationen führen:

> „15:15Uhr: Nach dem Spiel wollte Fabian mir etwas zeigen. Ich stehe mit dem Rücken zur Bank unter der Treppe im Flur. Fabian springt schnell auf die Bank hinter mir. Im selben Moment nimmt er mich in einen Würgegriff. Dabei drückt er mir mit dem rechten Arm die Luft weg und den Kehlkopf zusammen, während er den rechten

> Arm mit dem linken in der Armbeuge verhakt hat, um ein Wegziehen des Armes zu erschweren. Er sagt etwas wie: „gleich leg ich dich auf den Boden“, macht aber keine Anstalten, mich nach unten zu drücken oder ähnliches. Da er auf der Bank steht, ist mein Kopf noch unter seiner Brust, er kann den Arm ohne Probleme in seinen Armwinkeln verhaken, an sich pressen und nach oben ziehen. Ich bekomme keine Luft mehr und kann nicht sprechen. Ich greife über meine Schulter und ziehe Fabian von der Bank herunter über meine Schulter hinweg, so dass er den Griff lösen muss. Er ist überrascht, dass ich mich befreien konnte und lacht laut. Er will es gleich noch einmal „ausprobieren“. Ich ziehe mich ins Büro zurück und habe Schmerzen am Hals. [Hält er es für einen Spaß? Wie wollte er mich auf den Boden bekommen? Wann hätte er losgelassen?]“ (P 1.10).

An dieser Form der Involvierung lassen sich ethnografischen Studien von Mikrostudien unterscheiden, da sie in der Lage sind, über Vertrauen eine andere Form von Daten zu generieren, als es mit kurzzeitigen Besuchen und Beobachtungen möglich ist. Eine Mikrostudie wäre in der oberen Vignette mit Sandra und Manuela nur in der Lage gewesen, die offizielle Geschichte und die Überlegungen der Pädagog*innen zu dokumentieren, nicht aber die eigentlichen Geschehnisse. Ein weiterer Hintergrund der langen Feldaufenthalte war ferner auch die methodische Überlegung, nur über diesen Zugang überhaupt Erziehungsprozesse als aufeinander aufbauende Handlungen beobachten zu können. Einer dieser Prozesse kann bspw. die Reaktion der Fachkräfte auf einen körperlichen Übergriff sein, die Zeit bis zur Bestimmung und dem Aussprechen einer Konsequenz, die Form der Umsetzung der Konsequenz, aber auch die Reaktion der betroffenen Jugendlichen auf den Vorfall und der allgemeinen Zufriedenheit mit der Reaktion der Pädagog*innen. Also eine aufeinander aufbauende Prozessstruktur, die sich durchaus über mehrere aufeinander folgende Tage ziehen kann.

4.2.2 Die informellen Gespräche im Feld

Bei informellen Gesprächen im Feld handelt es sich um eine implizite Verfahrensweise der Feldforschung. Diese „friendly conversations“ (Spradley 1979: 55ff.) tragen sich als Unterhaltung selbst und sind durch einen beidseitigen Informationsaustausch geprägt. Im Verlauf dieser, wie sie von Roland Girtler (2001: 147) genannt werden, „ero-epischen Gespräche“ kann es sich um Erzählungen oder Geschichten drehen, die in irgendeiner Form von Relevanz sein könnten. Die Gespräche sind von einem „Prinzip der Gleichheit" (ebd.) geprägt, so dass alle Teilnehmer*innen in der Lage sind, Fragen zu stellen und dies auch tun, also ein Gespräch führen. Diese Gespräche finden oft in Zwischenräumen statt, beim Rauchen, während der Verwaltungsarbeit der Mitarbeiter*innen im Büro, beim Kochen oder Spülen etc. Ein weiteres Merkmal, im Unterschied zu arrangierten Interviews, ist die Fortsetzbarkeit von geführten Gesprächen, sie können beliebig unterbrochen und in einer anderen räumlichen Situation wieder aufgegriffen werden. Im Gegensatz zu Interviews gibt es keine vordefinierten Leitfäden oder eine Planung, wann sie wo mit welchem Inhalt stattfinden, sie entstehen zum Teil beiläufig und bei Bedarf. „Die Fragen in einem »ero-epischen Gespräch« ergeben sich aus dem Gespräch und der jeweiligen Situation" (ebd.: 149). In den Gesprächen habe ich mich dabei oft von den Themen meiner Gesprächspartner*innen leiten lassen, um ihre Sichtweisen kennen zu lernen.

In Gesprächen, die von mir initialisiert wurden und von denen ich mir einen besonderen Erkenntnisgewinn erhofft habe, hat es sich als besonders hilfreich erwiesen, eine non-direktive Gesprächsform zu wählen, wie sie Mollenhauer 1980 und Wolf 1999 aus der Gesprächspsychotherapie vorschlagen. Dabei geht es aber nicht darum, therapeutisch zu arbeiten oder therapeutische Effekte erzielen zu wollen, sondern lediglich um das zielgeleitete Erlangen von Erkenntnissen. „Der Forscher gibt dabei einen thematischen Impuls zum Gespräch, bemüht sich, ein gleichmäßiges Interesse an den Ausführungen seiner Gesprächspartner zu signalisieren und Bewertungen –insbesondere Kritik– zu vermeiden und durch die empathische Verbalisierung emotionaler Inhalte eine akzeptierende und angstfreie Atmosphäre herzustellen, die die Gesprächspartner zur offenen und selbstreflexiven Entfaltung ihrer Gedanken und Gefühle einlädt" (Wolf 1999: 24). Bei dieser Gesprächsform geht es darum, mögliche Manipulationen und Prädeterminationen des Gesprächs zu vermeiden. Hilfreich ist es, wenn nach den Gesprächsimpulsen die angesprochenen Personen mit narrativen Passagen beginnen, da diese sich aus biografischen Erfahrungen speisen und rückblickende Interpretationen enthalten. Auch wenn es eher unüblich wäre, über dieses Verfahren in sich geschlossene und vollständige Biografien erheben zu können, so erhält man dennoch biografische Ereignisse und Erzählungen etwa über das Elternhaus, die Heimeinweisung oder anderen bedeutsamen Ereignissen (vgl. Wolf 1999: 24f.).

Im Forschungsalltag hat sich dieses Verfahren für das Feld von freiheitsentziehenden Maßnahmen durchaus bewährt, was hypothetisch mit den Erfahrungen der Jugendlichen mit gesprächstherapeutischen Ansätzen zusammenhängen könnte. So gelang es den Jugendlichen zumeist mühelos, ihre Erzählungen und das Gespräch zu strukturieren und sie konnten gut mit dem Zwang umgehen, das Gespräch mitgestalten zu müssen. Einige Jugendliche fanden auch Gefallen daran, mit einer Person zu reden, ohne dass es gleich Konsequenzen nach sich ziehen würde und nutzten mich mitunter als eine Art Versuchsperson, um zu testen, wie ich auf ihre Erzählungen reagieren würde.

Bei diesem sehr offenen Vorgehen, mit hoch belasteten Jugendlichen, besteht immer das Risiko, dass teilweise traumatische biografische Erlebnisse thematisiert werden. Es ist ein heikles Unterfangen Kinder und Jugendliche aus hochbelasteten Lebenslagen, die ihre biografischen Erlebnisse noch nicht bewältigen konnten, offene Narrationsimpulse zu geben. Selbst ohne gezieltes Nachfragen haben die Jugendlichen oft die Themen aufgegriffen, die sie aktuell beschäftigen, wie etwa Gerichtsverfahren, Gruppenstreitigkeiten, dem Umzug der Eltern oder aktuellen Konflikten in der Schule. Es können allerdings auch Themen wie erlebte sexuelle Gewalt oder Schwangerschaftsabbrüche aufkommen.Auch wenn es nicht die Aufgabe der Forschenden ist, therapeutisch zu arbeiten, muss man in jedem Fall in der Lage sein, die Gespräche auffangen zu können. Neben einer empathischen und wertschätzenden Haltung sind Grundkenntnisse aus beratend therapeutischen Gesprächstechniken durchaus hilfreich.

> Nach einem eher lockeren Gespräch an meinem letzten Tag in der Wohngruppe kommt Sandra noch einmal auf mich zu. Sie ist kurz in ihr Zimmer gelaufen um einen Ringordner zu holen, dessen Front von ihr in einer bunten Schrift bemalt wurde. Sie möchte mir etwas zeigen, in dem Block befinden sich verschiedene ausgedruckte Bilder von ihren Freundinnen und ihrer Familie. Sie zeigt mir zwei Ultraschallbilder, auf beiden Bilder ist ihr vollständiger Name sowie ein Datum gedruckt, welches einige Monate zurückliegt. Auf einem Bild ist ein kleiner Punkt vom Arzt am Computer eingekreist worden. Auf dem Flur berichtet sie, dass sie schwanger war und beschreibt, wie sie den Schwangerschaftsabbruch erlebt hat. Alle anderen aus der Wohngruppe sind bereits in der Küche versammelt, da das Mittagessen jeden Moment beginnen kann.
>
> Sandra vergewissert sich, dass ich nicht mit den Erzieher*innen darüber sprechen werde. Sie erzählt, dass es bislang kaum Erwachsene wissen. Eine andere weibliche Verwandte, ich vermute, es ist ihre Mutter, war bei dem Schwangerschaftsabbruch dabei und weiß als einzige von dem Eingriff. Aus Angst vor sozialen Stigmatisierungen wurden Schwangerschaft und Abbruch geheim gehalten und später nicht wieder thematisiert. Auch wenn es ihr sichtlich ein Bedürfnis war, mit jemanden über die

Erfahrung zu sprechen, fällt es mir schwer, das sichtlich emotional belastete Mädchen soweit zu bestärken, dass sie am Mittagessen teilnehmen kann (Vignette; P 2.8).

4.2.3 Ethnografische Interviews; explizite Interviews in arrangierten Settings

Anders als Spradley (1979) oder Flick (2007) es vorschlagen, habe ich, wie im Folgenden beschrieben, insbesondere bezüglich des Settings der ethnografischen Interviews abweichende Schwerpunkte gesetzt. Im Gegensatz zu den informellen Gesprächen im Feld fanden die ethnografischen Interviews immer in arrangierten Settings, separaten Räumen und zu einem festgelegten Zeitpunkt statt. Beginn des Interviews und der arrangierten Situation sowie das Ende des Settings waren klar ersichtlich. Die Interviews an sich waren halb strukturiert, das heißt, ich habe vorher für mich relevante Fragen zu einem Leitfaden zusammengestellt. Diese Fragen haben sich zum Großteil aus der teilnehmenden Beobachtung ergeben. Anders als bei den Gesprächen habe ich den Interviewten explizit meine Verschwiegenheit bezüglich aller Inhalte wiederholt zugesichert. Inhaltlich bezogen sich die Interviews mit den Mitarbeiter*innen um die Jugendlichen, pädagogische Deutungen von Verhaltensweisen bzw. Situationen oder der Organisation der Einrichtung. Die Interviews mit den Jugendlichen bezogen sich auf ihren Alltag im Heim, ihre Meinung über die Art der Maßnahme und ihre Zukunftspläne. Neben der spezifischen Themensetzung habe ich den Interviewten die Möglichkeit gegeben, das Gespräch mit zu beeinflussen und Inhalte zu bestimmen bzw. neue Themen zu eröffnen. Abgesehen von der Themeneröffnung war der Verlauf non-direktiv. Die Interviews fanden jeweils gegen Ende der Forschungsphasen statt und wurden zum Teil aktiv von den Jugendlichen eingefordert.

Anders als bei den informellen Gesprächen wurde es mir von einigen Interviewten gestattet, das Gesprochene digital aufzuzeichnen. Diese Interviews habe ich allerdings immer auch parallel protokolliert, um möglichst die wörtliche Rede mit zu erfassen. In den so erzeugten künstlichen Settings war das Mitschreiben weniger irritierend als im Alltag der Einrichtung. Vielmehr traf ich eher auf eine Erwartungshaltung während des Interviews ein Protokoll zu führen. Wobei die Interviews selber ähnliche Risiken aufweisen wie es bei den Gesprächen der Fall war.

Ein in der Jugendgruppe ansonsten eher ruhiges Mädchen schien in der Interviewsituation förmlich aufzublühen. Vollkommen anders als zunächst von mir erwartet hatte sie ein großes Redebedürfnis. Nach einer kurzen Erzählpause hat sie mir eine Weile direkt in die Augen gesehen und sich noch einmal vergewissert, dass niemand etwas von unserem Gespräch erfährt. Ich habe ihr erklärt, dass ich das Gespräch für meine Arbeit nutzen möchte, aber alles anonymisieren werde. Nach einigen Sekunden, in denen sie mich weiter gemustert hat, liefen ihr auf einmal für mich vollkommen unvermittelt Tränen über das Gesicht. Sie weinte intensiv und meinte dann, sie würde jetzt einfach erzählen. In der folgenden Narration beschrieb sie, wie sie von zu Hause weggelaufen ist, bei ihrem Freund unterkam, schmuggeln musste und sich schließlich, um ihren Beitrag zur Miete zu leisten, für ihn als Zuhälter in der Wohnung prostituiert hat. Sie scheint jetzt erst langsam zu verstehen, was ihr passiert ist und wollte von mir Mut für ihren weiteren Lebensweg zugesprochen bekommen und sich absichern, dass sie sich eine Vertrauensperson suchen, mit der sie über ihre Erfahrungen sprechen könne.

4.2.4 *Das Auflesen von Feldartefakten*

Während der gesamten Forschungsphasen habe ich versucht, möglichst viele Feldartefakte zu sammeln. Die meisten von ihnen sind Textdokumente aus den Einrichtungen wie Konzepte, Handreichungen, Statistiken, Dienstanweisungen, Arbeitspläne, Verfahrensweisen, Aushänge, Briefe, Tagespläne, Akten und ähnliches. Die Textdokumente waren dabei teilweise öffentlich zugänglich, zumeist jedoch nur auf Anfrage zu erhalten. Alle Einrichtungen haben mir allerdings auch interne Dokumente zur Verfügung gestellt, deren Verbreitung mir explizit untersagt wurde. Neben diesen institutionellen Dokumenten war es mir auch möglich, persönliche Artefakte wie selbst geschriebene biografische Liedtexte, bereits aufgenommene Lieder, Fotos und Bilder zur Verfügung gestellt zu bekommen, welche einen umfangreichen Einblick in den Alltag der Jugendlichen gewähren.

Da alle Einrichtungen mit einem strikten Regelwerk arbeiten, habe ich in den späteren Auswertungen interne Regeln und Tagesabläufe genutzt, um den Alltag in den Einrichtungen präziser dokumentieren zu können. Insbesondere zur Analyse der teilweise umfangreichen Reglements bzw. Stufen- und Verstärkerpläne waren die Artefakte nützlich. Zur besseren Übersicht habe ich eine Code-Liste erstellt, die im Anhang aufgeführt ist.

4.2.5 Protokollieren und Verschriftlichen

Zentrales Dokumentationsinstrument in den Feldphasen stellten meine Feldtagebücher dar. In diese Tagebücher habe ich neben Beobachtungen auch die informellen Gespräche sowie die geführten Interviews notiert. Die Notizen entstanden nach Möglichkeit noch im Gespräch, wenn ich als Zuhörer anwesend war, ansonsten direkt im Anschluss an die jeweilige Szene. In aller Regel habe ich dabei versucht, die wörtliche Rede zu übernehmen, ansonsten aber die Inhalte dokumentiert. Neben den jeweiligen Startzeiten der dokumentierten Szenen und nach Bedarf die Endzeiten habe ich auch meine Ortswechsel und die Beteiligten zu den jeweiligen Geschehnissen niedergeschrieben. Direkt im Anschluss, also nach Verlassen der Wohngruppe am Abend, habe ich begonnen, die Notizen zu digitalisieren und eine erste Protokollversion nieder zu schreiben. In aller Regel war ich lange Zeiten in Folge in den Einrichtungen und habe am Alltagsgeschehen teilgenommen, auch um die jeweiligen Prozessstrukturen dokumentieren zu können. Das Protokollieren noch in der laufenden Feldphase erfolgte meistens in der Nachtruhe der Jugendlichen. Neben den Tagebüchern habe ich, mit der Erlaubnis der Interviewten, auch Interviews mittels eines Diktiergeräts aufgenommen und im Anschluss an die Feldphase verschriftlicht.

4.3 Auswertungsverfahren

Zu Beginn meiner Auswertungsphase habe ich die Protokolle überarbeitet und eine erste Codierung des Materials vorgenommen. Die Auswertung und Interpretation der Daten erfolgte in wechselnden Kleingruppen. Es hat sich methodisch als sinnvoll herausgestellt, mit zugeschnittenen Vignetten zu arbeiten:

Eine Vignette besteht dabei aus verschiedenen Szenen, welche ich entweder als a.) thematisch oder b.) chronologisch zusammengehörend codiert habe. Diese Codes waren dabei zum Teil einfach die Namen der an den dokumentierten Szenen beteiligten Jugendlichen oder Pädagog*innen. So war es mir möglich etwa die Entstehungsgeschichte eines Konfliktes in einer Wohngruppe zu rekonstruieren oder verschiedene Stationen einer Erziehungsmaßnahme nachzuverfolgen. Die verschiedenen Szenen ereignen sich dabei nicht immer chronologisch, sondern zu verschiedenen Zeiten an verschiedenen Orten und mit unterschiedlichen Akteur*innen. Die von mir protokollierten Szenen, die ich dann einem thematischen

Konflikt zugeordnet habe, habe ich zur Interpretation in eine Vignette zusammengefasst. Dabei war es teilweise auch notwendig, die Daten zu fokussieren, um die Vignette der zur Verfügung stehenden Zeit einer Interpretationssitzung anzupassen. Das Konzentrieren der Datenmasse erfolgte durch das Streichen von Redundanzen in den protokollierten Szenen, dem Komprimieren der von mir verfassten Protokolle oder der Eingrenzung auf scheinbar besonders umfangreiche Schlüsselszenen. Infolge dessen wurde kaum mit Roh-Protokollen gearbeitet, sondern mit den dem jeweiligen Rahmen angepassten Vignetten. Hier hat es sich als zielführend erwiesen nicht nur Beobachtungprotokolle in Vignetten einzupflegen, sondern auch Feldartefakte oder Interviewausschnitte, wenn sie thematisch relevant waren.

Zur Erläuterung: Bei einer themenzentrierte Vignette zu a.) »körperliche Gewalt unter Jugendlichen« habe ich die entsprechenden Szenen, sprich die Entstehungsgeschichte sowie der Ablauf der eigentlichen Gewalthandlung einschließlich der Reaktion der anderen Jugendlichen sowie die pädagogischen Handlungen der Mitarbeiter*innen, aus zwei Einrichtungen miteinander konfrontieren können. Zum Verständnis der pädagogischen Reaktion ist es dabei notwendig die Stufenpläne der Einrichtungen sowie die Dienstanweisungen für entsprechende Vorkommnisse zu kennen, welche ich aus den Artefakten mit eingefügt habe. Aus der so entstandenen Vignette konnten zwei pädagogisch differente Handlungskulturen zum Umgang mit Konflikten ausgearbeitet werden.

In einer chronologischen Vignette b.), welcher ich den Titel »Auftreten Fabian« gegeben habe, konnte ich den Entstehungsprozess eines »Angriffs« nachzeichnen. Die Vignette hat eine Länge von neun Seiten und dokumentiert über den Zeitraum von drei Tagen verschiedene Szenen, in denen ich Kontakt zu Fabian hatte. Die erste Szene bildet dabei eine Drohung, welch Fabian gegen mich gerichtet hat, der ich aber ursprünglich keine Bedeutung zugemessen habe. In der letzten Szene der Vignette beschreibe ich, wie ich durch einen Angriff von Fabian auf mich überrascht werde. Zwischenzeitlich hatte ich mehrere Kontakte mit ihm dokumentiert, ohne die »Zeichen«, welche sich aus dem Material rekonstruieren lassen und auf die Attacke hindeuten, in den jeweiligen Situationen verstanden zu haben.

Aus den thematischen Vignetten sind im weiteren Verlauf Fall-Vignetten (Einrichtungs-Vignetten) entstanden, welche sich zusätzlich aus den Konzeptionen und anderen Textdokumenten zusammensetzen und in weiterer Folge die Grundlagen der Fallrekonstruktionen bilden. Die Fallrekonstruktionen ihrerseits sind die Basis des Vergleichs, mit denen dichte Beschreibungen entwickelt werden konnten, die das Feld der freiheitsentziehenden Maßnahmen an sich und darin insbesondere die unterschiedlichen Erziehungsprozesse fassen. Die vergleichende Analyse zielte primär auf die Theoriegenese durch Vergleiche und Kontrastierungen sowie die Entwicklung von Kategorien ab (vgl. Müller u.a. 2005: 17).

4.4 Darstellungsform der Fälle

Ein zentrales Anliegen dieser Studie ist, eine Innenansicht von freiheitsentziehenden Maßnahmen der Kinder- und Jugendhilfe zu liefern. Diese Sicht erfolgt mittels dichter Beschreibungen von insgesamt vier Fällen, also Einrichtungen in denen ich fünf Wohngruppen begleitet habe. Der Aufbau der Beschreibung erfolgt mittels eines aus dem Material entwickelten Schemas.

Auf ein Kurzportrait des Jugendheims schließt eine allgemeine und umfangreiche Beschreibung der Gesamteinrichtung über Zielgruppe, Erziehungsziele, Ablauf der Hilfe, Organisationsstruktur und Beschulungsangebot an.

Darauf aufbauend folgt eine auf die Wohngruppe fokussierte Betrachtung, in der ich die räumlichen Begebenheiten, ausgewählte Jugendliche, die Mitarbeiter*innen und das Zusammenleben in der Gruppe vorstelle. Kern aller dichten Beschreibungen bilden die pädagogischen Handlungen. Hier konzentriert sich die Beschreibung über die Erziehungsmittel und weiter auf den, der Mitarbeiter*innen zur Verfügung gestellten, Machtquellen und verdichtet sich abschließend in der Dokumentation von Ereignissen wie Krisen und Konflikten. Mit einer einrichtungskulturellen Gesamtformung schließt die jeweilige Fallrekonstruktion.

5 Empirischer Zugang zum Alltagsleben in freiheitsentziehenden Maßnahmen

Im fünften Kapitel gehe ich ausführlich auf vier Fälle von freiheitsentziehenden Maßnahmen ein, die sich auf Grundlage eines „Stichprobenplans" (Kelle/ Kluge 2010: 50) als möglichst kontrastreiche zueinander herausgestellt haben:

Der Fall Blautal, eine geschlossene Unterbringung für Jungen ab dem 11. Lebensjahr, die mit einer vergleichsweisen großen Gruppe (neun Jugendliche) arbeitet, zu einem großen konfessionell freien Träger gehört, keinen Time-Out-Raum verwendet, mit einem Stufenplan arbeitet und nach §1631b BGB unterbringt.

Der Fall Sonnenbörde, eine geschlossene Unterbringung für Mädchen ab den 12. Lebensjahr, die mit einer mittleren Gruppengröße (sechs Jugendliche) arbeitet, zu einem großen kirchlichen Träger gehört, mit einem Time-Out-Raum und einem Verstärkerplan arbeitet und nach §1631b BGB unterbringt.

Der Fall Weißgipfel, eine geschlossene Unterbringung für Jungen ab dem 14. Lebensjahr, die mit einer großen Gruppe (zwölf Jugendliche) arbeitet, zu einem kommunalen Träger gehört, keinen Time-Out-Raum verwendet, mit einem Stufenplan arbeitet und nach §§ 71/72 JGG unterbringt. Zuzüglich einer geschlossene Unterbringung für Jungen ab dem 11. Bis zum 15. Lebensjahr, die mit einer mittleren Gruppegröße (acht Jugendliche) arbeitet, keinen Time-Out-Raum verwendet, mit einem Stufenplan arbeitet und nach §1631b BGB unterbringt

Der Fall Übermeer, eine Maßnahme aus dem Grau-Bereich der Hilfen, die im Haupthaus mit einer kleinen Gruppe (drei Jugendliche) arbeitet, in Form eines Familienunternehmens organisiert ist, ohne Time-Out-Raum oder Stufenplan arbeitet und nicht auf einen richterlichen Beschluss angewiesen ist.

M. Engelbracht, *Jugendliches Alltagsleben in freiheitsentziehenden Maßnahmen*, Kasseler Edition Soziale Arbeit 16, https://doi.org/10.1007/978-3-658-23843-8_5

5.1 Fall Blautal

5.1.1 Einrichtungsportrait Blautal

Das Jugendheim Blautal ist am Ortsrand einer ländlich geprägten Kleinstadt gelegen. Die Unterbringung von Jugendlichen in geschlossenen Wohngruppen wird seit 1982 praktiziert. Das Jugendheim ist nicht in konfessioneller Trägerschaft. Das Haupthaus in Blautal besteht aus zwei geschlossenen und einer offenen Wohngruppe, welche in verschiedenen Flügeln und Stockwerken des Gebäudes gelegen sind, zudem existiert eine externe offene Wohngruppe.

Die Einrichtung bietet insgesamt Platz für 30 männliche Kinder und Jugendliche ab dem Alter von 11 Jahren. Zusammen haben die beiden geschlossenen Wohngruppen Platz für 16 Jungen (neun in Gruppe I zzgl. sieben in Gruppe II), die offene pädagogisch-therapeutische Intensivgruppe hat insgesamt sechs Plätze und eine ausgelagerte offene Wohngruppe weitere acht Plätze. Die Jugendämter müssen zur Unterbringung in den geschlossenen Wohngruppen für alle Jugendlichen einen richterlichen Beschluss nach § 1631b BGB erwirken. Die Jungen haben in aller Regeln bereits ausgeprägte Erfahrung mit dem Jugendhilfesystem machen müssen (Feldartefakt 110). Der vom Jugendheim vorgesehene interne Ablauf der Hilfe sieht eine sukzessive Öffnung nicht nur innerhalb der Wohngruppe, sondern auch bei den besuchten Heimen im Hilfeverlauf vor. So sollen Jugendliche nach dem Besuch der geschlossenen Wohngruppe in die offene pädagogisch-therapeutische Intensivgruppe und daran anschließend in die offene Außenwohngruppe wechseln.

Der formale Betreuungsschlüssel liegt in den geschlossenen Wohngruppen bei 1:1, so dass in der Gruppe I neun Erzieher*innen und in der Gruppe II sieben Erzieher*innen beschäftigt sind, von denen jeweils eine*r in ein Schulmodul abgeordnet ist. Die Beschulung der Jugendlichen ist in Module strukturiert. Das erste Modul (Arbeits- und Beschäftigungstherapie AT/BT: für Fluchtgefährdete und Jugendliche in der Ankunftszeit) wird im eigentlichen Haupthaus durchgeführt.

Das »semi-intern« durch angestellte Erzieher*innen durchgeführte Schulmodul II soll auf eine zukünftige Regelbeschulung vorbereiten und findet, aus architektonischen Gründen, zurzeit in ausgelagerten Räumen statt. Als drittes Modul ist der Besuch einer externen Regelschule im Nachbarort vorgesehen. Die interne Ersatzbeschulung wird dabei ausschließlich von Erzieher*innen mit Zusatzqualifikation angeboten.

Die im Jugendheim angestellte Psychologin hat nicht nur die Leitung der Schulmodule inne, sondern ist auch in der Gesamtleitung des Jugendheims eingebunden. Sie steht nicht für Einzel- oder Gruppentherapien zur Verfügung. Diese werden von einer externen Psychologin angeboten, sind allerdings für die Jugendlichen fakultativ. Der Gruppendienst wird ausschließlich von ausgebildeten Erzieher*innen versehen, welche zumeist bereits seit geraumer Zeit im Jugendheim angestellt sind. Das Leitungsteam des Jugendheims besteht aus zwei studierten Diplom- Pädagoginnen (Geschäftsführung und Einrichtungsleitung) sowie der Psychologin.

Konzeptionelles Kernelement des erzieherischen Handels bildet ein Stufenplan, welcher die jeweiligen Freiheiten der einzelnen Jugendlichen formal bestimmt. Ausgänge der Jugendlichen sind dabei durchaus üblich. Zusätzlich zum Stufenplan arbeitet die Wohngruppe seit einigen Wochen mit einem Verstärkerplan, mit dem die Jugendlichen Punkte sammeln und für verschiedene Boni einlösen können. Isolationsräume sind in Blautal nicht vorhanden. Regelverletzungen von Seiten der Jugendlichen werden durch die Erzieher*innen sanktioniert, neben einer Abstufung im Stufenplan gibt es keinen konzeptionell feststehenden Sanktionskatalog. Die jeweiligen Sanktionen sind damit abhängig von der Kreativität bzw. damit auch einer gewissen Willkür einzelner Erzieher*innen.

5.1.2 Einrichtungskultur

5.1.2.1 Der allgemeine Rahmen des Jugendheims

Das Jugendheim Blautal definiert sich seinem Selbstverständnis nach als eine teilgeschlossene Unterbringung für männliche Jugendliche. Die Einrichtung wurde in ihrer jetzigen Form als geschlossene Unterbringung 1982 gegründet und gehört damit zu den älteren Einrichtungen im Spektrum der geschlossenen Unterbringungen. Das Gebäude an sich diente vorher dem Träger als Wohnquartier zur Unterbringung von Aussiedlern bzw. Flüchtlingen, welche in Industriebetrieben in der Region Arbeit gefunden hatten.

Das Jugendheim gehört zu einem der größten bundesweit tätigen Trägern der Kinder- und Jugendhilfe, der im gesamten Leistungsspektrum der Sozialen Arbeit Einrichtungen unterhält. Der Tagessatz liegt bei ca. 300 €, zuzüglich einer Pauschale von 35€ für den Fall der hausinternen Beschulung (vgl. P 1.1).

Die geschlossene Unterbringung ist am Rand einer kleinen Ortschaft mit etwa 7.000 Einwohnern gelegen, welche in der Talsohle eines Flusses liegt. Die Hügel rund um den Ort sind bewaldet und werden von Tourist*innen für Tagesausflüge und Wanderungen genutzt. Die nächste größere Stadt mit etwa 40.000 Einwohner*innen liegt ca. fünf Autominuten vom Ort entfernt und ist durch den öffentlichen Personennahverkehr angebunden.

Zielgruppe
In den teilgeschlossenen Wohngruppen werden männliche Jugendliche ausschließlich auf Basis der §§27, 34 und 35a SGB VIII „mit massiven Problemen, welche auch im alltäglichen Lebensraum erhebliche Schwierigkeiten verursachen“ (Feldartefakt 110), untergebracht. Weitere Voraussetzung ist ein familiengerichtlicher Beschluss gemäß §1631b BGB. Vor der Aufnahme erfolgt ein Erstgespräch mit den Jugendlichen und dem Jugendamt und bei Unterbringung eine ca. sechswöchige „Clearing“ Phase. In dieser Beobachtungsphase soll der genaue Bedarf des Jungen eruiert werden. Das Mindestalter für die Aufnahme in eine der geschlossenen Wohngruppen beträgt 11 Jahre. Eine Aufnahme ist nicht möglich, wenn die Jungen akut psychisch erkrankt sind, suchtmittelabhängig sind bzw. „aufgrund einer starken geistigen und/oder körperlichen Behinderung besonderer medizinisch/therapeutischer Behandlung bedürfen“ (Feldartefakt 110).

Die Entscheidung über die Aufnahme eines Jungen ist somit, abgesehen von den Ausschlusskriterien, eine Einzelfallentscheidung des Jugendheims.
Besonders prägend für die Einrichtungshistorie war der Mord an einer Pädagogin im Jahr 2003. Im Rahmen des durch die Landesregierung aufgelegten Programms „Heimerziehung statt Untersuchungshaft“ wurden damals straffällige Jungen zur U-Haftvermeidung in eine geschlossene Wohngruppe in der Einrichtung aufgenommen. Nach den damaligen Medienberichten (vgl. Feldartefakt 151; 152) sowie den zugänglichen Gerichtsakten (Feldartefakt 153) haben drei dort untergebrachte jugendliche Straftäter im Alter von 16 und 17 Jahren nach drei Wochen Aufenthalt in der Einrichtung einen Fluchtplan entwickelt. Hierzu haben die drei Jungen die Flucht in der Nachtschicht geplant, während eine 26 Jahre jährige, „zierliche“ (Feldartefakt 153) Sozialpädagogin Dienst hatte. Sie wurde in der Nacht von den Jugendlichen überwältigt und brutal erstochen. Zwei Angeklagte wurden vom Landgericht zu einer Jugendstrafe von je acht Jahren, der dritte zu fünf Jahren verurteilt (Feldartefakt 153). Nach dem Mord wurde das Konzept zur U-Haftvermeidung in der geschlossenen Wohngruppe von Seiten der Einrichtung aufgegeben und seither werden keine Jugendlichen mehr nach den §§ 72 ff JGG aufgenommen.

Erziehungsziele
Das Erziehungsziel orientiert sich am SGB VIII. Ziel sei somit, „die Kinder und Jugendlichen in ihrer Entwicklung zu einer eigenverantwortlichen und gemeinschaftsfähigen Persönlichkeit zu unterstützen“ (Feldartefakt 110). Das Jugendheim möchte einen Lebensraum sowie ein auf die persönliche Entwicklung und individuellen Bedürfnisse der Jugendlichen zugeschnittenes förderliches Umfeld bieten (vgl. ebd.). „Das pädagogische Konzept geht davon aus, dass mit der Aufnahme der Jugendlichen in die pädagogisch-therapeutischen Intensivgruppen mit

individueller Teilgeschlossenheit frühere (delinquente) Verhaltensmuster der Jugendlichen zunächst unterbrochen werden und damit Raum gegeben wird für das Erlernen neuer Verhaltensstile [...]. Die erzieherische Arbeit dient der Förderung und Stabilisierung der Persönlichkeit der Jugendlichen im emotionalen, sozialen und kognitiven Bereich gleichermaßen. Sie dient der Vermittlung von Alltagswissen und lebenspraktischem Können, der Förderung der Lernfähigkeit und Lernbereitschaft und der Unterstützung in schulischen und beruflichen Aufgabenstellungen. Sie begleitet und unterstützt die Jugendlichen in der Herausbildung ihrer individuellen Talente und Interessen, ihrer geschlechtsbezogenen Identität und Rolle, in der Einübung von sozialem Verhalten im persönlichen Umfeld sowie der Fähigkeit, sich mit gesellschaftlichen Entwicklungen kritisch auseinander zu setzen und aktiv einbringen zu können“ (Feldartefakt 110: 4f.).

Um diese Ziele zu erreichen führt die Einrichtung eine Reihe von untergeordneten Erziehungs- und Lernziele auf. Durch die Unterbringung sollen: Die Empathie-Fähigkeit, das Selbstbewusstsein, eine Beziehungsfähigkeit sowie die Legalbewährung gefördert, Trauma bewältigt, Verantwortung für das eigene Handeln übernommen, Konflikte sozial adäquat gelöst und einen Schulabschluss erworben werden (vgl. Feldartefakt 110).

Ablauf der Hilfe

Das Jugendheim verfügt über einen aus seiner Sicht idealtypischen Ablauf der Hilfe um die beschriebenen Erziehungsziele zu erreichen. Zunächst sollen die Jungen in den teilgeschlossenen Wohngruppen untergebracht werden, hierfür stehen insgesamt 16 Plätze zur Verfügung. Nach pädagogischen Abwägungen kann in den Hilfeplangesprächen ein Wechsel in die offene Gruppe anvisiert werden. Von dieser Gruppe ausgehend ist es angedacht, in die offene Außenwohngruppe mit acht Plätzen zur Verselbstständigung zu wechseln. Nach Absprache mit den Jugendlichen und dem Jugendamt ist es auch möglich, direkt von der geschlossenen Unterbringung in die Außenwohngruppe zu gehen. An diese Maßnahme schließt sich ein betreutes Einzelwohnen an. Während der gesamten Zeit der Maßnahme sollen die Jugendlichen vom Förderteam des therapeutischen Diensts unterstützt werden. Da die Hilfeplanung beim fallverantwortlichen Jugendamt liegt, kann davon ausgegangen werden, dass die Jugendämter bei den verschiedenen Schritten auch Alternativen berücksichtigen, was zu einer Reduktion der zur Verfügung stehenden Plätzen in den folgenden Wohngruppen führt.

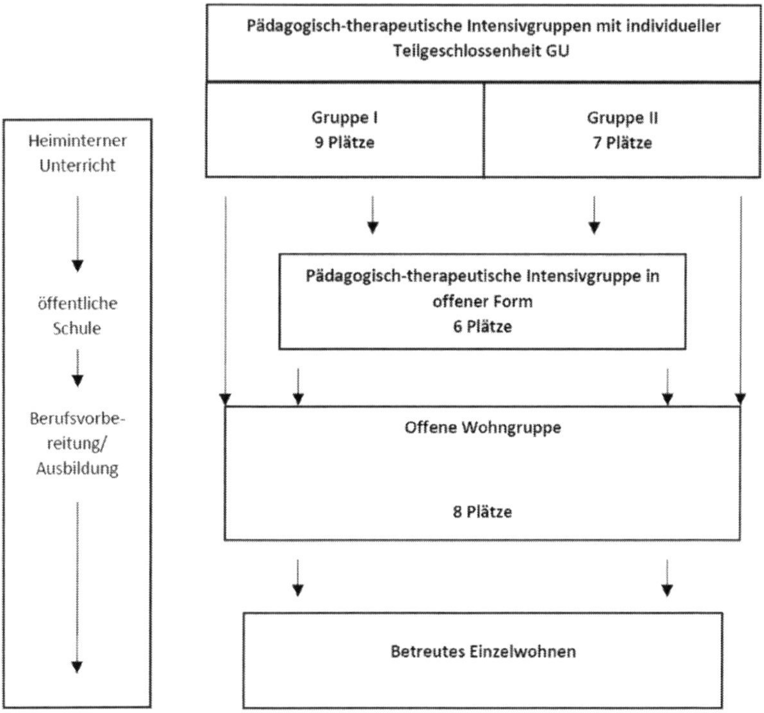

Abbildung 5: Ablauf der Hilfe Blautal

[Feldartefakt. 110]

Organisationsstruktur

Das dreiköpfige Leitungsteam von Blautal setzt sich zusammen aus der gesamt Leiter- und Geschäftsführerin welche von einer (pädagogische) Einrichtungsleitung – beide sind studiere Sozialpädagoginnen – sowie der heiminternen Psychologin, zuständig für den arbeits- und beschäftigungstherapeutischen Bereich, unterstütz wird. Die Gruppenorganisation wie Dienst- und Urlaubspläne, Gelder, Aktenführung etc. übernimmt die jeweilige Gruppenleiterin. Nachdem der vormalige pädagogische Leiter in den Ruhestand gegangen ist, befindet sich Blautal in einer Umstrukturierungsphase, in der Zuständigkeiten neu verteilt werden. Die Funktion der pädagogischen Leitung wurde in diesem Kontext durch eine Einrichtungsleitung ersetzt und Gruppenleitungen implementiert. Diese Umstellung führte zum Zeitpunkt meiner Forschungsphase zu Unsicherheiten, da nicht allen Mitarbeiter*innen die exakten Aufgaben und Kompetenzen der jeweiligen Funktionsträgerinnen bewusst waren.

Obwohl die jeweilige Aufgabenverteilung nicht immer ganz klar war, agiert das dreiköpfige Leitungsteam der Einrichtung in seinen Entscheidungen geschlossen und wird von den weiteren Mitarbeiter*innen auch als „Team“ wahrgenommen und tituliert.

Das Leitungsteam greift nicht aktiv in den Alltag der Wohngruppe ein. Coachings für die Mitarbeiter*innen werden von externen Kräften durchgeführt. Aus Sicht der Leitung sollen die verschiedenen Gruppen weitgehend selbstständig arbeiten und haben auch, in Abstimmung mit der Leitung, die Möglichkeit, eigenständig ein Gruppenkonzept zu entwickeln. Interventionen durch das Leitungsteam als übergeordnete Instanz innerhalb der Wohngruppe erfolgen hauptsächlich in Krisensituationen. Eine Steuerung durch das Leitungsteam dessen, was den Alltag, Erziehungsstile, Prävention von Konfliktsituationen betrifft, findet nicht statt.

Schulbesuch

Blautal bietet in unterschiedlichen Modulen Beschulungsmöglichkeiten für die Jungen an. Das Schulmodul 1 umfasst den Bereich der Arbeits- und Beschäftigungstherapie. Dieses Modul wird von den akut fluchtgefährdeten Jugendlichen sowie den Jungen, bei denen eine unterrichtsähnliche Beschulung den Erzieher*innen noch nicht möglich erscheint, besucht. Das Schulmodul 1 ist aktuell das einzige Modul, welches im Stammhaus und damit im räumlich gesicherten Bereich angeboten wird.

Das Schulmodul 2 gehört ebenfalls zu der internen durch die Einrichtung durchgeführten Ersatzbeschulung. Die Beschulung erfolgt durch Erzieher*innen in Kleinstgruppen von vier bis acht Jungen auf einem zum Träger gehörenden Gelände im Nachbarort. Die ausgelagerten Räumlichkeiten wurden notwendig, als das Dachgeschoss aus brandschutztechnischen Gründen für den dauerhaften Aufenthalt gesperrt wurde, da vormals das Schulmodul 2 dort räumlich untergebracht war. Weder Transport noch Schulräume sind dabei durch bauliche Maßnahmen gesichert, eine »Flucht« ist hier jederzeit möglich. Der »Schulhof«, auf dem sich die Jugendlichen ohne Begleitung bewegen, ist offen und frei zugänglich. Zum Zeitpunkt meines Aufenthaltes waren fünf Jungen aus drei Wohngruppen im Schulmodul 2, welche von insgesamt drei Lehrkräften in zwei Kleingruppen unterrichtet wurden. Die Räumlichkeiten sind von der Gruppengröße auf einmal vier Jugendliche und einmal acht Jugendliche ausgelegt (vgl. P 1.10).

Im Schulmodul 3 können die Jungen eine öffentliche Schule im Nachbarort oder eine »Lernwerkstatt« besuchen. Für Jugendliche, die altersmäßig bereits kurz vor Beendigung der Förderungsmöglichkeiten der Jugendhilfe stehen, allerdings schulisch noch nicht in der Lage sind, einen Hauptschulabschluss zu schaffen, bietet die Einrichtung eine „Lernwerkstatt“ (P 1.10) an: Ein ehemaliger Lehrer mit einer »lerntherapeutischen« Weiterqualifikation bereitet die Jungen, nach Aussage der Erzieher*innen, sehr erfolgreich auf den externen Schulabschluss vor. Der größte Teil der Jugendlichen wird auf Förderschulniveau beschult (P 1.10). Der, auch mit zwei Jugendlichen, frontal geführte Unterricht macht dabei nicht den Eindruck, einem übergeordneten Curriculum zu folgen. Die Unterrichtsgestaltung ist eher spontan situativ und mit vielen, durch die Erzieher*innen als Entlastung gesetzten inoffiziellen Raucherpausen durchsetzt (vgl. P 1.10).

Formal haben die Jugendlichen die Möglichkeit, auf einer naheliegenden öffentlichen Schule einen mittleren Schulabschluss zu erreichen. Aktuell befinden sich zwei Schüler aus der Wohngruppe auf der Realschule. Nach Auskunft der Gruppenleiterin aus der Wohngruppe hat bislang ein Junge ein Fachabitur erlangen können, was sie als ihren „größten Erfolg“ benennt (P 1.6).

Bei der Ersatzbeschulung scheint weniger das Erlenen von schulischen Inhalten anhand eines Schulplans im Fokus der Arbeit zu liegen, sondern vielmehr eine „sinnhafte“ Vormittagsbeschäftigung anzubieten, in der schulische Aufgaben erledigt und die Jungen primär auf den Frontalunterricht in der Schule vorbereitet werden.

Spezifische Kultur der besuchten Wohngruppe

Acht Erzieher*innen arbeiten auf der geschlossenen Gruppe 1 im Schichtdienst mit insgesamt neun dort lebenden Jugendlichen in einem Bezugserzieher*innensystem. Eine weitere Erzieherin arbeitet im Schulmodul, ist formal allerdings dem Gruppenteam zugeordnet. Ebenfalls ungünstig für den Betreuungsschlüssel wirkt sich die Belegung des Doppelzimmers aus, welches eigentlich nur in Ausnahmefällen mit zwei Jungen belegt werden soll. Die Wohngruppe liegt im 1. OG in einem der Längsflügel des Stammhauses und ist über ein Treppenhaus mit den anderen Wohngruppen verbunden. Sie erstreckt sich über die gesamte erste Etage. In der Gruppe gibt es sieben Einzel- und ein Doppelzimmer.

Die Zimmer sind ähnlich eingerichtet und können von den Jugendlichen zusätzlich ausgestaltet werden. Die heiminterne Turnhalle ist über die Grupperäume zu erreichen. Ursprünglich erstreckte sich die Wohngruppe über zwei Etagen. In der oberen Etage sind noch kleinere Büroräume, welche für Gespräche und Therapiesitzungen genutzt wurden. Auch zwei große Räume, die ursprünglich als Klassenräume Verwendung fanden, befinden sich im 2. OG. In einem Raum befinden sich Sportgeräte, welche unter Anleitung eines fachkundigen Erziehers einmal in der Woche genutzt werden dürfen. Die gesamte obere Etage ist aufgrund fehlender Rettungswege aus brandschutztechnischen Gründen inzwischen für einen dauerhaften Aufenthalt gesperrt.

Architektonische Gegebenheiten
Die architektonische Situation der Wohngruppe 1 gestaltet sich, auch nach Aussage der Geschäftsführerin, als prekär. Die Wohngruppe 1 hat mit dem Brandschutz bedingtem Verlust des zweiten Obergeschosses einen wesentlichen Teil ihrer räumlichen Grundfläche eingebüßt.

1: Schlafzimmer
2: Doppelzimmer
3: Büro
4: Salon
5: Fernsehraum
6: Duschen
7: WC
8: Küche
9: Aufenthaltsbereich
10: Turnhalle
11: Treppenhaus
12: Flur

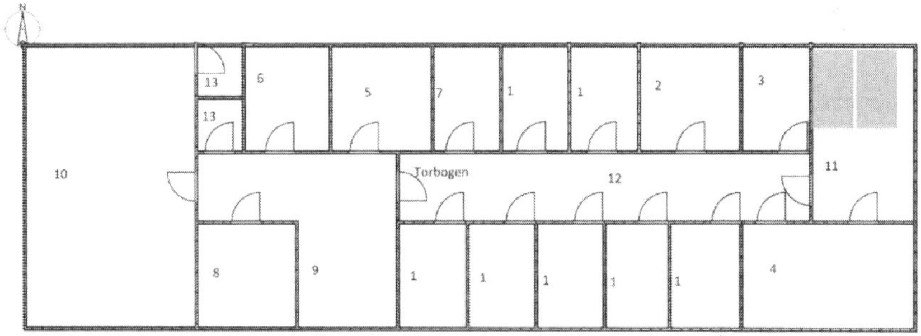

Abbildung 6: Grundriss Blautal
(Feldartefakt 141)

Wie beengt und problematisch sich die räumliche Situation darstellt wird am ersten Forschungstag in Blautal deutlich:

> Nach dem Öffnen der grünen Metall-Wohnungstür, die mehrere Glasaussparungen hat, betrete ich einen langgezogenen Schlauchflur. Von dem in hellem Gelb gestrichenen Flur gehen jeweils links und rechts mehrere Räume ab, wobei der Flur kaum breit genug ist, um eine entgegenkommende Person nicht zu behindern. Die abgehenden Türen wirken massiv und sind ebenfalls aus Metall, es sind jeweils zwei Schlösser

> in den Türen eingebaut. Alle Türen wirken gleich und sind im selben Abstand verbaut, lediglich in der oberen Ecke befindet sich die Zimmernummer, ansonsten sind die Türen „nackt" es gibt keine Poster, individuellen Gestaltungen bzw. jugendliche Dekoration im Flur. Hinter der ersten Tür auf der rechten Seite ist das Büro der Erzieher*innen und Erzieher, direkt gegenüber ist die Tür zu dem Therapie- und Playstationraum. Ansonsten befinden sich offensichtlich die Zimmer der Jugendlichen und zusätzlich ein Gemeinschafts-WC hinter den Türen. Der langgezogene Flur wirkt beklemmend, es dauert einige Augenblicke, bis ich mich akklimatisieren und ein beklemmendes Gefühl ablegen kann. Als eine Art Katalysator dieses Gefühls wirkt auf mich ein kleiner einengender „Torbogen", der sich im Flur befindet. An diesem Bogen befindet sich noch eine zweite Metalltür, ähnlich der Wohnungstür, die allerdings offensteht. Torbogen und Tür bilden für mich eine Art Portal zum zweiten Teil, dem eigentlichen Wohnbereich der Gruppe. Der zweite Teil wirkt durch eine hohe Maisonette-Gestaltung mit großer Fensterfront wesentlich heller und geräumiger. Der obere Teil darf aus brandschutzrechtlichen Gründen allerdings nicht genutzt werden. Die eigentlich geräumige Fläche ist mit einem, an der Wand stehenden, defekten Billardtisch und einer Sitzkombination aus Tisch und Bänken so zugestellt, dass an den Bänken kaum Platz ist und der Billardtisch nicht genutzt werden kann. Neben dem Wohnbereich befindet sich die, ich vermute aus Sicherheitsgründen, abgeschlossene Küche, eine Vorratskammer, die Duschen für die Jugendlichen sowie ein Fernsehraum. Außer einigen teilweise beschädigten Wand-Tattoos im eigentlichen Wohnbereich (Silhouetten von Städten) und der Küche (Besteck) ist in der Wohngruppe keine weitere Wanddekoration vorhanden. Am Ende des langen Flurs liegt die von allen Gruppen genutzte Sporthalle des Jugendheims (Vignette P 1.01).

Von der Gesamtfläche der Wohngruppe entfallen etwa vier Achtel auf die privaten Zimmer der Jungen, sowie die Gemeinschaftstoilette und das Büro. Circa ein Achtel der Fläche wird von der abgeschlossenen Küche belegt. Ein weiteres Achtel der Fläche ist durch die Vorratskammer und Duschräume belegt, etwas mehr Fläche entfällt auf den „offenen" und kaum zu nutzenden Wohnbereich. Ein Raum in Größe des Doppelzimmers findet als TV-Raum Verwendung.

Die Einrichtung bemüht sich bereits seit mehreren Jahren um eine Finanzierung für einen Neubau. Die Pläne des Architekten und das Gelände sind bereits vorhanden, allerdings findet sich bislang keine Bank, die bereit wäre, einen Kredit zu gewähren, da das „Geschäftsmodell" trotz des hohen Tagessatzes aus Sicht der Bank nicht ausreichend Gewinn abwirft (vgl. P 1.1).

An der Bausubstanz der Wohngruppe lässt sich die Notwendigkeit der geplanten Investitionen in ein neues Gebäude ebenso erkennen. Die Metalltüren mussten bereits mehrfach ausgebessert werden und können als stumme Zeugen externalisierter Gewaltimpulse gedeutet werden. Die Wand-Tattoos im vollgestellten Aufenthaltsbereich sowie in der Küche sind teilweise von der Wand ‚geknibbelt'. Das Ambiente der Wohngruppe ist geprägt von diesen Lebensspuren der vergangenen Jahrzehnte und Jugendhilfetypischen Aushängen wie Verstärkerplan und Regeln (vgl. Feldartefakte 136; 138; 143; 144).

Die Jugendlichen in der Gruppe: Saburo, Fabian und Co.
In der Jugendgruppe findet sich eine klassische organisationspsychologische Aufteilung (vgl. Schindler 1973: 31ff.) in Gruppenrollen und den dementsprechenden Umgang untereinander. Rollen wie die des Anführers („Alpha"), Mitläufers („Gamma") und Außenseiters („Omega") sind ebenso zu finden wie besonders beliebte Charaktere („Beta") oder Opportunisten. Neben den Gruppenhierarchien sind Freundschaften sowie Antipathien innerhalb der Jugendgruppe ein wichtiger Beziehungsfaktor.

Wie sich die Gruppenhierarchie im Alltag gestalten kann, verdeutlicht eine Szene von Steffen und Sören:

> „Steffen kommt aus dem TV-Raum. Er nimmt Sören zunächst mit ins 2. OG, um etwas mit ihm zu besprechen, wie er sagt. Sören ist das sichtlich unangenehm, folgt Steffen aber. Steffen beginnt einen Spaßkampf mit dem offenkundig unterliegenden und sich nicht wehrenden Sören. Am Ende des Kampfes drückt Steffen Sören an die Wand, lässt ihn sich wie bei einer polizeilichen Personenkontrolle an die Wand stellen (Kopf Richtung Wand, Beine auseinander, Arme lang gestreckt mit Druck gegen die Wand) und durchsucht diesen. Er findet einige Cent „heimlich-Geld" und Müll in Sörens Hosentasche. Danach lässt Steffen ihn wieder los, der Vorfall wird später nicht wieder thematisiert" (P1.5).

Die Szene beschreibt eindrücklich, welche Machtgefälle sich in den Jugendgruppen finden lassen. Sören, als der unterlegene Außenseiter, muss sich von Steffen (zweiter Gruppenboss) durchsuchen lassen und akzeptieren, dass dieser über sein Eigentum, seine Handlungsfreiheit und seinen privaten Nahraum frei verfügen kann. Sören setzt scheinbar nicht viel Hoffnung in die Unterstützung der Erzieher*innen, zumindest fordert er diese nicht ein. Ein weiterer Faktor für sein Schweigen kann mit den Gruppenhierarchien und den Reaktionen der anderen Jugendlichen auf ein mögliches Thematisieren des Vorfalles bei den Fachkräften zusammenhängen. Sören reagiert seinerseits in einer Art Unterwerfung und demütiger Akzeptanz auf solche oder ähnliche Situationen, er möchte nicht provozieren und scheint zu hoffen, so am schnellsten wieder in Ruhe gelassen zu werden.

Die Jungen der Wohngruppe:
Zum Zeitpunkt der teilnehmenden Beobachtung in der geschlossenen Wohngruppe 1 waren acht bzw. ab dem zehnten Tag der Forschungsphase neun Jugendliche untergebracht. Die Jugendlichen in der Wohngruppe sind Ubaldo, Saburo, Steffen, Sören, Fabian, Agostino, Benedikt, Niko und in den letzten Tagen Ilja.

Innerhalb der Jugendlichen hat sich eine deutlich zu erkennende Hierarchie mit einem „inneren Zirkel“ gebildet. Dieser Zirkel besteht aus einem Großteil der Gruppe und ist abgesehen von den „Anführern“ mit selbstgestochenen Tattoos gekennzeichnet. Das Tattoo zeigt das Aufnahmedatum in die Wohngruppe und besteht aus Punkten. Für den 9.09. wird 909 mittels Kugelschreibertinte in den linken Oberarm gestochen. Die Gruppe wird unangefochten von Saburo regiert. Sein Co-Chef ist Steffen, der ähnlich alt und körperlich kräftig ist. Steffen ist allerdings in der Zeit des Forschungsaufenthalts deutlich ruhiger, als er in den Schilderungen der Fachkräfte und anderer Jugendlicher aus seiner Anfangszeit in Blautal wirkt. Er und Saburo musizieren zusammen, sind gut befreundet und konkurrieren nicht miteinander. Steffen macht seinen Einfluss auf die Gruppe im Alltag nur selten geltend. Ebenfalls Mitglied in dieser Konstellation ist Ubaldo, der sich mit Saburo das Doppelzimmer teilt. Er ist körperlich kleiner und deutlich schwächer, allerdings der älteste in der Gruppe. Sören und Fabian sind Mitläufer und tragen unter dem T-Shirt versteckt das Datums-Tattoo, sie konkurrieren um ihre jeweilige Position in der Gruppe. Agostino ist der Außenseiter und wird in der Wohngruppe als „schleimig“ und „hinterfotzig“ beschrieben. Er ist aufgrund seiner Unbeliebtheit nicht im inneren Zirkel, versucht aber in der Gruppenhierarchie mit Sören und Fabian zu konkurrieren. Benedikt wirkt eher angepasst und unauffällig, er ist in der Hierarchie ebenfalls weit unten und trägt ein Gruppen-Tattoo. Der elfjährige Niko wird als Störfaktor wahrgenommen, er ist ein Außenseiter, läuft außerhalb der Gruppenhierarchie und zeigt in der Wohngruppe ein sehr auffälliges Verhalten. Die Erzieher*innen wollten ihn zunächst nicht aufnehmen, die Zusage wurde von der Geschäftsführerin ausgesprochen. Das eigentlich Verfahren in Blautal sieht vor, dass sowohl das Gruppenteam, als auch das Leitungsteam der Aufnahme eines Jugendlichen zustimmen müssen. Das Jugendamt hat keine Unterbringungsalternative für ihn. Die geschlossene Wohngruppe soll nur eine Übergangslösung darstellen (vgl. P. 1.1; P. 1.2; P 1.8; Feldartefakt 142).

*Die Erzieher*innen der Wohngruppe*
In der teilgeschlossenen Wohngruppe arbeiten neun Fachkräfte sowie ein Auszubildender, wobei eine Erzieherin im Arbeits- und Beschäftigungstherapie (AT/BT) Team die Vormittagsbetreuung übernimmt und nicht für den regulären Gruppendienst zur Verfügung steht. Zum Zeitpunkt des Forschungsaufenthaltes gestaltet sich die Betreuungssituation schwierig, da insgesamt vier Mitarbeiter*innen

krankgemeldet sind. Die Gründe für die Krankmeldungen sind unterschiedlich und reichen von Borreliose, ausgelöst durch einen Zeckenbiss, einer langfristigen schweren Erkrankung über Grippe bis zur Erkrankung des Kindes. Infolge dessen wird zu Beginn des Forschungsaufenthaltes in einer Notbesetzung gearbeitet, die in großen Teilen durch Mitarbeiter*innen aus anderen Teams erfolgt (vgl. P 1.1).

In der Tagesgestaltung zeigt sich die Notbesetzung insbesondere daran, dass die Erzieher*innen zwar den Jugendlichen bekannt sind, allerdings nicht besonders vertraut wirken. Regeln in der Gruppe, wie die Kriterien zur Vergabe der Verstärkerpunkt, sind nicht geläufig und Verwaltungsaufgaben, wie Anrufe von externen Fachkräften, können nicht erledigt werden. Die Teams der verschiedenen Wohngruppen in der Einrichtung sind untereinander nicht so eng miteinander verwoben, dass Vertretungen ohne weiteres möglich wären (vgl. P 1.1; P 1.2).

In der Wohngruppe sind, abgesehen vom Auszubildenden (Erzieher mit Schwerpunkt Heimerziehung), alle Mitarbeiter*innen ausgebildete Erzieher*innen. Nach Auskunft der Einrichtungsleitung ist die gehaltsmäßige Eingruppierung übertariflich, außerdem werden verschiedene Zulagen (z.B. für die geschlossene Form der Hilfe oder Feiertagszulage) gewährt.

Die aktuellen Umstrukturierungen im Jugendheim wirken sich deutlich auf das Team aus. Die Position der Gruppenleitung ist kommissarisch besetzt und es gibt eine strikte Trennung vom Leitungsteam („denen“/ „die“) und den Erzieher*innen im Gruppendienst („uns“/ „wir“) (vgl. P 1.16). Es herrscht im Team eine große Unzufriedenheit über die als zu gering empfundene Anknüpfung und Mitwirkung an Entscheidungsstrukturen. Insbesondere die Vielzahl an verwaltungs- und hauswirtschaftlichen Tätigkeiten, wie Spülen ohne Spülmaschine, schreiben von Aktenvermerken, Dokumentation des Tagesablaufes, Inventur der Einrichtungsgegenstände o.ä. (vgl. P 1.2) führen zu Unzufriedenheit mit der eigenen Arbeit. „Ich bin nicht Erzieher geworden und hab die Ausbildung gemacht, um die Kinder zu (?verwahren/ verwalten?) [Mundart]“ (P 1.9). Diese Unzufriedenheit und der von den Fachkräften als problematisch empfundene schwindende Zusammenhalt im Team haben dazu geführt, dass die Einrichtungsleitung versucht, mittels eines externen Teamtrainings positiv auf die Teamstrukturen einzuwirken (vgl. P 1.1).

Die pädagogische Gestaltung alltäglicher Praxen der Fachkräfte in der Wohngruppe sind sehr unterschiedlich, was sich auch daran festmachen lässt, wann bei unerwünschten oder dissozialen Verhaltensweisen der Jugendlichen eingegriffen wird. Während einige Erzieher*innen mehr Zeit bis zum Eingreifen in einer Situation verstreichen lassen und erst kurz vor einer möglichen Eskalation eingreifen, reagieren andere bereits frühzeitig und deeskalieren oder leiten damit Situationen und Konflikte. Dies zeigt sich insbesondere bei den gemeinsamen Mahlzeiten, wo alle Jugendlichen aufeinandertreffen und es gehäuft zu Konflikten und Streit kommt. Während Herr Albert erst eingreift kurz bevor die Stimmung zu eskalieren droht, spricht Herr Willo bereits kleine Konfliktsituationen an um diese frühzeitig zu lösen (vgl. P 1.7).

Eine direkte Folge des anfänglich beschriebenen Mordes, ist ein stärkerer Fokus auf das Thema Arbeitssicherheit. Im Tagesdienst sollen die Mitarbeiter*innen seit dem Mord nur in einer Doppelbesetzung arbeiten. Da der Mord auf einen nächtlichen Angriff zurückzuführen ist, wurden besonders die Vorkehrungen für den Schutz der Mitarbeiter*innen in der Nachtschicht verschärft. Nachts werden alle Jugendlichen in ihre Zimmer eingeschlossen, die Mitarbeiter*innen müssen einen Notrufmelder am Gürtel tragen, durch den die anderen Gruppen, aber auch ein von 22:00 Uhr bis 7:00 Uhr anwesender Wachdienst gerufen werden kann. Der Wachdienst tritt in den Gruppen nicht in Erscheinung (vgl. P 1.1). Die Jugendlichen wissen von seiner Anwesenheit durch Gespräche, haben aber keinerlei Kontakt zu ihm. Der Mitarbeiter des Wachschutzes hält sich im Büro der Psychologin auf, welches im direkten Zugang zum Treppenhaus gelegen ist.

Das Miteinander: Umgang von Fachkräften und Jugendlichen

Der Umgang zwischen den Jungen und den Erzieher*innen ist ebenso abhängig von Sympathien und Antipathien wie der Umgang unter den Jugendlichen selber. Besondere Berührungsängste zwischen den Jugendlichen und den Erzieher*innen scheint es nicht zu geben:

> „Ich befinde mich mit Benedikt, Fabian und einem Erzieher in der Küche. Benedikt fragt mich, was ich denn aufschreiben würde. Ich zeige ihm mein Buch und biete ihm an, dass er mir etwas hineinschreiben dürfte. Er meint, bezogen auf meine Funktion als Wissenschaftler, dass ich ja alles notieren müsste. Mit einem ironischen Blick auf den Erzieher sagt er, er würde hier ja körperlich misshandelt werden, der Erzieher nimmt die Aussage auf und ruft: „Dann guck mal wie ich dich körperlich misshandele“, er läuft hinter Benedikt her und beginnt ihn zu kitzeln und festzuhalten, Benedikt versucht sich zu wehren und seinerseits den Erzieher festzuhalten und zu kitzeln. Beide spaßen herum und lachen laut. Fabian greift auf Seiten Benedikts in das Gemenge ein und versucht wiederum den Erzieher festzuhalten. Nach einer Weile beendet der Erzieher den Spaß-Kampf, alle lachen und gehen wieder ihren Beschäftigungen nach“ (P 1.1).

Der Vorwurf der körperlichen Misshandlung wird von keinem der Jugendlichen in der Wohngruppe zu einem späteren Zeitpunkt noch einmal geäußert. Da sich die Jungen und der Erzieher kennen und einschätzen können, kann die Aussage in diesem Kontext als Provokation, die eine wie auch immer geartete, vermutlich spielerische Reaktion von Seiten des Erziehers auslösen soll, gedeutet werden. Eine alternative Lesart, bezogen auf mich selber als Adressat der Aussage zur körperlichen Misshandlung, könnte sein, mein Verhalten und meine Rolle als Forscher besser einschätzen zu können. In jedem Fall macht die Szene aber deutlich, dass sowohl Benedikt als auch Fabian eine gewisse Sensibilität für das Thema der Misshandlung haben. Eine weitere Ebene zeigt sich in Bezug auf den Erzieher, der durch Benedikts Aussage unter Zugzwang steht und reagieren muss. Dies insbesondere mit Blick auf die durch meine Anwesenheit hergestellte Öffentlichkeit. Als Reaktion entscheidet er sich, die Aussage spielerisch humoristisch aufzugreifen und sie dadurch in Form einer Beweiserbringung entkräften zu können. Die Körperlichkeit in der Reaktion an sich wirkt auf mich im ersten Moment irritierend, wird aber von den Jungen akzeptiert und scheint diese auch nicht weiter zu verwundern, wie Fabians Spieleinstieg –innerhalb der klar definierten Parteienstruktur- gedeutet werden kann. So scheint Aktion (Benedikt) und Reaktion (Erzieher) der Logik des Feldes zu folgen, auch wenn sie möglicherweise für mich gespielt wurden.

Ein etwas anderes Verhältnis haben die Jugendlichen zu einer Erzieherin. Auch wenn die Jugendlichen rein körperlich keine Nähe zu ihr zu suchen scheinen, haben mehrere Jugendliche ein besonderes Vertrauensverhältnis aufgebaut.

> „Nachdem die Jugendlichen erfahren haben, dass Frau Sandra in der Nacht von Freitag auf Samstag Dienst hat hebt sich die Stimmung bei den Jugendlichen spürbar. Ich werde sofort gefragt, ob ich am Samstagmorgen auch bereits zum Frühstück da bin. Da ich noch nicht abgesprochen habe, wann ich an dem Tag komme, kann ich es noch nicht zusagen. In der Folge werde ich förmlich von den Jugendlichen bedrängt, auf jeden Fall zum Frühstück zu kommen. Frau Sandra „macht das beste Frühstück von allen" und das „muss man probiert haben". Erst nachdem ich zusichere, zum Frühstück auch wirklich da zu sein, lassen mich die Jungen wieder meine Notizen zum letzten Essens schreiben und gehen ihren eigenen Beschäftigungen nach.
> Als ich an besagtem Samstagmorgen in die Wohngruppe komme, duftet die ganze Gruppe bereits nach frisch gebackenem Brot und zubereiteten Eiern. Das Esszimmer wurde umgestellt und es ist eine lange Tafel fertig gerichtet. Die Jugendlichen trudeln zwischen 9 Uhr und kurz vor 11 Uhr im Esszimmer ein. Alle setzen sich und dürfen zwischen Spiegelei, Rührei oder gekochtem Ei wählen. Frau Sandra bereitet alles frisch zu und die Jugendlichen können so viele Portionen bestellen wie sie mögen. Im Backofen hat Frau Sandra verschiedene Gebäckstücke zubereitet. Die Jugendlichen freuen sich sichtlich über das besondere Essen: „Frau Sandra ist wie eine Mutter" (P 1.6).

Das besonders fürsorglich und üppig zubereitete Frühstück scheinen die Jugendlichen mit dem, auch durch die Medien kommuniziertem, Bild einer „liebenden" Mutter zu verknüpfen. Bereits das Wissen, am Samstag umsorgt zu werden und die Aussicht auf dieses besondere Frühstück war in der Gruppendynamik zu erkennen. Die Jugendlichen haben sich gegenseitig immer wieder an das Frühstück erinnert und sich so selber diszipliniert.

Ob die Jugendlichen in der Wohngruppe Sympathien oder Antipathien bezüglich ihrer Erzieher*innen empfinden ist stark von den Charakteren der Fachkräfte abhängig. Auch Erzieher*innen, die im Vergleich zu den anderen Mitarbeiter*innen einer eher strikten Linie folgen und oft unerwünschte Verhaltensweisen ansprechen oder kommentieren, können bei den Jugendlichen durchaus beliebt sein. Den Jugendlichen scheint die Berechenbarkeit und subjektiv empfundene Fairness der einzelnen Mitarbeiter*innen wichtiger zu sein, als das im Alltag unbequeme Ansprechen von Problemen. So ist Herr Willo bei den Jugendlichen durchaus beliebt, da dieser immer einen „flotten Spruch" (P 1.7) auf den Lippen hat und Ansprechpartner für Sorgen und Probleme der Jugendlichen ist. Dennoch achtet er sehr penibel auf die Einhaltung der Absprachen und Regeln und thematisiert mögliches Fehlverhalten. Insbesondere bei den gemeinsamen Mahlzeiten greift er frühzeitig in die Gesprächsthemen ein und beendet mögliche Konflikte zwischen den Jugendlichen bevor diese entstehen. Dies allerdings ohne zu sanktionieren oder zu drohen, sondern lediglich über entsprechende Hinweise bezüglich des Verhaltens (vgl. P 1.6).

5.1.2.2 Erziehungstechniken

Ämter und Regeln

Ein wiederkehrendes Element der strukturierten Tagesgestaltung ist der Ämterplan. Der Begriff „Amt", bzw. in seiner Mehrzahl „Ämter", wird dabei analog in allen Einrichtungen für verschiedene, von den Jugendlichen zu erledigende, Aufgaben und Dienste, welche den Haushalt oder die Ordnung in der Gruppe betreffen, verwendet. In Blautal sind dies:

Küche= Küchendienst mit Spülen und Abtrocknen

Tisch= Decken und Abräumen des Esstisches

Flur= Fegen, Saugen des Flurs

TV-Raum= Raum ordnen

Toilettenbulle= Gibt den Schlüssel zu den Toiletten heraus

Das Amt des Toilettenbullen wurde von den Jugendlichen eingeführt. Hintergrund ist, dass über mehrere Wochen die Toiletten immer wieder übermäßig verschmutzt waren. Um hier eine Kontrollinstanz einzuführen haben die Jugendlichen das Amt des Toilettenbullen erfunden. Da dieser weiß, wer zuletzt die Toilette genutzt hat, wäre ein möglicher Übeltäter schnell ermittelt. Seit Einführung des Amtes gibt es keine Probleme mehr mit der Hygiene des WC's (vgl. P 1.12).

Das Erledigen der Ämter findet obligatorisch nach den Mahlzeiten statt (Ausnahme: Toilettenbulle). Wer abends sein Amt erledigt hat, kann duschen gehen. Auch für das Duschen ist auf Wunsch der Jugendlichen, um die täglichen Diskussionen zu beenden, eine Reihenfolge festgelegt worden. Die Bestimmung der Reihenfolge ist an die Ämter und deren Zeiten gekoppelt.

Sowohl die Duschreihung als auch das Amt des Toilettenbullen sind erst ca. zwei Wochen vor meiner Forschungsphase, zusammen mit dem Verstärkerplan, eingeführt worden. Andere festgelegte und allgemeingültige Regeln der Wohngruppe, wie nicht in der Gruppe rauchen, keine Beleidigungen, keine Spaß-Kämpfe, keine Gewalt, o.ä. können von den Jugendlichen nachvollzogen und damit weitgehend akzeptiert werden. Solange Regeln transparent und begründet sind, werden auch Konsequenzen bei Verstößen in aller Regel von den Jugendlichen akzeptiert. Anders verhält es sich, wenn das Gerechtigkeitsgefühl der Jugendlichen verletzt wird. In Bezug auf das Erledigen ihrer Ämter ist es durchaus von Tagesform und vom jeweiligen Elan abhängig, so dass manchmal etwas geschummelt wird oder nicht jedes Mal jede Ecke gesaugt wird, trotzdem wird der Sinn und Zweck der Ämter und die Notwendigkeit, diese selber zu erledigen, nicht grundsätzlich in Frage gestellt.

Stufen- und Verstärkerpläne
Stufenplan

„Stufe 1 „Ankommen": Ziel: Einhaltung der Gruppenregel und Tagesablauf Ankunft mit fremden Sicherungsmaßnahmen Antrag auf Stufe 1+ nach frühestens 1 Woche Du kannst (Pflicht) Keine Fluchtversuche Straffreiheit Regelmäßige Teilnahme an Schule Modul 1 Du darfst (Kür) Telefonieren im Büro bei eingeschaltetem Lautsprecher in deutscher Sprache

Stufe 1+ „Ankommen": Ziel: Einhaltung der Gruppenregel und Tagesablauf Ankunft ohne fremde Sicherungsmaßnahmen Antrag auf Stufe 2 nach frühestens 3 Wochen Du kannst (Pflicht) Keine Fluchtversuche Straffreiheit Regelmäßige Teilnahme an Schule Modul Du darfst (Kür) Draußen in Begleitung eines Mitarbeiters vor die Tür 4x 10min/Tag „Kann" in Begleitung auf Bolzplatz Telefonieren wie Stufe 1.

Stufe 2 „Einlassen": Ziel: Lernen in der Gruppe mit Erzieher Antrag auf Stufe 3 Teambeschluss Du kannst (Pflicht) Wie Stufe 1 und Stufe 1+ Zusätzlich: Sozialverträglicher Umgang mit Gruppenmitgliedern Respektvolles Verhalten gegenüber Erwachsenen Einhaltung: Tagesablauf, Gruppenregeln, Dienste Du darfst (Kür) Zusätzlich eingeschränkte Aktivitäten mit Erziehern und Jugendlichen, Wandern, Kegeln, Klettern; Angeln, Minigolf, Telefonieren im Zimmer, Gruppeneinkauf

Stufe 3 „Bewähren": Ziel: Lernen in der Gruppe auch ohne Erzieher Lernen außerhalb der Gruppe mit Erzieher Antrag auf Stufe 4 Teambeschluss Du kannst (Pflicht) Wie Stufe 1 und Stufe 2 Zusätzlich: Wiedergutmachung bei Dingen, die nicht gut gelaufen sind, Entschuldigung, Konflikte mit Jugendlichen gewaltfrei lösen, Einhalten von Regeln (selbst an die Regeln denken) Bereitschaft zum Coolnesstraining, Arbeitsstunden o.ä. Du darfst (Kür) Teilnahme an begleiteten Gruppenaktivitäten, Eislaufen, Internet-Café, Schwimmen, Gruppeneinkauf, Kino, täglich 1x 1/2h unbegleiteten Ausgang auf dem Gelände

Stufe 4 „Eigenverantwortung": Ziel: Öffentlichkeit ohne Erzieher Antrag auf Stufe 5 Teambeschluss Du kannst (Pflicht) Wie Stufe 1,2 und 3 Heimfahrten (pünktlich zurück) Einhalten der Absprachen Du darfst (Kür) Wie Stufen 1,2 und 3 Zusätzlich: Unbegleitet Ausgang beginnend mit 1h/ Woche alleine in B. mit Handy. Jede Woche kann 1h dazu kommen (nach Teamentscheidung). Schulbesuch extern. 1 Heimfahrt/Monat in Absprache mit dem Jugendamt und Eltern. Selbstständiger Einkauf mit eigenem Taschengeld (20min/Woche). Zusätzlicher Einkauf am Tag der Taschengeldauszahlung möglich.

Stufe 5 „Zuverlässigkeit": Ziel: Ohne zusätzliche Aufforderung das Zusammenleben meistern HPG Planung: offene Gruppe nach Hause Du kannst (Pflicht) Wie Stufen 1-4 Zusätzlich: Respektvoller Umgang mit Mitmenschen Du darfst (Kür) Wie Stufen 1-4 Zusätzlich: Unbegleitet Ausgang bis 2h/täglich in B. Kann bei erwiesener Zuverlässigkeit 1 Nachmittag/ Woche länger Ausgang haben. Kann außerhalb B. sein, z.B. Internet-Café, Probewohnen /Verlegung in den offenen Bereich oder „andere" Einrichtung bzw. Rückkehr in die Familie"

(Feldartefakt 110).

Kernelement der erzieherischen Handlungen in Blautal ist ein sogenannter Stufenplan. Das Motto „vom Festhalten zum Loslassen" zieht sich „als roter Faden durch den gesamten Hilfeprozess und findet im »Stufenplan« einen für die Jugendlichen individuell erlebbaren Ausdruck" (Feldartefakt 110). Grundsätzlich soll die geschlossene Unterbringung in Blautal nur eine Zwischenstation in einem länger geplanten Hilfeprozess sein. Ziel des Prozesses ist es die Jugendlichen zu befähigen a.) Erziehung überhaupt zuzulassen und b.) im Erwachsenenalter ein selbstbestimmtes Leben führen zu können. Aufgabe des Stufenplans innerhalb dieses Konzepts ist es, die Jugendlichen auf eine offenere Form der Erziehungshilfe vorzubereiten. Dies erfolgt durch eine schrittweise Öffnung/Lockerung über verschiedene Stufen, welche den Jugendlichen immer mehr Freiheiten zugestehen, bis es faktisch keine Einschränkungen – durch die Form der Unterbringung – im Alltag gibt. Die zunächst erworbenen Freiheiten stehen allerdings immer unter dem »Damoklesschwert«, bereits erlangte Rechte wieder durch nicht regelkonformes Handeln zu verlieren, wobei der Stufenverlust nicht nur vom alltäglichen Verhalten abhängig ist, sondern von der Zufriedenheit der Erzieher*innen und möglicher Regelverstöße. Die Entscheidung zum Stufenaufstieg wird im Team der Fachkräfte getroffen, hierzu müssen die Jugendlichen einen schriftlichen Antrag zusammen mit einer ausformulierten Begründung stellen. Der Stufenverlust erfolgt ebenso auf Teambeschluss, allerdings nur aufgrund von Regelverstößen (Drogenkonsum, Gewalthandlungen, Verweigerungen, Provokationen u.v.m.). Das eigentliche alltägliche Verhalten bzw. Einhalten von verschiedenen Lernzielen z. B. im Bereich Ordnung, Haushalt, Hygiene u. ä. fiel dabei im Verlauf der Forschungsphase formal nur wenig ins Gewicht der Teamentscheidung. Blautal arbeitet mit einem »fünf«-stufigen Plan.

Im Plan wurde die Stufe 1 unterteilt, um eine Unterscheidung in der Form des „Ankommens“ treffen zu können. Jugendliche, die freiwillig und ohne körperlichen Zwang – was in Blautal die Regel ist – in die Einrichtung kommen, starten dabei in der Stufe 1+. Während in der Stufe 1 die Jugendlichen für mindestens eine Woche die Gruppe nicht verlassen dürfen und ausschließlich mit eingeschaltetem Lautsprecher im Büro der Fachkräfte telefonieren dürfen, ist es in der Stufe 1+ möglich, in Begleitung der Erzieher*innen 4x10 Minuten in der Woche die Gruppe zu verlassen und den Hartplatz im Außenbereich des Haupthauses zu nutzen. Da die Stufen aufeinander aufbauen, erweitern sich die Freiheiten der Jugendlichen je nach Stufe sukzessive.

In der Stufe 1 müssen die Jugendlichen regelmäßig an der Schule teilnehmen, straffrei bleiben und Fluchtversuche unterlassen. Erfüllen die Jugendlichen diese „Pflichten“, können sie nach einer Woche einen Antrag auf Stufe 1+ und nach weiteren drei Wochen auf Stufe 2 - das „Einlassen“ - stellen.

In der Stufe zwei dürfen die Jugendlichen mit dem Gruppentelefon in ihren Zimmern telefonieren und an Gruppenaktivitäten, wie Wandern oder Ausflüge, teilnehmen. Den Antrag auf die folgenden Stufen können die Jugendlichen nach jeweils zwei Wochen stellen, nach einer Zurückstufung kann der Antrag bereits zur folgenden Teamsitzung gestellt werden, ohne die zwei Wochen First einzuhalten. Um in die dritte Stufe „Bewähren“ aufzusteigen, müssen die Jugendlichen sich neben den Verhaltensweisen von Stufe 1 und 1+ den anderen Gruppenmitgliedern gegenüber sozialverträglich verhalten, die Erwachsenen respektieren sowie die Gruppenregeln (Tagesablauf, Verhaltensweisen, Dienste) einhalten. In der dritten Stufe sollen die Jugendlichen lernen, auch ohne Erzieher*innen in der Gruppe gesellschaftskonform zu leben. Die Jugendlichen sollen sich nach Konflikten entschuldigen können bzw. Wiedergutmachungen leisten, Konflikte gewaltfrei lösen und selbstständig die Regeln einhalten sowie mögliche Auflagen wie Arbeitsstunden oder Coolnesstrainings absolvieren.

Gelingt ihnen dies, erhalten die Jugendlichen das erste Mal die Gelegenheit, nach – im besten Fall – fünf Wochen das Außengelände des Haupthauses für einmalig 30 Minuten am Tag ohne Begleitung zu nutzen. Außerdem dürfen sie an Gruppenaktivitäten, die im öffentlichen Raum stattfinden (wie Eislaufen oder Schwimmen gehen), teilnehmen oder auch das Internetcafé besuchen.

Die mit „Eigenverantwortung“ betitelte Stufe 4 hat zum Ziel, sich weitgehend selbstständig und ohne Unterstützung der Erzieher*innen an Regeln zu halten. Neben den in Stufe 3 genannten Pflichten müssen die Jugendlichen sich an die Absprachen halten sowie pünktlich von Heimfahrten zurückkehren. Dieser Punkt scheint allerdings mit anderen Regeln der Wohngruppe zu kollidieren: Wenn Jugendliche nicht pünktlich von Heimfahrten zurückkehren, wird dies als Flucht bzw. Abgängigkeit gewertet und die Jugendlichen damit wieder automatisch auf die erste Stufe zurückgestuft. Ein Automatismus, der problematisch erscheint, wenn die Jungen ihre ‚Eigenverantwortung' doch erst in dieser Stufe erlernen sollen. Neben dem unbegleiteten Ausgang von einer Stunde in der Woche im Ort, bei dem auf Antrag jede Woche ein weiterer Ausgang hinzukommen kann, ist der Besuch der öffentlichen Schule und das selbstständige Einkaufen mit dem eigenen Taschengeld möglich. In Absprache mit dem Jugendamt dürfen die Jugendlichen einmal im Monat nach Hause fahren. In der fünften und zugleich letzten möglichen Stufe „Zuverlässigkeit“ haben die Jugendlichen kaum noch Beschränkungen und sollen damit auf den Besuch einer offenen Gruppe vorbereitet werden. In dieser Stufe müssen die Jugendlichen respektvoll mit anderen Jugendlichen umgehen. Es sind täglich zwei Stunden Ausgang möglich und bei entsprechender Zuverlässigkeit einmal in der Woche einen nicht näher benannten langen Nachmittag. Die letzte Stufe wird im Alltag allerdings kaum erreicht, da bereits ab der 3. bzw. 4. Stufe die Planungen zum Umzug in eine offene Wohngruppe eingeleitet werden und die Jugendlichen auch innerhalb dieser Planungen und Absprachen wieder aufgrund von Konflikten und Fehlverhalten zurückgestuft werden können, auch wenn ihr Verhalten aus Perspektive der Erzieher*innen ansonsten für eine offene Wohngruppe akzeptabel erscheint.

Verteilung der Stufen bei den Jugendlichen im Zeitraum des Feldaufenthaltes je zu Beginn und Ende der Forschungsphase:

	Beginn	Ende
Ubaldo	Stufe 1+	Stufe 2
Niko	Stufe 1	(unverändert) Stufe 1
Saburo	Stufe 3	heruntergestuft auf 1, Antrag auf Stufe 1+ angenommen
Steffen	Stufe 2	(unverändert) Stufe 2
Sören	Stufe 2	(Antrag auf Stufe 3 abgelehnt) Stufe 2
Fabian	Stufe 4	Stufe 4 (ohne zusätzliche Ausgänge)
Agostino	Stufe 3	(Antrag auf Stufe 4 abgelehnt) Stufe 3
Benedikt	Stufe 4	(unverändert) Stufe 4 (mit zusätzlichem Ausgang)

Tabelle 10: Stufen bei Beginn und Ende des Aufenthaltes Blautal

Abgesehen von Niko, der erst wenige Wochen und Benedikt, der fast ein Jahr, in Blautal wohnen, leben alle anderen Jugendlichen zwischen sechs und neun Monate in der geschlossenen Unterbringung.

Verstärkerplan

Ein weiteres von den Erzieher*innen genutztes Verfahren, ist ein so genannter Verstärkerplan, mit dem positive Verhaltensweisen belohnt und verstärkt werden sollen. Die jeweiligen Verstärkerpläne werden von den Bezugserzieher*innen mit den Jugendlichen zusammen ausgehandelt. Die Jugendlichen haben die Möglichkeit, jeden Tag Punkte für ihr Verhalten zu sammeln, wenn sie ihren Dienst ordentlich erledigen, gut mit Konflikten umgegangen sind o.ä. Die so erworbenen Punkte können sie dann zu einem späteren Zeitpunkt einlösen, vorausgesetzt sie haben ausreichend viele gesammelt. Eine Kopplung von Stufenplan und Verstärkerplan ist allerdings nicht vorgesehen.

Die Jugendlichen können also keine Punkte für einen Stufenaufstieg einlösen. Insgesamt ist es möglich, über den Tag verteilt 20 Punkte zu sammeln. Die Punkte werden am Abend von den Erzieher*innen und ohne die Jugendlichen im Büro in eine Liste eingetragen. Wie viele Punkte insgesamt erworben wurden, erfahren die Jungen im Verlauf des wöchentlichen Gruppengespräches. Die gesammelten Punkte lassen sich dann auf Wunsch einlösen für folgende Prämien:

140 Pkt. Süßes oder Saures
280 Pkt. Ein Telefonanruf zusätzlich
350 Pkt. Playstation 3 1h länger
500 Pkt. 1x DVD ausleihen
700 Pkt. Fast- Food für 6€
1500 Pkt. 2h Internetcafé extra
1800 Pkt. Kino, Eis-Disko oder Jugendzentrum
2500 Pkt. Gutschein 20€ z.B. MediaMarkt
3500 Pkt. Kart fahren oder Besuch im Freizeitpark

Nach Einführung des Verstärkerplans, insgesamt vier Wochen vor der Forschungsphase, konnten die Jugendlichen (Stufe bei Abschluss des Feldaufenthaltes) bislang folgende Punkte sammeln:

Ubaldo (2)	341 Pkt.	Sören (2)	288 Pkt.
Niko (1)	280 Pkt.	Benedikt (4)	369 Pkt.
Saburo (1)	324 Pkt.	Agostino (3)	268 Pkt.
Steffen (2)	337 Pkt.	Fabian (4)	287 Pkt.

Es wäre möglich gewesen, seit Einführung des Verstärkerplans, 480 Punkte zu sammeln. Eintragungen auf bislang eingelöste Punkte sind nicht zu finden. In Klammern sind die jeweiligen Stufen der Jugendlichen als Vergleichswert zum Stufenplan aufgeführt. Benedikt, als »Spitzenreiter« mit 77% aller möglichen zu erreichenden Punkte welche als Maßstab für die Zufriedenheit mit seinem Verhalten fungieren können, hätte nach insgesamt vier Wochen die Möglichkeit, 60 Minuten länger die Playstation 3 nutzen zu dürfen. Niko, dem es bislang nicht gelungen ist von Stufe 1 aufzusteigen, wird mit 280 Punkten, sprich einer Zufriedenheit von 58%, bewertet.

Umgang mit Stufen- und Verstärkerplan
Wie strikt die Stufen eingehalten werden, ist stark abhängig von den jeweiligen Erzieher*innen im Gruppendienst und ihren Entscheidungen. Gerade für die Jugendlichen, die wieder auf die erste Stufe (Ankommen) zurückgestuft wurden, werden Ausnahmen gemacht. So kann sowohl Saburo als auch Ubaldo immer wieder an Aktivitäten, wie außerhalb Fußball spielen, teilnehmen, was von ihren Stufen her eigentlich nicht möglich gewesen wäre. Auch bei anderen Jugendlichen, bei denen keine akute Fluchtgefahr vermutet wird, kommt es in einer gewissen Regelmäßigkeit zu Ausnahmen, wie zum Beispiel die Erlaubnis, ohne Begleitung Einkäufe für die Gruppe erledigen zu dürfen. Diese „Offenheit“ könnte mit ein Grund dafür sein, dass zumindest während der Forschungsphase und mit Ausnahme von Niko, kein Jugendlicher den Wunsch geäußert hat, wegzulaufen oder sich ausschließlich im Stammhaus bewegt hat.

Wie paradox, auch in der Wahrnehmung der Jugendlichen, das Einhalten der Stufenreglung ist, zeigt eine Vignette mit Ubaldo. Ubaldo wurde, nachdem er zwei Tage zu spät von einem Elternbesuch zurückgekommen ist, auf die Stufe Eins zurückgestuft. Da er allerdings die Realschule besucht und es von Seiten des Erzieher*innenteams pädagogisch nicht zu legitimieren ist, ihn für die Zeit bis zu seinem vermutlich sicheren Stufenaufstiegs aus der Schule zu nehmen, verlässt er jeden Morgen das Haus und besucht die Regelschule im Nachbarort. Dies führt zur Situation, dass er nach der Schule und der Suche nach einem Praktikumsplatz erst am Nachmittag wieder in der Wohngruppe eintrifft. Hier angekommen verliert er sogleich seine gesamte Freiheit und muss in der Dusche der Wohngruppe rauchen, da er die Gruppe auch mit Erzieher*innen nicht verlassen darf. Eine paradoxe Situation, welche den Erzieher*innen bewusst ist, allerdings nicht geändert wird (P 1.3).

Das Reglement zum Verstärkerplan der Wohngruppe ist direkt neben der Küche der Wohngruppe aufgehängt und findet erst seit wenigen Wochen Anwendung. Die Erzieher*innen möchten mit dem Plan ein Belohnungssystem etablieren und Anreize setzen, gewünschte Verhaltensweisen zu entwickeln. Abgesehen vom erhöhten Verwaltungsaufwand, am Ende des Abends in eine Liste Punkte für die Jugendlichen einzutragen, stehen die Erzieher*innen dem System sehr positiv gegenüber. Punkte erhalten die Jugendlichen zum Beispiel für pünktliches Aufstehen, das Verhalten und die Mitarbeit in der Schule, Sozialverhalten am Nachmittag, die Erledigung der Ämter, Körperhygiene und ähnliches. Einmal in der Woche, im Gruppengespräch, werden die über die Woche erworbenen Punkte verlesen und die Gesamtpunktzahl benannt. Die Umsetzung des Verstärkerplans im Alltag ist demnach eher optional als luzide und wird in der, dem Plan inhärenten Logik, ad absurdum geführt. Verstärker- und Stufenplan werden in Blautal separiert eingesetzt, was zu einer völlig differenten Nutzung beider Systeme führt. Während der Verstärkerplan das soziale Miteinander fördern soll, allerdings keinerlei Wirkung entfaltet, fungiert der Stufenplan als Sanktionsmittel.

Wie wenig Stufen- und Verstärkerplan korrelieren, zeigt die Verteilung der Stufen und der bislang erworbenen Punkte. Niko (Stufe 1), dessen Sozialverhalten als absolut problematisch und belastend für die Gruppe kommuniziert wird, hat immerhin mehr als die Hälfte der möglichen Punkte gesammelt, während Ubaldo und Steffen (beide Stufe 2), die kaum Freiheiten haben und immer wieder hart sanktioniert wurden, mit je fast 340 Punkten zu den Spitzenreitern der Gruppe zählen. Diese Diskrepanz zwischen Stufen und Punkte deutet auf eine gewisse Beliebigkeit hin.

Für die Jugendlichen ist der Verstärkerplan im Alltag nicht relevant oder überhaupt präsent. Wenn es zu Konflikten gekommen ist oder es Situationen gegeben hat, welche dazu geführt haben könnten, weniger Punkte an einem Tag zu erhalten, war es den Jugendlichen schlichtweg egal (vgl. P 1.2; P 1.8). Das Verteilen der Punkte wirkte bei keinem Jugendlichen in den Alltag, da weder die vergebenen Punkte noch das Verhalten reflektiert wurden. Zudem sind die zu erwerbenden Boni für die Jugendlichen kaum interessant. Wer eine Woche lang das Maximum an Punkten (140) erreicht hat, darf sich zusätzlich etwas Süßes von den Erzieher*innen geben lassen, was für die Jugendlichen schlicht irrelevant ist. Wer Süßes möchte, kauft sich etwas oder organisiert es sich auf anderen Wegen. Eine Kopplung von Stufen- und Punkteplan ist nicht vorgesehen, es können keine Punkte gegen Freiheiten eingetauscht werden. Ein erzieherischer Mehrwert des Verstärkerplans, abgeleitet von einem Einfluss auf die Jugendlichen, ist in der hiesigen eingesetzten Form eines Punktesystems nicht gegeben.

Umgang mit Einschluss

Mehr ein konzeptionelles erzieherisches Element und zugleich strukturelle Besonderheit ist die Möglichkeit des Einschlusses von Jugendlichen, was die Erzieher*innen als ein Instrument zur Macht- und Einflusssicherung verstehen. Hierzu werden die Jugendlichen nachmittags, aufgrund baulicher Maßnahmen, in ihrer Bewegungsfreiheit auf die Grundfläche der Wohngruppe beschränkt, weiterhin werden die Jugendlichen aus Sicherheitsgründen nachts eingeschlossen. Der Einschluss nachts erfolgt dabei obligatorisch und ist nicht vom Stufenplan abhängig.

Die Bewegungseinschränkung tagsüber andererseits ist individuell, also bei jedem Jugendlichen abhängig von der Stufe, auf der er sich befindet. Hierzu wird von den Erzieher*innen ein Übergabebuch geführt, in dem die Stufe und die Ausgänge der Jugendlichen festgehalten werden. Zudem hält sich die Einrichtung die Option offen, im Fall von Krisen und bei akuter Fremdgefährdung die Jugendlichen in ihre Zimmer einzuschließen. Die Zimmer werden dabei als eine Art von Time-Out-Raum genutzt. Außerhalb von derartigen Krisensituationen können Zimmerarreste als Sanktion bei Fehlverhalten verhängt werden, auch um Jugendliche der Gruppe nach einem Konflikt voneinander zu trennen (vgl. P. 1.2; P 1.10).

In Blautal ist es weniger ein erlebter baulicher Einschluss, da dieser durch die Beschulung praktisch nicht gegeben ist, als eine erzieherisch einsetzbare Machtquelle, welche für die Jugendlichen präsent ist und durch die Erzieher*innen genutzt wird.

Einsatz von therapeutischen Angeboten

Therapien werden in Blautal nur vereinzelt angeboten und sind für die Jugendlichen daher fakultativ. So ist die von weiterqualifizierten Erzieher*innen angebotene Arbeits- und Beschäftigungstherapie für die Jungen im Schulmodul eher ein erzieherisch- pädagogisches Element als eine therapeutische Intervention. Auch die regelmäßigen Therapiestunden mit einer externen Psychologin und das in externen Räumlichkeiten angebotene Coolness- Training bzw. Anti-Aggressions-Training stehen den Jugendlichen nur vereinzelt und bei Bedarf offen. Die von der externen Psychologin durchgeführte Traumatherapie scheint am ehesten in Anspruch genommen zu werden und wird von der Einrichtungsleitung auch als notwendigste Therapie beschrieben (vgl. P. 1.1). Keines der Therapieangebote ist dabei im Alltag der Einrichtung bzw. im Tagesablauf fest verankert und damit besonders relevant für die Jugendlichen. Auch scheint die Mehrzahl der Jugendlichen in Blautal von sich aus keinen Bedarf an Therapiesitzungen zu kommunizieren.

Umgang mit Ereignissen und Konflikten

Der Umgang mit Krisen, Konflikten und anderen nicht alltäglichen Ereignissen ist für die Stimmung der Jugendlichen in der Gruppe, aber auch für ihre Beziehung zu den Erzieher*innen ein wichtiges Element. Konflikte innerhalb der Jugendgruppe aber auch mit den Erzieher*innen wirken sich massiv auf die Personen in der Wohngruppe aus. Bei persönlichen Krisen, wie z.B. einer anstehenden Gerichtsverhandlung, haben die Mitarbeiter*innen die Chance, das in sie gesetzte Vertrauen unter Beweis zu stellen und die Beziehung zu den Jugendlichen zu stärken.

Ganz ähnlich verhält es sich im Feld mit besonderen Ereignissen wie Besuche oder Beurlaubungen, für die, auch auf besonderem Wunsch der Jugendlichen, immer wieder neue Rahmenbedingungen ausgehandelt werden müssen. Welche Bedeutung den jeweiligen Situationen zukommen kann, zeigen die drei ausgewählten und nachfolgend aufgearbeiteten Vignetten:

Krisensituation I: Saburo attackiert Benedikt (Vignette)

Benedikt und Saburo geraten vor dem Abendessen in der Küche in Streit. Es geht darum, wem wieviel vom übriggebliebenen Mittagessen zusteht. In Folge des Streits schlägt und stößt Saburo Benedikt und verletzt diesen. Zu Beginn des Konfliktes war keiner der Erzieher, die im Dienst waren, anwesend. Nach dem ersten Schlag wurde Saburo von einem Erzieher, der in die Küche geeilt ist, festgehalten, was an Stelle eines zweiten Schlags einen Kopfstoß im Beisein eines Erziehers zur Folge hatte. Als direkte Konsequenz für sein Verhalten muss Saburo auf seinem Zimmer essen, kann aber die gesamte Portion vom Mittagessen mitnehmen. Weder Saburo noch Benedikt erhalten für den Abend Verstärkerpunkte gutgeschrieben und beide müssen den Rest des Abends auf ihrem Zimmer bleiben. Da die anwesenden Erzieher keinen Aktenvermerk geschrieben haben, können die beiden Jugendlichen den übrigen Erzieher*innen der Wohngruppe am Folgetag eine Geschichte von einem Sportunfall erzählen. Benedikt muss aufgrund der Schwellungen und einer befürchteten Verletzung des Auges am nächsten Tag ärztlich behandelt werden. Es dauert einen weiteren Tag, bis ein Erzieher die eigentlichen Abläufe in Erfahrung gebracht hat. Aufgrund von standardisierten Handlungsanweisungen wird ein Mechanismus in Gang gesetzt, durch den die Jugendämter, die Vormünder und die Eltern informiert werden, welche wiederum aufgrund des Sorgerechtes anweisen, Anzeige zu erstatten und die Polizei einzubeziehen. Saburo wird auf Stufe 1 zurückgestuft und muss mit dem Rauswurf aus der geschlossenen Unterbringung rechnen. Drei Tage nach dem Vorfall wird in einem Gespräch von einer Erzieherin und der Geschäftsführerin entschieden, unter welchen Bedingungen Saburo in Blautal bleiben darf. Er muss einen schriftlichen Antrag stellen und Fragen der Fachkräfte beantworten:

> „Was werde ich tun, um hier bleiben zu können? Ich werde
> -zu einer Psychologin gehen um alleine mit ihr über mich und meine Probleme zu reden und um Wege zu finden um mich leichter und besser unter Kontrolle zu bekommen.
> - mich vor der ganzen Gruppe bei den Opfern entschuldigen.

> -einen meiner vertrautesten Personen (Ubaldo/Steffen) bitten mich zu unterstützen mich zu beherrschen.
> -einen verschärften Verstärkerplan beantragen in dem meine Probleme und Schwächen in einer Punkteliste aufgestellt sind.
> -ein Praktikum in einer Behindertenwerkstatt machen in dem mein Sozialverhalten trainiert und aufgebessert wird.
> Was passiert, wenn ich mich nicht daran halte?
> Ich werde hier rausgeworfen und Lande auf der Straße und muss an meinem 16. Geburtstag als Geburtstagsgeschenk nach T-Land ausgewiesen. Und ich habe meine Familie erneut enttäuscht.
> Wie sieht mein Täter-Opfer Ausgleich aus?
> Ich war schon mal mit Benedikt gut befreundet er hat sogar bei mir übernachtet ohne Probleme. Wieso soll es nicht mehr so sein was hindert mich daran?
> -Die Jugendlichen kennen mich als der Saburo der kein Sozialverhalten gegenüber anderen Jugendlichen zeigt und die die anderes sind anders behandelt. Aber durch die Unterstützung von meinen „Brüdern" (Steffen/Ubaldo) und das Praktikum in sozial-pädagogischenbereich werde ich es schaffen aus dieser rolle raus zu kommen und die Jugendlichen die anders sind so zu behandeln wie alle anderen auch. Eine Entschuldigung ist das Mindeste was ich tun kann" (P 1.4)

Bei der Formulierung der Antworten hatte Saburo keine Unterstützung durch andere Personen.

Als Konsequenz für seinen Angriff und um in der freiheitsentziehenden Maßnahme bleiben zu dürfen muss er ein Anti-Aggressionstraining (AAT) sowie das bereits angedeutet Praktikum erfolgreich absolvieren, sich vor der Gruppe bei Benedikt entschuldigen, eine selbstgewählte Wiedergutmachung leisten, einen speziellen Verstärkerplan ausarbeiten und erfüllen sowie selbstständig einen Termin bei der externen Psychologin ausmachen. Insgesamt drei Tage nach dem Vorfall sind nun die Konsequenzen für Saburos Angriff festgelegt worden.

Erst zwei weitere Tage später, also fünf Tage nach dem Angriff, ist der Verstärkerplan ausgearbeitet, entschuldigt hat er sich nicht, eine Wiedergutmachung musste er nicht leisten, für einen Termin beim AAT benötigt er noch die Kostenzusage vom Jugendamt und ein Termin bei der Psychologin ist nicht ausgemacht. Dies ist bis 14 Tage nach dem Angriff auch zugleich der letzte Stand des Vorgehens der Erzieher*innen.

In der Vignette wird deutlich, dass Saburo, abgesehen vom Schreiben des Antrags, keine Konsequenzen für sein Handeln erfahren hat. Bereits im schwebenden Verfahren, also dem Zeitraum bis zur Festlegung der Sanktionen, hat er seine Rolle als Gruppenboss weiter ausgefüllt. Der von ihm ausformulierte Antrag um in Blautal bleiben dürfen, zeigt aber seine Auffassungsgabe und sein sprachliches Geschick. Er scheint exakt zu schreiben, was die Erzieher*innen lesen wollen und bietet gerade genug an, um in Blautal bleiben zu dürfen, ohne groß Veränderungen akzeptieren zu müssen.

Das Verhalten der Erzieher*innen ist inkonsequent und die beteiligten Personen wirken von der Situation überfordert. Das Erzieher*innenteam scheint nicht gemeinsam zu agieren, es ist Aufgabe der Bezugserzieherin, die Konsequenzen auszuloten und für die Umsetzung zu sorgen.

Krisensituation II: Nikos Einweisung in die Psychiatrie (Vignette)
Während eines Telefonats mit seiner Mutter erfährt Niko, dass sie zusammen mit seinen 14 Geschwistern umgezogen ist und in einem anderen Haus in einer Niko nicht bekannten Stadt lebt. Am folgenden Tag möchte Niko zunächst nicht in die Vormittagsbetreuung, lässt sich dann allerdings doch dazu überreden. Im Laufe der Betreuung kommt es aufgrund einer scheinbaren Nichtigkeit beim Spielen zu einem Konflikt, Niko soll auf die Gruppe begleitet werden. Da er beginnt, sich zu weigern, wird er von insgesamt drei Erziehern in die Gruppe geschoben, während er sich nach Kräften versucht zu wehren. Der Konflikt eskaliert über mehrere Stunden mit verschiedenen Eskalationsstufen, bis zu Angriffen von Niko auf andere Jugendliche und dem Überfluten seines Zimmers mit Wasser.

Sowohl die Erzieherin als auch der anwesende Azubi sind mit der Situation vollkommen überfordert und fühlen sich alleine gelassen und machtlos, da sie keine Möglichkeit haben, angedrohte Sanktionen auch umzusetzen, da Niko ihnen körperlich fast ebenbürtig wirkt und ihm alle verbalen Angebote oder auch Drohungen vollkommen egal zu sein scheinen. Niko selber strebt im Verlauf des gesamten Konfliktes an, nicht in seinem Zimmer eingeschlossen zu werden und handlungs- bzw. bewegungsfähig zu bleiben. Weiterhin scheint es mir, dass er erreichen möchte, dass sich möglichst viele mit ihm beschäftigen, da er in diesen Phasen am zugänglichsten ist, während er in Phasen, in denen sich niemand um ihn kümmert, verschiedene Versuche unternimmt, die Aufmerksamkeit wieder auf seine Situation zu lenken. Die Eskalation endet erst mit der, durch die Polizei begleitete Überführung von Niko in die Kinder- und Jugendpsychiatrie (KJPP) durch den Rettungsdienst. Die KJPP musste allerdings zunächst davon überzeugt werden musste, Niko aufzunehmen.

Niko, der verbal kaum in der Lage ist seine Bedürfnisse zu artikulieren, hat am Abend vor der Eskalation von gravierenden Änderungen in seinem Familiensystem erfahren. Die Frage, ob er im neuen Haus auch ein Zimmer hat, wird von seiner Mutter nur ausweichend beantwortet, so dass Niko scheinbar Gefahr läuft, aus dem Familiensystem gedrängt zu werden. Die Eskalation der Situation kommt für die Erzieher*innen überraschend, da es kaum eine Kultur von Verhaltensreflexionen von Jugendlichen im Team gibt und nur bei Eskalationen Aktenvermerke erstellt werden. Alle Versuche, Niko zu bändigen und über die Machtquelle der geschlossenen Unterbringung zu beruhigen bzw. den eskalierten Konflikt zu gewinnen und so eine Entspannung der Lage zu erreichen, sind vollumfänglich gescheitert. Praktisch sind die Erzieher*innen Niko gegenüber hilflos, da ihn Einschluss, die Stufe 1 sowie andere Sanktionen, wie das Entfernen privater Gegenstände aus dem Zimmer, nicht interessieren. Die Handlungsroutine in Blautal, über eine größere Macht der Fachkräfte erzieherisch auf Niko einzuwirken, greift nicht. Niko scheint jeden Machtkampf, den er mit den Erzieher*innen austrägt, vordergründig zu gewinnen. Alternative Vorgehensweisen scheinen in der Logik der Wohngruppe nicht möglich, so dass am Ende nur die Abschiebung von Niko in eine andere Einrichtung möglich ist, auch um den Rest der Gruppe zu schützen. Während der gesamten Situation sind die Mitarbeiter*innen an ihren Belastungsgrenzen.

Ereignis I: Steffen und Freundin (Vignette)

> 11:45 Uhr: Ich begleite Steffen zum Bahnhof, um seine Freundin abzuholen. Es ist ein Fußweg von ca. 15-20 Minuten. Der Bahnhof ist vom Dorfkern ausgelagert, so dass der Weg im Grünen an einer Straße entlangführt und wir kaum anderen Personen begegnen. Steffen darf in seiner Stufe in Begleitung eines anderen Jugendlichen die Wohngruppe verlassen, daher ist es für mich unproblematisch, ihn zu begleiten. Die Beziehung von Steffen und seiner Freundin wird von den Erzieher*innen unterstützt, auch wenn in Diskussionen unter den Erzieher*innen durchaus hinterfragt wurde, wieso bei Steffen die Regel, keinen Besuch zu bekommen, außer Kraft gesetzt wird, und er dann auch noch auf eigenen Wunsch hin, im Zimmer mit der Freundin eingeschlossen wird.
> Steffen freut sich bereits seit einigen Tagen auf den Besuch und hat sich am Morgen besonders schick angezogen. Auf dem Weg zum Bahnhof erzählt mir Steffen, wie dankbar er Frau Barbara ist. Seiner Freundin ging es vor einigen Wochen gesundheitlich sehr schlecht, als Frau Barbara davon erfahren hat, hat sie ein Auto organisiert und Steffen, ohne ihm vorher etwas zu verraten, als Überraschung ins Krankenhaus zu seiner Freundin gefahren und beiden mehrere Stunden gemeinsame Zeit zugestanden. Er selber hat nie damit gerechnet und auch nicht gefragt, ob sie ihn fahren könnte, da er diese Option nicht gesehen hatte.

Nach den Gruppenregeln dürfen die Jungen keinen Besuch von Freundinnen empfangen. Diese schriftliche Regel wird allerdings regelmäßig aufgeweicht, so dass eigentlich gilt, dass Besuch nur im Einvernehmen mit den Erzieher*innen möglich ist. Insbesondere Frau Barbara geht von einem positiven Einfluss der Freundin auf Steffen aus. Wie stark die Beziehung von Steffen und seiner Freundin unterstützt wird, zeigt sich auch daran, dass Steffen von den Erzieher*innen Kondome hätte bekommen können, worum er sich allerdings schon selber gekümmert hatte.

Die Erfahrung, von der Erzieherin zur Freundin gebracht zu werden, fällt zeitlich etwa in den Zeitraum, in dem Steffen angefangen hat, sich auf die Maßnahme einzulassen und begonnen hat, sich regelkonform und in die Wohngruppe integrierend zu verhalten. Vorher scheint er massiv gegen die Regeln opponiert zu haben.

Nachdem es Steffen von den Erzieher*innen ermöglicht wurde, seine Freundin im Krankenhaus zu besuchen, scheint er sein oppositionelles Verhalten größtenteils abgelegt zu haben. Diese, für ihn besonders bedeutsame, Erfahrung ermöglicht es ihm, sich auf eine Beziehung zu den Erzieher*innen einzulassen und sich auf die von den Fachkräften lancierte Logik der Jugendhilfe, Legalbewährung, sozial kompatible Bewältigungshandlungen, Schulabschluss und Ausbildungsplatz einzulassen.

Sanktionskatalog

In Blautal existiert kein dezidiert ausgewiesener Sanktionskatalog, auf dessen Grundlage die Erzieher*innen zurückgreifen können. Zwar gibt es über den Stufenplan Regelungen zum Aufstieg, der Verlust einer Stufe wird allerdings in jedem Fall vom Team beschlossen. Auf ein ähnliches Verfahren wird im Fall von gravierenden, nicht den Stufenplan betreffenden, Sanktionen zurückgegriffen. In diesen Fällen entscheidet ebenfalls das Team über die Sanktionen.

Anders verhält es sich mit Sanktionen oder auch Druckmitteln, die von den Erzieher*innen genutzt werden, um in Machtkämpfen nicht zu unterliegen oder um in akuten Situationen einzugreifen. In diesen Fällen ist die Sanktion vollständig abhängig von den Entscheidungen und der Kreativität der einzelnen betroffenen Erzieher*innen. Dies führt dazu, dass Sanktionen verhängt werden, die vom Team getragen werden müssen, mit denen unter Umständen nicht alle Erzieher*innen einverstanden sind. Dies kann sich sowohl auf Sanktionen, etwa Zimmerarreste und deren Dauer nach Konflikten, als auch auf Sanktionen wie das Entfernen/Einziehen privater Gegenstände aus den Zimmern der Jugendlichen beziehen.

Tagesablauf

Der Tagesablauf der Jungen gestaltet sich unter der Woche nach einem festgelegten Schema. Der Tagesablauf ist eher als grober Rahmen zu verstehen. Im Alltag wird mit den Zeiten relativ flexibel umgegangen, sodass es oft zu Verschiebungen kommt, die mit den Jugendlichen ausgehandelt werden. Insbesondere die verschiedenen Schulmodule wirken sich auf den Tagesablauf der Jungen aus. Die Beschulung in Modul 1 läuft von kurz nach 8:00 bis 12:00 Uhr. Schulmodul 2 hat striktere Zeiten, welche einen ersten Schritt in Richtung Schulrhythmus darstellen.

Der Tagesablauf der Schüler im Schulmodul 3 gestaltet sich individuell entsprechend den jeweiligen Stundenplänen und den Schulanfangszeiten der verschiedenen Schulen. Die Jugendlichen verlassen hierzu morgens das Gelände und nutzen meist den öffentlichen Nahverkehr um zur Schule zu kommen und fahren nach Schulende wieder zurück. In Folge dessen findet das Mittagessen mit einer „Kerngruppe" aus den Schulmodulen 1 und 2 statt, die Jugendlichen aus den öffentlichen Schulen kommen dann entweder hinzu oder essen, wenn sie lange Unterricht hatten, später.

In dem Zeitfenster von Montag bis Freitag von 15:00 bis 18.00 Uhr liegen die verschiedenen individuellen Termine der Jugendlichen. Hier finden das Anti-Aggressions-Training, Gespräche mit der Psychologin oder den Pädagog*innen, Arzt-Termine bzw. Gruppenangebote wie Wanderungen o. ä. statt. An den Tagen, an denen ein Jugendlicher keine Termine hat, ist die Zeit zur freien Verfügung. Als Freizeitaktivitäten stehen in der Gruppe Gesellschaftsspiele, eine Playstation 3, ein Fernseher, eine Gitarre, die Turnhalle oder Bücher zur Verfügung. Mangels eines adäquaten Platzangebotes bleibt den Jugendlichen dabei nichts anderes übrig, als sich in ihren Zimmern, dem Flur, dem Büro oder dem Fernsehraum zu bewegen. Einige Jugendlichen ziehen sich in dieser Zeit auch zum Schlafen in das eigene Zimmer zurück. Hauptaufenthaltsraum in dieser Zeit ist für die Jugendlichen neben dem eigenen daher das Fernsehzimmer.

Uhrzeit	Montag	Mittwoch	Samstag
06:00 Uhr bis 08:00 Uhr	Wecken, Frühstück, Duschen / Wäsche	Wecken, Frühstück, Duschen, Betten abziehen (14-tägig)	Ausschlafen, Frühstück, Duschen Ferien und Wochenende erst ab 09:00 auf die Gruppe
08:00 Uhr bis 12:15 Uhr	Schule AT/BT	Schule AT/BT	
12:15 Uhr bis 13:30 Uhr	Mittagessen, Küchendienst	Mittagessen, Küchendienst	Mittagessen, Küchendienst
13:30 Uhr bis 14:30 Uhr	Stille Stunde **Auch in den Ferien**	Stille Stunde **Auch in den Ferien**	Ausgänge, Aktivitäten
14:30 Uhr bis 18:00 Uhr	Ausgänge, Arztbesuche	Ausgänge, Kletter AG	
18:00 Uhr bis 19:15 Uhr	Abendessen, Ämtererledigung u. Duschen	Abendessen, Ämtererledigung u. Duschen	Abendessen, Ämtererledigung u. Duschen
19:15 Uhr bis 21.30 Uhr	Ausgänge, Fernsehabend, Gitarren AG	Ausgänge Fernsehabend, Spieleabend	Ausgänge Fernsehabend, Spieleabend
21:00 Uhr	Bettzeit bis 14 J.	Bettzeit bis 14 J.	
21:30 Uhr	Bettzeit ab 14 J.	Bettzeit ab 14 J.	
22:00 Uhr			Bettzeit ab 14 J.

Abbildung 7: Tagesablauf Blautal[38]

Am Wochenende werden die Zeiten von den Erzieher*innen in Absprache mit den Jugendlichen festgelegt. Wenn keine Aktivitäten geplant sind bzw. einige Jugendliche nicht an den Unternehmungen teilnehmen können, gibt es keine festgelegten Frühstückszeiten. Da die Gruppe am Wochenende nicht aus der Zentralküche versorgt wird, muss für das Wochenende selbstständig eingekauft und gekocht werden. Die Jugendlichen können dazu Wünsche äußern und haben dann die Möglichkeit, unterstützt von den Erzieherinnen, selber zu kochen.

38 Für die Verlagsveröffentlichung wurde die Abbildung gekürzt.

Zum Zeitpunkt meines Besuches in der Einrichtung haben die Erzieher*innen noch nach einem „alten" Schichtplan gearbeitet, die Umstellung auf ein neues Acht-Stunden-System ist allerdings geplant. Aktuell gibt es folgende Schichten: 14:00 Uhr bis 23:00 Uhr; 06:00 Uhr bis 12:00 Uhr; 09:00 Uhr bis 15:00 Uhr; 11:30 Uhr bis 22:15 Uhr und am Wochenende 14:30 Uhr bis 11:30 Uhr (Folgetag) sowie 11:00 Uhr bis 11:00 Uhr (Folgetag).

Die Umstellung der Dienstzeiten stößt bei den Mitarbeiter*innen auf Widerstände, da auf-grund der langen Schichtzeiten insbesondere auch an den Wochenenden die Erzieher*innen seltener zur Arbeit fahren müssen und häufiger ganze Wochenenden frei haben. Infolge der verschiedenen Startzeiten finden jeweils zwei Übergaben am Tag statt, in denen die verschiedenen anstehenden Termine sowie die aktuellen Entwicklungen durchgesprochen werden.

Charakteristisch für einen normalen Arbeitstag der Erzieher*innen ist eine Fülle von Verwaltungs- und Haushaltsaufgaben, welche abgearbeitet werden müssen. So ist eine Person immer mit einem Jugendlichen nach jeder Mahlzeit zum Spülen abgestellt, da es in der Wohngruppe mit Mahlzeiten für bis zu 13 Personen keine Spülmaschine gibt.

Des Weiteren fallen bei neun Jugendlichen täglich Telefonate mit Jugendämtern, Eltern oder ähnlichen Personen an, Arzt-, Polizei-, Gerichts- oder andere Behördentermine sind zu begleiten, Aktenvermerke zu lesen sowie neue zu verfassen, das Rauchverhalten zu dokumentieren und weitere anfallende Aufgaben wie das Vorbereiten von Taschengeld, Kleidungsgeld, Urlaubsplanung oder eine Inventur der Wohngruppe sind zu erledigen. Insgesamt bleibt den Erzieher*innen in einer Wohngruppe mit einer Größe von neun Jugendlichen kaum Zeitfenster, um auch nach ihrer Ansicht zielführend pädagogisch arbeiten zu können.

Zigaretten als strukturgebendes Element des Tagesablaufs

Ein, besonders in dieser Wohngruppe, tagesstrukturierendes Element und damit auch eine Machtquelle für die Fachkräfte sind die Raucherzeiten der Jugendlichen. Die Jungen haben, mit Einwilligung ihrer jeweiligen Vormünder, die Möglichkeit, auf Antrag eine Raucherlaubnis gewährt zu bekommen und eine festgelegte Anzahl an Zigaretten am Tag rauchen zu dürfen. Die Zigaretten werden vom Taschengeld gekauft und im Büro aufbewahrt. Entsprechend der Stufe dürfen die Jungen alleine rauchen, müssen von den Erzieher*innen begleitet werden oder müssen auf Stufe 1 bzw. 1+ in der Dusche innerhalb der Wohngruppe rauchen. Da die Jungen gerne gemeinsam rauchen gehen und aufgrund ihrer Stufen oft eine Fachkraft dabei sein muss, wirkt sich diese Reglung im Alltag so aus, dass die Erzieher*innen „Rauchen" in die Wohngruppe hinein rufen und sich dann die Jugendlichen vor dem Büro sammeln um ihre Zigaretten zu erhalten. Ein Jugendlicher beschreibt dieses alltägliche Ritual wie eine Fütterung im Zoo (Feldprotokoll).

Für dic Jugendlichen haben die Zigaretten eine besondere Bedeutung. Sie strukturieren nicht nur den Tag, sondern dienen auch als begehrtes Tauschobjekt oder Währung. Dabei ist der Wert einer Zigarette abhängig von ihrer Qualität. Am wertvollsten sind dabei fertig gekaufte Marken-Zigaretten gefolgt von Zigaretten nicht namhafter Hersteller, gestopften Zigaretten, selbstgedrehten Zigaretten und zum Schluss Zigaretten aus so genanntem „Brösel"-Tabak, wobei es sich um Tabak bereits gerauchter Zigaretten handelt, der aus Aschenbechern gesammelt und zu neuen Zigaretten verarbeitet wurde. Wie viel ein Jugendlicher mit den Zigaretten tauschen kann, ist auch abhängig von seiner sozialen Situation in der Gruppe. Der »Gruppenboss« muss einen geringen Tauschwert aufbringen und bekommt Zigaretten auch geschenkt, damit die schenkenden Jugendlichen in seiner Gunst aufsteigen. Die in der Gruppenhierarchie weit unten stehenden Jugendlichen wie Fabian und Agostino müssen für eine Kippe aus Brösel- Tabak zum Teil horrende Preise wie eine Packung Nimm2 Soft bzw. zwei Packungen Chips aufbringen.

Wie bedeutend für die Jugendlichen auch die Versorgung mit den Zigaretten ist, zeigt sich an der Zimmerbelegung. Zur Irritation für die Fachkräfte teilen sich zwei Jugendliche das Doppelzimmer auf der Hofseite der Wohngruppe. Die Irritation rührt dabei aus dem Umstand, dass beide von ihrer Position innerhalb der Gruppenhierarchie und ihrem Alter sich kein Zimmer teil müssten und andere Jugendliche dazu bewegen könnten, die Zimmer mit ihnen zu tauschen. Allerdingt sind die drei auf der Hofseite gelegenen Zimmer ebenerdig, so dass geschmuggelte Zigaretten einfach auf die Fensterbank gelegt werden können und erst nach der möglichen Taschenkontrolle im Eingangsbereich der Wohngruppe in das Zimmer geholt werden.

Über die Versorgung mit Zigaretten, ob geschmuggelt oder offiziell, haben die Erzieher*innen wie auch die Jugendlichen untereinander die Möglichkeit, Einfluss zu sichern oder zu generieren, wodurch die Zigarettenversorgung zu einer materiellen Machtquelle innerhalb der Wohngruppe wird.

5.1.3 Einrichtungskulturelle Gesamtformung Blautal

Blautal liegt in einer ländlich geprägten Ortschaft und ist eine stationäre Jugendhilfeeinrichtung mit drei Gruppen, von denen zwei Gruppen mit einer auf den jeweiligen Jugendlichen zugeschnittenen Form von Freiheitsentzug (in Konsequenz des Stufenplans) arbeiten. Obligatorisch für alle Jugendlichen in den geschlossenen Wohngruppen ist der Einschluss ins Zimmer zur Nachtruhe. Eine weitere offene Wohngruppe ist in organisatorischer Anbindung an das Stammhaus ausgelagert. Die Historizität der Einrichtung weist mit dem Mord an einer Mitarbeiterin ein kollektives traumatisierendes Erfahrungserlebnis auf. Allen Mitarbeiter*innen ist der Mord bekannt, viele – auch in Leitungsfunktion arbeitende Mitarbeiter*innen – haben bereits zu dem Zeitpunkt in Blautal gearbeitet. Dies hat zur Konsequenz, dass Entscheidungen wie der nächtliche Einschluss noch heute, mit Verweis auf die Geschehnisse von vor zehn Jahren, über Sicherheitsaspekten begründet werden.

Die Betreuung erfolgt im Schichtdienst, die Mitarbeiter*innenführung bzw. die Steuerung der Erziehungshandlungen durch das Leitungsteam ist in Blautal kaum ausgeprägt. Zwar unterstützt das Leitungsteam bei Konflikten, steuert allerdings kaum den Gruppenalltag. Dies zwingt das Gruppenteam dazu, sich im laufenden Betrieb neu aufzustellen (z.B. Grad von Sanktionen) und gewohnte Strukturen (z.B. Schichtpläne) umzustellen.

Kaum veränderbare Rahmenbedingung der Wohngruppe ist die architektonische Gestaltung. Aufgrund der Anordnung der Zimmer an einem schmalen Flur und dem Fehlen von Aufenthaltsmöglichkeiten haben die Jugendlichen kaum Chancen, sich Räume zu erschließen, ausgenommen die eigenen Zimmer. Der schmale zentrale Flur provoziert immer wieder durch die räumliche Enge und den Begegnungszwang Konflikte. Allein der Fernsehraum ist als Räumlichkeit vor direktem Einblick geschützt. In Folge der architektonischen Verhältnisse ist eine pädagogische Arbeit, welche Sicherheit vermitteln, Rückzugsräume bieten und eine vertrauensvolle Atmosphäre schaffen sollte, in der Wohngruppe kaum möglich.

Ausgewiesenes Erziehungsziel ist es, die Adressaten zu stabilisieren, lebenspraktisches Alltagswissen zu vermitteln und schulische Perspektiven zu schaffen. Insbesondere der stabilisierende Moratoriums-Gedanke spiegelt sich in der Alltagsstruktur wieder, während das Erlernen des Alltagswissens über Ämterpläne und situative Erläuterungen eher beiläufig einfließt.

Die Herausbildung einer schulischen Perspektive wiederum liegt in der Verantwortung der Jugendlichen. Gelingt es ihnen, die Regelschule wieder besuchen zu können, haben sie realistische Chancen auf einen qualifizierenden Abschluss, während es die heiminterne Beschulung kaum zu schaffen scheint, schulisches Wissen zu vermitteln, was strukturell durch verschiedene Module und externe Lernwerkstätten versucht wird zu kompensieren. Das Erlernen von Handlungsmodellen oder alternativen Bewältigungskompetenzen für Krisensituationen ist kaum Bestandteil der erzieherischen Zielsetzung.

In der geschlossenen Wohngruppe leben verschiedene Jugendliche, die in aller Regel umfangreiche Jugendhilfeerfahrungen vorzuweisen haben. Die Hilfeform richtet sich dabei explizit an männliche Jugendliche mit massiven auffälligen Verhaltensweisen. In ihren alltäglichen Handlungsroutinen sind die Jugendlichen der Wohngruppe allerdings kaum auffällig, sie integrieren sich in die Gemeinschaft, bilden Peers und orientieren sich am Werte- und Regelsystem der Wohngruppe, welches so gut wie unhinterfragt übernommen wird. Massive Konflikte entstehen in Blautal durch Handlungen, welche die Jungen durch scheinbar erlernte Bewältigungsmuster mit Gewalt oder dissozialen Hierarchien zu überwinden versuchen.

Hieran wird deutlich, dass Struktur im Alltag nicht die Handlungskompetenzen oder Bewältigungsmöglichkeiten der Jugendlichen in Krisensituationen erweitert. Die Jungen üben zwar Tagesstrukturen ein, jedoch nicht, wie auftretende Krisen bewältigt werden können, ohne auf dissoziale oder bislang erlernte problematisierte Verhaltensweisen zurückgreifen zu müssen. Die Machtstrukturen, wie die Schließgewalt, körperliche und verbale Überlegenheit (wenn auch nicht in Form von Gewalt) oder judikative Elemente, wie Regelwerke, werden den Jungen in Blautal durch die Erzieher*innen als erwünschtes Modell zur Bewältigung von Krisen und Konflikten präsentiert. Mögliche therapeutische flankierende Maßnahmen sind dabei für die Jugendlichen nicht zwingend und bei weitem nicht alle Jungen werden therapeutisch begleitet.

Die im Alltag auftretenden Krisen sind, im von Blautal vertretenen Muster, umgehend zu lösen. Bei den dadurch zwingend auftretenden Machtkämpfen zwischen den Jugendlichen und den Erzieher*innen, geht es auch um die subjektiv empfundene Handlungsfähigkeit der Beteiligten. Diese Kämpfe werden von den Erzieher*innen aufgenommen und ausgefochten. Sollte es in diesen Kämpfen allerdings zum Verlust der Handlungsfähigkeit der Erzieher*innen kommen, ist es wahrscheinlich, dass die Jugendlichen abgeschoben werden, um die Machtstrukturen und damit die eigenen Handlungsmöglichkeiten in der Wohngruppe zu wahren. Aus Sicht der Fachkräfte sind daher einmal aufgestellte Regeln möglichst lange zu wahren, auch wenn diese – selbst für sie – offensichtlich keine sinnhafte Funktion mehr erfüllen.

In Blautal wird der Grad des Einschlusses der einzelnen Jugendlichen durch einen Stufenplan geregelt. Auch wenn die Einrichtung die baulichen Möglichkeiten bietet, einzelne Jungen vollständig einzuschließen, wird diese Praxis kaum genutzt. Sobald die Jugendlichen im zweiten Schulmodul sind, was von ihren schulischen Kompetenzen abhängt, verbringen sie den gesamten Vormittag in einem externen, nicht mehr baulich gesicherten Gebäude und werden in den Pausen nicht durch die Erzieher*innen beaufsichtigt. Eine Flucht aus der Wohngruppe ist daher ohne jeglichen Aufwand oder Anstrengung möglich. Ferner wird der schulischen

Ausbildung eine große Priorität zugewiesen, so dass auch Jugendliche auf der Stufe 1 sowohl die öffentliche Schule besuchen als auch ins Praktikum gehen können und am Nachmittag dann wieder in die eng reglementierte Wohngruppe zurückkehren.

Die Fachkräfte in der Wohngruppe sind ausschließlich ausgebildete Erzieher*innen, zum Teil mit Zusatzqualifikationen. Alle Erzieher*innen haben individuelle Freiheiten, was ihre Möglichkeit angeht, sich ins Team einzubringen oder eigene Interessen wie Musik, Sport oder Tiere in ihrer Arbeit einzubringen. Auf der anderen Seite liegt auch die Entscheidungsgewalt über erzieherische Konsequenzen bei ihnen.

Die Erzieher*innen sind Großteils mit ihrer Arbeit unzufrieden, sie fühlen sich von der Leitung allein gelassen, von den Verwaltungsarbeiten (Inventur, Dokumentieren) überfordert oder organisieren die Termine der Jugendlichen bzw. spülen das Geschirr der Mahlzeiten. Zu selten lässt sich in den Routinen beobachten, wie das Verhalten von Jugendlichen oder Kolleg*innen reflektiert und hinterfragt wird. Faktisch haben die Erzieher*innen kaum Zeit sich mit einzelnen Jugendlichen zu beschäftigen oder ohne ausgewiesenen Anlass ein Gespräch zu führen, ihnen bleibt oft nur, auf Situationen zu reagieren. Trotz des hohen Mitarbeiter*innenschlüssels gibt es immer wieder Engpässe im Schichtplan. Die liegt zum einen an der Abordnung jeweils einer Erzieherin in die Schulmodule, zum anderen auch an der notwendigen 24 Stunden Betreuung. Während im Vergleich zu anderen offenen stationären Jugendwohngruppe mit einem geringeren Vormittagsschlüssel gearbeitet werden kann, ist in Blautal die Gruppe mit einer Erzieher*in besetzt, eine weitere Kraft ist im Schulmodul eins und drei zusätzliche Erzieher*innen sind im Schulmodul zwei tätig. Die unterschiedliche Auslegung der Regeln sowie Sanktionen und das Übertragen von Aufgaben auf vermeintlich zuständige Kolleg*innen zeigt, wie wenig die Fachkräfte als zusammenarbeitendes Team agieren.

Die erzieherischen Alltagshandlungen in Blautal sind vornehmlich auf die Sicherstellung der Tagesstruktur fokussiert. Die Tagesstruktur kann a.) als Schonraum dienen um eine Selbststrukturierung der Jugendlichen zu fördern; ansonsten allerdings b.) lediglich ein Mittel sein, um die eigentlich avisierten Erziehungsprozesse zu ermöglichen. Hierzu zählen erzieherische Handlungen die zum Ziel haben, alternative sozialintegrative und anerkannte Bewältigungskompetenzen für strukturelle Krisen (Anomien), wie gesellschaftliche sozioökonomische Gewalterfahrungen, aber auch situative Krisen wie Konflikte in der Jugendgruppe, bereit zu stellen.

5.2 Fall Sonnenbörde

5.2.1 Einrichtungsportrait Sonnenbörde

Sonnenbörde liegt am Rand des gleichnamigen Ortes mit weniger als 10.000 Einwohner*innen, wobei es sich beim Stammhaus um das namensgebende Schloss der Ortschaft handelt. Das Jugendheim ist in konfessioneller Trägerschaft, die geschlossene Unterbringung in ihrer heutigen Form existiert seit 1997 und arbeitet nach dem §1631b BGB.

Das Heim bietet in drei gleich großen geschlossenen Wohngruppen insgesamt 18 Plätze für Mädchen ab dem Alter von 12 Jahren an. Zusätzlich zu diesen Gruppen gibt es drei weitere offene Wohngruppen, eine Verselbständigungsgruppe sowie Angebote zum betreuten Wohnen. Der offene Bereich hat insgesamt 33 Plätze für Mädchen und junge Frauen. Neben den direkten Angeboten kooperiert Sonnenbörde mit zwei Auslandsprojekten, welche bei Bedarf mit Mädchen aus der Einrichtung belegt werden.

In jeder Wohngruppe arbeiten sechs Fachkräfte mit unterschiedlichen pädagogischen Qualifikationen. Zudem sind in der Einrichtung Psycholog*innen angestellt, die für Einzel- und gegebenenfalls Gruppentherapien zur Verfügung stehen. Die Gesamteinrichtung wird von einer studierten Pädagogin mit Masterabschluss geleitet.

Konzeptionelles Kernelement der Erziehungspraxis in den Wohngruppen bildet ein individuell ausgearbeiteter Verstärkerplan. Das Jugendheim arbeitet mit Time-Out-Räumen, bei denen die Nutzung im Konzept festgelegt ist. Für die Mädchen scheinen Aufenthalte außerhalb der Wohngruppe sowie die Möglichkeit von individuellen Ausgängen zum normalen Gruppenalltag zu gehören.

Bereits beim Entwurf eines Anbaus sind im Kellergeschoss Räume als Klassen- bzw. Schulräume eingeplant worden. In dieses Räumen konnten die Mädchen unter der Woche, unterrichtet von Lehrer*innen einer kooperierenden Schule für Erziehungshilfe, die Schule besuchen.

5.2.2 Einrichtungskultur

5.2.2.1 Der allgemeine Rahmen des Jugendheims

Sonnenbörde versteht sich als individuell geschlossene Unterbringung. Die Ortschaft Sonnenbörde, ein kleines Dorf am Rand einer Metropolregion ist verkehrstechnisch gut zu erreichen. Das Heim Sonnenbörde ist in konfessioneller Trägerschaft, allerdings spiegelt sich diese konfessionelle Bindung nicht im Gruppenalltag oder den pädagogischen Zielsetzungen direkt wider. Sie zeigt sich aber in einer Handreichung deutlich: „In bewusster Tradition verstehen wir Diakonie als gelebte Glaubensäußerung der verfassten Kirche. Die Orientierung am Evangelium gibt uns den Auftrag, auch da Hoffnung zu wecken, wo die Lebensumstände Hoffnungslosigkeit bewirkten“ (Feldartefakt 213).

Der Tagessatz je untergebrachtem Mädchen lag zum Zeitpunkt der Forschungsphase bei 235,55€ (einschließlich 96,36€ für ergänzende Leistungen) (P 2.1).

Zielgruppe
„Die freiheitsentziehende Maßnahme von Sonnenbörde richtet sich an Mädchen und junge Frauen, die aufgrund ihrer sehr spezifischen individuellen Problematik und ihres nicht sozialadäquaten Verhaltens im Rahmen einer anderen Wohnform nicht betreut werden können. Wir sehen die freiheitsentziehende Unterbringung als eine Möglichkeit, Gefährdungen des Mädchens entgegen zu wirken [...] Aufnahme finden Mädchen und junge Frauen mit Entwicklungs-, Verhaltens-, Persönlichkeitsentwicklungs- und Anpassungsstörungen, die oft auf massive frühe Bindungsstörungen in der Kindheit zurückgehen“ (Feldartefakt 210) und die mit den bisherigen Hilfeansätzen nicht erreicht werden konnten (vgl. ebd.).

Das diagnostische Vorgehen der Einrichtung orientiert sich an psychologisch/ psychiatrischen Vorgaben und Kategorien, nach welchen den Adressatinnen pathologische Störungsbilder zugeordnet werden. Durch pädagogische und therapeutische Ansätze sollen diese Störungsbilder dann bearbeitet werden. Vornehmlich werden Mädchen und junge Frauen mit nach ICD-10 kategorisierten Störungsbildern aufgenommen:

- Entwicklungsstörungen (F80-F89)
- Störung des Sozialverhaltens (F91)
- Kombinierte Störung des Sozialverhaltens (F92)
- Persönlichkeits- und Verhaltensstörungen (F60)
- Anpassungsstörung (F43.2)
- Posttraumatische Belastungsstörung (F43.1)
- Störung sozialer Funktionen mit Beginn der Kindheit (F94)

Ausgeschlossen von der Aufnahme in der Einrichtung werden Mädchen und junge Frauen, die keine gerichtliche einstweilige Anordnung bzw. einen familiengerichtlichen Beschluss nach §1631b BGB zur Unterbringung in einer freiheitsentziehenden Maßnahme haben. Des Weiteren sind Adressatinnen mit einer akuten Alkohol- oder Drogensucht, akuter Suizidalität, akuter psychischer Erkrankung, geistiger oder körperlicher Behinderung, für die andere spezielle Einrichtungsformen benötigt werden, von einer Aufnahme ausgeschlossen, ebenso auch Mädchen, die zur Untersuchungshaft-Vermeidung aufgenommen werden sollen (vgl. Feldartefakt 210).

Bei der Zielgruppendefinition zeigt sich, dass die Diagnostik der Adressatinnen der Kinder- und Jugendhilfe in dieser Einrichtung über pathologisch psychiatrische Diagnostikinstrumente erfolgt.

Erziehungsziele
Das Jugendheim setzt sich zum Ziel, den Adressatinnen „Halt und Orientierung [zu] bieten und diese Mädchen [zu] begleiten und [zu] unterstützen, damit sie für sich eine eigene, erfolgreiche und passende Lebensperspektive entwickeln können" (Feldartefakt 210 Einschub M.E.). Den Mädchen und jungen Frauen sollen passende, sozialadäquate Verhaltensmöglichkeiten aufgezeigt werden um sie zu befähigen, für ihre Lebenswelt geeignete Eigenschaften anzunehmen. Die Einrichtung möchte den Mädchen „differenzierte und zusätzliche Sichtweisen vermitteln und mit ihnen gemeinsam weitere Wahlmöglichkeiten für ihr Handeln finden" (Feldartefakt 210). Die geschlossene Unterbringung hat mittelfristig zum Ziel, die Mädchen und jungen Frauen auf eine anschließende und offene Form der Jugendhilfe vorzubereiten. Dies definiert Sonnenbörde als (Feldartefakt 210):

- „Bildung einer Schnittstelle zu allen bisherigen Lebensumständen und Lebenszusammenhängen
- Kontextbezogene Arbeit mit dem Herkunftssystem und Milieu
- Zeitweise massive Reduzierung der Außenreize, die eine Konzentration auf das eigene Ich ermöglichen
- Eine sukzessive Öffnung zur Realitätserprobung und zum schrittweisen Umgang mit Freiheit
- Kontinuierliche Beziehungsarbeit, die in diesem Rahmen einen Beziehungsaufbau ermöglicht, da zeitweise eine Flucht und ausweichendes Verhalten aktiv verhindert werden kann
- Die Begleitung durch den pädagogisch-therapeutischen Fachdienst"

Um ein sozialadäquates Verhalten zu erreichen und eine offene Form der Hilfe zu ermöglichen wird von dem Jugendheim eine Vielzahl von pädagogischen, insbesondere aber auch therapeutischen Interventionen angeboten. Neben den explizit im Konzept ausgewiesenen Tätigkeiten (Arbeitspädagogik; Kunsttherapie oder heilpädagogisches Reiten) und Ansätzen (gruppen-; individual-; intensiv-; erlebnispädagogischer Ansatz) erfolgt auch ein inhärenter Teil der pädagogischen Arbeit im Alltag, z.B. über den Token-Plan, den Freiheitsentzug oder den Tagesablauf mit den Jugendlichen selbst (ebd.).

Im Gegensatz zur psychiatrisch-pathologischen Diagnostik sind die von Sonnenbörde definierten Erziehungsabsichten – a.) alternative Bewältigungskompetenzen zu fördern und b.) zu lernen, eigenes Handeln zu reflektieren – grundlegende sozialpädagogische Zielsetzungen.

Ablauf der Hilfe

Der Ablauf des Hilfeprozesses in Sonnenbörde orientiert sich nicht an einem standardmäßig festgelegten Plan, es lässt allerdings dennoch eine übliche Ablauffolge der verschiedenen Angebote erkennen. Nachdem die Jugendlichen in der freiheitsentziehenden Wohngruppe untergebracht wurden, ist es angedacht, sie möglichst frühzeitig in eine offenere Form der Hilfe zu überführen. Dazu gibt es die Möglichkeit, auch um das bisherige pädagogische Umfeld nicht vollständig verlassen zu müssen und eingegangene Beziehungen aufrechterhalten zu können, in eine offene Intensivgruppe auf demselben Gelände zu wechseln. Parallel hierzu können interessierte Mädchen auch bereits sehr frühzeitig in eines der Auslandsprojekte umziehen, wenn dies durch die Pädagog*innen forciert wird. An die Intensivgruppe schließen sich weitere Förderungen der Mädchen in den Verselbstständigungsprojekten, Kleinstgruppen oder anderen Wohnformen an.

Organisationsstrukturen

Die Jugendhilfeeinrichtung Sonnenbörde hat eine klare Leitungsstruktur. Das Leitungsteam besteht aus den Funktionen der Jugendheimleitung mit zwei Stellvertreter*innen, welche wiederum jeweils die Bereichsleitung für a.) die geschlossenen Intensivgruppen und b.) die ausgelagerten Wohngruppen verantworten. Ebenfalls zum Leitungsteam gehört die Bereichsleitung für die offenen pädagogischen Wohngruppen, welche allerdings nicht die Funktion als stellvertretende Gesamtleitung innehat. Den Gruppenleiter*innen obliegt wiederum die Leitung der einzelnen Gruppen, in denen sie auch die administrativen Funktionen wahrnehmen.

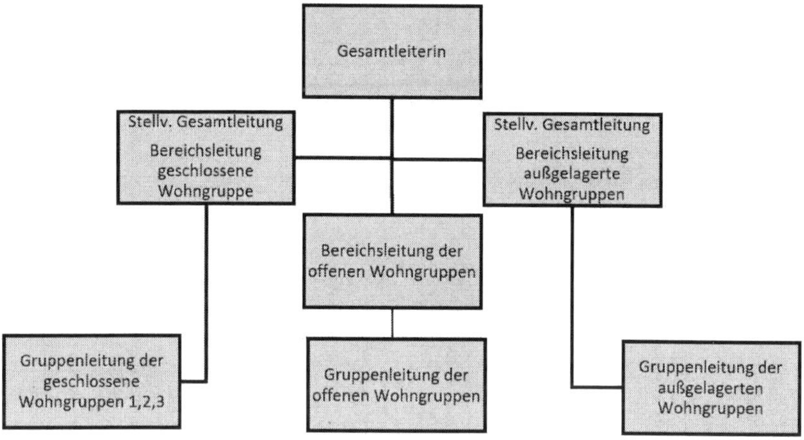

Abbildung 8: Organigramm Sonnenbörde

Schulbesuch
Die Beschulung erfolgt in einer heiminternen Ersatzschule jeweils werktags von 8:00 Uhr bis 12:25 Uhr durch studierte Lehrer*innen, die von einer nahegelegenen Schule für Erziehungshilfe abgeordnet sind. Die Mädchen werden in Begleitung einer Fachkraft in die Schule gebracht, wobei das Tragen eines von der Einrichtung gestellten Schulshirts obligatorisch ist. Die Räume der Schule liegen im Kellergeschoss unterhalb der geschlossenen Wohngruppen. Um zu den beiden Treppenhäusern zu gelangen, die zu den Schulräumen führen, müssen die Mädchen der von mir besuchten Wohngruppe zunächst die anderen Wohngruppen durchquert (P 2.2). Auf dem Lehrplan des Jugendheims stehen nach Aussage einer Lehrerin alle Fächer, die sich im länderspezifischen Curriculum (Deutsch; Mathe; Englisch; Sport, Musik, Kunst; Technik, Hauswirtschaft; Entwicklungsförderung und Spiele; Heimat- und Sachunterricht; als Orientierungsfach Natur und Umwelt bzw. Zeit und Gesellschaft) finden. Für den Sportunterricht wird die ebenfalls im Keller gelegene Sporthalle genutzt (P 2.2) Die Mädchen absolvieren ihre täglichen Schulstunden in alters- und leistungsspezifischen Kleingruppen. Es gibt mehrere Fachlehrer*innen, die zwischen den verschiedenen Unterrichtsklassen wechseln, sodass die Mädchen in den Klassenräumen bleiben, während die Lehrerinnen von Klasse zu Klasse wechseln. Außerhalb des Klassenzimmers werden die Schülerinnen von einer Mitarbeiter*in betreut, die auch die Beaufsichtigung derjenigen Mädchen übernimmt, die nicht am Unterricht teilnehmen wollen oder können. Zu-

dem gibt es weitere Arbeitsplätze für die Schülerinnen außerhalb der Klassenräume, sodass eine individuelle Einzelarbeit an spezifischen Zusatzaufgaben möglich wird. Diese Zusatzaufgaben werden auch als Hausaufgaben vergeben, falls es die Mädchen nicht schaffen, sie während der Schulzeit abzuarbeiten (P 2.2).

5.2.2.2 Spezifische Kultur der besuchten Wohngruppe

Architektonische Gegebenheiten

Das L-förmige Gebäude hat drei Stockwerke (Keller, Erdgeschoss, Dachgeschoss), die von den fünf Wohngruppen unterschiedlich genutzt werden. Die Gruppenräume der Wohngruppen sind auf unterschiedlichen Ebenen miteinander verbunden Die Gruppenräume der Wohngruppe, in der ich meine ethnografischen Beobachtungen durchgeführt habe, haben ein geräumiges Wohnzimmer sowie eine Wohnküche zur Verfügung. Alle Fenster der Wohnräume sind mit einer als Gardinenstange genutzten Metallstange gesichert, so dass sie nicht vollständig geöffnet, sondern nur angewinkelt werden können.

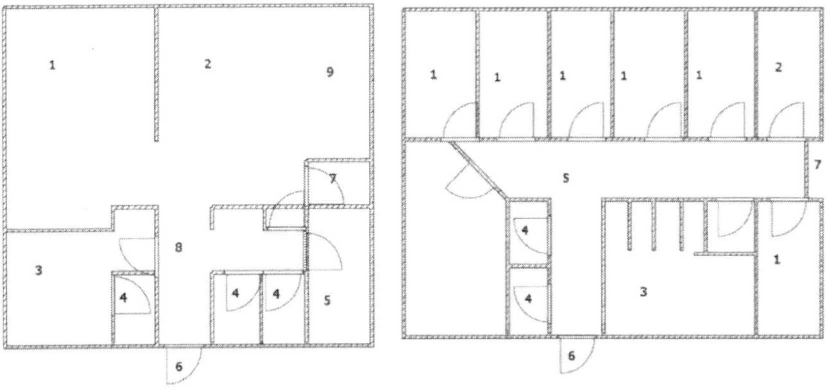

EG:
1: Wohnbereich
2: Essbereich
3: Büro
4: WC
5: Nacht-Büro
6: Treppenhaus
7: Kammer
8: Flur
9: Küche

OG:
1: Schlafzimmer
2: Time-Out-Raum
3: Duschen
4: WC
5: Flur
6: Treppenhaus
7: Übergang GU II

Abbildung 9: Grundriss Sonnenbörde (EG und OG)

Im Obergeschoss befindet sich ein Durchgang zur angrenzenden Wohngruppe. Hier liegen die Zimmer der Mädchen, der Time-Out-Raum sowie ein großes Wasch- und Badezimmer. Die Zimmer der Mädchen sind etwa 3x5m groß und ähnlich eingerichtet. Für die Zeit ihres Aufenthaltes können die Mädchen ihre Zimmer nach eigenen Bedürfnissen gestalten. In jedem Zimmer befindet sich eine Gegensprechanlage, über die mit den Erzieher*innen kommuniziert werden kann, ohne dass man den Raum verlassen muss. Der Time-Out Raum ist ein gewöhnliches Schlafzimmer ohne Einrichtungsgegenstände und befindet sich im Obergeschoss bei den Mädchenzimmern.

Die Jugendlichen in der Wohngruppe

Zur Zeit meines Feldaufenthaltes waren alle sechs Plätze in der Wohngruppe belegt. Drei der sechs Mädchen waren erst wenigen Tagen in Sonnenbörde, zwei bereiteten sich auf ihren Abschied aus der Gruppe vor (P 2.1). In der Wohngruppe leben zum Zeitpunkt des Forschungsaufenthaltes einschließlich der Wechsel Manuela, Nadine, Josephine, Ramona, Sandra, Lea und Julia. Aufgrund des Wechsels scheint sich in der Gruppe der Jugendlichen zum Zeitpunkt der Forschungsphase in einer Neustrukturierung zu befinden. Es haben sich zwischen den alten und neuen in der Gruppe kleinere Bezugsgruppen gebildet, welche jedoch in keiner Hierarchie zueinander stehen oder sich gegenseitig abgrenzen. Die Herkunftsmilieus der Mädchen scheinen für die Beziehung innerhalbe der Gruppe nachrangig zu sein. Ebenso nachrangig wirkt die jeweilige Inszenierung (als Punk oder Hiphopperin) der Jugendlichen zu sein. Inszenierungen welche, solang zu Gewalt o.ä. aufrufende Patches nicht sichtbar getragen werden, akzeptiert sind und als individuelles Persönlichkeitsmerkmahl gefördert werden. Ein in der Mädchengruppe markant wiederkehrendes Gesprächsthema betrifft die sexuelle Orientierung, die Erfahrungen bzw. Schwangerschaften oder Abtreibungen, welche meist aus einer auf mich männlich chauvinistisch wirkenden Perspektive, diskutiert werden.

*Die Pädagog*innen der Wohngruppe*

In Sonnenbörde besteht ein sehr enger Kontakt zwischen den Pädagog*innen im Gruppendienst und der Einrichtungsleitung. Die Leitung und auch einer der Psychologen sind bei allen Teamsitzungen anwesend und auch Besuche im Gruppenalltag scheinen nichts Besonderes zu sein. Dies gibt den Erzieher*innen Sicherheit in ihren Handlungen und ermöglicht es, schnell und ohne große Hemmschwelle Probleme oder Krisen zu besprechen. Zudem kann die Einrichtungsleitung dadurch auch die einzelnen Erziehungsprozesse genauer steuern bzw. auf die „Haltung", also dem professionellen pädagogischen Selbstverständnis (P 2.4) der Fachkräfte, einwirken. Die Personal- und Mitarbeiter*innenentwicklung wird außerdem durch regelmäßige Schulungen gefördert, so dass gezielt Kompetenzen und die gewünschte pädagogische Haltung implementiert werden. Zusätzlich werden verpflichtende Übungen zur verletzungsarmen Selbstverteidigung durchgeführt, um sich selbst und die Mädchen im Fall von körperlichen Angriffen schützen zu können, ohne die Angreiferinnen zu verletzen.

Die Fachkräfte haben sich darauf geeinigt, immer zu zweit die Kernzeiten im Dienst zu gestalten, wobei eine enge Kooperation der einzelnen Wohngruppen untereinander besteht.

In der Einrichtung wird mit einem sog. „Aktenkind-System" gearbeitet: Eine Fachkraft ist jeweils für die Akte eines Mädchens zuständig, aber keine von außen festgelegte Bezugsperson. Die Hilfeplangespräche wechseln ab, es müssen immer alle Pädagoginnen über alle Jugendlichen informiert sein. Die Mädchen können wählen, welchen Pädagog*innen sie sich anvertrauen wollen und mit wem sie etwas unternehmen möchten.

Vignette Teamsitzung:
Die Teamsitzung fand in Begleitung der Bereichsleiterin sowie eines Psychologen statt. Wir befinden uns in einem großen Raum mit einem extra für die Sitzung gedeckten Tisch. Auf einem Whiteboard ist das Zeichen für Unendlichkeit angezeichnet (eine „liegende Acht"), auf der einen Seite sind negative Emotionen, auf der anderen Seite scheinbar daraus entstehende Reaktionen gedruckt. Ich verstehe das Poster als eine Visualisierung zur Deeskalation von Konflikten, es gehört aber offensichtlich nicht zum Inhalt der Teamsitzung.

In der Teamsitzung werden verschiedene Termine, Aufgaben und Themen diskutiert. Unter anderem eine Konfliktsituation von vor zwei Nächten. Während ein relativ neuer Erzieher für eine harte Gangart plädiert und die gesamte Jugendgruppe einheitlich sanktionieren möchte, da (fast) alle Mädchen beteiligt gewesen sind, sehen die erfahreneren Pädagog*innen die Situation eher als etwas »Normales« an. Auch wenn es Regelübertritte waren, müsse man sich überlegen, „wann lasse ich laufen" und ob man in Machtspiele eintreten möchte oder nicht, bzw. ob man mit der Eskalation dieser Konflikte nicht mehr Probleme erzeugt als gelöst werden sollten. Daraufhin diskutiert das Team verschiedene Handlungsoptionen, welche die Fachkräfte haben, und die eigene Einstellung, mit der Konfliktsituationen begegnet werden soll (P 2.4).

Bei den Fachkräften herrscht ein reger Austausch und es werden, zusammen mit dem gesamten Team, Handlungsoptionen und Alternativen diskutiert. Dies gibt den Fachkräften eine Handlungssicherheit in den Konflikten und sorgt für eine relativ einheitliche Einhaltung von Regeln. Auch scheint es eine Kultur der Eigenkritik, aber auch der Reflexion von Verhaltensmustern zu geben. Insbesondere die Bereichsleitung bringt sich mit ihren Vorstellungen von Erziehung immer wieder in die Diskussion ein, ohne aber die Diskussion zu dominieren und lässt den weiteren anwesenden Pädagog*innen Raum, um ihre Sichtweisen und Interpretationen reflektieren zu können.

Das Miteinander: Umgang zwischen Fachkräften und Jugendlichen
Insbesondere zu den, aus Sicht der Jugendlichen, coolen „Ezis“ (P2.1) haben die Mädchen eine vertrauensvolle, nahezu freundschaftliche Beziehung. Die Pädagog*innen ihrerseits nehmen Beleidigungen oder Konflikte nicht persönlich, sondern ordnen diese in den Gesamtzusammenhang ein, den sie mit der gegenwärtigen biographischen Situation der Mädchen und ihrer bislang erlebten Erfahrungen begründen. Allerdings werden klare, auch von der Einrichtungsleitung eingeforderte, insbesondere zwischen den Geschlechtern verlaufende Grenzen gezogen – besonders deutlich wird dies beim „ins Bett bring“ Ritual:

> Nachdem sich die Mädchen bettfertig gemacht haben, können diejenigen, die wollen, noch einmal zu den Erzieher*innen gehen und diese in den Arm nehmen. Der Erzieher Thorsten dagegen verweist darauf, dass er ein Mann sei und möchte deshalb eine angemessene Distanz wahren und nicht umarmt werden. Als „Umarm-Ersatz“ hat er ein altes Plüschtier mitgebracht, welches er zunächst selbst drückt und dann den Mädchen zuwirft, die es ihrerseits drücken. Dann geben die Mädchen ihm sein Stofftier zurück und beide stoßen die Faust gegeneinander. Sowohl das „umarmt-werden"-Ritual als auch das Stofftier Ritual werden von den Mädchen verbal eingefordert (P 2.3).

Inwieweit das Stofftier Ritual allerdings geeignet ist, den Umgang mit nicht sexueller körperlicher Nähe zu erlernen bleibt unklar. Wenn jegliche Form von Körperlichkeit tabuisiert oder aus einer falsch verstandenen Fürsorge heraus sexualisiert wird, bleibt fraglich, wann und von wem die jugendlichen Mädchen einen unproblematischen Umgang mit Nähe und Distanz erlernen sollen.

Wie viel Handlungsspielraum die Erzieher*innen den Mädchen einräumen wird in einer Szene deutlich, in der eines der Mädchen geplant hat, wegzulaufen. Kurz vor Ende meines Feldaufenthalts bat mich Manuela darum, mit ihr vor die Tür rauchen zu gehen. Da ich jedoch – im Gegensatz zu Manuela – nicht rauche, verstand ich sofort: „Rauchen gehen“ hatte sich als Synonym für ein „Gespräch unter vier Augen“ während meines Feldaufenthaltes herauskristallisiert.

Ich bitte sie, dies mit einer Erzieherin abzusprechen, da ich diese Entscheidungen nicht allein treffen konnte (und wollte). Wenige Minuten später sucht mich die Erzieherin auf. Sie teilt mir mit, dass sie davon ausgeht, dass Manuela „gleich abhauen“ möchte, sie ist noch nicht lange in der geschlossenen Gruppe und nach Ansicht der Erzieherin „mit dem Kopf noch nicht hier“. Für die Erzieherin ist es in Ordnung, wenn ich jetzt mit dem Mädchen vor die Tür gehe, sie möchte mich nur darauf vorbereiten, dass es passieren kann, dass Manuela wegläuft. Außerdem soll ich entscheiden können, ob es für mich auch „okay“ ist. Ihre einzige Bitte ist, dass ich einen „Pieper“ mitnehme, um im Falle einer Flucht die Erzieher*innen zu verständigt. Außerdem vergewissert sie sich, ob mir bewusst ist, dass ich neutral bin und niemanden festhalten dürfe.

Während dieses Gespräches habe ich das Gefühl, dass das – offenbar erwartbare Ausreißen von Manuela – für die Pädagogin zur Routine gehört und den Mädchen zugestanden wird. Das Gefühl rührt von der Gelassenheit der Pädagogin her und dem Umstand, dass die Unterhaltung nur in Form eines knappen Feldgespräches stattfand, während sie eigentlich einer anderen Aufgabe in der Küche nachging (P 2.6).

Neben diesen eher besonderen Ereignissen finden mehrmals in der Woche, in den dafür vorgesehenen Zeitfenstern, Aktivitäten mit den Pädagog*innen statt. Die Aktivitäten können, je nach Zeitfenster, von den Mädchen mit beeinflusst werden, so spielt die Gruppe mit einer Erzieherin Fußball oder an einem Abend spielt ein Teil Brettspiele, während andere im Fernsehen eine Serie schauen.

Eine, in dieser Art in der Einrichtung einzigartige, Szene, welche mögliche Einflüsse auf die Entwicklung einer Beziehung zwischen Pädagog*innen und Mädchen aufzeigt, spielte sich an meinem letzten Forschungstag beim Mittagessen ab:

> An diesem Samstag hat Josephine mit der Hilfe von Nadine eine Puten-Reispfanne mit Sahnesoße gekocht. Wir sitzen gemeinsam am gedeckten Tisch: die Erzieherinnen Tamara und Theresa sowie die Mädchen Nadine, Sandra, Lea, Manuela, Josephine, Ramona, Julia und ich, als die Reispfanne serviert wird. Alle beginnen zu essen, wobei zunächst niemand das Essen lobt. Es schmeckt fade und scheint nicht gewürzt zu sein. Erzieherin Tamara, die erst vor kurzem angefangen hat, in Sonnebörde zu arbeiten, beschwert sich über den faden Geschmack der Mahlzeit. Die Art, in der sie es sagt, wirkt eher etwas angewidert und nicht besonders wertschätzend. Nach ihrer Äußerung steht Tamara demonstrativ auf und holt aus der Küche verschiedene Kräuter (unter anderem eine Tüte Salatkräuter) und Gewürze, die sie in einer großen Menge und ebenso demonstrativ in ihr Essen mischt. Insbesondere die Art und Weise, wie die Kritik von Tamara vorgebracht wird, irritiert sowohl die Mädchen als auch die andere Erzieherin Theresa. Die Mädchen beginnen zu widersprechen und loben das Essen, an Theresa Gesicht erkenne ich, dass sie die Reaktion von Tamara „übertrieben“ findet.
>
> Die beiden Köchinnen äußern sich nicht, wirken aber sichtlich beschämt. An Theresas Blick ist zu erkennen, wie unzufrieden sie mit der Reaktion von Tamara ist. Ich gehe davon aus, dass sie Tamara später noch in einem Gespräch unter vier Augen auf die Situation ansprechen wird. Ich weiß bereits aus Gesprächen von den Mädchen, dass

> sie Tamara nicht besonders mögen und auch kein Vertrauen in sie haben, woran dies genau liegen könnte, konnte mir jedoch bislang niemand erklären (P 2.7).

Diese Essen-Szene kann dahingehend gedeutet werden, sollte sie für das Verhalten von Tamara den Mädchen gegenüber symptomatisch sein, dass das Vertrauen und der Aufbau einer tragfähigen Beziehung viel mit der Einstellung und den Erziehungsmethoden der einzelnen Protagonist*innen zu tun haben. Die Mädchen können zunächst nicht genau sagen, warum sie die Erzieherin Tamara nicht besonders mögen oder sich lieber anderen anvertrauen. Was insbesondere mit Perspektive auf ihre Biografien und den ihnen bisher bekannten Erziehungsmethoden erklärt werden könnte. Auch wenn das Essen nicht besonders schmackhaft war, kann auf der anderen Seite aufgrund der Reaktion von Theresas und ihren bisherigen Umgangsweisen mit dem Mädchen, davon ausgegangen werden, dass sie einen anderen, vielleicht auch aus Sicht der Köchinnen wertschätzenden Weg gewählt hätte, die fehlenden Gewürze anzusprechen um damit die Kochkompetenzen der Mädchen zu fördern.

Grundsätzlich sind die Fachkräfte angehalten, den Mädchen ein Vorbild zu sein. Es wird von Seiten der Leitung erwartet, dass alle Pädagog*innen von den Mädchen eingeschätzt werden können und verlässlich für diese da sind. Andererseits sollen sie auch „in Führung gehen" (P2.4), was in ihrem Verständnis so viel bedeutet wie Strukturen vorzugeben, Sicherheit zu vermitteln und Orientierung zu geben. Hierzu sollen die Pädagog*innen als Team agieren und den Mädchen die Möglichkeit geben, sich an ihnen zu orientieren und Vertrauen aufzubauen.

Ämter und Regeln

Ähnlich wie in anderen Jugendheimen werden verschiedenen im Alltag anfallenden hauswirtschaftliche Aufgaben auch in Sonnenbörde von den Jugendlichen selber erledigt. Für eine gerechte Verteilung der Ämter sorgt ein Rotationsprinzip, nach welchem die verschiedenen Ämter nach einem festgelegten Plan auf die Jugendlichen verteilt werden. In Sonnenbörde gibt es die Ämter:

- Tischabräumen (nach dem Essen)
- Küche (Spülmaschine einräumen und Abwasch)
- Boden in der Küche fegen, wischen
- Das Wohnzimmer aufräumen, Kissen richten, Decken zusammenlegen
- Raucherecke, den Aschenbecher leeren und die Sitzkissen ordnen
- Gemeinschaftstoiletten, Toilettenpapier nachfüllen, Ordnung, Grobreinigung
- Flur, das Treppenhaus reinigen

„Kleine" Ämter wie „Wohnzimmer" werde lediglich einmal am Tag und mit wenig Zeitaufwand von den Mädchen erledigt, bzw. über diese Ämter muss nur „geguckt werden", ob das Amt überhaupt erledigt werden muss. Die Mädchen, deren Amt bereits erledigt ist helfen, in aller Regel, im Anschluss den anderen Mädchen bei den großen Ämtern wie „Küche".

Das Erledigen der Ämter geschieht dabei so routiniert und ohne Diskussionen, dass ich mich als »fremder Feldteilnehmer« zunächst deplatziert gefühlt habe. Nachdem die Erzieherin an meinem ersten Tag in der Wohngruppe das Mittagessen beendet hat, sind alle Mädchen wortlos aufgestanden. Die Mädchen haben ohne Hinweis der Erzieher*innen umgehend ihre Ämter erledigt und anschließend den anderen bei ihren Ämtern geholfen. Mir blieb nach dem Essen nur, mich an den Rand zu begeben und zu hoffen, niemanden im Weg zu stehen (P 2.1). Dieser Automatismus Ämter zu erledigen scheint bereits als ein Ritual in der Gruppe implementiert zu sein, so dass die neu angekommenen Mädchen ihn als Regel für sich übernommen haben.

Auf das Beachten der Gruppenregeln legen alle Erzieher*innen einen ähnlichen Wert und setzen diese ähnlich konsequent um. Während der gesamten Feldphase gibt es lediglich eine Situation, in der von einer Lehrerin aus Versehen eine Regel nicht beachtet wurde. Allerdings sind die festgeschriebenen Regeln in der Wohngruppe nicht so engmaschig definiert wie es in anderen geschlossenen Unterbringungen der Fall ist. Ziel ist, dass in der Wohngruppe pädagogische Überlegungen über die Möglichkeiten der Mädchen, z.B. die Gruppe zu verlassen, entscheiden und keine strukturierte Vorplanung.

Verstärkerplan

Ein zentrales Element des Erziehungskonzeptes von Sonnenbörde ist der Token-Plan (Verstärkerplan). Dieser Verstärkerplan wird gemeinsam mit jedem einzelnen Mädchen erstellt und Ziele, welche von den Mädchen erreicht werden sollen, sowie die entsprechenden Belohnungen für das Erreichen der Ziele, niedergeschrieben. Sowohl Ziele als auch Belohnungen variieren von Adressatin zu Adressatin.

Am Ende des Tages findet im Büro jeweils zwischen einem Mädchen und einem Erzieher bzw. einer Erzieherin ein Reflexionsgespräch statt, in welchem der Tag und die im Token-Plan festgehaltenen Ziele besprochen werden. Die Anzahl der Token (Punkte), welche die Mädchen an einem Tag für jeweils eine Verstärkerabsprache erhalten können, ist abhängig von der Entwicklung der Mädchen und damit auch von der Dauer der Unterbringung. Zu Beginn werden in der Regel fünf Punkte pro Verstärker-Ziel gegeben, in der Stabilisierungsphase werden drei Token und in der Entwöhnungsphase noch ein Token gewährt. Die Einzelreflexion des Tages zwischen den Erzieher*innen und den Mädchen ist vertraulich und läuft neben dem Verteilen und auch Einsetzen der Token immer nach einem ähnlichen Schema ab: Einzelreflexion:

1. „Auf einer Skala von 1 bis 10 war mein Tag heute…
2. Mein „Highlight" heute war…
3. Gut gelungen ist mir heute…
4. Für morgen nehme ich mir vor…
5. Von dem was ich mir gestern vorgenommen habe, ist mir gelungen (von 0 bis 10)" (P2.2)

Die Reflexionen werden von einer der anwesenden Fachkräfte durchgeführt.

	Mo	Di	Mi	Do	Fr	Sa	So
Verstärkerpunkt 1 Ich schaffe es die Strukturen des Alltags einzuhalten (bin pünktlich bei den Mahlzeiten, erledige selbstständig sämtliche Pflichten und Aufgaben, etc.)							
Verstärkerpunkt 2 Ich achte auf meine Zimmerordnung (Bett gemacht, Schrank ordentlich, elektr. Geräte aus, Schreibtisch aufgeräumt, Rollladen oben, kein Geschirr mehr oben...)							
Verstärkerpunkt 3 Ich achte auf meine tägliche Körperpflege (Zähne geputzt, tägliches Duschen, saubere Kleidung, Haare ordentlich,...)							
Verstärkerpunkt 4 Ich achte auf meine Sprache (angemessener Tonfall, angemessene Wortwahl, vollständige Sätze, lasse andere ausreden, angemessene Lautstärke)							
Verstärkerpunkt 5 Ich diskutiere in angemessener Weise.							
Verstärkerpunkt 6 Ich gehe regelmäßig in die Schule.							
Verstärkerpunkt 7 Wenn mich etwas aufregt, gehe ich erst in mein Zimmer und reagiere mich ab.							
Verstärkerpunkt 8							
Verstärkerpunkt 9							
Verstärkerpunkt 10							
Eingelöste Token für...							
Aktueller Tokenstand (abends)							

Abbildung 10: Verstärkerplan Sonnenbörde

Individuelle Tokenbelohnung:

- 75 Token für Basketball spielen (20min)
- 105 Token für 1h Ausgang in MR
- 120 Token für Inliner / Skateboard fahren mit päd. Mitarbeiter
- 150 Token für Eis essen
- 160 Token für Film ab 16
- 175 Token für Kinobesuch

(Feldartefakt 216)

Der Token-Plan gilt innerhalb der Einrichtung als zentrales erzieherisches Element. Im festgeschriebenen Schema werden die jeweiligen Ziele mit den Mädchen besprochen und so die Pläne individuell erstellt. Mögliche Tokenpunkte für den Vormittagsbereich werden von den Lehrkräften festgelegt, die übrigen Tokenpunkte werden am Abend vergeben.

Die Mädchen nutzen die abendlichen und durchaus diskreten Token- Gespräche ihrerseits, um auch einzelne Erzieher*innen oder Geschehnisse des Tages anzusprechen, Kritik zu äußern bzw. um über Konflikte, die Gruppe oder persönliche Sorgen zu sprechen (P 2.1).

In den Gesprächen mit den Jugendlichen schienen die am Tag erreichten Token-Punkte weniger relevant zu sein als für die Erzieher*innen. Es finden in der Mädchengruppe keine Gespräche über die Punkte statt und wenn es um das Einlösen gesammelter Punkte geht, geschieht dies während meiner Forschungsphase ausschließlich um zusätzliche Telefonzeiten mit Eltern oder Freund*innen zu erhalten (P 2.5).

Ein eher nebenläufiger Effekt des Plans zeigt sich auf Seiten der Erzieher*innen, welche sich jeden Tag Zeit für ein Gespräch unter vier Augen und einer Tagesreflexion mit jedem einzelnen Mädchen nehmen müssen. Damit verbunden ist zudem, sich immer mit den individuellen Zielen der Mädchen zu beschäftigen, nach Konflikten Raum für Feedback zu bieten, sich fortlaufend mit Änderungen im Tokenplan und der damit einhergehenden Entwicklung der Mädchen auseinander setzen zu müssen.

Umgang mit Einschluss

Das Verständnis zum Freiheitsentzug innerhalb der Einrichtung wurde von der Einrichtungsleitung dezidiert in einer Handreichung niedergeschrieben. Der Freiheitsentzug dient im Verständnis des Jugendheims zur „gemeinsamen Suche nach neuen zusätzlichen Verhaltensmustern“. Bereits nach dem ersten Kennenlernen und in den ersten Wochen soll durch die Mitarbeiter*innen der Wohngruppe mit den Mädchen ein individuelles Konzept zur Wiedergewinnung der eingebüßten

Freiheiten erarbeitet werden. In diesem konzeptionellen Element, dem Token Plan, werden die jeweiligen Ziele und Bedingungen für das Wiedererlangen persönlicher Freiheiten festgehalten. Bereits bei Ankunft in der Wohngruppe können die Mädchen in Begleitung der Mitarbeiter*innen das Haus verlassen und nach einer Eingewöhnungszeit unbegleitet Ausgang erhalten.

„Kommt es im Gruppenalltag zu Konflikten, die durch eine Entzerrung bzw. eine Öffnung des Rahmens deeskaliert werden können, behalten wir es uns vor, gemeinsam mit dem Mädchen die Gruppe zu verlassen und ggf. auch nach draußen zu gehen. Hierbei kann es dazu kommen, dass die Mädchen abgängig werden. Uns ist es jedoch wichtig, dass unsere Bewohnerinnen die Geschlossenheit nicht als absolute und alleinige Reglementierung erleben, sondern als Hilfestellung und wir mit ihnen als Person wertschätzend umgehen und ihre Probleme ernst nehmen" (Feldartefakt 210).

Einsatz von therapeutischen Angeboten

„Therapeutische (und pädagogische) Leistungen sind alle über eine allgemeine Beratung hinausgehenden Einflussnahmen, die darauf abzielen, Störungen und Leidenszustände der Mädchen und jungen Frauen zu beheben oder zu lindern" (Feldartefakt 210). Die therapeutische Begleitung der Mädchen und jungen Frauen ist dabei obligatorisch und erfolgt in einer engen Vernetzung mit dem Team. Gearbeitet wird mit verhaltenstherapeutischen und systemischen Ansätzen. Hierzu sind drei Psycholog*innen im Jugendheim beschäftigt.

Im Konzept definierte Sanktionsmöglichkeiten

In Sonnenbörde sind für den Fall von Konflikten bereits im Einrichtungskonzept Sanktionsmöglichkeiten definiert, auf die die Pädagog*innen zurückgreifen können und die in aller Regel mit einer Reflexion oder intensiven Arbeit am eigentlichen – von den Fachkräften ausgemachten – Konflikt enden sollen. Sanktionen, die einer „Law and Order" Logik folgen, sind ausdrücklich nicht vorgesehen.

Gruppentrennung

Bei besonderen Konfliktsituationen, in denen eine Fremd- und/oder Eigengefährdung oder aber „wiederkehrendes, regelverletzendes Verhalten, welches sich nachhaltig auf die Entwicklung des betreffenden Mädchens und auch anderer Mädchen" (Feldartefakt 210) auswirken könnte, zu erkennen ist, gibt es die Möglichkeit einer Gruppentrennung. Hierbei werden die Zimmer- und Gruppenzeiten über einen vorher festgelegten und „überschaubaren" (ebd.) Zeitraum aufgeteilt, so dass einzelnen Mädchen oder Kleingruppen zu anderen Zeiten in den Gruppenräumen ihre Hausaufgaben erledigen oder die Pause in ihrem Zimmern verbringen. Um diese Gruppentrennung durchzusetzen sieht das Konzept explizit – allerdings nicht zwingend – vor, Mädchen auch in ihren Zimmern einzuschließen. „Diese zeitweise Begrenzung dient der Beruhigung, der Zäsur und soll eine Konsequenz darstellen und es dem Mädchen ermöglichen ihr Verhalten zu überdenken und sich neue, positive Verhaltensweisen zu erschließen“ (Feldartefakt 210). Während des Einschlusses habend die Mädchen und jungen Frauen die Möglichkeit, über eine Gegensprechanlage die Pädagog*innen zu kontaktieren. Die Mädchen sollen in der Zeit angemessen mit Aufgaben beschäftigt werden. Die kann zum Beispiel sein, einen Brief an eine Fachkraft oder ein anderes Mädchen zu schreiben und mögliche Situationen zu reflektieren oder die eigene Sicht zu schildern.

Time-Out-Raum

Der Time-Out Raum („TOR“) ist ein größtenteils leerer Raum in der Größe eines der Mädchen-Zimmer mit einer auf dem Boden liegenden Matratze. Da sich keine Möbel oder scharfe Kanten von anderen Gegenständen in ihm befinden, ist die Verletzungsgefahr geringer als in einem normal möblierten Raum. Der TOR dient dazu Mädchen, die sich in massiven und zum Teil unkontrollierten Stress- oder Erregungszuständen befinden, die nicht mehr anders zu erreichen sind und von denen eine erheblich Eigen- oder Fremdgefährdung ausgeht, sicher unterzubringen. „Die Nutzung des Time-Out-Raumes kann nur in vorheriger Absprache mit den pädagogischen Mitarbeitern genutzt werden und unterliegt deren Aufsichtspflicht“ (Feldartefakt 212). Für die Nutzung des Raumes werden im Konzept vier Szenarien geschildert:

1. Zur Selbstberuhigung kann ein Mädchen darum bitten, freiwillig in den Time-Out- Raum zu gehen und diesen jeder Zeit wieder verlassen.
2. Als Auszeit zur kurzfristigen Isolation in oder ohne Begleitung der Fachkräfte. Bei dieser Konsequenz geht es der Einrichtung darum, auf unerwünschte Verhaltensweisen der Mädchen zu reagieren und die entsprechenden Verhaltensweisen zu reflektieren und eine Auseinandersetzung zu ermöglichen.
3. Bei fremdaggressiven Verhalten kann ein Mädchen auch gegen ihren Willen durch die Mitarbeiter*innen in den Time-Out-Raum gebracht werden. In diesem Szenario wird das Mädchen die gesamte Zeit über durch eine Fachkraft begleitet.
4. Zur Kriseninterventíon „bei hocherregten Mädchen“, wie z.B. bei autoaggressiven Verhaltensweisen. Nachdem ein Mädchen einen derart hocherregten Krisenzustand erreicht hat, in dem es nicht mehr ansprechbar ist, geht das Jugendheim davon aus, dass zur Deeskalation und Beruhigung im äußersten Bedarfsfall Mädchen im Time-Out-Raum körperlich fixiert werden müssen.

> Erst nachdem sich das Mädchen beruhigt und eine Aufgabenstellung erhalten hat, darf sie von den Erzieher*innen allein gelassen werden (vgl. Feldartefakt 212).

Das „Fixieren" in dieser Beschreibung meint dabei das Festhalten der Mädchen durch Mitarbeiter*innen, nicht aber das Fesseln oder das Verabreichen von Medikamenten. Dadurch soll die Option offen gehalten werden, bei massiven Krisen die Jugendliche auch gegen deren Willen durch den Einsatz von körperlichem Zwang daran zu hindern, sich selber oder andere zu verletzen.

Jede Maßnahme im TOR wird, so die Einrichtung, dabei grundsätzlich begleitet bis die betroffenen Mädchen wieder „absprachefähig" sind.

Die Nutzung des TOR ist nur nach einer „Situationsanalyse" gestattet, die Einschätzung des gesamten Krisenmanagements wird dabei von pädagogischen Mitarbeiter*innen vorgenommen, die nicht an einem möglichen Konflikt oder der bisherigen Krise beteiligt waren. „Die letztendliche Legitimierung der Time-Out-Maßnahme erfolgt im Vorfeld durch den/die KrisenmanagerIn und einem/er päd. MitarbeiterIn, welche/r nicht an der Krise oder dessen Management direkt beteiligt war. Die Person, welche die Time-Out- Maßnahme legitimiert, informiert den Bereitschaftsdienst der Leitung" (Feldartefakt 212). Der/Die Krisenmanager*in bezeichnet dabei die involvierte Fachkraft, während die genehmigende Fachkraft nicht am Konflikt beteiligt sein darf.

Auf das Verbringen eines Mädchens in den Time-Out Raum erfolgt eine Nachbetreuung in einem anderen Raum ebenso wie eine Nachbesprechung mit den involvierten Mitarbeiter*innen (vgl. P 2.2). Bei der Nachbesprechung mit den Mädchen „finden sowohl das Mädchen als auch die pädagogische MitarbeiterInnen die Möglichkeit, über den Verlauf, ihre Eindrücke und Emotionen in den Austausch zu gehen" (Feldartefakt 212).

Verfrühte

Bei der Verfrühten muss das betroffene Mädchen als Konsequenz vorzeitig in Bett. Es kann eine gewisse Anzahl an Verfrühten verhängt werden. Z.B. 3x Verfrühte bedeutet an drei Tagen in Folge frühzeitig ins Bett zu müssen.

Einzelrauchen

Das Einzelrauchen wird genutzt um Absprachen unter den Mädchen zu verhindern oder als Konsequenz für Fehlverhalten. Einzelrauchen beinhaltet, dass das betroffene Mädchen nicht wie sonst mit der Gruppe oder anderen Mädchen rauchen geht, sondern alleine rauchen muss. Wie bei der Verfrühten kann hier eine bestimmte Zahl festgelegt werden.

Umgang mit Ereignissen und Konflikten

Ein immer wiederkehrendes erzieherisches Element, welches neben einem direkten Deeskalationstraining für die Jugendlichen, in den Selbstverteidigungsübungen der Erzieher*innen aber auch im Vorgehen und Reflektieren der Konfliktlösungsstrategien auftaucht, ist das „Aikido-Fairness-Trainings Konzept" (Feldartefakt 210). Dieses Konfliktlösungsmodell soll nicht nur von den Mädchen erlernt, sondern auch von den Erzieher*innen vorgelebt werden. Es basiert auf der, aus dem Japanischen stammenden, Aikido-Kampfkunst:

> Exkurs: Aikido ist eine aus dem 20. Jahrhundert stammende, daher noch relativ junge, defensive Kampfkunst, welche aus Japan kommt und auf verschiedene ältere japanische Kampfkünste zurückgeht. Hauptelement der Selbstverteidigung ist, die Energie der angreifenden Person an sich vorbei zu leiten und diese für sich selber nutzbar zu machen. Die körperliche Kampfform basiert hauptsächlich auf Hebeln, Würfen oder anderen fließenden Bewegungen. Angriffe aber auch Wettkämpfe (vgl. Aikikai o.J.) werden konsequent abgelehnt. Ziel ist es, die Gegner*innen mit der eigenen Angriffskraft schnell kampfunfähig zu machen. Im Aikido sollen Körper und Geist trainiert werden ("Aikido training is intended to promote physical and mental training, according to the proficiency level of each skill and repeatedly practice so anyone can practice" (ebd.).

Übertragen auf die Philosophie der Einrichtung – sprich der pädagogischen Grundhaltung – geht es dabei nicht um körperliches Training oder das Erlernen einer Kampfkunst. Sonnenbörde geht es darum, (verbale) Attacken an sich vorbei zu leiten und für sich nutzbar zu machen (P 2.1).

Mithilfe des körperlichen Parts des Aikido-Fairness-Trainings lernen die Erzieher*innen sich auch im Notfall vor körperlichen Angriffen zu schützen, ohne ihr Gegenüber zu verletzen. „Vorrangig geht es in diesem Training darum, Lösungen zu suchen, die ohne den Einsatz von körperlichen Mitteln zur Kontrolle der gewaltbesetzen Situation führen" (Feldartefakt 18). Der Einsatz dieser „körperlichen Mittel", so die Bereichsleiterin, ist auch immer ein Eingeständnis der Erzieher*innen an sich selber, die Krisensituation nicht anders bewältigen zu können oder unterschätzt zu haben (P 2.1). Aus körperlichen Konflikten kann nach Ansicht der Bereichsleiterin niemals eine der beteiligten Parteien als Gewinner hervorgehen. Sie bedürfen immer einer Reflexion im Team und einem Gespräch mit den beteiligten Mädchen, wie es zu der Situation gekommen ist und wie man solche in Zukunft vermeiden kann (Feldartefakt 210).

Insbesondere nicht täglich eintretende Ereignisse und Konflikte können, auch wenn sie in aller Regelmäßigkeit vorkommen, gravierende Auswirkungen auf den

Gruppenalltag haben. In einem besonderen Maße sind die Reaktionen der Pädagog*innen und die Bewältigung der Situation für die Jugendlichen wichtig. Zwei Vignetten verdeutlichen eine aus Sicht des Jugendheimes gelungene pädagogische Intervention.

Vignette 1: Die Flucht

> Maria, eine Erzieherin aus einer anderen Wohngruppe, hatte die Nachtbereitschaft und ist an diesem Samstagmorgen noch im Dienst. Niemand in der Gruppe scheint groß an Aktivitäten, Unternehmungen oder Gesprächen interessiert zu sein, daher wirken alle an diesem Morgen noch ein wenig müde, die Stimmung in der Gruppe irgendwie gedrückt.
> Innerhalb von einem Zeitraum von ca. 20 Minuten möchte fast die gesamte Mädchengruppe zwei Mal zusammen rauchen gehen, was mit ihrer schlechten Laune begründet wird. Aufgrund der strengen Limitierung ihrer Zigaretten am Tag ist dieser Wunsch äußerst ungewöhnlich. Er bedeutet, dass zu einem späteren Zeitpunkt am Tag auf eine sonst gewohnte Zigarette verzichtet werden muss. Bislang war es für mich daher eine gesetzte Regel, dass sich die Mädchen selber streng an ihre Rauchzeiten halten. Maria ist dennoch mit dem Gruppenrauchen in einer Sitzecke direkt vor der Eingangstür der Wohngruppe einverstanden.
> Lea und Sandra sitzen leicht außerhalb der übrigen Gruppe. Nachdem Manuela die Aufmerksamkeit auf sich gezogen hat springen beide Mädchen auf und laufen Hand in Hand über den Hof in Richtung Torausfahrt. Der Laufstiel der beiden wirkt eher ungeschickt, noch weiter behindert durch das Halten der jeweils anderen Hand. Ein schneller Sprint um möglichen Verfolger*innen zu entkommen ist für mich etwas Anderes. Das Bild der beiden Hand in Hand laufenden Mädchen wirkt auf mich zunächst eher wie ein Scherz. Erst nach einigen Sekunden realisiere ich die Flucht, noch einige Augenblicke später reagiert Maria, die nicht besonders sportliche Erzieherin läuft hinter den Mädchen her. Sie bricht die Verfolgung aber nach wenigen Schritten ab und alarmiert mit dem Pieper die Erzieher*innen der anderen Gruppen. Innerhalb kurzer Zeit sind mindestens zwei weitere Erzieher*innen im Hof. Ein sportlich trainiert wirkender Erzieher folgt den Mädchen nach Rücksprache mit den anderen Fachkräften aus dem offenen Tor. Während ich zunächst dem Erzieher aus Neugierde folge, ziehe ich mich doch schnell ins Büro zurück, auch um bei den Mädchen nicht den Eindruck zu hinterlassen, sie zu verfolgen oder ein Hilfserzieher zu sein. Von dort aus wird mit den inzwischen beiden suchenden Erzieher*innen sowie der umgehend alarmierten Polizei telefonisch Kontakt gehalten.
> Nach etwa 30 Minuten kommt Lea zusammen mit einer Erzieherin, allerdings freiwillig, wieder in die Gruppe. Nach ihrer Aussage wurden die Mädchen vom Erzieher

> eingeholt, der auf sie eingeredet hat, ohne sie aber festzuhalten oder zu berühren. Als sie vom Rennen „Lungenschmacht“ bekommen hat und dies Sandra gesagt hat, hat sich der Erzieher anscheinend neben ihr eine Zigarette angezündet. Daraufhin hat sich Lea entschieden, wieder zurück in die Wohngruppe zu gehen, für den Rückweg wurde sie dann von der anderen, später aufschließenden, Erzieherin begleitet. Auch wenn sich mir, vielleicht auch als Nichtraucher, diese Begründung nicht erschließt, scheint sie von der restlichen Gruppe akzeptiert zu sein.
> Sandra hingegen wurde weiter durch den Erzieher verfolgt und schlussendlich von der Polizei, allerdings ohne Gegenwehr, in die Wohngruppe gebracht. Die Erzieher*innen sind einhellig der Meinung, dass ja „nicht viel passiert ist“ und wirken entspannt und gut gelaunt. Die größte Sorge der verbliebenen Mädchengruppe war, den Großputz am Nachmittag alleine durchführen zu müssen, obwohl der Fluchtplan selber den Mädchen bekannt war und gedeckt wurde (P 2.6).

Nachdem beide Mädchen zurück in der Wohngruppe sind, wird ihnen mitgeteilt, dass ihnen die Konsequenzen für ihr Verhalten zu einem späteren Zeitpunkt und nach Rücksprache mit anderen Pädagog*innen mitgeteilt werden. Bis dahin sollen sie im Obergeschoss der Wohngruppe bleiben. Als Konsequenzen werden die Mädchen die kommenden drei Tage alleine rauchen, nur in Begleitung einer Pädagog*in die Wohngruppe verlassen und kurzzeitig in Abhängigkeit von ihrem Auftreten, von der übrigen Gruppe getrennt. Außerdem müssen sie heute früher zur Nachtruhe in ihre Zimmer und sollen in der Zeit eine Aufgabe erfüllen, in der sie sich mit dem Weglaufen und den Gründen dafür auseinandersetzen sollen. Die Gruppentrennung wird damit begründet, dass sie in den kommenden Tagen nicht die Gelegenheit haben sollen mit den anderen Mädchen weitere Fluchtpläne zu schmieden oder dazu anzustacheln. Sowohl Lea als auch Sandra werden die Konsequenzen ausführlich begründet, beide scheinen sie zu akzeptieren und nachvollziehen zu können.

Diese Vignette beschreibt ein Ereignis welches, je nach Perspektive, als Krise zu bezeichnen ist. Während aus Perspektive der neuen Mädchen und auch der Flüchtenden keine Routinen zur Bewältigung der Situation vorhanden sind, zeigen sich auf Seiten der Pädagog*innen keine Anzeichen einer Unsicherheit oder fehlender Vorbereitung, was nun zu tun wäre. Ganz im Gegenteil, in einer absoluten, wenn auch nicht alltäglichen, Routine werden wie einstudiert Arbeitsschritte vollzogen und damit die Situation zur Zufriedenheit der beteiligten Fachkräfte bewältigt. In Sonnenbörde ist die Krise somit die Routine, das Besondere die Normalität, während ein normaler, sprich ohne besondere Ereignisse, Alltag besonders wirkt. Es entsteht kein Machtkampf oder Konflikt zwischen den Mädchen und den Pädagog*innen, am darauf folgenden Tag sucht Lea das direkte Gespräch mit einer beteiligten Erzieherin um Sorgen von ihr zu besprechen, die sie bereits seit einigen Tagen mit sich herumträgt, sich aber nicht getraut hat sie anzusprechen.

Vignette 2: Weg in den Time-Out-Raum:

> Herr Thorsten und Frau Julia werden um 21:30 Uhr telefonisch in eine andere geschlossene Wohngruppe gerufen. Bereits den gesamten Tag über habe ich immer wieder von einer Krisensituation in der Wohngruppe gehört, also dass ein Mädchen wiederholt die Kontrolle über ihr Verhalten verlieren würde und droht, sich selbst zu verletzen. Da es den Pädagog*innen nicht gelungen ist, die Situation zu deeskalieren und sich das Mädchen jetzt in der Nachtruhe mit Schlägen auf einen CD-Player und Scherben selbst verletzt, soll das Mädchen nach Ansicht der Pädagog*innen der Gruppe in den Time-Out-Raum (TOR) gebracht werden, wo sie keine Scherben oder scharfen Gegenstände greifen kann. Angekommen in der Wohngruppe folgt eine lange Diskussion darüber, ob es andere Alternativen gibt oder ob andere Pädagog*innen versuchen sollen, mit dem Mädchen eine Lösung auszuhandeln. Nachdem alle Anwesenden keine andere Lösung mehr sehen und einverstanden sind das Mädchen, notfalls unter körperlichem Zwang, in den TOR zu bringen, gehen alle gemeinsam zum Zimmer des Mädchens. Während zwei männliche Pädagogen den Raum betreten, bleiben die anderen vor der Tür. Durch die Schläge auf die harte Oberfläche des CD-Players hat sich das Mädchen bereits einen Finger verletzt. Nach mehrmaligem Ansprechen und Ankündigung („du weißt, dass du in den Time-Out musst", „wir begleiten dich da hin", „wenn du nicht mitkommst, müssen wir dich begleiten", „wir müssen dich dann anfassen", „Achtung ich berühre dich jetzt"), dass die „Ezis" sie dann am Arm in den TOR bringen werden setzen die beiden Pädagogen ihre Ankündigung um. Dabei berühren sie lediglich leicht den Arm des Mädchens, es ist kein Griff mehr ein leichter körperlicher Kontakt. Diese Berührung war ausreichender Impuls für das Mädchen, freiwillig, aber immer in leichtem Körperkontakt, in den TOR zu gehen. Im TOR setzt sie ihr vorheriges Verhalten mit Schreien, Treten und Schlagen fort. Das Mädchen bleibt dabei kurz alleine im Raum, während eine Pädagogin an der Tür abwartet, ob sie sich von alleine beruhigt. Die übrigen diskutieren das weitere Vorgehen und ob das Mädchen festgehalten werden muss, um Eigenverletzungen zu verhindern. Hierzu scheint es eine eigene Technik (Körperwippe) zu geben, in der mit viel Körperkontakt, ähnlich einer Umarmung, gearbeitet wird. Ich vermute, dass dies die in die Praxis transferierte Fixierung der Jugendlichen aus der Konzeption ist. Da sich nicht alle einig sind, ob die Selbstgefährdung des Mädchens einen derart massiven Eingriff rechtfertigt, wird zunächst darauf verzichtet. Im selben Gespräch schließen die „Ezis" eine Fremdgefährdung durch das Mädchen aus, so dass sich eine Pädagogin zu ihr in

den Raum setzt. Sie schafft es, nach mehr als 15 Minuten Schweigen über ein Gespräch einen Zugang zum Mädchen zu bekommen. Die Versuche der anderen Pädagog*innen, mit ihr ins Gespräch zu kommen, waren den Tag über erfolglos. Entgegen erster Aussagen bzw. Androhungen, dass das Mädchen jetzt die gesamte Nacht im TOR verbringen muss, handelt die Erzieherin mit ihr aus, dass sie in ihrem Zimmer schlafen darf, unter der Bedingung, dass sie ihre Wunden versorgen lässt, sich beruhig und alle Scherben und Splitter freiwillig herausgibt, um sicher zu stellen, dass sie sich nicht wieder selbst verletzt. Obwohl die Sanktion, dass sie im TOR schlafen muss, bereits ausgesprochen wurde, sind alle Anwesenden umgehend mit der Lösung einverstanden, das Mädchen kann wieder in ihr Zimmer umziehen und es bleibt den restlichen Abend über ruhig (P 2.3).

Die Vignette zeigt, dass die Konfliktsituation, trotz der bereits seit Stunden andauernden und für die Pädagog*innen auch aufreibenden Situation, durch eine auf dem pädagogischen Selbstverständnis der Einrichtung beruhenden Intervention bewältigt werden konnte. Trotz der Überzahl und der Einschlussmacht der Fachkräfte wurden die verschiedenen Schritte, welche dem gravierenden Eingriff in die Handlungsfähigkeit des Mädchens vorausgegangen sind, ausführlich diskutiert. Dabei stand die vermeintlich einfachste Lösung, das Mädchen unter Einsatz von körperlichem Zwang schnell in den TOR zu tragen und dort einzusperren, zu keinem Zeitpunkt zur Debatte. Vielmehr war allen Anwesenden klar, dass nur Schritt für Schritt vorgegangen werden kann und man möglichst wenig Zwang einsetzen möchte um den Konflikt zu klären. Lediglich die Einschätzung über den Grad der Selbstgefährdung und der möglichen Eskalationsstufe wurde diskutiert, auf dieser Grundlage und nur im Einverständnis aller wurden Lösungsmöglichkeiten gesucht. Dabei standen auch bereits angedrohte und verhängte Sanktionen zur Disposition, wenn dadurch der Konflikt gelöst werden konnte.

Tagesablauf

Tabelle 11: Tagesablauf Sonnenbörde

Uhrzeit	Mädels	Mitarbeiter	Ergänzung
6:30	Aufstehen	Mädels wecken	
Bis 7:00	Duschen/ sich waschen, anziehen, schminken, Frühstückstisch fertig richten	Sind Mädels gewaschen und Schulkleidung angezogen? Zimmer aufgeräumt?	
7:00	Am Tische sitzen, Frühstück	Am Tisch sitzen, Frühstücken	
Bis ca. 7:45	Ämter erledigen, Zimmer aufräumen		

7:30-7:45		Schulübergabe	
Ca. 7:45		Kontrolle: 1. Ämter 2. Zimmer	Evtl. bekommt jemand Token?
Ca. 7:50	Wenn „Ämter" ok – Zigaretten		
Ca. 7:55	-Schulsachen -Wäsche, runter in die Schule	Wäsche mitnehmen Mädels in die Schule bringen; Aufgaben abarbeiten	
8:00	**Schulbeginn**		
8:00 – 9:00		Aufgaben erledigen	
Heiminterne Schule			
12:30		Mädels von der Schule abholen	
Bis ca. 12:45	Rauchen		
Ca. 12:45	Essen holen	Essen holen	
Bis ca. 13:30	Essen und Mittagsrunde	Essen und Mittagsrunde	
Ca. 13:30 bis 13:50	-Ämter -(Müll sortieren und weg) -Spülmaschine -HW-Behälter zurück -Wäsche -Medis nehmen	Kontrolle: 1. Ämter 2. (Müll sortiert und weg) 3. Spülmaschine 4. HW-Behälter zurück 5. Wäsche 6. Medis ausgeben	
13:50	Wenn Ämter ok- Zigaretten		
14:00 – 15:00	Lernzeit		
15:00 – 16:00	**Mittagsruhe**	**Verdrehte?**	
16:00	**Ende Mittagsruhe**	**Ende Mittagsruhe**	
Bis 18:00	Gruppenzeit Duschen Stopfen -Tisch decken, -Abendessen richten, -Gemüse/ Salat/ Obst richten	Wäsche? Einzelförderung Termine mit Mädchen? Abendessenvorbereitung Begleiten, Mädels unterstützen	
18:00 – ca. 19:00	**Abendessen + FBR**	**Abendessen + FBR**	
Ab 19:00 – 19:30	„Ämter"	Kontrolle: 1. Ämter 2. Spülmaschine 3. Wäsche TokenPläne mit Mädchen ausfüllen	Evtl.: kriegt jn. Token?

Ca. 19.30	Wenn „Ämter“ ok-Zigaretten		
Ab ca. 19.30	Abendgestaltung		
Ca. 20.30	- Wohnzimmer und Rest der Gruppe in Ordnung bringen, Schuhe weg. etc. - Tisch decken für Frühstück	Kontrolle: 1. Gruppe ok 2. Medis ausgeben	
Ca. 20.35	Alles ok-Zigarette		
Ca. 20:45	Bettfein machen		
Spätestens 21:00	Gute Nacht!	Jemand Türe zu?	

(Feldartefakt 215)

Exemplarische Wochenübersicht

Montag: Fairness-Training, Gruppenabend

Dienstag: Erlebnisprojekt, Orga- Abend mit TV- Planung, Terminplanung und Punkteauswertung, Gruppengespräch in Anlehnung an die Einzelreflexion.

Mittwoch: Kunsttherapie, abends TV oder DVD

Donnerstag: Kreativ-Sportabend oder AGs, d.h. kein TV und Video

Freitag: Mädcheneinkauf und abends TV oder DVD

Samstag: Großputz und abends TV oder DVD

Sonntag: abends TV oder DVD“

(Feldartefakt 210)

Die klare Struktur und die entsprechend vorgegebenen Zeitfenster, in denen mögliche anfallende Aufgaben oder auch Aktivitäten erledigt werden sollen, sind zentrale Merkmale der Tagessstruktur. An direkter freier Zeit haben die Mädchen ca. 3h über den Tag verteilt, hinzu kommen, je nach zu erledigendem Amt und Anzahl der Hausaufgaben, Therapien oder Trainings, mögliche weitere 2,5 Stunden. Abgesehen von den Pausen und den zwei Stunden, die als Freizeit definiert sind, sind die übrigen „freien“ Zeitfenster bereits mit möglichen Inhalten, wie zum Beispiel TV-Zeit am Abend, Telefonzeiten, Ämter oder Ähnlichem, vordefiniert.

Ebenso streng definiert sind die Telefonzeiten der Wohngruppe, die sich auf beschränken.

Mittwoch	19:15 Uhr bis 20:30 Uhr
Freitag	19:30 Uhr bis 20:30 Uhr

Samstag 14:00 Uhr bis 16:00 Uhr und 19:30 bis 20:30 Uhr
Sonntag 14:00 Uhr bis 16:00 Uhr und 19:30 bis 20:30 Uhr

(Feldartefakt 213)

Alle Außenkontakte und möglichen Besuche der Jugendlichen werden im Hilfeplangespräch festgelegt. Hier wird besprochen, welche Personen telefonisch oder postalisch (finanziert werden fünf Briefe in der Woche durch Sonnenbörde, mögliches weiteres Porto muss durch die Mädchen getragen werden) kontaktiert werden oder zu Besuch kommen dürfen. Die endgültige Entscheidung hierüber treffen die jeweiligen Personensorgeberechtigten. Die Besuchszeiten sind zu Beginn auf zwei Stunden begrenzt und können sich steigern.

Taschengeld wird wöchentlich, entsprechend der gesetzlichen Regelung, ausgezahlt und richtet sich nach den geltenden Sätzen. Diese sind zum Zeitpunkt meines Aufenthalts in der Einrichtung monatlich 27 € bei 12-13-Jährigen, 36 € bei 14-15-Jährigen und 42 € bei 16-17-Jährigen. Weitere 50€ werden für die Mädchen in eine monatliche Sparrücklage eingezahlt, die sie nach Verlassen der Einrichtung ausbezahlt bekommen. Das Kleidungsgeld der Mädchen beträgt bei unter 13-Jährigen 31 € im Monat, ab 13 Jahre beträgt es 41 € im Monat.

Zigarettenregelung:

Mit Erlaubnis der Sorgeberechtigten haben die Mädchen die Möglichkeit, auf dem Gelände oder im Raucher*innenbereich eine für den Tag definierte Anzahl an Zigaretten zu rauchen. Die Zigaretten müssen vom Taschengeld gekauft werden und lagern ebenso wie die Feuerzeuge im Büro der Wohngruppe. Maximal dürfen sechs Zigaretten am Tag geraucht werden. Diese werden am Abend vorher vorgedreht bzw. gestopft und dann in personalisierten Schubladen aufbewahrt. Geraucht wird in einem extra belüfteten Flurbereich des Treppenhauses. Die Mädchen können in Gruppen oder auch alleine rauchen gehen, sie müssen dabei nicht zwingend begleitet werden. Bei warmem Wetter ist es möglich, im Außenbereich vor der Eingangstür zu rauchen.

Einrichtungskulturelle Gesamtformung Sonnenbörde

Das Jugendheim Sonnenbörde ist in einer kleinen Ortschaft, allerdings in unmittelbarer Umgebung einer Großstadt gelegen, die Bausubstanz des Stammhauses bildet ein altes Schloss. Insgesamt bietet Sonnenbörde auf dem Gelände Platz für 51 Mädchen, davon sind 18 Plätze zu gleichen Teilen auf drei geschlossene Wohngruppen verteilt.

Das Jugendheim arbeitet ohne einen Stufenplan im eigentlichen Sinne, über mögliche Ausgänge der Mädchen entscheidet das Team. Die Teamentscheidungen werden schriftlich festgehalten, so dass die Mädchen sowohl Anzahl als auch Dauer der Ausgänge über die Woche planen können.

Die Steuerung durch die Einrichtungsleitung ist sehr eng, es sind klare Regeln und Strukturen vorgegeben. Arbeitsweisen und -routinen sind festgelegt und geben den Fachkräften Sicherheit in ihrem Alltaghandeln. Die Mitarbeiter*innen äußern sich in aller Regel positiv über ihre Arbeit. Die Fachkräfte im Team haben verschiedene pädagogische Qualifikationen vorzuweisen, sie können studierte Sozialpädagog*innen, Pädagog*innen oder Lehrer*innen mit Staatsexamen sein, aber auch ausgebildete Erzieher*innen oder Jugend- und Heimerzieher*innen.

Die Räume der Wohngruppe wirken geräumig und durch die große Anzahl an Fenstern hell. Das Erdgeschoss erinnert von der Architektur eher an ein großes Familienhaus, auch wenn es für die Gruppengröße relativ wenige Rückzugsmöglichkeiten in den Gemeinschaftsräumen gibt. Die Atmosphäre in der Wohngruppe ist dabei Kinder- und Jugendhilfe typisch. Verschiedene Bilderrahmen mit Regeln oder Fotos von gemeinschaftlichen Aktivitäten zieren die Wände.

Klar definiert Sonnenbörde die erzieherischen und sozialpädagogischen Ziele, welche sie in ihrer Arbeit verfolgt. Dies sind insbesondere das Erlernen von zusätzlichen sozial akzeptierten Bewältigungshandlungen für Krisensituationen sowie die Fähigkeit, eigenes Handeln zu reflektieren. Das Schaffen eines möglichen Moratoriums als auch das Einüben von Tagesstruktur und hauswirtschaftlichen Kenntnissen könnte man dabei eher als sekundäre Zielsetzungen beschreiben.

Die Beschulung wird von studierten Lehrkräften durchgeführt und orientiert sich an landestypischen Unterrichtsmodellen einer Schule für Erziehungshilfe. Das Erlangen eines anerkannten und qualifizierenden Schulabschlusses ist theoretisch möglich, aufgrund der begrenzten Aufenthaltszeit in den geschlossenen Wohngruppen scheinen die Mädchen einen Schulabschluss eher während ihrer Zeit in einer offenen Wohngruppe und folglich an einer öffentlichen Schule zu absolvieren.

Die Mädchen in der Wohngruppe haben in aller Regel andere Maßnahmen der Kinder- und Jugendhilfe bereits kennengelernt. Insbesondere selbst gefährdendes und selbst verletzendes Verhalten scheint sich als Bewältigungsstrategie bei ihnen manifestiert zu haben. In ihren alltäglichen Umgangsweisen sind die Mädchen nicht besonders auffällig, abgesehen von teilweise sexualisierten Gesprächsthemen, welche als Themensetzung von mitunter traumatischen und/oder anderen biografischen Erfahrungen gedeutet werden können.

Konzeptionelles Kernelement des Erziehungsplans bildet ein Verstärkerplan als Belohnungssystem, wobei die Wirkung der Belohnungen marginal ist. Die eigentliche Funktion entfaltet der Plan bei den Erzieher*innen, die gezwungen sind, sich jeden Tag Zeit für jedes einzelne Mädchen zu nehmen um den Tag zu reflektieren und den Mädchen einen Raum zu bieten, in dem Sorgen und Ärger kommuniziert werden können.

Konflikte und Krisen, die im Alltag der Einrichtung auftreten, sollen zunächst deeskaliert werden. Das Austragen von Machtkämpfen soll dabei in aller Regel vermieden werden. Innerhalb eines Konfliktes sind nach Möglichkeit die am wenigsten einschränkenden Lösungsmethoden zu wählen. Nach Konflikten sind klärende Gespräche und Absprachen, um ähnliche Situationen in Zukunft zu verhindern, obligatorisch.

Ebenso verbindlich wie das Reflektieren von Konfliktsituationen sind die regelmäßigen Therapiesitzungen mit den heiminternen Psycholog*innen.

Die erzieherischen Alltagshandlungen in Sonnenbörde sind a.) auf die Förderung von gewünschten Bewältigungskompetenzen, sowohl bezogen auf situative Krisen aber auch auf strukturelle Anomien, und b.) auf das Reflektieren der eigenen Handlungen ausgerichtet.

5.3 Fall Weißgipfel

5.3.1 Einrichtungsportrait Weißgipfel

Das Jugendheim ist nach einer gleichnamigen Verbundgemeinde benannt und in Form einer gemeinnützigen GmbH in kommunaler Trägerschaft organisiert. Das Gelände der gGmbH beherbergt eine Vielzahl an pädagogischen Einrichtungen wie Schulen, Berufsförderungen und Jugendhilfemaßnahmen, welche zentral angeboten werden. Insgesamt arbeiten über 200 Mitarbeiter*innen vor Ort. Die Verbundgemeinde liegt, wenn auch ländlich geprägt, im äußeren Ballungsraum einer Großstadt. Kerngebäude ist ein ehemaliges Hofgut, welches über die Jahre durch mehrere Neubauten erweitert wurde. Das Gelände an sich wird seit 1919 für pädagogische Zwecke genutzt, seit 1984 existiert eine geschlossene Wohngruppe mit 12 Plätzen und dem Schwerpunkt U-Haft Vermeidung. Zwei weitere geschlossene Wohngruppen mit einmal sechs und einmal acht Plätzen wurden 2007 eröffnet.

Des Weiteren bietet Weißgipfel in 14 Tagesgruppen Platz für ca. 126 Kinder und Jugendliche sowie in drei vollstationären Gruppen 36 Plätze an. Die vollstationären Gruppen unterteilen sich in zwei Außenwohngruppen und eine Gruppe mit traumatherapeutischen Schwerpunkt. Dementsprechend bietet die Einrichtung von der geschlossenen Unterbringung bis zur Berufsausbildung in der Verselbstständigung eine vollständige „Betreuungskette" (AK GU 14+ 2015) an.

Der Betreuungsschlüssel im geschlossenen Bereich liegt in der Wohngruppe zur Untersuchungshaft Vermeidung (U-Haft Vermeidung) bei 1:1,5; in den beiden weiteren geschlossenen Wohngruppen bei 1:1.

Ein psychologischer Dienst ist integriert und kann bei Bedarf von den Fachkräften in Absprache mit den unterschiedlichen Kostenträgern hinzugezogen werden.

Beide geschlossenen Wohnformen arbeiten mit verschiedenen Stufenplansystemen, welche die jeweiligen Freiheiten der Jugendlichen bestimmen. Während in der U-Haft Vermeidung Ausgänge eher selten und unüblich sind, ist es in den beiden anderen geschlossenen Wohngruppen durchaus gängig, die Wohngruppe verlassen zu können. Die ursprünglich als Isolationsräume eingebauten Räume, in den beiden nach den BGB arbeitenden Wohngruppen, wurden inzwischen umgewidmet. Durch den sehr eng gefassten und strikten Stufenplan werden kaum weitere Machtquellen benötigt. Alle Wohngruppen arbeiten nach einem aus der Hierarchie legitimierten Erziehungsprinzip.

5.3.2 *Einrichtungskultur der Wohngruppe U-Haftvermeidung*

5.3.2.1 Der allgemeine Rahmen des Jugendheims

Zum Träger gehören drei geschlossene Wohngruppen, von denen eine Gruppe Jungen zur Untersuchungs-Haft Vermeidung nach §71 Abs. 2 bzw. §71 Abs. 4 JGG aufnimmt, die übrigen beiden Wohngruppen arbeiten mit männlichen Kindern und Jugendlichen auf Grundlage des §1631b BGB. Der Arbeitsbereich der geschlossenen Unterbringungen wird von einem Bereichsleiter geführt, jede Wohngruppe hat formal noch eine Gruppenleitung.

Eine strukturelle Besonderheit der Wohngruppe 1 zur U-Haft Vermeidung ist, dass die männlichen Jugendlichen auf Grundlage einer richterlichen Weisung nach dem JGG aufgenommen werden. Damit fallen die Unterbringungskosten nicht den Jugendämtern, sondern der Tagessatz von 264,70€ als Verfahrenskosten der Gerichtskasse zur Last. Erst in der Phase nach Abschluss des Verfahrens und in Abhängigkeit des weiteren Verlaufs der Hilfe kann es sein, dass die Jugendämter mit einbezogen werden und in einer Übergangsphase die geschlossenen Unterbringungskosten tragen. Die Unterbringungszeit liegt nach Auskunft der Bereichsleitung im Durchschnitt bei 3-4 Monaten.

Aufgrund dieser strukturellen Besonderheit ergeben sich zwei unterschiedliche Ziellogiken: Einerseits „Verfahrenssicherung" (P 3.1) als das Primärziel der Justiz, der es vornehmlich um den ungehinderten Ablauf des Gerichtsverfahrens geht. Aus dieser Ziellogik heraus erübrigt sich eine Hilfeplanung für die einzelnen

Jugendlichen, wie sie aus der Jugendhilfe bekannt ist, mangels Handlungsperspektive aufgrund des schwebenden Gerichtsverfahrens. Erst nach Abschluss oder Einstellung des Verfahrens, oft verbunden mit Auflagen wie Verbleib in einem Jugendheim oder Mitwirkung in der Hilfeplanung sowie dem Ableisten von Sozialstunden, erfolgt gemeinsam mit dem dann fallverantwortlichen und auch kostentragenden Jugendamt, die weitere Hilfeplanung.

Abgesehen von der formaljuristischen Zielsetzung der Verfahrenssicherung verfolgt die Wohngruppe das Ziel, „die Zeit vor der Hauptverhandlung erzieherisch zu gestalten [...]. Hierzu gehört auch die Auseinandersetzung mit der Straftat [...] positives soziales Verhalten einzuüben und Perspektiven [...] zu entwickeln" (Feldartefakt 310 Auslassungen M.E.). „Die Ausführung der einstweiligen Unterbringung richtet sich nach den für das Heim und Jugendhilfe geltenden Regelungen" (§71 Abs. 2 S. 3 JGG). Das Entweichen der Jugendlichen soll in Weißgipfel in erster Linie durch pädagogische Mittel verhindert werden (Feldartefakt 310).

Diese unterschiedlichen Ziellogiken verweisen auf das Spannungsfeld, in welchem sich die Wohngruppe zur U-Haft Vermeidung bewegt. So kann innerhalb der Wohngruppe das Anliegen verfolgt werden, dass die Jugendlichen und deren Eltern, um neue Perspektiven entwickeln zu können, einen Antrag auf Hilfe zur Erziehung stellen und sich mit dem Gedanken, Jugendhilfe in Anspruch zu nehmen, arrangieren. Dies ist ein deutlicher Unterschied gegenüber der Ziellogik der Justiz – und folglich des Kostenträgers –, der es um Verfahrenssicherung geht. Vielmehr könnte das innerhalb der Wohngruppe verfolgte und möglicherweise auch umgesetzte Anliegen dazu führen, dass die Jugendlichen im Prozess eine bessere Sozialprognose zugesprochen bekommen. Dies kann im weiteren Verlauf den Ausgang des Verfahrens positiv beeinflussen bzw. sogar zu einer Einstellung des Verfahrens, zum Beispiel gegen Auflagen, führen.

Die größten Unterschiede zwischen der U-Haft Vermeidung und einer herkömmlichen Untersuchungshaft zeigen sich in dem Charakter der als Wohngruppe geführten Unterbringung, dem jugendhilfespezifschen Ambiente (wie der Innendekoration) und in dem Umstand, dass ausschließlich pädagogische Fachkräfte in der Wohngruppe arbeiten. Es sind keine Vollzugsbeamt*innen oder ähnliche Berufsgruppen tätig, sondern Pädagog*innen mit zum Teil unterschiedlichen, aber dennoch pädagogischen Ansprüchen.

Von der Wohngruppe wird kein Zeitplan über einen idealtypischen Ablauf der Maßnahme angegeben. Der zeitliche Rahmen ist immer auf die Zeit zwischen Inhaftierung und Abschluss der Gerichtsverhandlung begrenzt und somit vollständig vom Zeitplan der Gerichte abhängig.

5.3.2.2 Organisationsstruktur des Trägers

Die gGmbH wird von einem Geschäftsführer geleitet. Die insgesamt sieben Bereiche werden ihrerseits von den jeweiligen Leiter*innen verantwortet. Im Bereich der Sondereinrichtungen, zu denen alle geschlossenen Wohngruppen zählen, habe die Wohngruppen zusätzlich eine*n Gruppenleiter*in.

5.3.2.3 Spezifische Kultur der Wohngruppe zur U-Haftvermeidung

Zielgruppe

Die geschlossene Wohngruppe bietet Platz für insgesamt 12 männliche Jugendliche von 14 bis 18 Jahren, denen Straftaten zur Last gelegt werden, welche so gravierend waren, dass vom Gericht Untersuchungshaft (U-Haft) angeordnet wurde. Abgesehen von der Schwere der Straftaten und der Fluchtgefahr vor einem Gerichtsverfahren scheint es ein weiteres, jedoch nicht konzeptionelles, Merkmal bei einigen der Jugendlichen in der Wohngruppe zu geben: Entweder die Jugendlichen oder aber ihre Eltern scheinen eine Intervention der Jugendhilfe abzulehnen oder bereits frühzeitig abgelehnt zu haben. Dies könnte an Misstrauen gegenüber staatlichen Organisationen, einer mangelnden Durchsetzungskraft der Eltern gegenüber ihren Kindern oder auch an der grundsätzlich fehlenden Einsicht, Hilfe bei der Erziehung zu benötigen, liegen. Aufgrund dessen scheinen die Gerichte eher von einer negativen Sozialprognose auszugehen. Im Sinne einer Perspektivenentwicklung in der Ziellogik der Wohngruppe scheint es daher wichtig zu sein, die Jugendlichen davon zu überzeugen, einen Antrag auf Hilfe zur Erziehung zu stellen – auch um eine mögliche Einstellung des Verfahren – zu erreichen. (vgl. P 3.1).

Des Weiteren scheint das Stellen eines solchen Antrags aus der Ziellogik der Jugendhilfe heraus die letzte Chance zu sein, die Jugendliche in eine erzieherische Maßnahme zu integrieren. Eine Inobhutnahme der Jugendlichen ist formaljuristisch nur aufgrund von Kindeswohlgefährdung möglich, aber nicht aufgrund der verübten Straftaten.

Schulbesuch

Die Beschulung während des „pädagogische[n] Pflichtprogramm[s]" (Feldartefakt 310) teilt sich in die beiden Bereiche Ersatzschule und Werken. Beschult werden die Jugendlichen auf einem Förder- oder Hauptschulniveau in einer Kleingruppe, die auf den Schulunterricht außerhalb der Wohngruppe vorbereitet. Der Unterricht erfolgt in separaten Räumen im Obergeschoss von einer Lehrerin in Anlehnung an das landesübliche Schulcurriculum.

Der Werkunterricht wird für die Jugendlichen angeboten, die als nicht oder noch nicht wieder beschulbar gelten und soll auf eine spätere Teilnahme am Unterricht hinarbeiten (Feldartefakt 310; P 3.4). In der werkpädagogischen Einheit bauen die Jugendlichen selbstständig aber unter Anleitung eines Werkerziehers Möbel, kleine Tische, Schachteln oder andere Gegenstände aus Holz, die sie entweder für die Gruppe bauen oder die an Freunde, Familie oder andere Personen verschenkt bzw. auch für den Eigenbedarf hergestellt werden können. Im Verlauf der Einheit unterstützen sich die Jugendlichen gegenseitig, müssen Flächen oder Materialverbrauch ausrechnen und akkurat arbeiten, damit die zum Teil komplexen Gegenstände zusammengefügt werden können (P 3.4).

Architektonische Gegebenheiten
Die Wohngruppe befindet sich im Obergeschoss eines alten Wirtschafsgebäudes des Gutshofes. Das Erdgeschoss im langen scheunenähnlichen Gebäude wird von der zum Träger gehörenden Schule genutzt. Durch einen mit einer Kamera versehenen Eingang gelangt man ins Treppenhaus und durch einen kleinen angrenzenden Raum im Obergeschoss in den Flur der Wohngruppe. Die Wohngruppe wirkt sehr geräumig, da nicht der gesamte Giebelbereich mit einem zweiten Obergeschoss ausgebaut wurde. Im hinteren Teil der Wohngruppe liegen zwei Werkräume, ein Lager für Werkstoffe sowie das Büro der Sekretärin. Auf der linken Seite des Flurs befinden sich der Reihe nach die Zimmer der Jugendlichen, auf der rechten Seite ist eine Küche mit einer Durchreiche zum Esszimmer sowie ein durch eine halbhohe Borde abgetrennter Bereich für einen Billardtisch. Die Mitte der Wohngruppe wird von einem „Marktplatz" dominiert. Dieser offene Raum wirkt durch seinen Ein- und Ausgangsbereich und der Gestaltung der abgrenzenden Wände eher wie eine freie Fläche als wie ein Gruppenraum. Hier befinden sich in den Ecken Sitzgelegenheiten mit Tischen, eine Tischtennisplatte sowie ein Basketballkorb. Vom Marktplatz führen vorne und hinten Treppen in die zweigeteilte obere Etage. Über dem hinteren Teil der Wohngruppe befindet sich ein Besprechungszimmer, das Büro der Bereichs- und Gruppenleitung sowie Gesprächs- bzw. Therapieräume (P 3.1).

Im zweiten Teil der Wohngruppe befinden sich links auf der unteren Ebene die Zimmer der Jugendlichen. Auf der rechten Seite sind Fernsehraum sowie ein Raucherraum gelegen, die jeweils ausreichend Platz für alle Jugendlichen zusammen mit mehreren Betreuer*innen bieten. Vor dem Kopf des Flures ist ein Büro für die Fachkräfte sowie ein Zimmer für die Nachtbereitschaft. Auch ein Treppenhaus als zweiter Rettungsweg, dieses aber ohne Schleusensystem, befindet sich hier. Über diesem Teil der Wohngruppe befinden sich im oberen Teil Klassenräume für die interne Beschulung der Jungen (Feldartefakt 332; P 3.1).

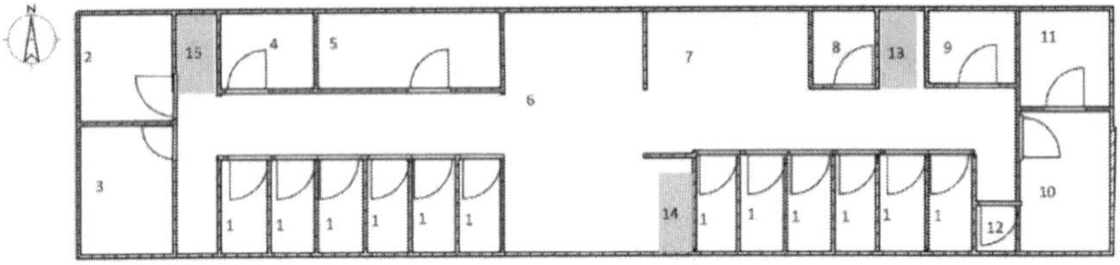

1: Schlafzimmer
2: Büro
3: Nacht-Büro
4: Raucherraum
5: Fernsehraum
6: Markthalle mit Luftraum
7: Billard und Essen
8: Küche
9: Sekretariat
10: Werken I
11: Werken II
12: Kammer
13:Treppenhaus Eingang
14: Treppenhaus 2 OG
15: Notausgang

Abbildung 11: Grundriss Weißgipfel U-Haft

Die Jugendlichen in der Gruppe

Innerhalb der Jugendgruppe scheint sich eine Hierarchie etabliert zu haben. Diese Struktur ist allerdings durch die große Anzahl der Jugendlichen in der Wohngruppegruppe sowie der vergleichsweisen kurzen Aufenthaltsdauer stark im Wandel. Zum Zeitpunkt der Forschungsphase wurden gerade drei Jungen entlassen und zwei Jugendliche sind neu in der Gruppe angekommen. Ein in der Jugendhierarchie, auch nach Aussage der Erzieher*innen (P 3.1), wiederkehrendes Muster ist die Orientierung an den Unterbringungsgründen sowie angenommener bzw. erfahrener körperlicher Überlegenheit. In diesen Mustern erfahren die Jugendlichen den meisten Respekt, die aufgrund von Verletzungsdelikten oder ähnlichem (wie Darius) angeklagt sind bzw. anderen Jungen körperlich überlegen (z.B. Ron) sind. Jugendliche, wie Alexander, die aufgrund von Delikten gegen die sexuelle Selbstbestimmung angeklagt sind, müssen mit Übergriffen von anderen Jugendlichen rechnen und sind in der Hierarchie der Jugendlichen weit abgeschlagen (P 3.1).

Jugendliche

Zum Zeitpunkt der teilnehmenden Beobachtung wurden drei Jugendliche entlassen, insgesamt waren noch acht Jugendliche in der Wohngruppe untergebracht (vgl. P 3.2). Nachfolgend sind die jeweiligen Delikte, zusammen mit den von den Jugendlichen genannten Gründen, für die Anordnung der Untersuchungshaft angeführt:

Tom (15): Internetkriminalität, Kreditkartenbetrug
Julian (14): Mitgliedschaft in einer Straßengang, Körperverletzung

Alexander (15):	Sexuelle Nötigung in Tateinheit mit Körperverletzung, er hat nach eigener Aussage mindestens zwei weibliche Opfer verletzt
Ron (16):	Schwerer Diebstahl, Widerstand gegen die Staatsgewalt
Jannik (16):	Verstoß gegen das Betäubungsmittelgesetz (BtMG) in nicht unerheblicher Menge, Dealer von synthetischen Drogen als Zwischenhändler
Patrik (17):	Organisierte Kriminalität, Mitgliedschaft in einer Straßengang, Überfälle auf eine Drogeriemarktkette
Darius (17):	Versuchter Todschlag
Daniel (15):	Kleinkriminalität, Diebstähle, böswillige Alarmierung von Rettungskräften. Erlass des Haftbefehls, da Daniel untergetaucht war und versucht hatte, sich dem Verfahren zu entziehen.

*Die Pädagog*innen in der Wohngruppe*

Die Steuerung durch die Leitung ist in dieser Wohngruppe aufgrund der räumlichen Einbindung formal sehr hoch, da Gruppenleitung und Bereichsleitung in Personalunion bekleidet werden und die Büroräume sich innerhalb der Wohngruppe befinden. In Konfliktsituationen wird teilweise direkt durch den Bereichsleiter interveniert (P 3.2).

Die Fachkräfte treten den Jugendlichen gegenüber sehr unterschiedlich auf, so dass es große Differenzen zwischen der Beliebtheit der Fachkräfte und auch deren Durchsetzungsvermögen gibt (P 3.2). Einen Zusammenhalt innerhalb des Teams scheint es nicht zu geben, es wird teilweise offen kommuniziert, dass alle Mitarbeiter*innen „Einzelkämpfer“ (P 3.3) sind.

In der Wohngruppe sind sowohl Erzieher*innen als auch studierte Sozialpädagog*innen angestellt, die teilweise bereits über viele Jahre hier tätig sind (P 3.2).

Das Miteinander: Umgang von Fachkräften und Jugendlichen

Für den Umgang zwischen den Fachkräften und den Jugendlichen zeigt sich, dass auch die hierarchische Position von Relevanz ist, die eine Fachkraft einerseits gegenüber den Jugendlichen und andererseits gegenüber den anderen Fachkräften innehat. Dies verdeutlicht die folgende Szene:

> Wir befinden uns im Flur auf dem Weg ins Büro. Ron kommt von hinten und holt den langsamer gehenden Herrn Turm ein. In dem Moment, in dem beide auf der gleichen Höhe sind, legt Ron seinen rechten Arm über die Schultern von Herrn Turm. Ron ist

> über zwei Meter groß und damit wesentlich größer und kräftiger als Herr Turm. Ron möchte etwas von Herrn Turm bekommen, dafür spricht er ihn an mit „Herr Tuuurm können Sie mal" … Herr Turm ist das übergriffige Verhalten von Ron sichtlich unangenehm. Er ermahnt ihn, den Arm wieder von seinen Schultern zu nehmen. Ron ignoriert die Bitte und spricht in das Büro hinein „Herr Tuuurm und ich sind Freunde". Auch auf wiederholtes Bitten von Herrn Turm reagiert Ron nicht. Herr Turm beginnt, Ron lautstark anzuschreien und zu drohen, was ebenso ohne Erfolg bleibt. Danach versucht er, den Arm von Ron nach oben zu drücken, was ihm kräftemäßig nicht gelingt und auch das Herausdrehen aus der Umklammerung gelingt ihm nicht. Herr Turm schreit Ron wieder an. Nach einem Moment, aber eher unbeeindruckt vom Schreien, lässt Ron Herrn Turm los und lacht. Zwei Kollegen sitzen während dieser Auseinandersetzung im Büro und reagieren nicht auf die Situation. Eine Konsequenz oder Strafe gegen Ron wird nicht verhängt. Auch Herr Turm, der verschiedene Drohungen hinausgeschrien hat, verzichtet auf eine Sanktionierung des Verhaltens (P 3.1).

Herr Turm hat, trotz der vielen Sanktionsmöglichkeiten und Machtquellen, kaum Respekt oder Einfluss unter den Jugendlichen. Er ist nicht in der Lage, sich durchzusetzen oder vor den Übergriffen durch die Jugendlichen zu schützen. Ron und auch die anderen Jugendlichen in der Gruppe wissen das und machen sich einen Spaß daraus, Herrn Turm zu provozieren, wenn sie gerade nichts zu tun haben. Die Jugendlichen gehen davon aus, dass die Provokationen und das Missachten von Anweisungen, die Herr Turm gibt, in aller Regel für sie folgenlos bleiben. Auch der schlechte Stand von Herrn Turm im Erzieher*innenteam und die mangelnde Unterstützung wird in dieser Szene sichtbar.

Interne Statistiken der Wohngruppe

Insgesamt wurden 2013 32 Jugendliche aufgenommen, davon kamen 26 direkt aus der Untersuchungshaft. Es waren zehn Jugendliche ohne deutscher Staatsbürgerschaft sowie, laut Statistik, zwölf mit Migrationshintergrund in der Wohngruppe, soziale Benachteiligungen, Stigmatisierungen, in welcher Form auch immer, wurden nicht weiter erfasst.

2013 waren sechs Jugendliche 14 Jahre; acht Jugendliche 15 Jahre; sechs Jugendliche 16 Jahre; elf Jugendliche 17 Jahre und ein Jugendlicher 18 Jahre alt. Der größte Teil der Jugendlichen (31) wurde nach dem Jugendgerichtsgesetz untergebracht, lediglich einer nach §1631b BGB. Die meisten der Jugendlichen (27) lebten vor der Wohngruppe im Elternhaus, drei waren in Jugendheimen untergebracht, zwei weitere lebten entweder in einer eigenen Wohnung oder waren ohne festen Wohnsitz (Feldartefakt 311).

Tabelle 12: Vorgeworfene Strafteten Weißgipfel (Feldartefakt 311)

	2007		2008		2009		2010	
	37	%	35	%	42	%	39	%
Eigentumsdelikte	13	35,14	10	28,57	11	26,19	7	17,95
Raub/schw. Raub	6	16,22	6	17,14	9	21,43	11	28,21
Sexualdelikte	3	8,11	6	17,14	3	7,14	1	2,56
Totschlag /vers.	0	0,00	0	0,00	0	0,00	3	7,69
Erpr./räub.Erpr.	4	10,81	1	2,86	4	9,52	1	2,56
Körperverletzung	4	10,81	7	20,00	8	19,05	8	20,51
Brandstiftung	0	0,00	2	5,71	0	0,00	0	0,00
BTM	2	5,41	0	0,00	1	2,38	0	0,00
Sonstiges	3	8,11	1	2,86	2	4,76	3	7,69
Bandendiebstahl	0	0,00	0	0,00	0	0,00	1	2,56
Mord. /vers.	1	2,70	1	2,86	2	4,76	3	7,69
Bedrohung	0	0,00	0	0,00	0	0,00	1	2,56
Betrung	1	2,70	0	0,00	0	0,00	0	0,00
Fahren o. Fahrerl	0	0,00	0	0,00	0	0,00	0	0,00
Körpgerv. m. Todesf.	0	0,00	1	2,86	0	0,00	0	0,00
Androhung e. Straftat	0	0,00	0	0,00	2	4,76	0	0,00
	2011		2012		2013			
	28	%	36	%	32	%		
Eigentumsdelikte	8	28,57	2	5,56	12	37,50		
Raub/schw. Raub	7	25,00	14	38,89	5	15,63		
Sexualdelikte	2	7,14	2	5,56	5	15,63		
Totschlag /vers.	1	3,57	2	25,00	4	12,50		
Erpr./räub.Erpr.	5	17,86	9	11,11	3	9,38		
Körperverletzung	3	10,71	4	0,00	2	6,25		
Brandstiftung	0	0,00	0	5,56	1	3,13		
BTM	1	3,57	2	2,78	0	0,00		
Sonstiges	0	0,00	1	0,00	0	0,00		
Bandendiebstahl	1	3,57	0	0,00	0	0,00		
Mord. /vers.	0	0,00	0	0,00	0	0,00		
Bedrohung	0	0,00	0	0,00	0	0,00		
Betrung	0	0,00	0	0,00	0	0,00		
Fahren o. Fahrerl	0	0,00	0	0,00	0	0,00		
Körpgerv. m. Todesf.	0	0,00	0	0,00	0	0,00		
Androhung e. Straftat	0	0,00	0	0,00	0	0,00		

Von den Jugendlichen blieben im Jahr 2013 ca. 78% bis zur Hauptverhandlung in der Wohngruppe, vier Jugendliche (ca. 12%) sind entwichen, die verbliebenen Jugendlichen wurden aufgrund von Fehlplatzierung oder Haftüberprüfung entlassen (Feldartefakt 311).

Tabelle 13: Entlassungen wohin Weißgipfel

	2007		2008		2009		2010	
	30	%	36	%	42	%	37	%
Nach Hause	9	30,00	6	16,67	11	26,19	16	46,24
Heimerziehung	10	33,33	20	55,56	15	35,71	12	32,43
Abbruch/U-Haft	6	20,00	4	11,11	12	28,57	4	10,81
Strafhaft	3	10,00	4	11,11	2	4,76	3	8,11
Fremde Familie	1	3,33	0	0,00	0	0,00	0	0,00
Therapie	1	3,33	2	5,56	1	2,38	1	2,70
Psychiatrie	0	0,00	0	0,00	0	0,00	0	0,00
Eigene Wohng.	0	0,00	0	0,00	0	0,00	0	0,00
Gewahrsam	0	0,00	0	0,00	0	0,00	0	0,00
Sonstiges	0	0,00	0	0,00	1	2,38	1	2,70

	2011		2012		2013	
	30	%	33	%	33	%
Nach Hause	11	36,67	9	27,27	18	54,55
Heimerziehung	9	30,00	13	39,39	5	15,15
Abbruch/U-Haft	6	20,00	3	9,09	5	15,15
Strafhaft	2	6,67	6	18,18	4	12,12
Fremde Familie	0	0,00	1	3,03	1	3,03
Therapie	0	0,00	1	0,00	0	0,00
Psychiatrie	2	6,67	0	0,00	0	0,00
Eigene Wohng.	0	0,00	0	0,00	0	0,00
Gewahrsam	0	0,00	0	0,00	0	0,00
Sonstiges	0	0,00	0	0,00	0	0,00

In der Kategorie Rechtsfolgen sind neben den Jugendstrafen auch Auflagen für eine Einstellung der Verfahren angegeben. Nach Aussage der Fachkräfte wirkt es sich für die Jugendlichen bei der „Strafmaßfindung" mildernd aus, in einer geschlossenen Wohngruppe gelebt zu haben. Auch die Zukunftsplanung in Form von einem geplanten Schulabschluss, Antrag auf Hilfe zur Erziehung oder eine bereits begonnene Hilfeplanung haben für die Jugendlichen positive Auswirkungen auf den Ausgang der Strafverfahren (Feldartefakt 311).

Tabelle 14: Rechtsfolgen Weißgipfel

	2007		2008		2009	
	19	%	30	%	26	%
Jugendstrafe	4	21,05	8 1Jgdl. o. Bew.	26,67	9	34,62
Bis 1 J. auf Bew./Vorbew.	7 2Jgdl. o. Bew.	36,84	7	23,33	9	34,62
Bis 1 ½ J. auf Bew./Vorbew.	5	26,32	14 1Jgdl. o. Bew.	46,67	7	26,92
Bis 2 J. auf Bew./Vorbew.	2	10,53	1	3,33	0	0,00
Über 2J.	1	5,26	0	0,00	1	3,85
Urteil ausgesetzt	0	0,00	0	0,00	0	0,00
Freispruch	0	0,00	0	0,00	0	0,00
Dauerarrest	0	0,00	0	0,00	0	0,00
Keine Strafe	0	0,00	0	0,00	0	0,00
KJHG	0	0,00	0	0,00	0	0,00

	2010		2011		2012		2013	
	26	%	21	%	26	%	26	%
Jugendstrafe	4	15,38	6	28,57	3	11,54	4	15,38
Bis 1 J. auf Bew./Vor-bew.	3	11,54	3	14,29	10 2Jgdl. o. Bew.	38,46	6	23,08
Bis 1 ½ J. auf Bew./Vor-bew.	16	61,54	7	33,33	10 1Jgdl. o. Bew.	38,46	8	30,77
Bis 2 J. auf Bew./Vor-bew.	2	7,69	3	14,29	3	11,54	6	23,08
Über 2J.	0	0,00	1	4,76	0	0,00	0	0,00
Urteil aus-gesetzt	0	0,00	0	0,00	0	0,00	0	0,00
Freispruch	1	3,85	0	0,00	0	0,00	0	0,00
Dauerarrest	0	0,00	1	4,76	0	0,00	2	7,69
Keine Strafe	0	0,00	0	0,00	0	0,00	0	0,00
KJHG	0	0,00	0	0,00	0	0,00	0	0,00

Die Verweildauer lag 2013 im Durchschnitt bei 136 Tagen, die Wohngruppe war durchschnittlich zu 92,23% ausgelastet (Feldartefakt 311).

5.3.2.4 Erziehungstechniken

Ämter

In der U-Haft Vermeidung wird mit einem Ämterplan gearbeitet. Bei den Ämtern handelt es sich, analog zu anderen Einrichtungen der Hilfe zur Erziehung, um hauswirtschaftliche Aufgaben, die im Alltag in der Wohngruppe anfallen. Diese sind aufgrund der großen Grundfläche der Wohngruppe aufgeteilt, zu den Ämtern zählen das Fegen des Bodens, die Ordnung in den Gruppenräumen, Küchen- und Mülldienst. Die Dienste werden von den Jugendlichen im Alltag weitestgehend selbstständig erledigt, die Notwendigkeit der Dienste wird nicht in Frage gestellt. Während der Erledigung der Ämter kann es vorkommen, dass schwelende Konflikte zwischen verschiedenen Personen eskalieren oder zur Eskalation gebracht werden.

In der Wohngruppe sind die Ämter nach Räumen geordnet, welche dann von den jeweiligen Jugendlichen aufgeräumt und geputzt werden müssen. Zur Organisation wird eine Liste mit den Namen der Jugendlichen, ihren Ämtern und den ab zu kreuzenden Wochentagen ausgehängt. Die Ämter sind: Küche I, Küche II, Speisesaal, Dachgeschosstreppen, Küchenlogistik, Markthalle, TV- und Gruppenraum, Raucherraum, West-Gang, Treppenaufgang, Billardraum, Ost-Gang, Müllamt und Ost-Treppe, Außenbereich. Wenn weniger als 12 Jugendliche in der Wohngruppe leben, werden entsprechend Ämter zusammengelegt oder es wird auf einige Ämter verzichtet.

Das Nichterledigen der Ämter hat einen Programmstrich zur Folge, was weiter unten erläutert wird.

Stufenpläne

Auch die Wohngruppe arbeitet mit einem Stufenplan, in diesem Fall als Phasenmodell beschrieben. Hiernach erfolgt eine Öffnung der Einrichtung in drei Stufen (Phasen).

In der Phase 1 sind die Jungen vollständig freiheitsentziehend untergebracht, sie soll, nach Ansicht von Weißgipfel, dazu dienen, dass die Jugendlichen einen Kontakt in der Gruppe herstellen, die Regeln akzeptieren, Beziehungen eingehen und sich in die Jugendgruppe integrieren.

In der zweiten Phase dürfen die Jugendlichen an begleiteten Aktivitäten außerhalb der Wohngruppe teilnehmen und sich zeitlich begrenzt auf dem Heimgelände aufhalten.

Bei Erreichen der Phase drei ist es den Jungen gestattet, Heimfahrten zu unternehmen und unbegleitet das Heimgelände für einen begrenzten Zeitraum zu verlassen (Feldartefakt 310).

Die jeweiligen Phasen, in denen sich die Jugendlichen befinden, sind von der Dauer des bisherigen Aufenthalts in der Einrichtung, den Einschätzungen der Fachkräfte sowie dem Erfüllen der Anforderungen aus der vorherigen Phase (z.B. Rückkehr von Einkäufen) abhängig. Wann welche Lockerungen des Freiheitsentzugs angedacht werden können, ist konzeptionell strikt geregelt:

„Nach einer Aufnahme eines Jugendlichen können frühestens 1 Woche nach der Aufnahme Lockerungen erfolgen.

a) Die erste Lockerung beinhaltet: Alleine oder gemeinsam mit anderen Jugendlichen Aufenthalt auf dem Bolzplatz. Der Jugendliche hat sich regelmäßig bei einem Mitarbeiter zu melden.

b) Geländeausgang kann erfolgen, wenn der Aufenthalt auf dem Bolzplatz ohne Komplikationen verlief. (Frühestens zwei Wochen nach Aufnahme) Geländeausgang beinhaltet Bolzplatz und Robinsonplatz. Der Jugendliche hat mit dem Mitarbeiter zu verabreden, wo er sich aufhält.

c) Gemeinschaftsausgang Nach einer weiteren Woche kann der Jugendliche Gemeinschaftsausgang erhalten, wenn die bisherigen Geländeausgänge und das Verhalten ohne Komplikationen verliefen.

d) Nach mindestens drei Gemeinschaftsausgängen infolge darf ein Jugendlicher einen Antrag auf Genehmigung von Einzelausgang beim zuständigen Gericht stellen.

e) Wird durch das Gericht dem Einzelausgang zugestimmt, kann erstmalig dem Jugendlichen drei Stunden Einzelausgang genehmigt werden.

f) Verlief der Einzelausgang nach Absprache, kann dem Jugendlichen danach (wieder eine Woche später) zweimal die Woche für je drei Stunden Einzelausgang genehmigt werden. (Ersatzweise sind dann auch jeweils 1 ½ Stunden Einzelausgang mit dem Fahrrad für entsprechende Einkäufe möglich.)

g) Nach fünf Einzelausgängen infolge, kann bei dem zuständigen Gericht ein Antrag auf Wochenendbeurlaubung zu den Eltern (Großeltern) gestellt werden. Dieser Antrag erfolgt durch die zuständigen Mitarbeiter entweder schriftlich in einem Brief oder telefonisch.

h) Nach Genehmigung der Wochenendbeurlaubung durch das Gericht darf der Jugendliche zunächst mit einer Übernachtung nach Hause fahren.

i) Vorausgesetzt, die Heimfahrt verlief ohne Probleme, hat der Jugendliche dann die Möglichkeit, vier Wochen später eine erneute Wochenendbeurlaubung zu erhalten mit zwei Übernachtungsmöglichkeiten.

j) Nach positiv erfolgter Wochenendbeurlaubung über zwei Nächte hat dann der Jugendliche die Möglichkeit, im 14-tägigen Rhythmus nach Hause beurlaubt zu werden. Ist der Jugendliche über das Gericht untergebracht, sind die Kosten durch den Jugendlichen bzw. dessen Eltern zu tragen. Die notwendigen Fahrtkosten müssen vorhanden sein. Ist der Jugendliche über das Jugendamt untergebracht, sind die 14-tägigen Heimfahrten mit dem Jugendamt abzuklären; zahlt das Jugendamt nur eine monatliche Heimfahrt, so sind die Kosten für die zweite Heimfahrt von dem Jugendlichen oder dessen Eltern zu tragen. Die notwendigen Auslagen müssen hierzu vorhanden sein.

k) Nach Befürwortung von Wochenendbeurlaubungen kann dem Jugendlichen ein Einzelausgang pro Woche als Stadtausgang genehmigt werden und hierzu sind gesonderte Ausgangsstunden (4 Stunden) zu vereinbaren. Die Voraussetzungen für einen Stadtausgang sind allerdings, dass das Fahrgeld für die S-Bahn oder Bundesbahn vorhanden ist und der Jugendliche es bezahlen und anschließend belegen kann" (Feldartefakt 310)

Dies bedeutet bei Einhaltung aller Regeln und einer vollständigen Integration in die Gruppe:

„01. Woche im Haus
02. Woche auf dem Bolzplatz
03. Woche auf dem Gelände
04-06. Woche Gemeinschaftsausgang
07. Woche Antrag auf Einzelausgang
08. Woche Einzelausgang 1 x 3 Stunden
09-10. Woche Einzelausgang 2 x 3 Stunden
11. Woche Antrag auf Wochenendbeurlaubung und Stadtausgang möglich
12. Woche Heimfahrt mit einer Übernachtung
16. Woche Heimfahrt mit zwei Übernachtungen
Ab 18. Woche alle 2 Wochen Heimfahrt möglich mit zwei Übernachtungen"
(Feldartefakt 310)

In Anbetracht der durchschnittlichen Unterbringungsdauer von drei bis vier Monaten ist das Erreichen des Einzelausgangs wohl realistisch, bereits die Heimfahrt wäre nur bei einem, aus Perspektive der Wohngruppe, vorbildlichen Jungen möglich. Für die regelmäßige Heimfahrt mit Übernachtungen müsste sich über das vorbildliche Verhalten hinaus auch das Verfahren in die Länge ziehen. Wie sich die zu Beginn definierten Phasen im Stufenplan widerspiegeln, bleibt allerdings unklar. Der Stufenplan und das daran anknüpfende Vorgehen der Erzieher*innen der Wohngruppe sind klar strukturiert und lassen wenig Raum für eine flexible Handhabung.

„Just-Community“

Ein weiteres in der Gruppe praktiziertes pädagogisches Mittel (Verfahren) wird als „Just-Community (Demokratische Gemeinschaftsbildung)“ (Feldartefakt 310) benannt. „Sinn und Zweck der demokratischen Gemeinschaftsversammlung ist das Erlernen und Erproben demokratischer Verfahrensprinzipien, die Übertragung von Verantwortung bezüglich der Eigenhandlung der Probanden, das Erlernen positiverer Wahrnehmung sowie verantwortliches Denken und Handeln. Die Gemeinschaftsversammlung gehört zum Pflichtprogramm und findet einmal in der Woche statt. Mitarbeiter und Jugendliche sind gleichermaßen beteiligt; aus aktuellen Anlässen heraus können auch zusätzliche Gemeinschaftsversammlungen einberufen werden“ (Feldartefakt 310). In diesen Versammlungen hat jeder Jugendliche eine Stimme, Entscheidungen werden nach dem Mehrheitsprinzip gefällt. Es ist möglich, dass sich die Gruppe in den Versammlungen eigenen Regeln gibt, wie z.B. mit herumliegendem Müll umgegangen wird o.ä. Aufgrund der Aufenthaltsdauer gestaltet sich die Regelfindung zum Teil nicht transparent, da Regeln existieren, an deren Aushandlungsprozess kein anwesender Jugendlicher beteiligt war.

Regeln in der Wohngruppe

In der Wohngruppe existiert ein umfangreiches Regelsystem, welches zum Teil auf die „Just-Community“ zurückzuführen ist. Dieses Regelsystem basiert auf dem Sammeln von Strichen, wobei die Anzahl der Striche, als Sanktionsmechanismus, über mögliche Privilegien der Jugendlichen entscheidet. Dabei gibt es Raucherstriche, Programmstriche und Beleidigungsstriche. Ein Raucherstrich ist dabei 0,5 Programm- oder Beleidigungsstriche wert. Einen Raucherstrich bekommt man für das Rauchen im eigenen Zimmer oder in einem anderen Gebäudebereich, in dem das Rauchen untersagt ist. Das Rauchen in untersagten Bereichen wird finanziell sanktioniert. Für das Rauchen im eigenen Zimmer gibt es einen Taschengeldabzug von 1€, für das Rauchen in der Wohngruppe oder auf dem Gelände 5€. Programmstriche erhält man für das Verweigern von Programmpunkten wie Schule, Ämter oder Gruppentreffen. Bei zwei Programm- bzw. Beleidigungsstrichen wird ein Ausgang gestrichen. Auch ohne Programmstriche verlieren die Jungen automatisch alle Ausgänge, wenn sie körperlich gewalttätig werden: „wer schlägt verliert alle Ausgänge“ (P 3.3). Programm- und Raucherstriche können durch freiwillige soziale Arbeiten (Gruppenaufgaben/-arbeiten) abgebaut werden. Bei Beleidigungsstrichen ist dies nicht möglich. Rauchstriche können zudem durch das „Lotto-Spiel“ reduziert werden.

Lotto-Spiel: Zwei Jugendliche würfeln beim Essen jeweils drei Zimmer, die nach dem Essen auf Ordnung überprüft werden. Wenn die Zimmer gut in Ordnung gehalten sind, gibt es ein „Plus". Bei mittelmäßiger Ordnung erhält der Jugendliche ein „Durchschnitt", bei Unordnung ein „Minus". Wenn ein Junge ein Plus bekommen hat, wird ein Raucherstrich entfernt. Ein „Minus" ist ein Raucherstrich. Wenn alle drei Zimmer ein Plus bekommen haben, dürfen drei „Müll-Teile" mehr im Gruppenmüll liegen.

Gruppenmüll: Zur Gruppenversammlung werden die von den Pädagog*innen gesammelten Müllteile im Gruppenmülleimer gezählt. Die Pädagog*innen sammeln, nach einem einmaligen Hinweis an die Jugendlichen, über die Woche den in den Gemeinschaftsräumen liegenden Müll auf. Dieser Müll wird in einer großen Tonne gesammelt und gemeinsam ausgezählt und auf die Anzahl der in der kommenden Woche zur Verfügung stehenden DVD's umgerechnet. Dabei bedeuten

0-4 Teile:	4 DVD's
5-8 Teile:	3 DVD's
9-12 Teile:	2 DVD's
Bis 16 Teile:	1 DVD
Ab 20 Teile:	0 DVD's

Ab 30 Teile: jeweils 10 min. von den insgesamt 600 Minuten Fernsehzeit in der Woche werden abgezogen

Ab 50 Teile Freitag kein Handy

Ab 100 Teile Freitag und Samstag kein Handy

Usw.

Je nach Kalenderwoche ist eine Kino- oder eine DVD Woche. In der DVD Woche dürfen die Jugendliche am Wochenende zwei DVD's mehr gucken, in der Kinowoche steht ein Kinobesuch an. Die zusätzlichen DVD's gibt es allerdings nur, wenn es entsprechende Fernsehzeiten gibt, die nicht über den Gruppenmüll reduziert wurden.

Die Sitzordnung an den Essenstischen wird jede Woche neu ausgewürfelt, um Konflikte aufgrund der Sitzordnung zu vermeiden.

Das Taschengeld wird am Freitag ausgezahlt und orientiert sich an den Sätzen der Jugendhilfe, allerdings müssen die Jugendlichen vor dem Auszahlen zunächst ihr Zimmer aufgeräumt haben. Das Auszahlen vom Taschengeld ist aufgrund der Ausführungs-Verordnungen der Bundesländer zum Taschengeld geregelt. Da diese Regelung allerdings nur für Personengruppen gilt, deren Hilfe nach dem SGB VIII durchgeführt wird, scheint zumindest juristisch das Einbehalten von Geldern möglich.

Vom Taschengeld können die Jugendlichen im Nachbarort Zigaretten kaufen und diese in ihren Zimmern aufbewahren. Eine Kontrolle des Rauchverhaltens findet nicht statt, die Jugendlichen können so viel rauchen, wie sie mögen. Geraucht werden darf ausschließlich im Raucherraum, Rauchen im Zimmer, in anderen Gebäudebereichen oder auf dem Gelände wird, wie bereits ausgeführt, mit Raucherstrichen und Taschengeldabzug geahndet.

Alle Jugendlichen haben einen Schlüssel für ihr Zimmer. Wenn sie diesen versehentlich im Zimmer einschließen und sich die Zimmertür von einem Erzieher oder einer Erzieherin öffnen lassen müssen, wird ihnen dafür 0,50€ vom Taschengeld abgezogen.

Für freiwillige Gruppendienste oder Arbeiten, die für die Gruppe erledigt werden, ist es möglich mit den Mitarbeiter*innen eine Entlohnung auszuhandeln, entweder in Form von Gutschriften bei den Strichen oder in Form von Geld. Diese Aufgaben können z.B. das Zuschneiden von Schleifpapier für den Werkunterricht oder das Bauen von Stühlen für das Wohnzimmer sein.

Umgang mit Einschluss

Nach Auskunft der Fachkräfte kommt es eher selten zu Fluchtversuchen oder dem Weglaufen der Jugendlichen, da diese zu einem Abbruch der Maßnahme führen können, was die Unterbringung in einer Justizvollzugsanstalt (JVA) zur Folge hätte und sich für die Jugendlichen negativ auf das laufende Gerichtsverfahren bzw. das Urteil auswirken kann (P 3.1).

Umgang mit Ereignissen und Konflikten

Der Umgang der Mitarbeiter*innen mit Ereignissen oder Konflikten ist äußerst unterschiedlich. Es sind wenige Szenen zu beobachten, in denen zwischen den Pädagog*innen ein Konsens bezüglich ihrer Handlungen besteht.

> Ron, Darius, Jannik und Tom sitzen an einem Tisch in der Markthalle und spielen Karten, Alexander und Patrik stehen daneben und schauen zu, während ich auf einem Stuhl neben dem Tisch sitze. Darius wirkt sichtlich genervt davon, dass sich Patrik immer wieder einmischt und das Spiel kommentiert. Es kommt zum Streit zwischen beiden. Darius, der wegen versuchten Todschlags, in der Wohngruppe ist, scheint zu erwarten, dass die anderen Jungen grundsätzlich in Konflikten mit ihm nachgeben. Patrik hingegen gibt nicht klein bei und provoziert Darius, der mit Schlägen droht, immer weiter mit Sätzen wie „Ich ficke deine Ausgänge". Nach einem kurzen verbalen Schlagabtausch schlägt Darius Patrik mit der Faust ins Gesicht. Patrik währt sich nicht und hebt auch nicht die Hände, um das Gesicht zu schützen, sondern lässt sich

> treffen. Dann „drückt" er Darius noch einen Spruch rein, verabschiedet sich mit „jetzt ficke ich deine Ausgänge" und geht zum Büro der Erzieher*innen, wo er den von Darius erhaltenen Schlag schildert. Nach der Schilderung wird Darius zu den Erzieher*innen gerufen und stellt dort seine Sicht der Geschehnisse dar, Darius scheint davon überzeugt und gibt an, dass Patrik zuvor auch geschlagen hat.
> Die Erzieher*innen entscheiden zunächst, abzuwarten und im Laufe des Abends Alexander, der anwesend war, zu befragen. Da Alexander in der Gruppenhierarchie unten steht und keinen Loyalitäten folgt, andererseits aber immer den Kontakt und Schutz der Erzieher*innen sucht, scheint er am ehesten als „Kronzeuge" geeignet zu sein. Das Gespräch zwischen den Erzieher*innen und Alexander soll unauffällig im Laufe des Abends stattfinden, da er ansonsten Probleme in der Gruppe zu befürchten hat.
> In der Teamsitzung am nächsten Morgen wird entschieden, dass Darius für 14 Tage alle Ausgänge verliert. Patrik, da er – wie von den Erzieher*innen festgestellt – das Regelwerk für sich instrumentalisiert, verliert wegen der Provokation den Gemeinschaftsausgang, darf aber seinen Besuchsausgang behalten. Die Entscheidungen wurden vom Team jeweils nach Mehrheitsprinzip bei einer Gegenstimme entschieden.
> Nach Verkündung der Konsequenzen ist Darius sichtlich sauer, da er härter bestraft wurde als Patrik. Er geht wütend in sein Zimmer, lässt aber die Tür offen, was ich als Einladung zum Gespräch für die Erzieher*innen wahrnehme. Patrik akzeptiert scheinbar die Entscheidung, er hat selber gesagt, dass er diese Reaktion von Darius wollte (P 3.3).

Die Vignette verdeutlicht, wie in Weißgipfel mit Konflikten umgegangen wird. Das Vorgehen erinnert an die Abläufe von Ermittlungsbehörden. In einem »Vierschritt« wird zunächst ein (1.) Regelverstoß festgestellt, die (2.) konkreten Geschehnisse versucht zu rekonstruieren, eine (3.) Sanktion verhängt und diese Sanktion, wie ausgesprochen, (4.) umgesetzt. Die Vignette könnte ferner in dem Sinne gedeutet werden, dass die Mitarbeiter*innen bei Jugendlichen voraussetzen, dass diese ihr Verhalten selbständig reflektieren, anschließende Gespräche sind fakultativ. In einer anderen Lesart wird in der Einrichtung in einem Ursache- Wirkung Verständnis gearbeitet. Sprich: Durch Wiederholen von ähnlichen Situationen wird die Formel »Gewalt führt zur Bestrafung« eingeübt, was die Jugendlichen animieren könnte, ihre Handlungsweisen anzupassen.

Tagesablauf
Wochentags wird in der Zeit von 21:30 Uhr bis 8:30 Uhr der Strom in den Zimmern abgeschaltet. Nach dem Frühstück beginnt gegen 9:00 Uhr die Schule bzw. als Alternative dazu die arbeitspädagogische Maßnahme. Den Teil der Jugendli-

chen, der die Schule besucht, begleitet die Lehrerin in den Klassenraum im zweiten Obergeschoss. Die Jugendlichen, die an der werkpädagogischen Maßnahme teilnehmen, warten vor dem Eingang zu den Werkräumen im Obergeschoss. Die erste Einheit dauert von 9-12 Uhr, darauf folgen zwischen 12 und 14 Uhr das Mittagessen und eine Ruhezeit. Von 14-16 Uhr ist noch eine zweite Einheit, in der entweder Schul- oder Werkunterricht stattfindet. Spezieller Einzelunterricht, der zur Förderung der Schüler kurz vor Prüfungen oder zum Aufholen von fehlendem Schulwissen gedacht ist, findet in der Zeit zwischen 11-12 Uhr statt. Ab 16 Uhr ist die Zeit zur freien Verfügung, erst ab diesem Zeitpunkt dürfen die Jugendlichen ihre Handys nutzen. Ab 18:30 Uhr ist Abendessen, nach dem Abendessen und dem Erledigen der jeweiligen Ämter haben die Jugendlichen die Möglichkeit, im Fernsehraum die vorher in der Versammlung beschlossenen Serien oder Filme zu sehen.

5.3.3 Wohngruppenkulturelle Gesamtformung U-Haftvermeidung

Die Wohngruppe zur U-Haft Vermeidung ist mit ihrer Kapazität von 12 Plätzen eine der größten geschlossenen Wohngruppen in Deutschland, wenn nicht sogar die größte (vgl. hierzu AK GU 14+ 2015).

Die Begleitung der Jungen erfolgt durch ausgebildete bzw. studierte Pädagog*innen im Schichtdienst. Die räumliche und konzeptionelle Anbindung der Bereichs- und in Personalunion Gruppenleitung ist sehr eng. Interventionen durch die Leitungsebene sind jeder Zeit möglich, auch steht sie den Jugendlichen für Gespräche jederzeit zur Verfügung. Schulungen für die Fachkräfte werden vom Träger angeboten, allerdings gibt es keine themen- bzw. fachspezifischen Angebote zur geschlossenen Unterbringung. Teambildende Maßnahmen oder Coachings bezüglich erzieherischer Interventionen finden nicht statt.

Die Wohngruppe verfügt über keinen Außenbereich. Aufgrund der Architektur, sprich der großen Grundfläche sowie der hohen Decke im Marktplatz, wirkt die Wohngruppe geräumig und wenig einengend. Der Marktplatz, als zentraler Ort, teilt die Wohngruppe in zwei ähnlich große Teile und ist der bevorzugte Aufenthaltsbereich der Jugendlichen. Das Ambiente der Wohngruppe ist, was die Bebilderung – wenn noch vorhanden – betrifft, jugendhilfetypisch. Lebensspuren wie eingeritzte Namen oder Muster in den massiven Holzbänken lassen sich im gesamten Bereich der Wohngruppe finden.

Durch das Merkmal der U-Haft Vermeidung ist die Zielgruppe stark vordefiniert. Die Belegung erfolgt durch Richter*innen, die Finanzierung als Verfahrenskosten über die Justiz. Die Wohngruppe ist damit eine hybride Konstruktion, einerseits wird sie belegt und beauftragt durch die Justiz, andererseits versucht sie den Jugendlichen, mittels einer sozialpädagogischen Logik, eine Alternative zur Untersuchungshaft in Justizvollzugsanstalten zu bieten. Auch wenn den Jungen zum Teil massive Straftaten zur Last gelegt werden, sind sie in ihren Alltagsroutinen kaum auffällig. Abgesehen von den Straftaten wurde bislang oftmals jegliche Hilfe zur Erziehung verweigert, entweder von den Jugendlichen oder aber ihren Eltern. Diese Verweigerung kann vielfältige Gründe haben und mündet aufgrund der schlechteren Perspektive in der Reaktion der Gerichte, die Freiheit der Jugendlichen soweit einzuschränken zu wollen, dass sie sich doch für eine Unterstützung durch die Jugendhilfe entscheiden. Als Ziel dieser Reaktion kann angenommen werden, dass dadurch zukünftigem delinquentem und dissozialem Verhalten der Jugendlichen präventiv entgegengearbeitet werden soll, um dieses Verhalten langfristig zu unterbinden.

Die Beschulung wird gruppenintern in separaten Räumen von einer Lehrkraft sichergestellt. Ebenso ist ein Arbeitspädagoge für die handwerkliche Ersatzbeschulung eingestellt. Die Jungen werden durch das Team den entsprechenden Schulbereichen zugewiesen. Hauptziel dieser Maßnahme scheint es zu sein, dass die Jugendlichen den Anschluss an die Schule nicht verlieren oder auf eine zukünftige Beschulung in einer nachfolgenden Maßnahme vorbereitet werden. Die Struktur und eine Legitimation der Wohngruppe zur U-Haft Vermeidung basiert einerseits auf ihren Zugang zu Jugendlichen und Eltern, von denen einige bis dato eine Hilfe zur Erziehung ablehnen. Andererseits basiert sie darauf, dass auch wenn bei den Jugendlichen von einer Fremdgefährdung ausgegangen werden muss, eine Haftstrafe einer möglichen positiven Sozialentwicklung entgegenwirken würde.

Bedingt durch die kurze Aufenthaltsdauer in der Wohngruppe, ist den Jugendlichen bewusst, dass es sich lediglich um einen Übergang handelt. Dies führt dazu, dass weder von Seiten der Erzieher*innen noch von Seiten der Jugendlichen auf Dauer angelegte Beziehungsangebote gemacht werden. Fehlverhalten wird sanktioniert, die Strafen für eine Vielzahl von vordefinierten Regelübertritten sind schriftlich festgehalten. Das Regelwerk der Jugendgruppe ist kompliziert, viele Regeln entstammen dabei Gruppenentscheidungen der Jugendlichen, so dass immer klare Sanktionen, auch durch die Jugendlichen selber, benannt werden.

Verfahrenssicherung, als definitorischer Auftrag durch die Justiz, und die kurze Aufenthaltsdauer prägen die Einrichtungskultur. Erzieherischer Einfluss basiert auf der Überlegenheit und Machtquellen der Fachkräfte, dem sich die Jugendlichen, nicht zuletzt aufgrund des schwebenden Verfahrens, unterordnen müssen. Erzieherische Fernziele entsprechen den übergeordneten Zielen der Jugendhilfe, werden aber in den Alltagsroutinen nicht explizit verfolgt. Therapieangebote können von Seiten der Träger angeboten werden und sind für die Jugendlichen fakultativ.

Der Stufenplan ist auf eine wesentlich längere Unterbringungsdauer ausgelegt. Im Horizont der Jugendlichen, die nach Abschluss des Gerichtsverfahrens die Wohngruppe verlassen, ist er damit obsolet, da sie wenige Chancen haben, entsprechende Freiheiten über Stufenaufstieg zu erreichen.

Die erzieherischen Alltagshandlungen in Weißgipfel sind vornehmlich auf die Sicherstellung des gerichtlichen Verfahrens fixiert. Die strikte Tagesstruktur soll die Jugendlichen auf spätere Maßnahmen der Jugendhilfe vorbereiten. Strafen und Sanktionen zwingen zu regelkonformen Verhalten, verfolgen aber kein übergeordnetes Erziehungsziel. Dies könnten erzieherische Handlungen sein, die zum Ziel haben, alternative sozialintegrative und anerkannte Bewältigungskompetenzen zu erlernen.

5.3.4 Einrichtungskultur der geschlossenen Wohngruppe

Die geschlossenen Wohngruppen 2 und 3 befinden sich in jeweils einer Doppelhaushälfte in einem Neubau auf dem Gelände von Weißgipfel. Den Haupteingang des Gebäudes erreicht man durch einen Vorhof, der von einem mehrere Meter hohen Zaun umgeben ist. Auf dem Hof befinden sich zwei Hartplätze mit Basketballkörben sowie Fußballtore.

Die baulichen Maßnahmen, welche die geschlossene Unterbringung ausmachen, sind daher nicht nur auf das Gebäude an sich, sondern auch auf das eingezäunte Außengelände bezogen. Dies bedeutet auf der einen Seite eine doppelte Sicherung, auf der anderen jedoch das Schaffen einer weiteren, unter Umständen früheren, theoretischen Möglichkeit, über den Ausgang in den Außenbereich den Jugendlichen zu ermöglichen, die eigentlichen Räumlichkeiten der Wohngruppe zu verlassen.

Auch in Folge der noch nicht lang zurückliegenden Eröffnung der Einrichtung, sind sowohl die Räume als auch das Sicherungssystem auf einem modernen technischen Stand. Wohngruppenspezifische Besonderheit ist ein elektronisches Sicherungssystem.

Zielgruppe

Zielgruppe der Wohngruppen sind männliche Kinder und Jugendliche, die aufgrund ihres Verhaltens Gesellschaft und erfahrene Pädagog*innen an die Grenzen ihres Handelns gebracht haben und bei denen die Jugendhilfe im Rahmen ihrer sonstigen Angebote an die Grenzen des Machbaren stößt (vgl. Feldartefakt 410). Das Aufnahmealter liegt zwischen dem 11 und 15 Lebensjahr. Zusätzlich dazu müssen die Jugendlichen ein „ausgeprägtes Ausweichverhalten“ in Form von „Weglaufen“ zeigen (Feldartefakt 410).

In der Wohngruppe werden neben strafunmündigen Kindern auch Jugendliche aufgenommen, mehrere der Adressaten waren zuvor in der Wohngruppe zur U-Haftvermeidung.

Erziehungsziele
Formal wird von der Einrichtung als Ziel formuliert, dass die benachteiligten Kinder und Jugendlichen in einem angemessenen Klima Stärken und Werte erkennen können und neue Perspektiven eröffnen sollen, die es ihnen erlauben, einen Platz in der Gesellschaft zu finden (vgl. Feldartefakt 410).

Hierzu scheint es Weißgipfel besonders wichtig zu sein, dass die Kinder und Jugendlichen die Strukturen und Regeln einhalten und sich den Vorgaben anpassen.

Schulbesuch
Der Schulbesuch erfolgt innerhalb der Wohngruppe in Form von Einzelunterricht bzw. in kleinsten Gruppen. Die Lehrkräfte werden von der zum Träger gehörenden Schule für Erziehungshilfe gestellt, die sich mit auf dem Gelände befindet. Wenn die Jugendlichen die entsprechende Stufe erreicht haben, können sie eine der Schulen (Förderschule, Hauptschule, Werkrealschule) auf dem Gelände besuchen.

Die gruppeninterne Beschulung findet jeweils vormittags in den direkt an einer Wohngruppe angegliederten Räumen statt.

Architektonische Besonderheiten
Bereits von außen lässt sich das Gebäude als besonders gesichert erkennen. Der Aufbau der beiden Doppelhaushälften ist ähnlich, wobei die der Gruppe 2 etwas größer ist, da sich dort die Räumlichkeiten der Schule anschließen. Während im Erdgeschoss jeweils Küche, Esszimmer, Büro und Wäschekammer gelegen sind, befinden sich im ersten Obergeschoss die Zimmer der Jugendlichen. Alle Zimmer sind ähnlich aufgebaut. Im eigentlichen Zimmer befinden sich Schreibtisch, Stuhl, Bett und Schrank, davon abgegrenzt gibt es jeweils eine eigene kleine Nasszelle mit WC und Dusche.

Im Erdgeschoss und im ersten Obergeschoss gibt es einen Durchgang zwischen den beiden Wohngruppen. Der Raum für die Nachtbereitschaft und die aktive Nachtwache befinden sich im ersten Obergeschoss. Die Nachtbereitschaft hat ein Zimmer, ähnlich wie die der Jugendlichen, als Ruhebereich. Die aktive Nachtwache ist in einem offenen Büro, das heißt mit großer Glasfront zu den Fluren, an denen die Schlafzimmer angrenzen, untergebracht. In dem Büro befinden sich Computer und Steuerungselemente für das Sicherheitssystem. Während sich die Nachtbereitschaft schlafen legen kann, bleibt die aktive Nachtwache die gesamte

Nacht über wach. Zur Nachtruhe werden beide Wohngruppen mittels einer geöffneten Durchgangstür zum Büro hin miteinander verbunden, so dass zwei Mitarbeiter*innen auf dem verbundenen Flur sind. Im zweiten Obergeschoss befinden sich Multifunktionsräume mit Crosstrainer (Sportgerät) und mehreren Sofas vor einem großen Fernseher. Für jeweils zwei Jungen ist ein Sofa vorhanden, das Sofa für die Erzieher*innen ist am Ende der Sitzgruppe aufgestellt, so dass eine Beaufsichtigung der Jungen ohne großen Aufwand möglich ist.

Eine Auffälligkeit im Erdgeschoss ist eine gelb-schwarze Linie in Form eines Quadrates vor dem Büro. Diesen Bereich dürfen die Jungen erst nach Aufforderung der Erzieher*innen betreten, ansonsten müssen sie vor der Linie stehen und abwarten, hineingerufen zu werden.

Erziehungstechniken

Von der Wohngruppe als „Eckpunkte des pädagogischen Prozesses" (Feldartefakt 410) sind angegeben:

- „Fest strukturierter Tages- und Wochenablauf: Dadurch wird der inneren Halt- und Orientierungslosigkeit unserer Kinder und Jugendlichen durch einen festen äußeren Rahmen begegnet. In der Regelmäßigkeit wird Stabilität gegeben, Gewohnheiten aufgebaut.
- Klare und deutliche Regeln im Gruppenalltag: Dadurch wissen die Kinder und Jugendlichen, welche Erwartungen an sie gestellt werden und welche Konsequenzen sie erwarten, die dann auch durchgesetzt werden bei Nichteinhaltung von Regeln. Ihr Verhaltensspielraum wird so überschaubar und kontrollierbar. Die Kinder und Jugendlichen erleben hier zum ersten Mal, dass sie die angekündigten Folgen und Konsequenzen ihres Tuns auch tatsächlich tragen und aushalten müssen".

In dieser Aussage wird deutlich, dass die Einrichtung davon ausgeht, dass alle Jugendlichen in der Wohngruppe halt- und orientierungslos sind und dies durch eine externe Zwangsstruktur ausgeglichen werden kann. Der Problematik der Orientierungslosigkeit, in ihrer Bedeutung auch als biografische »Suchbewegungen«, wird dabei mit der Unterdrückung der Suchbewegung begegnet. Auch im zweiten Teil ist das Ziel des erzieherischen Handelns nicht das Fördern alternativer Handlungs- und Bewältigungskompetenzen, sondern die Kontrolle und Eingrenzung selbiger in vorgegebene Muster. Besonders hervorgehoben werden in der Einrichtung das strikte Einhalten der Regeln und das konsequente Durchsetzen der Sanktionen bei Regelverletzungen.

Reflexionsarbeit

- „Jeden Abend nach dem Abendbrot haben die Kinder und Jugendlichen Gelegenheit, sich über das Tagesgeschehen auszutauschen, offene Konflikte können angesprochen, bearbeitet und gelöst werden. Zum Schluss erfolgt die Tagesbewertung.
- Wöchentliche themenzentrierte Gruppensitzungen: Hier können aktuelle Gruppengeschehnisse, aber auch politische Themen besprochen und diskutiert werden. Diese Gespräche dienen der Vermittlung von Informationen, gleichzeitig sind sie aber auch Lernfeld für kommunikative Fähigkeiten.
- Wöchentliches Gruppengespräch: Das wöchentliche Gruppengespräch dient zur Mitteilung der Beschlüsse des Teamgespräches über Höherstufung oder Rückstufung des Einzelnen und deren Gründe und informiert über weitere Vorgehensweisen.
- Regelmäßige Einzelstunden mit dem Bezugsbetreuer, der Bezugsbetreuerin: Diese Einzelkontakte finden wöchentlich statt und sollen den Kindern und Jugendlichen besondere Zuwendung durch Gespräche und gemeinsame Aktivitäten geben" (Feldartefakt 410).

Ein wichtiger Bestandteil der Arbeit in den geschlossenen Wohngruppen in Weißgipfel ist die Reflexion der Verhaltensweisen der Jugendlichen. Dies soll neben einem offenen Ort am Abend insbesondere durch tägliche strukturierte Einzelgespräche und Tagesauswertungen geschehen.

Stufenpläne

Der Stufenplan soll, so das Einrichtungskonzept, die Möglichkeit geben, den Status und die Entwicklung der Kinder und Jugendlichen in der Gruppe widerzuspiegeln. Übergänge in die nächst höhere Stufe, aber auch Rückstufungen sollen dabei, so das Konzept, als Bewertungen der Verhaltensweisen und nicht als Strafen vermittelt werden. Unklar bleibt allerdings, wodurch den Kindern und Jugendlichen die Gelegenheit gegeben wird, die Unterscheidung von Strafe und Bewertung zu erfassen.

„Stufe 1

- Vierwöchige Eingewöhnungszeit, Kinder und Jugendliche dürfen die Gruppe nicht verlassen; Außenkontakte sind auf Briefe beschränkt; Ärztliche Betreuung erfolgt, soweit möglich, im Haus.

Übergang zur Stufe 2

- Teilnahme an Freizeitunternehmungen außerhalb des geschlossenen Bereichs möglich; Ausgang in Begleitung eines ErziehersIn zur Erledigung konkreter Anliegen (Arztbesuch, einkaufen) - ab dieser Phase sind zu festgelegten Zeiten täglich Telefongespräche mit Eltern oder anderen wichtigen Bezugspersonen möglich. Nach sechs Wochen erstmaliger Besuch der Eltern im Haus, danach sind weitere Besuche durch die Eltern - Ausgänge mit den Eltern möglich. Danach eintägiger von ErziehernInnen begleiteter Besuch bei den Eltern möglich. Nach acht Wochen Teilnahme am Schulunterricht im offenen Bereich möglich.

Übergang zur Stufe 3

- Nach zehn Wochen erster unbegleiteter Stundenausgang in die umliegenden Stadtteile. Nach dreimaligem wöchentlichen Ausgang erste Wochenendbeurlaubungen zu Eltern/Sorgeberechtigten mit einer Übernachtung. Danach alle vier Wochen Wochenendbeurlaubungen zu Eltern/Sorgeberechtigten mit zwei Übernachtungen möglich. Nach sechs Monaten Ausgang nach Bedarf möglich, jetzt soll ein normaler Umgang mit Ausgehen und Wiederkommen ohne Stundenreglementierung eingeübt werden d.h. unter Beachtung häuslicher, sozialer und schulischer Verpflichtungen sowie gesetzlichen Regelungen kann das Kind oder der Jugendliche immer dann weggehen, wenn er möchte. Dieser Schritt umfasst einen Zeitraum von ca. drei Monaten. Nach neun Monaten soll dann der allmähliche Ablösungsprozess aus der individuell geschlossenen Intensivgruppe in den offenen Bereich erfolgen“ (Feldartefakt 410).

Die Entscheidung über Stufenverbleib, Auf- bzw. Abstieg wird vom Team der Erzieher*innen getroffen, basiert allerdings vollständig auf den von den Jugendlichen erreichten Punkten:

> „Stufensystem:
>
> Stufe 0: (Dauer: mind. 7-14 Tage nach einer Flucht oder bei Runterstufung individuelle Zeitdauer – abhängig von der Entwicklung und dem Verhalten des Kindes oder Jugendlichen)
>
> Erwartungen: Reflexionsbereitschaft; Perspektivenplanung zum Erreichen der Stufe 1; Bei unsachgemäßem Umgang mit Mobiliar und anderen Dingen im Zimmer werden diese entfernt; Zimmerverbleib –bei Missbrauch Zimmereinschluss; Mahlzeiten werden auf dem Zimmer eingenommen; Zuverlässige Erledigung der Zimmer- und Gruppenordnung –außerhalb des Gruppenrahmens;

Zuverlässige Umsetzung der Körperhygiene und Körperpflege; Keine Gruppenordnung [Amt] außerhalb des Gebäudes; keine Teilnahme an Gruppenaktivitäten; Keine Gemeinschaftszeiten mit anderen Kindern und Jugendlichen; Aussetzung von Besuchen; Beschulung findet auf dem Zimmer statt; Zuverlässige Erledigung der Schul- und Hausaufgaben; Schrittweise Rückgabe des Zimmerinventars und persönlichen Sachen, bei entsprechendem Sozialverhalten; Eine Gartenzeit in Begleitung eines Erziehers (nicht mit anderen Jugendlichen) pro Tag; Teilnahme an Aktivitäten innerhalb des Hauses in Begleitung eines Erziehers oder Einzelbetreuung (Tischfußball, Tischtennis, Playstation am Wochenende); Zuverlässige Wahrnehmung von Terminen im Haus; Termine außerhalb des Hauses nur in Begleitung eines Erziehers (Gerichtstermine, Arzttermine, u.ä.); Wöchentlicher Telefontag (15 min); Elektrische Geräte zur stundenweise Verfügung (nach Antrag und Genehmigung durch Team).

Stufe 1 (Dauer: mind. 5 Wochen –abhängig von der Entwicklung und dem Verhalten des Kindes oder Jugendlichen)

Erwartungen: Ankommen in der Gruppe, findet sich in der Gruppe ein; Darf sich im Haus frei bewegen und kann damit verantwortungsvoll umgehen; Nimmt an den gruppeninternen, angebotenen Aktionen / Aktivitäten teil; Darf Briefe und Päckchen bekommen (aufmachen mit Erzieher); Darf 1x in der Woche 15 min telefonieren. Arzt-, Gerichtstermine, Therapie nur mit Begleitung eines Erziehers; Besuch nach der 3. Woche, dieser findet im Haus statt für 2 Stunden; Er hält sich im Haus auf, unter Aufsicht darf er auch 3x in den Garten, Schulpausen zählen nicht dazu. Stufe 1 geht nicht mit anderen Gruppen in den Garten. Je 15 Minuten; Kein Dienst außerhalb des Hauses (Garten)!; An der Schule nimmt er teil; Bei Stufe 1/1 darf er nach schriftlichem Antrag seine Musikanlage bzw. MP3-Playser haben. Darf nicht an Aktivitäten außerhalb des Hauses teilnehmen. Keine Auszahlung von Bargeld, Einkauf im gruppeninternen Kiosk möglich.

Stufe 2 (Dauer mind. 7 Wochen – abhängig von der Entwicklung und dem Verhalten des Kindes oder Jugendlichen)

Erwartungen: Stabilisierung und Fortsetzung der Leistung; Der Jugendliche kann mit Verantwortung und den Freiheiten umgehen; Nutzt seine Ausgänge (mind. 5x) um in Stufe 3 zu kommen. Besuch darf 14tägig erfolgen, für 3 Stufe, davon dürfen 2 Stunden auf dem Einrichtungsgelände sein. Termine sind mit dem Bezugserzieher zu planen; Dienste außerhalb des Hauses / Garten dürfen nur in Begleitung eines Erziehers geschehen; An Aktionen auf dem Einrichtungsgelände darf er in Begleitung eines Erziehers teilnehmen. Stufe 2/0: ein

Ausgang zw. Mo – Fr für 30 Minuten nach 17:00 Uhr; Stufe 2/4: zwei Ausgänge zw. Mo – Fr für 30 Minuten nach 17:00 Uhr. Die Bereiche für den Ausgang sind der Bolzplatz oder der R.platz. Der Jugendliche muss sich nach 15 Minuten kurz am Tor melden; Besuche auf anderen Gruppen nur in Absprache. Sportaktivitäten sind verpflichtend; Hat 6x Gartenzeit für jeweils 15 Minuten.

Stufe 3 (Dauer mind. 10 Wochen – abhängig von der Entwicklung und dem Verhalten des Kindes oder Jugendlichen)

Erwartung: Kann mit seinen erworbenen Einrichtungsgeländeaufenthalten umgehen; Weitere Stabilisierung und Fortsetzung der Leistung; Darf an Aktivitäten der Gruppe außerhalb des Einrichtungsgeländes teilnehmen; Darf mit dem Besuch oder Erzieher das Einrichtungsgelände für max. 4 Stunden verlassen. Dienste außerhalb des Hauses darf er alleine erledigen, ausgenommen die Leerung des Resteeimers. Hat 7x Gartenzeit je 15 Minuten; Ausgänge: Ab 3/0: zwei Geländeausgänge für 30 min unter der Woche; ein Gemeindeausgang für 2 Stunden am Wochenende; Ab Stufe 3/6: ein Gelände für 30 min. unter der Wochen, ein Geländeausgang für 60 min. unter der Woche, ein Gemeindeausgang für 2 Stunden am Wochenende; Heimfahrten: Ab Stufe 3/2: frühestens erster begleiteter Hausbesuch (ca. ein Nachmittag); Ab Stufe 3/4: Tagesbesuch (muss von Eltern abgeholt bzw. Gebracht werden); Ab Stufe 3/6: erste Wochenendbeurlaubung möglich; Ab Stufe 3/8: Reguläre Heimfahrt möglich (mit Absprache des Jugendamtes) In der Heimfahrtwoche entfallen die Gemeindeausgänge!

Übergangsphase (abhängig von der Entwicklung und dem Verhalten des Kindes oder Jugendlichen)

Wird individuell gestaltet, je nach Entwicklung, dem Verhalten und der Perspektivplanung!

Soweit nicht anders mit den zuständigen Behörden, z.B. wie dem Jugendamt, abgeklärt, gelten diese Regeln!

Wichtige Hinweise!

Erreicht ein Jugendlicher keine 4 Punkte in Zimmer- und Gruppenordnung, besteht die nächste Möglichkeit auf eine Gartenzeit an diesem Tag erst ab 18 Uhr!

Alle Zeiten, zu denen ein Jugendlicher nicht irgendeine angeordnete Aufgabe wahrnimmt, gilt als Leerlaufzeit! Diese Leerlaufzeit hat der Jugendliche auf seinem Zimmer zu verbringen!

> Wenn ein Jugendlicher eine genehmigte Entscheidung für eine Aktion (z.B. Gartenzeit) getroffen hat, so hat er dies auch auszuführen! Nimmt er seine Gartenzeit dann z.B. nicht, bekommt er sie dennoch angerechnet!“ (Feldartefakt 410)

Aus den jeweiligen Stufen und den am Tag zu erreichenden Punkten ergibt sich ein System, welches den Stufenauf- oder -abstieg bestimmt. Der Mindestwert von 0,1 Punkten ist technisch bedingt, da die Tabelle einen Mindestwert zum Verar-

Stufe: 0 Teil: 0

Bewertungsbereiche	02.01. Do	03.01. Fr	04.01. Sa	05.01. So	06.01. Mo	07.01. Di	08.01. Mi
Abends							
Essverhalten	3,5	3,5	3,5	3	2,8	3,5	3
Tagesauswertung	3,3	3,8	4,5	4,8	4,5	4	3
Sozialverhalten (4x)	4	3,8	3,3	5	3,4	4	0,1
Körperhygiene	4	3,2	4	3,5	4	4	4
Einhalten der Bettzeit	4	4	4	4	4	4	4
Morgens							
Aufstehen	3,5	4,5	4,5	4,5	4,5	4	3,5
Körperhygiene	3,5	3,8	3,5	3,5	3,5	3,5	3,5
Essverhalten	4	3,2	3,8	3,8	3,5	4	3
Sozialverhalten (4x)	3,8	3,8	3,8	4	3,8	3,8	3,5
Schule							
Arbeitsverhalten (2x)						3	3
Sozialverhalten (4x)						3	2,8
Hausaufgaben						2	1,5
Allgemein						3	3
Mittags							
Zimmerordnung	5,7	5,6	4,4	6	3,6	6	6
Gruppenordnung	5	5,8	5,8		4,5		2,5
Sozialverhalten (4x)	3,8	4	4	4	4	3,8	2,1
Essverhalten	4			4	3,7	3,8	3
Hausaufgabenzeit							
Stille Stunde		4	4	4		2	
Ausgangsverlauf		4		4			
Aktivitäten							
Teilnahme/Mitarbeit (2x)	4					4	
Sozialverhalten (4x)	4					4	
Impulse für die Gruppe			5			5	
Gruppengespräch							
Teilnahme/Mitarbeit (2x)	3,8	xxx	xxx	xxx	xxx	xxx	xxx
Sozialverhalten (4x)	3,8	xxx	xxx	xxx	xxx	xxx	xxx
Impulse für die Gruppe		xxx	xxx	xxx	xxx	xxx	xxx
Durchschnittspunkte	3,93	4,02	3,97	4,22	3,88	3,71	2,67

Durchschnittspunkte Sozialverhalten 3,8

Gesamtpunkte:	3,8

	Do	Fr	Sa	So	Mo	Di	Mi
Sozialverhalten	3,88	3,86	3,70	4,33	3,73	3,72	2,13
Durchschnittspunkte	3,93	4,02	3,97	4,22	3,88	3,71	2,67

Bewertung Wohngruppe -Beispiel-

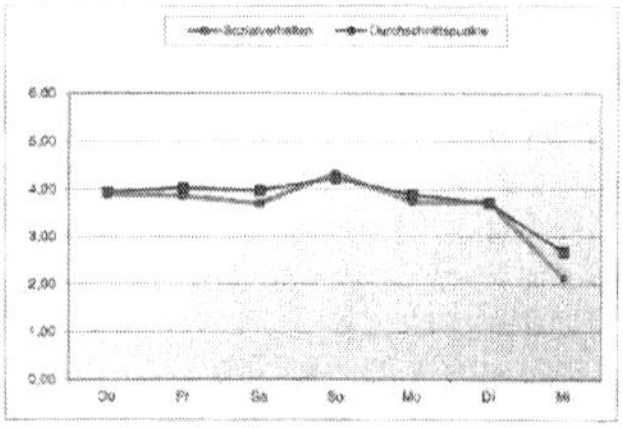

beiten benötigt, der Maximalwert liegt bei 6,0 Punkten.

Abbildung 12: Ansicht exemplarische Bewertung eines Jugendlichen Weißgipfel

Bewertungsbereich	02.01 Do	03.01 Fr	04.01 Sa	05.01 So	06.01 Mo	07.01 Di	08.01 Mi
Abends							
Essverhalten	3,5	3,5	3,5	3	2,8	3,5	3
Tagesauswertung	3,3	3,8	4,5	4,8	4,5	4	3
Sozialverhalten (4x)	4	3,8	3,3	5	3,4	4	0,1
Körperhygiene	4	3,2	4	3,5	4	4	4
Einhalten der Bettzeit	4	4	4	4	4	4	4
Morgens							
Aufstehen	3,5	4,5	4,5	4,5	4,5	4	3,5
Körperhygiene	3,5	3,8	3,5	3,5	3,5	3,5	3,5
Essverhalten	4	3,2	3,8	3,8	3,5	4	3
Sozialverhalten (4x)	3,8	3,8	3,8	4	3,8	3,8	3,5
Schule							
Arbeitsverhalten (2x)						3	3
Sozialverhalten (4x)						3	2,8
Hausaufgaben						2	1,5
Allgemein						3	3
Mittags							
Zimmerordnung	5,7	5,6	4,4	6	5,6	6	6
Gruppenordnung	5	5,8	5,8		4,5		2,5
Sozialverhalten (4x)	3,8	4	4	4	4	3,8	2,1
Essverhalten	4			4	3,7	3,8	3
Hausaufgabenzeit							
Stille Stunde		4	4	4		2	
Ausgangsverhalten		4		4			
Aktivitäten							
Teilnahme/Mitarbeit (2x)	4					4	
Sozialverhalten (4x)	4					4	
Impulse für die Gruppe			5			5	
Gruppengespräch							
Teilnahme/Mitarbeit (2x)	3,8						
Sozialverhalten (4x)	3,8						
Impulse für die Gruppe							

Durchschnitts-punkt	3,93	4,02	3,97	4,22	3,88	3,71	2,67

Durchschnitts-punkte Sozialver-halten	3,8
Gesamtpunkte	3,8

	Do	Fr	Sa	So	Mo	Di	Mi
Sozialverhalten	3,88	3,86	3,70	4,33	3,73	3,72	2,13
Durchschnitts-punkte	3,93	4,02	3,97	4,22	3,88	3,71	2,67

Abbildung 13: Exemplarische Bewertung eines Jugendlichen (Auswahl) Weißgipfel

Der Stufenplan der geschlossenen Wohngruppen basiert auf einem Punktesystem und ist kleinschrittig und komplex ausgearbeitet. Jugendliche und Erzieher*innen kommunizieren den Plan als gerecht. Alle Jugendlichen haben jeden Abend die Möglichkeit, ihre erreichten Punkte einzusehen und erhalten damit umgehend ein Feedback zu ihrem Tagesverhalten. Die für die nächste Stufe notwendigen Punkte, aber auch die noch notwendigen Punkte, um die aktuelle Stufe behalten zu können, scheinen den Jugendlichen transparent und einsichtig zu sein.

Die Stufe 0, welche nach Weglaufen bzw. aufgrund einer Herabstufung droht, fordert von den Jugendlichen eine absolute »Unterwerfung« und verbietet jegliche Form von Protest oder Rebellion. Lediglich zum Erledigen der Gruppenaufgaben darf das Zimmer verlassen werden, es erfolgt eine totale Isolation von der Gruppe, einzige erlaubte Sozialkontakte sind solche mit den Erzieher*innen.

Die Bewertung der verschiedenen Kategorien scheint von den Erzieher*innen nach Rücksprache vergleichsweise gleichmäßig zu erfolgen und muss in jedem Fall begründet werden.

Nicht vom Punktesystem hinterfragt werden verschiedene Einflüsse oder Hintergründe für Verhaltensweisen der Jugendlichen. Dies grenzt die erzieherische Handlungsfreiheit der Fachkräfte massiv ein, so dass aus pädagogischen Erwägungen heraus (P 3.5) bei Bedarf Ausnahmen vom Stufenplan gemacht werden. Dies betrifft allerdings nicht die zu vergebenden Punkte, sondern nur die Freiheiten der einzelnen Jugendlichen. Der engmaschige Stufenplan bedingt somit eine Aktion- Reaktion Logik, was sowohl die Möglichkeit also auch die Notwendigkeit zur Tagesstrukturierung, Verhaltensweisen auch sozialpädagogisch verstehen und interpretieren zu können, unterminiert. Die Punktevergabe zwingt allerdings auch die Fachkräfte zu regelmäßigen Feedbacks und Gesprächen mit den Jugendlichen.

Gelbe und rote Karten

Analog zum Sanktionssystem im Fußball gibt es in den Wohngruppen in Weißgipfel gelbe und rote Karten. Die Karten werden dabei den Jugendlichen angedroht und wenn sie vergeben wurden im Büro unter den Namen der Kinder aufgehängt, die Vergabe der Karten wird dabei dokumentiert und statistisch erfasst. Gelbe Karten werden bei »kleineren« Vergehen wie z.B. „Androhung von Gewalt", „wiederholten Regelverstößen" oder „Singen von sexistischem Liedgut" (Feldartefakt 431) usw. vergeben. Rote Karten werden dann bei »schwereren« Vergehen („Gewaltanwendung" „Bedrohungen gegen Erwachsene" „Diebstahl" (ebd.) usw.), bei der insgesamt vierten gelben Karte oder einer erneuten gelben Karte innerhalb von 24 Stunden vergeben. Die Konsequenzen der jeweiligen Karten sind dabei festgeschrieben: gelbe Karte bedeutet 2,0 Punkte im Sozialverhalten und die „Beschulung" (ebd.) findet im Tagraum, also außerhalb der Klasse, statt. Die rote Karte bedeutet 24 Stunden Zimmerarrest, ggf. mit Einschluss im Zimmer, 0,1 Punkt im Sozialverhalten, die Gartenzeit ist strikt eingegrenzt und der Schulunterricht findet mittels Hausaufgaben auf dem Zimmer statt. Verweigern sich die Jugendlichen weiter oder zeigen sich „nicht beeindruckt", können weitere Maßnahmen angewendet werden und „[e]rfolgen während der Verhängungsdauer einer roten Karte" (ebd.) weitere Verstöße, die mit Karten geahndet werden, verlängert sich die Zeit der roten Karte entsprechend.

Das elektronisches Schließsystem

Beide Wohngruppen verfügen, als eine Besonderheit, über ein elektronisches Schließsystem. Die Steuerungselemente des Systems sind in den jeweiligen Büros eingebaut und können außerdem vom Büro der aktiven Nachtschicht gesteuert werden. Das System zeigt mit einem roten Punkt auf einem Monitor an, ob eine der Zimmertüren geöffnet wurde. Bei Aufleuchten des roten Punkts muss dies von den Erzieher*innen quittiert werden, erst dann erlischt das Licht wieder. Außerdem lässt sich Strom und Wasser über das System steuern und die Zimmertüren verriegeln. Die moderne Schließtechnik soll, nach Aussage der Bereichsleitung, die Sicherheit der Mitarbeiter*innen vor Attacken erhöhen.

Diese baulich bedingte sowie die damit den Fachkräften zur Verfügung stehende Interventionsoption wird von den Jugendlichen als »gegeben« und nicht änder- oder verhandelbar hingenommen. Damit haben die Fachkräfte nicht nur eine rückwirkende Sanktionsmacht (wie beim Stufenplan), sondern können aktiv und ohne großen Aufwand direkt in den Alltag der Jugendlichen eingreifen. Auch wenn dies kaum geschieht, kann aufgrund der Gespräche mit den Jugendlichen davon ausgegangen werden, dass sich diese Machtquelle doch auf die Verhaltensweisen der Jugendlichen auswirkt, auch da sich in Bezug auf diese Rahmenbedingungen kaum oppositionelle Verhaltensweisen bei den Jugendlichen zeigen.

Tagesablauf
Der Tagesablauf der Jugendlichen gliedert sich dabei nach Wochentagen. An Werktagen sind insbesondere die Nachmittagsaktivitäten bzw. verpflichtende Gruppentermine einzuhalten. Am Wochenende erfolgt das Wecken um 09:30 Uhr (Samstag) oder 10:00 Uhr (Sonntag), der verbleibende Vormittag ist dann, abgesehen von der Gruppenordnung, zur freien Verfügung:

Tabelle 15: Tagesablauf Weißgipfel (Feldartefakt 420)

Ab	06:45 Uhr	Wecken
	06:50 Uhr	Körperhygiene – duschen oder gründlich waschen (Oberkörper frei) und Zimmer aufräumen
	07:15 Uhr	Frühstück gemeinsam
	07:30 Uhr	Medikamentenausgabe
	07:35 Uhr	Zähne putzen
	07:40 Uhr	Gartenzeit nur wenn gefrühstückt (gegessen) wurde! Nach Einteilung durch Erzieher -Küchen und Tagraumdienst machen vor der Gartenzeit ihre Dienste
	08:00 Uhr	Unterrichtsbeginn in der IG
	09:30 Uhr	Schulvesper, danach Gartenzeit (Gruppe 1 erst Gartenzeit, dann Vesper. Nach 15 Minuten Wechsel)
	10:00 Uhr	Unterrichtsbeginn IG-Schule
	12:15 Uhr	Schulende IG-Schule
	12:15 Uhr	Gartenzeit oder Gruppenraum möglich (ansonsten Leerlaufzeit)
	12:30 Uhr	Essen holen und Tisch decken (Küchendienst und Tagraumdienst)
	12:45 Uhr	Mittagessen, anschl. Medikamentenausgabe
	13:30 Uhr	Gruppenordnung
	14:15 Uhr	Gartenzeit möglich. Ansonsten Gruppenraumaufenthalt oder Leerlaufzeit. Übergabe der diensthabenden Erzieher
	14:30 Uhr	Wochenaktivität / individuelle Gestaltung, kein Freizeitraum
	16:00 Uhr	Stille Stunde in den Zimmern (Strom an; Türen zu, Musik Zimmerlautstärke)
	17:00 Uhr	Freizeitaktivitäten im Haus (TV möglich, Freizeitraum möglich)
	17:00 Uhr	Gartenzeit möglich
	18:15 Uhr	Abendessen, anschließend Medikamentenausgabe
	18:50 Uhr	Küchen- und Tagraumdienst (vor der Gartenzeit zu erledigen)
	18:50 Uhr	Gartenzeit möglich
	19:00 Uhr	Telefonzeit
	19:30 Uhr	Tagesauswertung auf den Zimmern Anschließend bettfertig machen (Zähne putzen/ duschen/ waschen)
	20:00 Uhr	Gartenzeit möglich
	20:00 Uhr	TV oder evtl. andere Angebote
ab	20:25 Uhr	Vorbereitung Nachtruhe gem. Plan

Neben dem Tagesablauf ist auch das Prozedere des Aufstehens geregelt:

1. Aufstehen (Tür wird wieder geschlossen)
2. Bett machen (bei geschl. Tür)
3. Waschen mit freiem Oberkörper (Hände, Gesicht, Achseln) oder Duschen (nach dem Wecken & bei geschl. Tür)
4. Zimmerordnung (siehe Aushang) (Besen/Handfeger holen und reinigen bei geöffneter Tür)
5. Zimmer kontrollieren lassen (Im Zimmer auf dem Stuhl am Schreibtisch warten / Tür geschlossen)
6. Parfum, Deo usw., holen (nach erfolgreicher Zimmerordnung des jeweiligen Jungen mindestens 2,5 Punkte Körperhygiene)
7. Tür zu und warten
8. Frühstück nach Aufforderung
9. Zähne putzen (bei geschlossener Tür)
10. Melden (Tür kurz öffnen) wenn Zähne geputzt sind und warten (bei geschlossener Tür)
11. Gartenzeit möglich
12. Küchen- und Tageraumdienst (im Anschluss nach dem Zähneputzen)
13. Schulbeginn um 08:00 Uhr (07:55 im Tagraum sitzen)

(Feldartefakt 412)

Unter dem Begriff der „Gartenzeit“ ist die Möglichkeit der Jugendlichen gefasst, sich auf dem Hof der Wohngruppe zu bewegen. Da Hofgang oder Hofzeit zu sehr an Justizvollzugsanstalt erinnert, wurde der Begriff der Gartenzeit erfunden, auch wenn Garten hier ein wenig irreführend sein kann. Während der Gartenzeit werden die Jugendlichen nicht beobachtet und können sich weitestgehend frei bewegen. Die zunächst irritierend häufigen, aber kurzen Intervalle von Gartenzeiten gehen auf die Hauptfunktion der Zeit zurück. In diesem Zeitfenster haben die Jugendlichen die Möglichkeit zu rauchen. Da das Rauchen ansonsten vom Gesetzgeber untersagt ist und man sich nicht auf eine semi-legale „Erlaubnisregel“ der Sorgeberechtigten einlassen möchte, wurde konzeptionell ein Rahmen geschaffen, in dem systematisch das Rauchen nicht erlaubt, aber auch nicht kontrolliert wird. Den Fachkräften ist bewusst, wofür die Zeit genutzt wird und dass sich die Jugendlichen bei ihren Ausgängen im Ort mit Tabak eindecken, es wird allerdings von ihnen weitestgehend toleriert. Dies hat zur Folge, dass das Rauchen in der Wohngruppe nicht offen thematisiert werden oder als Druck genutzt werden kann, dennoch strukturiert die Gartenzeit den Tagesablauf und erhöht die Motivation der Jugendlichen eine entsprechende Stufe in Stufenplan zu erreichen bzw. zu behalten.

5.3.5 Wohngruppenbeschreibung Weißgipfel geschlossene Unterbringung nach BGB

Die geschlossenen Jungenwohngruppen in Weißgipfel arbeiten mit einem modernen elektronischen Sicherheitssystem. Bereits die Anwesenheit dieses Systems wirkt in den Alltag der Jugendlichen hinein, da mit wenig Mittel direkt einschneidende Sanktionen verhängt werden können. Konsequenzen wie die Stromabschaltung bei wesentlich zu lauter Musik können mit einem Knopfdruck durchgeführt werden, ohne dass es zu einem Aushandlungsprozess zwischen Jugendlichen und Fachkraft kommen muss.

In der Wohngruppe ist es üblich, dass sich alle Jungen mehrmals am Tag außerhalb der Wohngruppe, allerdings innerhalb des umzäunten Geländes, aufhalten und bei Bedarf ungestört sein können. Insbesondere, da die Erzieher*innen die Jugendlichen nicht beim Rauchen erwischen wollen.

Der Stufenplan in Weißgipfel ist besonders engmaschig und kleinschrittig. Das Aufstehen, der Tagesablauf sowie der Umgang mit den gelben und roten Karten sind ähnlich strikt strukturiert vorgegeben, so dass Abweichungen kaum toleriert werden. Dies führt auf der einen Seite zu einer gewissen Transparenz, auf der anderen Seite allerdings zu einem starren und unflexiblen System. Insbesondere die Gespräche und regelmäßigen Reflexionen scheinen für die Jugendlichen in ihren Narrationen prägend zu sein. Die Wohngruppe arbeitet mit klaren Hierarchien und Strukturen. Die Kontrolle der Jugendlichen durch die Fachkräfte ist groß, alle unerwünschten Verhaltensweisen haben aufgrund des strikten Stufenplans sofort weitreichende Auswirkungen. Die Wohngruppe arbeitet mit klaren Regeln, denen sich die Jugendlichen unterordnen müssen, und folgt in keiner Weise der Idee eines Moratoriums. Erziehung erfolgt mit dem Ziel der gesellschaftskonformen Legalbewährung. Die Jugendlichen haben sich den Regeln zu unterwerfen, wer nicht folgt hat keine Chance, Freiheiten zu erlangen. Diskursive Aushandlungselemente einer verstehenden und partizipativen Sozialpädagogik sind konzeptionell nicht angedacht, werden aber teilweise von den Mitarbeiter*innen eingefordert

5.4 Fall Übermeer

5.4.1 Einrichtungsportrait Übermeer

Bei der Jugendhilfeeinrichtung Übermeer handelt es sich um eine im innereuropäischen Ausland ansässigen Limited (Ltd.), einer Geschäftsform, die am ehesten mit einer deutschen Gesellschaft mit beschränkter Haftung (GmbH) verglichen werden kann. Die geschäftsführende Eigentümerin hat ihr Büro in Deutschland, das Stammhaus – als zentraler Ort der erbrachten pädagogischen Dienstleistungen – befindet sich auf einer Insel innerhalb Europas. Übermeer Ltd. ist eine kleine Jugendhilfeeinrichtung, das Stammhaus bietet Platz für sechs weibliche Jugendliche. Des Weiteren werden von hier aus bis zu 20 Projektfamilien betreut, in denen Mädchen, in aller Regel einzeln, untergebracht werden (vgl. Feldartefakt 510).

Die Ltd. existiert in wechselnden Organisationsformen seit ca. 20 Jahren und ist in Folge einer Projektausschreibung eines großen deutschen Trägers gegründet worden. Gesucht wurde eine Projektfamilie im Ausland, um Mädchen eine Auszeit aus dem deutschen Jugendhilfesystem und den dortigen Einrichtungen zu ermöglichen. Die Teilnahme an der Auszeit war dabei freiwillig und wurde den Mädchen von den Erzieher*innen des Trägers vorgeschlagen. Der ursprüngliche Gründer und Miteigentümer, ein deutscher Sozialpädagoge, reagierte auf die Ausschreibung und bot die ersten Projektplätze im eigenen Haushalt an. Aufgrund des Erfolges wuchs das Projekt stetig an, weshalb die jetzige Geschäftsführerin mit eingestiegen ist. Nach dem Tod des Gründers führt die heutige Eigentümerin die Firma weiter. Nach einer Umfirmierung hat sich das Angebot stetig entwickelt und erweitert (vgl. Feldartefakt 510).

Das heutige Gelände befindet sich in der Nähe eines kleinen Dorfes mit wenigen hundert Einwohner*innen. Das ursprünglich privat genutzte Einfamilienhaus ist noch im Besitz der Geschäftsführerin und wird als Haupthaus an die Firma vermietet. Auf dem weitläufigen Gelände befinden sich zwei separate Gebäude. Im Haupthaus (ca. 220qm) befindet sich die größere Wohngruppe (vier Plätze). Baulich angegliedert, aber durch verschiedene Eingänge getrennt, ist ein Apartement (90qm), welches für ein „eigenständiges“ Wohntandem (zwei Plätze) zur Verselbstständigung genutzt wird. Im zweiten Gebäude (110qm) wohnen die weiteren Mitarbeiter*innen (vgl. Feldartefakt 510; P 5.1).

Entsprechend dem Verständnis von Witte (2009) und Winkler (2006) von freiheitsentziehenden Maßnahmen ist Übermeer Ltd. aufgrund der konzeptionellen Vermeidungsargumentationen, der Tagesstrukturierung und dem strikten Reglement sowie der Verhinderung von Flucht durch kulturelle und infrastrukturelle Hürden aus pädagogischer Sicht im »Grau-Bereich« der freiheitsentziehenden Maßnahme in Kinder- und Jugendhilfe zu verstehen. Auch wenn in juristischer Lesart (vgl. hierzu Wiesner 2003) Übermeer Ltd. nicht alle Indikatoren einer geschlossenen Unterbringung (bauliche Sicherungsmaßnahmen) vollständig erfüllt, arbeitet Übermeer Ltd. konzeptionell mit Vermeidungs-, Abgrenzungs- und Kontrollargumentationen für besonders schwierige Jugendliche.

Für die Unterbringung in Übermeer Ltd. ist kein richterlicher Beschluss oder besondere Genehmigung notwendig. Der Betreuungsschlüssel der beiden zur Verselbstständigung gedachten Wohngruppen im Stammhaus liegt der familienanalogen Erziehungsform bei voller Auslastung bei 1:6 (P 5.1).

Kernelement der pädagogischen Arbeit ist die Beschulung der Mädchen und jungen Frauen. Diese ist integriert in der landestypischen öffentlichen Schule. Für die außerschulische Förderung der Mädchen durch Nachhilfeunterricht, Hausaufgaben-Hilfe oder Lern-Camps wird ein Großteil der pädagogischen Ressourcen gebunden (vgl. Feldartefakt 510).

5.4.2 Einrichtungskultur

5.4.2.1 Der allgemeine Rahmen der Maßnahme

Das Jugendheim Übermeer Ltd. versteht sich als eine offene Auslands- Jugendhilfemaßnahme bzw. als sozialpädagogische Einzelfallhilfe im Ausland für Mädchen und junge Frauen. Ein großer Teil des Betreuungsangebots findet in Projektfamilien statt. Das Stammhaus liegt in ca. zwei Kilometer Entfernung zur nächstgelegenen kleinen Ortschaft. Im gesamten dünn besiedelten Distrikt leben ca. 1300 auf ca. 120 km^2 Menschen (vgl. Feldartefakt 582).

Übermeer Ltd. kooperiert mit einem in Deutschland ansässigen Jugendhilfeträger, durch den fast ausschließlich die Belegung erfolgt. Der Tagessatz der Einrichtung liegt bei 252,91€ für die ersten 12 Wochen und wird im Folgenden auf 197,50€ reduziert. Hierbei macht es keinen Unterschied, ob die Jugendlichen in Projektfamilien oder in der Verselbständigungsgruppe untergebracht werden (vgl. Feldartefakt 510). In den ersten 12 Wochen findet eine Clearing-Phase statt, in der eine besonders enge Betreuung der Mädchen durch die Mitarbeiter*innen stattfindet und ein exakter Bedarf diagnostiziert werden soll (P 5.6). Vom Tagessatz gehen in der Regel 63€ an die Projektfamilien, dies ist allerdings auch abhängig von den Problemindikationen der Jugendlichen und kann bei Bedarf angepasst werden (vgl. Feldartefakt 510). Die jeweiligen entsendenden Träger behalten ihrerseits einen Teil der Gelder für die Verwaltungsaufgaben ein, da sie formalrechtlich erst eine Belegung möglich machen (P 5.6). Aufgrund der Charakteristika als Auslandsmaßnahme können noch spezifische Kosten wie Schuluniform, Registrierungs- und Prüfungsgebühren, Arztbesuche (andere Form der Krankenversorgung) sowie Flugkosten für Eltern und Mitarbeiter*innen der Jugendämter anfallen. Das Haupthaus ist als Ort der Hilfeplangespräche festgeschrieben.

Nach Angaben von Übermeer Ltd. findet keine direkte Gewinnausschüttung statt. Unter Bezug auf die günstigen steuerlichen Bedingungen im Erbringungsland der Dienstleistungen verweist Übermeer Ltd. aus ihrer Sicht darauf, dass dadurch ein besonders günstiger Tagessatz angeboten werden kann und dennoch eine qualifizierte Betreuung der Jugendlichen sichergestellt wird. Das Gelände mit den dazugehörigen Immobilien befindet sich weiterhin in privatem Besitz und wird an die Ltd. vermietet.

Zielgruppe

Als Zielgruppe werden Mädchen zwischen dem 12. und 18 Lebensjahr benannt, welche stationär untergebracht werden sollen, „besonders verhaltensauffällig" (Feldartefakt 510) sind und für die eine geschlossene Unterbringung nicht das optimale Unterstützungsmittel ist. Ein Großteil der Mädchen hat das Angebot, in die Auslandsmaßnahme zu wechseln, in einer geschlossenen Wohngruppe als alternative Unterbringungsform angeboten bekommen. Die Mädchen müssen sich »freiwillig« für die Auslandsmaßnahme entschieden haben und ein Vorgespräch mit der Geschäftsführerin führen (vgl. Feldartefakt 510; P 5.6).

Die Verselbständigungsgruppe im Stammhaus nimmt Mädchen aus Projektfamilien aber auch direkt aus Deutschland auf, welche 16 Jahre oder älter sind. Mädchen aus Projektfamilien sollen in das Stammhaus wechseln, wenn die Maßnahme soweit erfolgreich war, dass die Mädchen auf ein eigenständiges Leben außerhalb der Jugendhilfe vorbereitet werden können. Mädchen, die enge familiäre Lebensgemeinschaften, eine förderliche Bindung zur Herkunftsfamilie haben oder nicht mehr lange durch die Jugendhilfe gefördert werden können, ziehen direkt in die Verselbständigungsgruppe (vgl. Feldartefakt 510).

Erziehungsziele

Die Erziehungsziele von Übermeer Ltd., Mädchen zu „normalisieren" und ihnen eine bürgerlich gesellschaftlich integrierte und aus Einrichtungsperspektive anerkannte Zukunft zu ermöglichen, verdeutlicht ein Auszug aus dem Konzept:

„Als »normale« Mädchen in einem »normalen« Umfeld, wo Gut und Böse, richtig und falsch noch klar unterschieden sind, haben die Jugendlichen mit der Hilfe eines großen Unterstützungsaufgebotes die Chance, als unbeschriebenes Blatt ihre Gegenwart und Zukunft neu zu schreiben" (Feldartefakt 510).

Dieser Auszug aus einem Feldartefakt verdeutlicht, wie fokussiert die Einrichtung an der „Normalisierung" (Feldartefakt 510) der Mädchen interessiert ist. Im Konzept definiert die Einrichtung als „allgemeine Zielsetzungen" (Feldartefakt 510), bezogen auf die Erziehung der Mädchen, bisherige bestehende „Problemlagen", wie den „Abbau von dysfunktionalen Übertragungen" oder dem „Nachholen von versäumten Entwicklungsschritten“ (Feldartefakt 510), durch pädagogische Interventionen bearbeiten zu wollen.

Ablauf der Hilfe

Der erste Kontakt mit der Übermeer Ltd. wird durch den belegenden Träger initiiert und entsteht aus dem Kontext einer geschlossenen Wohngruppe heraus. Die Mädchen und jungen Frauen ziehen, wenn sowohl sie als auch Übermeer Ltd. der Unterbringung zustimmen, in eine Projektfamilie in das innereuropäische Ausland. Im Anschluss daran sollen die Mädchen in die erste Verselbständigungsgruppe ins Stammhaus wechseln. Bei Bedarf verfügt Übermeer Ltd. noch über zwei Plätze in Apartments in Deutschland zum weiteren Ausbau der bislang erreichten Selbstständigkeit und zum Transfer des bislang Erlernten vom Ausland nach Deutschland (P 5.6).

Organisationsstruktur

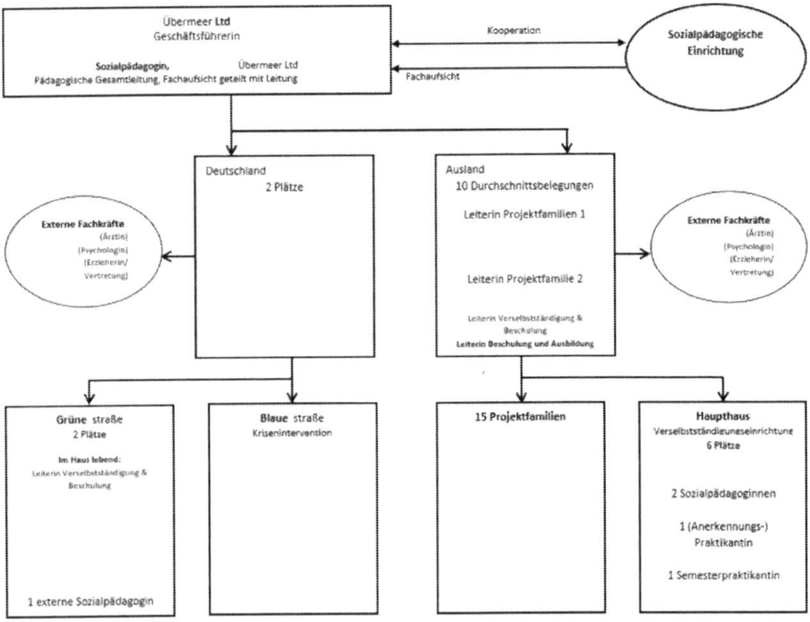

Abbildung 14: Organigramm Übermeer
(anonymisiertes Feldartefakt 510)

Die Organisationsstruktur der Ltd. entspricht der eines Familienunternehmens. Neben der Eigentümerin und Geschäftsführerin arbeiten noch drei weitere Familienmitglieder, von Deutschland aus, für das Unternehmen.

Von den insgesamt sieben Planstellen, von denen zum Zeitpunkt der Forschungsphase sechs besetzt waren, haben fünf leitende Funktionen inne. Hauptgeschäftsfeld der Übermeer Ltd. sind die im Ausland angebotenen pädagogischen Dienstleistungen, konkret die Unterbringung von Mädchen und jungen Frauen in Projektfamilien und dem Haupthaus.

Die Projekteltern durchlaufen eine Eignungsprüfung durch Übermeer Ltd. und werden im weiteren Verlauf der Hilfe von den Leiter*innen der Projektfamilien betreut. Es besteht ein wöchentlicher Kontakt zu den Leiter*innen, Besuche finden in regelmäßigen Abständen statt. Mehrfach im Jahr führt Übermeer Ltd. verpflichtende Tages-Schulungen zu pädagogischen Themen und aktuellen Entwicklungen mit den Projekteltern durch.

Schulbesuch

Die Teilnahme am Unterricht im ausländischen Schulsystem ist das Kernelement der Einrichtungsarbeit. Im Konzept heißt es hierzu, dass das Schulsystem „laut Pisastudie im oberen Feld angesiedelt [... ist und] mit viel Disziplin, persönlicher Betreuung, integrativer und individueller Beschulung und Freizeitangebot [arbeitet]. Sozialkompetenz und Karrierebewusstsein wird groß geschrieben und positiv empfunden" (Feldartefakt 510, Einschub M.E.). Weiter heißt es: „Wir beziehen in unsere Projekte grundsätzlich eine Beschulung bzw. Ausbildung der Mädchen ein. So können die häufig als „unbeschulbar" geltenden Mädchen auf eine Reintegration in ein Schul- bzw. Berufsleben in Deutschland vorbereitet werden" (Feldartefakt 510). Übermeer Ltd. beschreibt die Schule als wertekonservativ, womit eine Neuorientierung der Mädchen erreicht werden soll. Die Schulen, so das Konzept weiter, legen viel Wert auf die Entwicklung von Persönlichkeit und Sozialkompetenz. Durch das Tragen einer obligatorischen Schuluniform möchte die Schule die Identifikation mit Schule und den Freund*innen fördern.

Aus dem Konzept geht weiter hervor, dass sich nach einer sechsjährigen Grundschule die Sekundarstufe, in drei aufeinanderfolgende Abschnitte, anschließt. Eine „Junior Certificate Cycle", welche bis zum neunten Schuljahr geht, dem „Transition Year" (10. Klasse) sowie der „Leaving Certificate Cycle" in der 11. und 12. Klasse. Das „Junior Certificate" entspricht dabei einem Hauptschulabschluss und wird als solcher auch von den Schulbehörden der deutschen Bundesländer anerkannt. Die 10. Klasse ist zur Orientierung gedacht und soll die Wahl der Leistungskurse vereinfachen. Innerhalb der Schuljahre wird analog zu einer Gesamtschule in drei verschiedenen Leistungsstufen (Förderstufe, Grundstufe, Leistungsstufe) unterrichtet. Die Schülerinnen und Schüler werden demnach in den unterschiedlichen Fächern in ihren jeweiligen Leistungsstufen beschult. Abhängig von diesen Leistungsstufen, den erreichten Punktzahlen und den belegten Kursen kann mit dem „Leaving Certificate" die Hochschulzugangsberechtigung erworben werden, was dem deutschen Abitur entspricht. Alle in der Übermeer Ltd. untergebrachten Mädchen, unabhängig ob bei Projekteltern oder im Haupthaus, streben das „Leaving Certificate" an. Entsprechend ihrer bisherigen Noten haben mehrere von ihnen gute Chancen eine, später durch deutsche Behörden teilweise auf Fächer beschränkte, Hochschulzugangsberechtigung anerkannt zu bekommen.

Um die Mädchen auf die fremdsprachige Schule vorzubereiten und einen erfolgreichen Abschluss zu ermöglichen, werden sie von Seiten der Einrichtung intensiv beschult und gefördert. Bereits bei Ankunft erhalten die Mädchen eine Sprachförderung, welche sich an den „schulischen Notwendigkeiten" orientiert. Für die Lernförderung und Prüfungsgebühren können pro Schuljahr Sonderkosten in Höhe von bis zu 1500 Euro anfallen.

Die jeweils erreichten ausländischen Schulabschlüsse werden dann durch die Einrichtung der jeweiligen Schulbehörde zur Anerkennung vorgelegt, nach Auskunft der Geschäftsführerin gab es hier bislang noch keine Probleme.

Insgesamt lässt sich für Übermeer Ltd. konstatieren, dass ein Großteil der Ressourcen und der pädagogischen Handlungen darauf ausgerichtet sind, die Mädchen zu einem möglichst hoch qualifizierenden Schulabschluss zu bewegen. Der Erfolg der Maßnahme wird verbalisiert an der Höhe der erreichten Schulabschlüsse der Adressatinnen gemessen.

5.4.2.2 Spezifische Kultur der besuchten Maßnahme

Architektonische Gegebenheiten

Auf dem Firmengelände befinden sich zwei Gebäude, im Haupthaus leben bis zu vier Mädchen zusammen mit einer Erzieherin. In einem baulich getrennten Appartement, welches am Haupthaus angegliedert ist, leben zwei weitere Mädchen in einer Verselbständigungsgruppe. Im Nebengebäude leben insgesamt drei weitere Personen, eine weitere Mitarbeiterin, eine Praktikantin sowie die Einrichtungspsychologin (P 5.1).

Die nächste größere Ortschaft mit etwas über 2.000 Einwohner*innen ist ca. 15 Autominuten entfernt und im angrenzenden Distrikt gelegen (vgl. Feldartefakt 582).

Bei der Architektur des Gebäudes ist klar die ursprüngliche Nutzung als Privathaus zu erkennen. Im Erdgeschoss befindet sich neben einem Gästebad und -schlafzimmer (als WG-Zimmer und Bad von einer Mitarbeiterin genutzt) eine geräumige offene Wohnküche mit Koch- und Essbereich, welche direkt in den

Wohnbereich übergehen. Zentrales Element des Wohnbereiches ist ein offener Kamin, daneben befindet sich ein großer Fernseher. In einer Art Anbau befindet sich ein Glastisch, an dem genügend Sitzplätze für alle auf dem Gelände wohnenden Personen vorhanden sind. Die Wohngruppe wirkt gemütlich und ist in einem eher familiären Stil eingerichtet. Bei den Bildern an der Wand sowie der Deko und den restlichen Einrichtungsbestandteilen lässt sich deutlich die, wenn auch bereits Jahre zurückliegende, private Nutzung des Gebäudes erkennen. Bei Einrichtung und Deko wurde mehr Wert auf dekorative Aspekte und Einrichtungsklima als auf ökonomische Vorgaben, Stabilität oder ausgehandelte Gruppenentscheidungen – wie dekoriert wird – gelegt. Die in pädagogischen Einrichtungen sonst üblichen Aushänge, wie Regelwerke, Collagen von Ausflügen, Organigramme von Trägern oder »coole« Jugendposter, sind nicht vorhanden (P 5.1; 5.2).

Das einzige Zeugnis des Jugendhilfecharakters im Ambiente, welches auf den ersten Blick zu erkennen ist, ist ein Aushang in der Wohngruppe. Dieser befindet sich am Bücherregal und regelt das Ausleihen von Büchern. Der Aushang am Regal wirkt in Bezug auf die übrige Gestaltung des Wohnraumes eher wie ein deplatzierter Fremdkörper (vgl. Feldartefakt 583).

Anstelle weiterer jugendhilfetypischen Aushänge sind eingerahmte thematisch abgestimmte Bilder zu finden. Diese wirken so, als hätten sich eine Familie ihr Wohnhaus nach ihrem Geschmack eingerichtet. Zum Gebäude gehört noch ein Wintergarten, welcher derzeit als Büro genutzt wird. Im ersten Obergeschoss befinden sich die Zimmer der Mädchen sowie ein geräumiges helles Bad mit Badewanne und Massagefunktion. Das Appartement verfügt ebenfalls über eine Wohnküche im Erdgeschoss und zwei Zimmern im Obergeschoss. Charakterlich erinnert es ein wenig an eine Ferienwohnung. Das Nebengebäude ist über die Einfahrt zu erreichen und soll von den Mädchen nicht betreten werden. Auch hier sind die Schlafzimmer im Obergeschoss, Wohnküche, Wintergarten, Bad und Gästezimmer sind im Erdgeschoss. Das Gebäude soll auch als Rückzugsraum für die dort wohnenden Mitarbeiterinnen dienen.

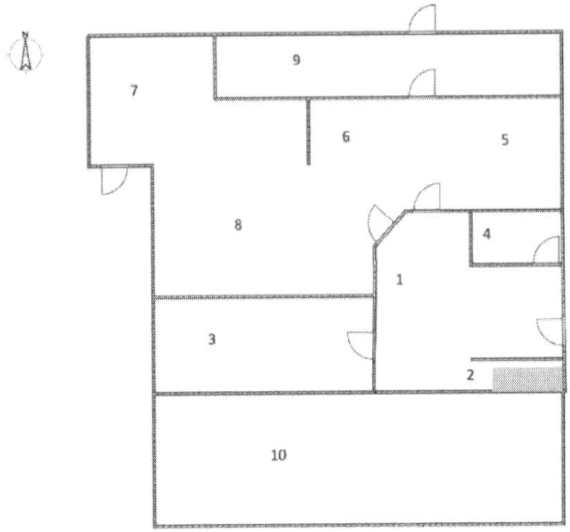

1: Flur
2: Treppenhaus zu den Schlafzimmern
3:Schlafzimmer Mitarbeiterin
4: Bad Mitarbeiterin
5: Kochbereich
6: Sitzecke/ Essen
7: Arbeitsbereich/ großer Tisch
8: Wohnzimmer
9: Wintergarten/ Büro
10: Appartment (2 Mädchen extern)

Abbildung 15: Grundriss Übermeer

Die Jugendlichen in der Gruppe

Zum Zeitpunkt des Forschungsaufenthaltes lebten insgesamt vier Mädchen (Anne, Soul, Judith und Lara) im Stammhaus. Jeweils zwei im Hauptgebäude und zwei im Appartement. Da die Mädchen aufgrund des Ganztagsschulsystems und den langen Fahrzeiten erst sehr spät aus der Schule wieder zurückkommen sowie aufgrund des weiteren Tagesablaufes mit Nachhilfe und Hausaufgaben, finden in der Jugendgruppe nur wenige weitere Aktivitäten statt (P 5.2).

Die Jugendlichen halten als Gruppe zusammen und identifizieren sich mit dem durch Übermeer Ltd. vorgegebenen Ziel, einen guten berufsqualifizierenden Schulabschluss zu erwerben. Um dieses Ziel zu erreichen sind sie bereit, große Strapazen und persönliche Einschränkungen in Kauf zu nehmen. Innerhalb der Jugendgruppe gibt es keine Hierarchie, auch wenn Lara sich öfters einbringt als andere. Die Besonderheit, dass die Jugendlichen und die Erzieherinnen im gleichen Haus bzw. auf dem gleichen Gelände leben macht sich auch im Verhältnis von Jugendlichen und Erwachsenen und dem Umgang untereinander bemerkbar. So sind Routinen im sozialen Miteinander stark ausgeprägt.

*Die Pädagog*innen in der Wohngruppe*

Im Ausland arbeiten insgesamt vier Fachkräfte, von denen drei auf dem Firmengelände wohnen. Eine Studentin der Sozialen Arbeit lebt und arbeitet ebenfalls auf dem Gelände. Alle Angestellten nicht Familienmitglieder sind nach der Definition der GEW für Sozial- und Erziehungsberufe prekär beschäftigt, da die Anstellungsverhältnisse a.) an der Lohnuntergrenze angesiedelt sind b.) nicht sozialversicherungspflichtig sind c.) befristet erfolgen (vgl. GEW 2015).

Die Leiterinnen der Projektfamilien werden nach Fallzahlen bezahlt. Die kurzzeitige Leiterin des Haupthauses hat ein Gehalt von ca. 800€ monatlich. Die Mitarbeiterinnen, die auf dem Firmengelände leben, haben zusätzlich Kost und Logis frei und können die Firmenwagen mit nutzen. Eine kurzfristig angestellte Psychologin hat, im Einvernehmen mit der Einrichtungsleitung, noch vor Ablauf der Probezeit entschieden, dass Anstellungsverhältnis aufzukündigen (P 5.6).

Die Steuerung der Mitarbeiter*innen durch die Geschäftsführerin ist sehr hoch und erfolgt durch Arbeitsanweisungen und festgeschriebene Prozeduren, nach denen sich die Fachkräfte zu richten haben.

Erziehungstechniken

Die Arbeitsweise und das Reglement werden zentral von der Geschäftsführerin vorgegeben. Insbesondere die Einhaltung und Umsetzung der Vorgaben wird dabei präzise aus Deutschland kontrolliert. Für praktisch jeden Arbeitsschritt oder jede Handlungsweise gibt es eine Ablaufplanung in Form einer Arbeitsanweisung. So ist der Wocheneinkauf vom Schreiben der Einkaufsliste bis hin zum Ablauf des Einkaufes selber klar geregelt, u.a. ist auch eine Prozedur für das pädagogische Kuchenbacken mit einer Jugendlichen schriftlich fixiert. Eine zentrale Machtquelle ist ein möglicher Abbruch der Maßnahme durch die Pädagog*innen und damit aus der Wahrnehmung der Jugendlichen heraus, der Verlust einer möglichen gesellschaftlichen Integration durch einen aus ihrer Sicht notwenigen guten Schulabschluss.

Ämter und Regeln

Die Mädchen kümmern sich weitgehend selbstständig um ihren Alltag. Gemeinschaftlich anfallende Aufgaben (Flur, Treppe, Küche, Wohnzimmer, Badezimmer, Wäschekammer) werden in einem Rotationsprinzip von allen erledigt. Dabei ist die im Haus lebende Fachkraft, genau wie die Mädchen, auch in die Rotation eingebunden, ausgenommen ist davon das Badezimmer der Mädchen, da sie über ein eigenes verfügt und dieses auch selbstständig reinigt.

Umgang mit der Begrenzung von Bewegungsfreiheit

Einen direkten Einschluss oder eine Abgrenzung zur örtlichen Kultur findet nicht statt. Im Gegenteil, es ist gewünscht, dass die jungen Frauen sich außerhalb der Einrichtung einbringen und Aktivitäten unternehmen und Freundschaften pflegen. Bauliche Sicherungsmaßnahmen oder ähnliches sind nicht vorhanden.

Anders verhält es sich mit früheren Kontakten nach Deutschland. Diese werden kategorisch kontrolliert oder bei Bedarf unterbunden, wenn dies von der Geschäftsführerin als förderlich für die Entwicklung des Mädchens erachtet wird.

Intensives

Um die bislang fehlenden Entwicklungsschritte bzw. diagnostizierte Problemlagen bei den Mädchen und jungen Frauen zu bearbeiten, werden sogenannte „Intensives" durchgeführt. Hierbei handelt es sich um intensive Arbeitseinheiten der einzelnen Mädchen mit den pädagogischen Mitarbeiterinnen. Die Ziele dieser Einheiten sind vielfältig und können Themen wie die Aufklärung über die korrekte Nutzung von Verhütungsmitteln, das Erlernen der Handhabung von Putzmitteln, Körperhygiene aber auch das Schreiben von Bewerbungsunterlangen behandeln, um nur einige zu benennen.

Diese „Intensives" sind erzieherische Einflussnahmen und basieren auf einem Ursache-Wirkung Prinzip. Nach einer diagnostischen Bedarfsermittlung werden im Rahmen der Unterbringung, sowohl in den Projektfamilien als auch im Stammhaus, Prioritäten ermittelt, was die Adressatinnen am dringendsten benötigen. Ein damit niedergeschriebener Förderplan regelt dezidiert, wann welches „Intensiv" durchzuführen ist und in welcher Reihenfolge dies geschieht.

Tagesablauf

An Werktagen beginnt der Schultag für die Mädchen mit dem selbstständigen Aufstehen und Frühstücken gegen 7:00 Uhr. Danach müssen sie einen Hügel hinunter in die Ortschaft zum Schulbus gehen, der sie in die verschiedenen Schulen bringt. Das Schulsystem unterscheidet sich von den verschiedenen in Deutschland gängigen Modellen. Es lässt sich am ehesten mit dem einer inklusiven Ganztags-Gesamtschule beschreiben. Die Rückkehr der Mädchen ist zwischen 16:00 Uhr und 17:30 Uhr je nach Schultag. Eine der Mitarbeiterinnen hat bis dahin ein warmes Abendessen gekocht. Gegessen wird gemeinsam mit allen Mädchen, die Mädchen aus dem Appartement holen sich das Essen in der Küche ab, essen dann aber getrennt vom Haupthaus in ihrer eigenen Wohnung. Nach dem Essen werden Hausaufgaben erledigt und ein aus Deutschland vorgelegter Lernplan abgearbeitet. Auch die Nachhilfe, insbesondere in den Sprachen Deutsch und Englisch, findet in diesem Zeitfenster statt. Um 20:00 Uhr werden dann gemeinsam die deutschen Nachrichten angesehen, Organisatorisches besprochen, gebadet o.ä. Nachtruhe ist gegen 22:30 Uhr.

Die Mitarbeiterin im Haupthaus beginnt vormittags mit den organisatorischen Aufgaben und ist ansonsten jederzeit abrufbar. Regelmäßige Teamsitzungen, Gespräche mit den Kolleginnen und Telefonate füllen dabei ebenso das Tagesprogramm wie die umfangreiche Dokumentation der Arbeit (P 5.2).

5.4.3 *Einrichtungskulturelle Gesamtformung Übermeer*

Die Jugendhilfeeinrichtung Übermeer Ltd. befindet sich auf einer Insel innerhalb der Europäischen Union. Neben der Unterbringung von maximal sechs Mädchen im Stammhaus gibt es die Möglichkeit, in einer der bis zu 20 pädagogisch geschulten Projektfamilien untergebracht zu werden.

Die Einrichtung ist aus einer Pilot-Projektfamilie heraus entstanden und innerhalb der vergangenen Jahre kontinuierlich gewachsen. Bei Übermeer Ltd. handelt es sich um ein gewinnorientiertes Familienunternehmen, welches von einer geschäftsführenden Eigentümerin geleitet wird.

Die Betreuung erfolgt in einem familienanalogen Model, so dass es keinen Schichtdienst gibt. Die Leiterin des Stammhauses arbeitet daher ohne Zeiterfassung und ist den gesamten Tag über ansprechbar. Sie wird im Alltag von einer Praktikantin sowie einer für die Betreuung der Familien zuständigen Mitarbeiterin entlastet. Gefördert durch die prekären Anstellungsverhältnisse und der strikten hierarchischen Arbeitsweise hat die Einrichtung eine hohe Fluktuation von Mitarbeiterinnen. Mögliche, für die Entwicklung der Jugendlichen förderlichen, Bindungen können sich dadurch im Stammhaus wenig etablieren, der Aufbau von stabilen und dauerhaften Bindungen in den Projektfamilien wird von Seiten der Einrichtungsleitung nicht gefördert, wird allerdings praktiziert.

Die Entstehungsgeschichte spiegelt sich auch in der Architektur sowie dem Ambiente von Übermeer Ltd. wieder. Beim Stammhaus handelt es sich architektonisch um ein größeres Einfamilienhaus mit angebauter Ferienwohnung, große Umbauten, um eine Nutzung als Jugendgruppe zu ermöglichen, haben nicht stattgefunden. Das privat familiär wirkende Ambiente wird durch die Adressatinnen gegen eine zu starke Pädagogisierung, über ausgehängte Pläne und Regelwerke, verteidigt.

Klar definierte pädagogische Zielsetzung der Einrichtung für die Mädchen ist das Erlangen eines Schulabschlusses. Hierzu erwartet Übermeer Ltd. eine Neuorientierung der Mädchen an der wertekonservativen und ländlichen Gesellschaft des gastgebenden Landes.

Neben dem Erreichen schulischer Zertifikate sollen die Adressatinnen auch lebenspraktische Kompetenzen wie Kochen, Einkaufen, Putzen etc. erlernen.

Freiheitsentzug in Form einer klassischen geschlossenen Unterbringung findet in der Übermeer Ltd. nicht statt. Auch wenn die Einrichtung mit klaren Vermeidungsstrategien und einer hohen Kontrolle arbeiten, kann Übermeer Ltd. nur bedingt als freiheitsentziehende Maßnahme gezählt werden. Hintergrund ist die enge Anbindung der Einrichtung sowie der Mädchen an die öffentlichen Schulen und die dörfliche Struktur.

Die pädagogischen Alltagshandlungen in Übermeer Ltd. sind vornehmlich auf das Erreichen eines Schulabschlusses fokussiert. Eine therapeutische Begleitung der Mädchen kann dabei kaum angeboten werden. Pädagogik wird klar in einem Ursache-Wirkung Zusammenhang gesehen und alle erzieherischen Einflüsse erfolgen durch eine theoretische Abduktion von vordefinierten und geplanten Interventionen. Die klare Zielsetzung, mit allen Ressourcen einen gesellschaftlich integrierenden Schulabschluss zu erlangen, erzeugt bei den Adressatinnen eine positiv besetzte Perspektive. Aufgrund dieser Perspektive gliedern sich die Adressatinnen in die vorgegebenen, allerdings – aus ihrer Erzählungen – zum Teil problematisch bewerteten, Strukturen ein.

5.5 Vergleichende Fallanalyse: Alltagsleben in freiheitsentziehenden Maßnahmen

Erziehung und Erziehungssettings empirisch zu erfassen ist ein komplexes Unterfangen. Eine Vielzahl von Handlungen auf verschiedenen Erziehungsebenen oder unterschiedliche Strukturmerkmale wirken auf die Kinder und Jugendliche ein. Was wann wie stark und ob überhaupt wirkt, ist dabei von Jugendlichen zu Jugendlichen, von Einrichtung zu Einrichtung und von Pädagoge zu Pädagogin unterschiedlich.

Ich interessiere mich im Feld der freiheitsentziehenden Maßnahmen für den Alltag, in dem erzogen wird, d.h. neben dem methodischen Setting auch für mögliche Erziehungstechniken. Da Erziehung nicht nach einem Ursache-Wirkung Prinzip vollzogen wird, sondern viele Faktoren auf die Jugendlichen einwirken, geht es in diesem Kapitel darum, die Fälle bzw. das Feld und die Einrichtungssettings sowie die Erziehungskultur miteinander zu vergleichen.

Je nach Kategorie und Thema erfolgt der Vergleich auf zwei Ebenen anhand von Variationen im Feld und spannt sich über die Gesamtheit der Fälle hinweg (bspw. Stufen- und Verstärkerplan oder Erziehungskultur) bzw. über eine Auswahl von Fällen (bspw. Time-Out-Raum). Mit diesen Differenzierungen innerhalb der Ebenen soll auf die unterschiedlichen Formen des Vorgehens beim Vergleichen sowie auf die Strukturierung über die jeweiligen Themen aufmerksam gemacht werden.

Der Vergleich (Kap. 5.5) und die Analyse (Kap. 6) basieren ihrerseits auf den dichten Beschreibungen der vier Fälle Blautal, Sonnenbörde, Weißgipfel und Übermeer. Mit den dichten Beschreibungen wird ein möglichst umfassendes Bild von den Fällen vermittelt, ferner Themen eröffnet und zur Thesenbildung angeregt. Alle Thesen und Themen aus dem Material zu verfolgen ist dabei nicht möglich und stellt eine natürliche Grenze der Forschungsmethode dar. Im folgenden

Kapitel werden daher ausgewählte Themen (bspw. Ziele, Betreuungsschlüssel, Tagessatz) bearbeitet, anhand derer sich die Kapitel strukturieren und welche für die Beantwortung der eingangs formulierten Fragestellungen bedeutsam sind:

- Was sind freiheitsentziehende Maßnahmen? (Kap. 5.5.1; 5.5.2)
- Welche Kinder und Jugendlichen leben in freiheitsentziehenden Maßnahmen? (Kap. 5.5.4)
- Wie organisiert sich der Alltag unter den Bedingungen des Freiheitsentzugs? (Kap. 5.5.2; 5.5.3; 5.5.6)
- Wie sehen alltägliche erzieherische Handlungen in den Einrichtungen aus? (Kap. 5.5.7)

Tabelle 16: Übersicht Vergleich

	Rahmenbedingungen	**Räumliche Gegebenheiten**
Blautal	- neun Jugendliche / acht Fachkräfte - Tagessatz: 298,39€ zzgl. 37,00€ Schulgeld - Therapie ist optional - Erziehungsziel ist, frühere Verhaltensmuster zu unterbrechen um neue zu erlenen.	- Langgezogener Wohnschlauch - Keine nutzbaren Gemeinschaftsräume - Abgeschlossene Küche - Turnhalle - Beengte Verhältnisse - Regeln und thematische Wandtattoos an den Wänden
Sonnenbörde	- Sechs Jugendliche / sechs Fachkräfte - Tagessatz: 235,55 zzgl. Schulgeld - Therapien sind fakultativ - Erziehungsziel ist die Entwicklung einer neuen Lebensperspektive über passende, sozialadäquate Verhaltensmöglichkeiten.	- Herkömmliches Reihenhaus - Offene Küche - Offenes Wohnzimmer - Turnhalle im Keller - Helle Räume - Regeln und Fotocollagen als Wanddekoration
Weißgipfel	U- Haftvermeidung - Zwölf Jugendliche / acht Fachkräfte	U- Haftvermeidung - Große Grundfläche - Offener Marktplatz mit Sportmöglichkeiten

	- Erziehungsziel ist, das Einüben positiver Verhaltensweisen und die Verfahrenssicherung sowie Vorbereitung auf Jugendhilfe - Tagessatz: 264,70 inkl. Schulgeld - Therapie ist optional GU - Acht Jugendliche / acht Fachkräfte - Tagessatz: 268,00 zzgl. 8,50 Schulgeld - Erziehungsziel ist, die Stärken der Jugendlichen zu fördern sowie neue Perspektiven zu eröffnen.	- Ehemaliges Wirtschaftshaus eines Gutes - Offene Küche, Wohnzimmer und Raucherraum - Regeln und Fotocollagen als Wanddekoration GU - Doppelhaushälfte - Eingezäunter Hof mit Sportplatz - Drei Etagen - Großer Wohnbereich
Übermeer	- Fünf Jugendliche / eine Fachkraft - Tagessatz: 197,50 zzgl. Sonderkosten - Erziehungsziel ist die Normalisierung der Jugendlichen.	- Einfamilienhaus - Großer offener Garten - Swimmingpool & Hot-Top - Rurale Region - Offene Wohnküche - Helle Räume - Private Raum und Wanddekoration, Kamin im Wohnzimmer
	Schulbildung	**Adressat*innen**
Blautal	- Verschiedene Schulmodule - Interne Ersatzbeschulung durch Erzieher*innen mit Ziel Hauptschulniveau - Kleine Gruppe	- Jungen - Multikomplexe Risikolagen - Desintegrierende Bewältigungshandlungen der Jugendhilfe - Oft Fremdgefährdung, Schulprobleme, Drogenaffinität,

		Gewalterfahrungen, Weglaufen, Jugendhilfekarrieren
Sonnenbörde	- Interne Beschulung - Fachlehrer*innen - Hauptschulniveau - Kleine Gruppe	- Mädchen - Multikomplexe Risikolagen - Oft Selbstgefährdung, Schulprobleme, Weglaufen
Weißgipfel	- Ersatzbeschulung in Kleingruppen - Fachlehrer*innen - Ziel ist Hauptschulniveau - Besuch der öffentlichen Schule möglich - In der U-Haftvermeidung auch Arbeitstherapie durch Werken	U-Haftvermeidung - Männliche Jugendliche zur U-Haftvermeidung GU - Jungen - Multikomplexe Risikolagen - Jugendhilfekarrieren
Übermeer	- Öffentliche Schule im Gastland - Realschul- und Gymnasialniveau	- Weibliche Jugendliche - Bedingt freiwillig in der Maßnahme - Multikomplexe Risikolagen
	Pädagog*innen	**Erziehungskultur**
Blautal	- Erzieher*innen - Bezugserziehersystem	- Einhaltung der Tagesstruktur - Abweichungen nach Ermessen der Pädagog*innen - Regelaneignung - Machtkämpfe - Geringe Steuerung der Leitung - Sanktionsmacht
Sonnenbörde	- Verschiedene pädagogische Fachkräfte - Aktenkindersystem	- Einhaltung der Tagesstruktur - Reflexion von Verhaltensweisen - Diskussion und Transparenz - Kollegiale Beratung und Teamentscheidungen - Hohe Steuerung durch die Leitung

Weiß-gipfel	- Erzieher*innen und studierte Sozialpädagog*innen - Bezugsbetreuersystem	- Tagesstruktur - Machtkämpfe - Hohe Steuerung durch die Leitung - Anpassungsanforderung an die Jugendlichen - Sanktionsmacht
Über-meer	- Sozialpädagogin - Prekär beschäftigt - Familienanalog	- Moralisch - Enge Kontrolle - Enge Steuerung durch die Leitung - Direkte Reaktion auf Vorkommnisse
	Erziehungsmittel	**Alltägliche Wirkfaktoren**
Blautal	- Ämter und Regeln - Semi- Einschluss - Stufen- und Verstärkerplan - Zimmereinschluss möglich	- Struktureller Zwang - Schonraum - Schaffen von Perspektiven
Son-nen-börde	- Ämter und Regeln - Individueller Einschluss - Verstärkerplan - Time-Out-Raum	
Weiß-gipfel	- Ämter und Regeln - Tagesstruktur, Disziplin - Einschluss - Stufenplan - Zimmereinschluss mögliche - Elektronisches Schließsystem	
Über-meer	- Ämter und Regeln - Eingrenzung - Kontrolle - Schule	

5.5.1 *Vergleich der Rahmenbedingungen von freiheitsentziehenden Maßnahmen*

Bereits während der Fallauswahl wurde deutlich, dass es nicht »die« freiheitsentziehende Maßnahme mit »dem« Konzept für »die« Problemjugendlichen gibt. Alle Einrichtungen haben eine mehr oder weniger eng vorgegebene Zielgruppe. Die Eingrenzung der Zielgruppe kann auf einer Grundkategorie wie Geschlecht oder Alter der Jugendlichen beruhen, sie kann aber auch spezifischer sein, beispielsweise in Form von Indikatoren wie einer Bulimie-Erkrankung oder Straffälligkeit bis hin zu festgelegten Straftaten wie Sexualdelikten. Bereits hier wirken gesellschaftliche Normalisierungswünsche, Schuldzuweisungen und Machtansprüche auf die meist jugendlichen Adressat*innen der Einrichtungen. Ziel ist die Anpassung der Jugendlichen an die Gesellschaft. Während tendenziell die jungen, sich mitunter selbstgefährdenden (zumeist) Adressatinnen zumeist in familienähnlichen Kleingruppen (fünf bis sechs Plätze) untergebracht werden, leben die vermeintlich »gefährlichen« Adressaten oft in größeren Wohngruppen mit bis zu 12 Plätzen. Während der Freiheitsentzug bei den sich selbstverletzenden und somit als »Opfer« eingestuften Adressat*innen baulich scheinbar möglichst unauffällig vollzogen wird, finden sich bei den als »Täter« eingestuften Adressaten Mauern, Gitter und Zäune mit Übersteigsicherung. So wird bereits im Erscheinungsbild der Einrichtungen deutlich, wie die aus Gesellschaft und Politik an die Kinder- und Jugendhilfe herangetragene »Law and Order« Haltung auf einer strukturgebenden Ebene Anwendung findet.

Neben dem grundsätzlichen, gesetzlich verankerten Ziel, die Jugendlichen zu einer eigenverantwortlichen und gemeinschaftsfähigen Persönlichkeit zu erziehen (vgl. §1 SGB VIII), lassen sich in allen Einrichtungen Teilziele erkennen: Erziehung zu mehr Empathiefähigkeit, Selbstbewusstsein, Gemeinschaftsfähigkeit und Legalbewährung. Eine weitere konzeptionelle Zielsetzung in freiheitsentziehenden Maßnahmen ist die Reduktion desintegrierender Bewältigungshandlungen und gleichzeitig die Förderung alternativer, gesellschaftskonformer und integrierender Handlungsmuster.

Neben diesen fallübergreifenden sozialpädagogischen Aufgaben verfolgen die Einrichtungen, abhängig von der spezifischen Zielgruppe, unterschiedliche Ziele. So ist ein zentrales Anliegen der U-Haftvermeidung (wie im Fall Weißgipfel) die Verfahrenssicherung und die Auseinandersetzung mit den Straftaten, welche von den Jugendlichen mutmaßlich begangen wurden. Dem gegenüber verfolgen therapeutisch ausgerichtete Einrichtungen eher einen reizarmen Auszeit-Gedanken (wie im Fall Sonnenbörde). Bei diesem künstlichen geschaffenen (Schon-) Raum erfahren die Jugendlichen sowohl die Möglichkeit als auch zugleich den Zwang, sich mit biografischen Irritationen und Krisen auseinander zu setzen. Ein letztes spezifisches Ziel zeichnet sich im Fall Übermeer ab: In Übermeer geht es primär darum, den Jugendlichen einen »Neuanfang« in einem alternativen integrativen Schulsystem und in Folge dessen bessere Chancen zur Verwirklichung von beruflichen »Normal«-Werdegängen zu ermöglichen.

Keine der freiheitsentziehenden Maßnahmen versteht sich als »letzte Station« im Hilfeprozess. Vielmehr soll mit dem Erlangen von immer mehr individuellen Freiheiten auch eine Lockerung in der Unterbringungsform bis hin zu einer Verselbstständigung oder der Einzug in eine betreute Wohnform erfolgen. In keiner der Maßnahmen ist es konzeptionell angedacht, die Jugendlichen direkt im Anschluss an die engmaschige Betreuung vollständig sich selbst zu überlassen.

Der Betreuungsschlüssel in den begleiteten Fällen war sehr unterschiedlich. Während es sich im Fall Sonnenbörde um eine 1:1 Maßnahme handelt, in der auf jede Jugendliche eine Fachkraft kommt, liegt der Betreuungsschlüssel im Fall Übermeer bei 1:5, wobei sich die Jugendlichen aufgrund des Ganztagsschulsystems auch am Nachmittag in der öffentlichen Schule aufhalten. Schwierig für die Aussagekraft des formellen Betreuungsschlüssels ist beispielsweise auch, dass Fachkräfte, wie im Fall Blautal, zwar formal im Gruppendienst angestellt sind, faktisch aber für andere Betreuungsaufgaben abgestellt werden. Die Wohngruppen im Fall Weißgipfel arbeiten mit unterschiedlichen Schlüsseln, so kommt in der geschlossenen Wohngruppe auf jeden Jugendlichen eine Fachkraft, in der Gruppe zur U-Haftvermeidung liegt der Schlüssel hingegen bei 1:1,5.

Der statistische Betreuungsschlüssel ist folglich weniger aussagekräftig als in der Jugendhilfeforschung angenommen wird (vgl. hierzu Permien 2010: 19). Dies ist bedingt durch die unterschiedlichen Gruppengrößen und durch die von den Fachkräften abzudeckenden Zeiten. So können in Weißgipfel bei einem Schlüssel von 1:1,5 am Nachmittag drei bis vier Mitarbeiter*innen im Dienst sein und vielfältige Angebote machen, bei den Eins-zu-Eins-Maßnahmen sind es am Nachmittag maximal zwei Mitarbeiter*innen, von denen eine Fachkraft Außentermine wie Arztbesuche, Gerichtstermine oder ähnliches wahrnehmen muss. Der zweite Faktor ist die von den Einrichtungen abzudeckende Betreuungszeit. Während in offenen Jugendhilfemaßnahmen Jugendliche in aller Regel eine öffentliche Schule besuchen, ist dies in den freiheitsentziehenden Maßnahmen strukturell nur bedingt angedacht. Damit ist gleichzeitig der gesamte Vormittagsbereich von den Mitarbeiter*innen abzudecken, beziehungsweise muss auch aus Sicherheitsgründen zumindest eine Fachkraft je Wohngruppe zur Unterstützung der heiminternen Beschulung zur Verfügung stehen. Damit lässt sich konstatieren, dass die faktische 24-Stunden-Betreuung im Gegensatz zu offenen Einrichtungen mit einer Minimalbesetzung am Vormittag, schätzungsweise 1/3 mehr Personal benötigt und der formale statistische Betreuungsschlüssel in keiner Weise die Anzahl der im Alltag zur Verfügung stehenden Fachkräfte widerspiegelt.

Der Mitarbeiter*innenschlüssel der Einrichtungen ist eine der größten Kostenstellen, welche mit dem Tagessatz abgedeckt werden müssen. Der Tagessatz lag dabei zum Zeitpunkt der Erhebungsphase in Blautal bei 298,39€ zuzüglich 37,00€ für die interne Beschulung; in Sonnenbörde bei 235,55€ (exklusive Beschulung); in der U-Haftvermeidung in Weißgipfel bei 264,70 (inklusive Beschulung) und in der geschlossenen Unterbringung bei 268,00€ (zuzüglich 8,50€ je Schultag) und in Übermeer bei 197,50€ je Jugendliche und Tag. Der maximale Höchstsatz im Feld lag zum Zeitpunkt der Erhebungsphase bei 450,24€ (vgl. hierzu AK GU14+ 2015). Trotz der immensen Kosten von bis zu 13.957,44€ (bei 450,24€) monatlich je Adressat*in, scheinen insbesondere die klassischen geschlossenen Unterbringungen finanziell wenig Spielraum zu haben. Einer der Gründe hierfür mag das oft umfangreiche Rahmenangebot mit Therapieplätzen oder verschiedenen Schulmodulen sein, welches hohe Personalressourcen bindet. Die Tagessätze werden mit den jeweils zuständigen Landesjugendämtern verhandelt.

5.5.2 Räumliche Gegebenheiten des Aufwachsens unter Freiheitsentzug

Der Raum bzw. die räumliche Situation einer Einrichtung wird auch als »dritter Pädagoge« bezeichnet, was bedeutet, dass Räume auf ihre Nutzer*innen wirken: „Die einzelnen Räume und deren Gestaltung sowie das Raumensemble spiegeln das pädagogische Profil der Institution. Die Räume unterstützen ein dynamisches pädagogisches Konzept. Sie sind in einem hohen Maße inszenierbar und können entsprechend den jeweiligen pädagogischen Notwendigkeiten bespielt werden" (Holzbrecher 2012: 9f.).
Zumindest sollte dies in geplanten Raumkonzepten so sein. Anders gesagt: Raum ermöglicht oder verhindert pädagogisches Handeln.

Ein langgezogener Wohnschlauch wie im Fall Blautal, in den nur wenig Tageslicht fällt, ist ein Beispiel für problematische Raumsituationen in Jugendheimen. Fast der gesamte Gruppenalltag spielt sich, bedingt durch fehlende Alternativen, im Flur ab – hier mangelt es jedoch an ausreichend Sitzmöglichkeiten. Die Jugendlichen können sich in ihrer Freizeit also entweder in ihrem Zimmer, im Fernsehraum oder im Flur aufhalten. Auch für die Erzieher*innen gestaltet sich die Arbeit als problematisch, da ihnen ein Ort fehlt, den sie für pädagogische Arbeit nutzen können. Weder die Fachkräfte noch die Jugendlichen fühlen sich in der Wohngruppe besonders wohl.

Von dieser Wohnsituation heben sich die Wohngruppen in Weißgipfel und Sonnenbörde bereits deutlich ab. Auch wenn die Räumlichkeiten der U-Haftvermeidung in Weißgipfel ähnlich langgezogen sind wie die Gruppenräume in

Blautal, lockern die vielen offenen und frei zugänglichen Funktionsräume die Wohnsituation deutlich auf. Es gibt Rückzugsmöglichkeiten neben den Jugendzimmern und auf dem zentralen „Marktplatz" (P 3.1), dessen Raumhöhe sich über zwei Stockwerke erstreckt, finden viele Aktivitäten der Jugendlichen statt.

Zwei der klassischen geschlossenen Heime, Weißgipfel und Sonnenbörde, sind in Form eines Reihenhauses errichtet und könnten von ihrer Struktur auch als Wohnhaus genutzt werden. Die Wohngruppen haben zentrale Aufenthaltsbereiche, sind aber auch aufgrund der Gruppengröße deutlich kleiner als die Wohngruppe zur U-Haftvermeidung.

Einen maximalen Kontrast zu Blautal bildet Übermeer. Die Einrichtung verfügt über eine große Grundfläche, Rückzugsräume für die Jugendlichen wie für die Fachkräfte und hat im Erdgeschoss einen großen offenen Bereich, der von verschiedenen Personen für unterschiedliche Tätigkeiten, aufgrund der Größe auch gleichzeitig, genutzt werden kann. Die Jugendlichen geben an, sich wohl zu fühlen und verteidigen ihren »Raum« auch gegen mögliche Umgestaltungsideen der Pädagog*innen, die den Raum zu stark »pädagogisieren« oder spezialisieren wollten, wodurch der offene und freie Charakter sowie das private Ambiente aus Sicht der Jugendlichen verloren gehen könnten.

Ein inhärenter Bestandteil der Räumlichkeiten in den Einrichtungen ist das in ihnen mitschwingende Ambiente (vgl. Übermeer). So scheinen Regelpläne (Gruppenregeln, Computerregeln, Buchausleihregeln, Wohnzimmerregeln o.ä.) an den Wänden, Fotocollagen von Gruppenurlauben oder Feiern, Profilbilder mit Namen der Jugendlichen und Mitarbeiter*innen, Informationsplakate über den Träger oder Namensgeber der Einrichtung, welche allesamt bunt gerahmt sind, ebenso typisches Gestaltungsmerkmal von Jugendheimen zu sein wie das zweckmäßig stabile Mobiliar, welches vornehmlich in hellem Holz gehalten ist. Das Dekor, Geschirr und die Haushaltsgeräte hinterlassen, wie alle anderen erworbenen Einrichtungsgegenstände, den Eindruck, Ergebnis eines langwierigen Diskussionsprozesses gewesen zu sein, an dessen Ende ein Dekorationsstil gewählt wurde, an dem sich niemand stören könnte, allerdings den Wohngruppen einen sterilen Charakter verleiht.

Die Jugendlichen in Übermeer hingegen leben in einem Ambiente, welches dem eines mitteleuropäischen, gut bürgerlichen Wohnhauses, inklusive Pool, entspricht. Die Jugendlichen fühlen sich in den Räumen wohl und interessieren sich für die Raumnutzung und die Gestaltung, anders als die Jugendlichen in den anderen Einrichtungen.

Die Räume wirken dementsprechend auf ihre Nutzer*innen ein. Dies betrifft nicht nur die pädagogische Arbeit vor Ort, sondern insbesondere das Zuhause- oder Wohlfühlen am neuen Lebensmittelpunkt. Es ist naheliegend, dass das Akzeptieren der Wohngruppe und das Lebensgefühl in den Räumlichkeiten in einem direkten Zusammenhang mit der Annahme der Institution und ihren Regeln stehen und somit die Grundlage für die pädagogische Arbeit in den Wohngruppen darstellt. Das Bedürfnis der Adressat*innen nach einem Rückzugs- und Wohlfühlraum anzuerkennen und die Raumaneignungsprozesse der Jugendlichen zu fördern ist ein grundlegendes Element pädagogischen Handelns. Damit wird ein Faktor thematisiert, der nicht nur für freiheitsentziehende Maßnahmen gilt und der in der Forderung mündet, Räumlichkeiten und Ambiente der Jugendhilfemaßnahmen den pädagogischen Bedürfnissen und Zielen anzupassen und sich von allzu pragmatischen Ideen oder politischen Forderungen zu emanzipieren (vgl. hierzu Holzbrecher 2012).

5.5.3 *Erlebte Schulbildung im Feld*

Die Formen der Beschulung der Kinder und Jugendlichen durch die Einrichtungen waren, trotz einheitlicher gesetzlicher Regelung, besonders kontrastreich. Während sowohl Weißgipfel als auch Blautal verschiedene Schulmodule für die Jugendlichen anbieten, ist die Beschulung in Sonnenbörde und Übermeer einheitlich und für alle Jugendlichen verpflichtend. Abgesehen von der Option in Blautal in die öffentliche Schule zu wechseln, ist das Bildungsniveau der internen Beschulung, auch im direkten Vergleich der Schulaufgaben sowie die didaktische Unterrichtsgestaltung auf einem niedrigen Niveau. Die Schule in Sonnenbörde ist für alle verpflichtend, ähnelt in Art und Aufbau stark einer öffentlichen Schule und orientiert die Unterrichtsinhalte an dem Curriculum für die jeweils zu beschulende Jahrgangsstufe. Die besten Chancen auf einen Bildungsabschluss und den damit verbundenen gesellschaftlichen Integrationsmöglichkeiten haben die Jugendlichen in Übermeer. Sie besuchen eine öffentliche Schule, knüpfen Kontakte zu Gleichaltrigen und erwerben einen international anerkannten Bildungsabschluss, der je nach Schullevel und Fächerkombination als Hochschulzugangsberechtigung anerkannt werden kann.

Bemerkenswert ist die Positionierung der Mitarbeiter*innen der Einrichtungen in allen Fällen als Erfüllungsgehilfin der Schule. Ziel in jeder Einrichtung ist es, den Jugendlichen einen möglichst hohen Bildungsabschluss zu ermöglichen oder sie darauf vorzubereiten. Diese Vorbereitung auf einen späteren Besuch einer öffentlichen Schule dient dabei auch als Argument dafür, dass Schulstruktur und nicht der Bildungserfolg im Mittelpunkt der Handlungen steht. Alle Einrichtungen führen den internen Unterricht, trotz kleinster Gruppen, in Form von Frontalunterricht durch. Individuelle Bildungs- oder Lernpläne werden nicht angefertigt und finden keine Anwendung. Die schwierigsten Adressat*innen der Jugendhilfe und die sogenannten »Problemjugendliche«, an denen auch die bisherigen Schulen gescheitert sind, werden beschult wie in Klassenverbänden mit 25 Schülerinnen und Schülern, einschließlich Stundenrhythmus und Pausen.

5.5.4 *Die jugendlichen Adressat*innen von freiheitsentziehenden Maßnahmen*

Die Jugendlichen, die ich in den freiheitsentziehenden Maßnahmen kennen gelernt habe, beschreiben in ihren biografischen Narrationen ausnahmslos massive zu bewältigende Schwierigkeiten. Sie verdeutlichen eindrücklich, was multikomplexe Risikolagen sind und/oder bedeuten. Ob es sich bei den Risikolagen um überforderte Eltern handelt, die aus einem sozio-ökonomisch schwachen Umfeld kommen und oftmals Unterstützung in der alltäglichen Lebensbewältigung benötigen oder ob sich die Jugendlichen in Freundeskreise zurückziehen, die von einer empfundenen Perspektivlosigkeit ablenken sollen: In jedem Fall sind es nicht die Risikolagen an sich, welche die Jugendlichen zu einem – im weitesten Sinne – „Fall für" (Müller 2012: 50) eine freiheitsentziehende Maßnahme und eben nicht nur für die Kinder- und Jugendhilfe werden lassen. Es sind auch nicht die riskanten und desintegrierenden Verhaltensweisen (vgl. Kap. 3.5), mit denen eben diese Risikolagen bewältigt werden sollen, vielmehr zeigt sich, dass es der Umgang der Jugendlichen mit der Kinder- und Jugendhilfe ist, der sie zu Fällen für den Freiheitsentzug werden lässt. Es sind oft die desintegrierenden Handlungen und Reaktionen auf die Bewältigungstatsache Jugendhilfe, mit denen die subjektive psycho- soziale Handlungsfähigkeit (vgl. hierzu Böhnisch 2012) bewahrt werden soll und welche die Kinder- und Jugendhilfe ihrerseits veranlasst, die Jugendlichen mit aller Gewalt zu integrieren. Die letzte Form dieser Gewalt ist die strukturelle Ebene in der die Freiheit der Jugendlichen über die Rahmung soweit eingeschränkt wird, dass diese keine Chance haben, sich länger zu widersetzen. Dabei stellt der Widerstand gegen die Hilfe – entweder um alternative Bewältigungsmuster zu erlernen oder aber sich den Machtquellen der Kinder- und Jugendhilfe zu beugen – in der Logik jeder freiheitsentziehenden Maßnahme eine zentrale Grundannahme und Anforderung an sich dar. Wobei es in der Wahrnehmung der Jugendlichen irrelevant ist, ob es sich bei der freiheitsentziehenden Maßnahme um eine originäre Einrichtung der Kinder- und Jugendhilfe oder ob es sich um eine andere staatlich legitimierte Maßnahme handelt.

Die Einrichtungen orientieren sich in ihrer Arbeit an der Hilfeplanung mit den Jugendämtern. Dabei sind die Einflussmöglichkeiten der Fachkräfte, die mit den Jugendlichen arbeiten, auf die Hilfeplanung unterschiedliche. Während sich einige Maßnahmen an -in aller Regel- psychiatrischen Gutachten aus den Gerichtsverfahren zum Unterbringungsbeschluss orientieren (vgl. Blautal), nutzen andere Einrichtungen ebenfalls diagnostische, die zum Teil psychologisch (vgl. Sonnenbörde, Weißgipfel) zum Teil stärker pädagogisch (vgl. Übermeer) sind. Hierbei scheinen sich allerdings auch die pädagogische diagnostischen Verfahren an pathologischen Deutungsmustern zu orientieren.

5.5.5 Die Pädagog*innen in den Wohngruppen

Für die pädagogisch erzieherischen Tätigkeiten im Alltag sind die Fachkräfte zuständig, wobei sich der Begriff der Fachkraft auf das gesamte Spektrum der Sozial- und Erziehungsberufe ausdehnt. Im Gruppendienst in den freiheitsentziehenden Maßnahmen arbeiten Erzieher*innen, Heimerzieher*innen, Diplom-Sozialpädagog*innen (FH), Diplom-Pädagog*innen, Lehrer*innen nach dem ersten Staatsexamen sowie Bachelorabsolvent*innen aus Fachhochschulen. Da die Einrichtungen grundsätzlich Fachkräfte einstellen, würden auch Masterabsolvent*innen und Bachelorabsolvent*innen von Universitäten eingestellt werden, was allerdings in den von mir besuchten Einrichtungen während der Feldphasen nicht der Fall gewesen ist.

Ein Unterschied hat sich in der Forschungsphase deutlich bei den Qualifikationen der Mitarbeiter*innen in den verschiedenen Einrichtungen gezeigt. So haben in Blautal ausschließlich Erzieher*innen gearbeitet, während in Weißgipfel und Sonnenbörde ein gemischtes Team von Erzieher*innen und Akademiker*innen tätig war. Auch wenn der Schwerpunkt der Beobachtungen und Gespräche nicht auf der Untersuchung der Kompetenzen der Mitarbeiter*innen lag, haben sich doch Differenzen zwischen den unterschiedlichen Qualifikationen herauskristallisiert. So war bei den ausgebildeten Erzieher*innen vorwiegend Thema, die Tagesstruktur einzuhalten, Fehlverhalten einheitlich zu sanktionieren und den Jugendlichen Spiel- und Freizeitangebote zu bieten. Im Gegensatz dazu waren bei den studierten Fachkräften mehr das Verstehen der Jugendlichen und die Rekonstruktion von Verhaltensweisen Themenschwerpunkte, auf Basis deren Analyse dann Freizeitangebote gemacht und die Gespräche mit den Jugendlichen geführt wurden. Besonders eklatant zeigt sich die Differenz zwischen sozialpädagogischer Analyse und erzieherischer Ausführung in der Krisensituation I von Blautal (vgl. Kapitel 5.1): Nach der Fallanalyse der geschäftsführenden Sozialpädagogin wird eine Erzieherin beauftragt, die Konsequenzen für das Fehlverhalten des Jugendlichen zu begleiten und damit implizit auch zu reflektieren. Die Erzieherin übernimmt zwar die Aufgabe und erarbeitet -zumindest teilweise und über einen längeren Zeitraum- diese auch mit dem Jugendlichen, reflektiert aber weder das Verhalten des Jugendlichen noch die Konsequenzen und deren Zielsetzung mit dem Jungen, so dass die erwünschte Wirkung ausbleibt.

Innerhalb aller Einrichtungen ist die Art der ausgeübten Tätigkeit Grundlage für die jeweilige Bezahlung der Mitarbeiter*innen, nicht deren Berufsqualifikation. Einige Träger gewähren dabei den Fachkräften einen Bonus für die Arbeit im Freiheitsentzug, so dass das Gehalt der Mitarbeiter*innen oft überdurchschnittlich ist. Ein vollkommen anderes Entlohnungsmodell wird in Übermeer praktiziert, wo das Einstiegsgehalt für die Leitung des Haupthauses bei 800€ liegt, zuzüglich freier Kost, Logis und PKW Nutzung.

Eine innerhalb der Kinder- und Jugendhilfe und im Speziellen innerhalb der individualpädagogischen Maßnahmen (vgl. Felka/ Harre 2011: 143) immer wieder aufkommende Debatte bezieht sich auf Fragen der Fachkompetenz im Gegensatz zur „authentische(n) Betreuerpersönlichkeit" (ebd.). Mit der authentischen Betreuer*innenpersönlichkeit sind Charakteristika wie Einfühlungsvermögen, Glaubwürdigkeit, Arbeitsmotivation, Selbstvertrauen und lebenspraktische Fähigkeiten gemeint. Innerhalb der Feldphase konnte ich einige Male beobachten, dass insbesondere die Fachkräfte, die eben diese Charakteristika deutlich und vielleicht mehr als andere Mitarbeiter*innen auch den Jugendlichen gegenüber zeigten, von diesen vermehrt als Vertrauensperson und Vorbild ausgewählt wurden. Es lässt sich also zeigen, dass abgesehen von der fachlichen Kompetenz im Umgang mit Erziehungstechniken und der jeweiligen pädagogischen Haltung auch die Authentizität der Fachkräfte für die erzieherische Wirkung auf die Jugendlichen bedeutsam ist.

Im Handlungsfeld gibt es zwei Organisationsarten, wie die Pädagog*innen die nicht alltäglichen Aufgaben (wie Hilfeplangespräche, Kontakt zu Eltern und Schule, ärztliche Untersuchungen, Gerichtstermine ö.a.) für die jeweiligen Jugendlichen verantworten sowie Beziehungen zwischen Fachkräften und Jugendlichen aufgebaut werden, was sich im Fall a.) Blautal und b.) Sonnenbörde zeigen lässt.

In (a.) Blautal gibt es die Version des Bezugserzieher*innensystems: Hier bekommen alle Jugendlichen eine Bezugsfachkraft, die nicht nur die Termine und organisatorischen Aufgaben übernimmt, sondern auch als Bezugsperson eingesetzt ist. Diese Person ist dann Ansprechpartnerin für alle Belange der Jugendlichen. Für letztere kann dieser strukturell erzeugte Bindung insbesondere dann problematisch werden, wenn die Bezugsperson aus irgendwelchen Gründen kein Vertrauen zu den jeweiligen Jugendlichen aufbauen kann oder umgekehrt.

Eine andere Variante (b.) wird in Sonnenbörde praktiziert: Hier wird mit einem Aktenkindersystem gearbeitet. Alle Fachkräfte müssen dauerhaft über alle

Jugendlichen im Bilde sein und stehen allen als Ansprechpartner*in zur Verfügung. Wer Termine übernimmt oder als Kontaktperson fungiert ist dabei von pädagogischen Überlegungen und der Tagesorganisation abhängig. Hilfeplangespräche werden von der Fachkraft vorbereitet, die zum entsprechenden Termin im Dienst ist. Lediglich für die Pflege und Vollständigkeit der jeweiligen Akten ist eine festgelegte Person zuständig, welche allerdings nicht gesondert für die Jugendlichen in Erscheinung tritt. Die Jugendlichen können sich bei dieser Variante, in Abhängigkeit von den Fachkräften, die im Dienst sind und den Themen, die zu besprechen sind, die jeweilige Vertrauensperson aussuchen.

Auch wenn sich scheinbar nicht alle Pädagog*innen die Zeit nehmen können, ihr eigenes Verhalten, die Reaktionen und das Verhalten der Jugendlichen zu reflektieren, scheinen die Mitarbeiter*innen doch durchaus ihre Arbeit selbstständig zu bewerten. Diese Eigenbewertung fällt dabei nicht immer positiv aus, auch wenn die Gründe dafür nicht unbedingt deutlich artikuliert werden können. Je zufriedener die Mitarbeiter*innen allerdings mit ihrer Arbeit sind, je stärker das Gefühl ist, professionell zu agieren und einem Ziel zu folgen, desto besser war auch das Arbeitsklima in den Wohngruppen.

5.5.6 Erziehungskultur im Alltag der Wohngruppen

Unter Erziehungskultur verstehe ich die in einer Wohngruppe vorherrschenden, aktiv gestalteten und sich reproduzierenden pädagogischen Handlungen, mit denen das Ziel verfolgt wird, auf die Dispositionen der Jugendlichen einzuwirken. Da jede Einrichtung eine spezielle Form von freiheitsentziehenden Maßnahmen abdeckt und sich das auf die in der Einrichtung gelebte Kultur auswirkt, lassen sich alle voneinander differenzieren.

Der sich in Blautal reproduzierende Kern der pädagogischen Handlungen zeigt sich in der Erfüllung der Tagesstruktur und dem Befolgen der aufgestellten Regeln. Von diesen darf allerdings bei von den Pädagog*innen festgestelltem Bedarf abgewichen werden. Alle Fachkräfte folgen dabei ihren eigenen Maßstäben und ihrem Gefühl. Insbesondere die Frage, ab wann eine Regel als gebrochen gilt und von den Fachkräften zu sanktionieren ist, ist abhängig von der Tagesverfassung der jeweiligen Fachkräfte. Erziehung wird verstanden als Einhaltung des Tagesablaufes und Anerziehen von Regeleinhaltung durch Sanktionen. Besonders häufig werden auf Organisationsregeln sowie die Möglichkeit des Einschlusses als Machtquellen zurückgegriffen. Bei Verstößen gegen die Gruppenregeln haben die Erzieher*innen die Möglichkeit, die Jugendlichen zu sanktionieren; Machtkämpfe werden ausgetragen und müssen von den Erzieher*innen gewonnen werden. Dies ist auch dann der Fall, wenn die verhängte Sanktion gravierender ausfällt als für das eigentlich zu ahndende Fehlverhalten vorgesehen. Die Sanktionen können dabei der Stufenabstieg, der Verlust von Privilegien (z.B. Nutzung oder gemeinsame Nutzung der Spielekonsole) oder den Alltag erschwerende Sanktionen sein (z.B. Herausgabe von Gegenständen erst nach Erledigung der Aufgaben).

In der Wohngruppe in Sonnenbörde zielen die erzieherischen Handlungen darauf ab, über Diskussions- und Aushandlungsprozesse eine Einsicht bei den Mädchen zu erzeugen. Krisen sollen deeskaliert werden und die Pädagog*innen sollen sich gerade nicht auf Machtkämpfe einlassen. Verweigerungen werden zunächst akzeptiert und im Folgenden diskursiv aufgearbeitet. Die Mädchen sollen zu jeder Zeit ihr Gesicht in den Konflikten wahren können, Demütigungen sollen nicht vorkommen und die Mitarbeiter*innen sind um einen Ausgleich bemüht. Primäre Machtquelle ist die Zuwendung und deren Entzug (vgl. Wolf 1999: 142ff.). Auf Fehlverhalten folgen Konsequenzen, die in einem inhaltlichen Zusammenhang mit dem Verhalten stehen sollen. Die möglichen Konsequenzen sind dabei überschaubar und in einem Regelkatalog festgeschrieben. Aufgrund einer engen Steuerung durch die Bereichsleitung und permanenter kollegialer Beratung reagieren die Fachkräfte fast immer ähnlich, da kaum Entscheidungen in Einzelsituationen getroffen werden, sondern wenn möglich immer Rücksprache gehalten wird.

Die beiden Wohngruppen in Weißgipfel arbeiten mit einem klassischen und sich in der Haltung der Fachkräfte reproduzierenden »Law and Order« Modell. Das strikte Einhalten der Tagesstruktur und der Gruppenregeln ist erzieherisches Credo. Dies wird mittels Strafen, Sanktionen und einem Privilegiensystem umgesetzt. Die Machtquellen unterscheiden sich dabei je nach Wohngruppe. In der U-Haftvermeidung gibt es die Machtquelle der Abschiebung und des Einschlusses, da die Jugendlichen wieder in die Haftanstalten verlegt werden könnten, wenn sie sich nicht fügen, sowie die Machtquelle der absoluten Geschlossenheit. Die Jugendlichen sind vollständig und dauerhaft den Mitarbeiter*innen ausgesetzt, was in einem absoluten Abhängigkeitsverhältnis der Jungen gegenüber den Fachkräften mündet. Die Machtquelle der freiheitsentziehenden Wohngruppe ohne U-Haftvermeidung basiert auf einem komplexen Regelkonzept, welches die Privilegien der Jugendlichen diktiert. Je nach Anzahl der am Tag erreichten Punkte, welche kleinschrittig vergeben werden, entscheidet sich die Freiheitsstufe in der jeweils folgenden Woche. In beiden Wohngruppen zeigt sich ein klares hierarchisches Erziehungsverständnis.

Durch die besonders enge Steuerung der Geschäftsführung funktioniert die Erziehungskultur in Übermeer auf einer moralischen Ebene. Die Mädchen sind in einer bedingten Freiwilligkeit in Übermeer, eine andere Perspektive der Unterbringung haben sie in aller Regel nicht. Die reproduzierten Erziehungshandlungen sind auf einer moralischen Ebene angesiedelt. Die Jugendlichen haben das Privileg, eine öffentliche Schule zu besuchen und, aufgrund der engen Auswahl der Adressat*innen, auch eine neue Chance, einen qualifizierenden Schulabschluss zu erlangen, der ihnen eine Vielzahl von Berufsmöglichkeiten und damit einen Weg in die bürgerliche Mehrheitsgesellschaft eröffnen kann. Neben der Machtquelle der Abschiebung und damit dem Verwirken einer weiteren Chance ist es den Mädchen durch eine umfangreiche Kontrolle und nicht zuletzt in Folge der fremden Kultur kaum möglich, sich den Fachkräften zu entziehen.

Nach dem Vergleich der verschiedenen Erziehungskulturen innerhalb der Fälle kristallisieren sich zwei Muster heraus. Dies ist zum einen der »hierarchisch-legitimierte Jugendhilfevierschritt« und im Kontrast dazu eine »reflektierte Erziehungskultur«.

Der Vierschritt folgt immer der gleichen Logik: Ein Regelverstoß fällt auf; im nächsten Schritt folgt die Aufklärung, in dessen Ablauf die Mitarbeiter*innen versuchen, die genaue Sachlage zu eruieren; daran anschließend wird eine Sanktion verhängt, die im letzten Schritt zwingend so, wie sie auch ausgesprochen wurde, durchzuführen ist. Machtkämpfe werden dabei eingegangen und müssen gewonnen werden. Die erzieherische Intention in diesem Modell beruht auf der Annahme, dass die Jugendlichen lediglich lernen müssen, sich an die gesellschaftlich vorgegebenen Regeln zu halten. Es erfolgt eine Erziehung zum Gehorsam. Bei Wegfall der Machtquellen erübrigt sich allerdings auch mitunter der Gehorsam. Das Erziehungsmodell selber entspricht dabei dem politisch diktierten Auftrag für die Zeit der Erziehungsmaßnahme, welcher sich, zumindest aus sozialpädagogischer Sicht, eklatant von den gesellschaftlichen Wünschen nach langfristigen Erziehungserfolgen durch die Maßnahme unterscheidet.

Die besonders in Sonnenbörde beobachtete reflektierte und diskursive Erziehungskultur zeigt sich an Indikatoren wie der a.) gemeinsamen Situationsanalyse mit den Jugendlichen nach Krisen, b.) situationsabhängigen diskursiven Aushandlungsprozessen der Konsequenzen unter den Mitarbeiter*innen und c.) dem Abzug von emotional stark involvierten Pädagog*innen insbesondere bei einschneidenden Konsequenzen wie der Nutzung des Time-Out Raums.

Unabhängig von den Erziehungskulturen nutzen die Maßnahmen fallübergreifend verschiedene Erziehungsmittel. Einzig die Auslandsmaßnahme Übermeer greift auch auf andere Erziehungsmittel zurück: Der Funktionsweise von ausgewiesenen Erziehungstechniken liegt eine Machtquelle (z.B. Zuwendung oder materielle Versorgung) zugrunde, mittels der die Pädagog*innen die Möglichkeit haben, über Erziehungsmittel und -techniken Zwang auf die Jugendlichen auszuüben.

5.5.7 *Konzeptionelle Erziehungsmittel in den Wohngruppen*

Zwei in allen Einrichtungen anzutreffende Erziehungsmittel sind die zu erledigenden hauswirtschaftlichen Ämter sowie das Einhalten der festgeschriebenen Gruppenregeln. Beides sind keine originären Erziehungsmittel in freiheitsentziehenden Maßnahmen, sondern finden sich üblicherweise in der Alltagsstruktur von Jugendhilfemaßnahmen wieder. Ziel der Ämter ist in aller Regel das Erlernen von lebenspraktischen Kompetenzen, was gelegentlich von Seiten der Fachkräfte instrumentalisiert wird, um beispielsweise die Verlässlichkeit der Jugendlichen zu testen oder von Seiten der Jugendlichen instrumentalisiert wird, um die Pädagog*innen in Machtkämpfe zu verwickeln. Ähnlich verhält es sich bei den Gruppenregeln, welche lediglich das gemeinschaftliche Zusammenleben vereinfachen sollen. Weder das Ausführen der Ämter noch das Einhalten der Gruppenregeln führt dabei zum Erlernen integrativer Bewältigungshandlungen oder zur Bildung von Ressourcen.

Die eng mit den Regeln und vor allem den Ämtern verwobene strikte Tagesstruktur ist ein zweites Merkmal, welches sich über alle Fälle hinwegspannt. Die Tagesstruktur soll die Jugendlichen auf den Besuch der öffentlichen Schule bzw. das Erwerbsleben vorbereiten, hat allerdings vorwiegend organisatorische Gründe. Dennoch findet sich die engmaschige Beschreibung des Tagesablaufs immer wieder als hervorgehobenes Strukturmerkmal. Die Begründung hierfür ist ein Vermeidungs- bzw. Steuerungsgedanke, dass so die Jugendlichen a.) »nicht auf dumme Gedanken kommen« (vgl. Übermeer) und b.) strukturell dazu gezwungen werden, sich mit ihren bisherigen Erfahrungen auseinander zu setzen (vgl. Sonnenbörde).

Die Eingrenzung oder der Entzug der Bewegungsfreiheit, sei es durch Einschluss oder durch andere Hindernisse, wird in allen Einrichtungen praktiziert. Dabei macht es für das Empfinden der Jugendlichen durchaus einen Unterschied, ob die Begrenzung natürlich ist und auf alle einwirkt, oder ob es bauliche Maßnahmen sind, von denen lediglich sie betroffen sind. Das Wiedererlangen von Bewegungsspielraum wird dabei sehr unterschiedlich gehandhabt. Während es in der Gruppe zur U-Haftvermeidung in Weißgipfel kaum möglich ist, den vollen Ausgang irgendwann zu erreichen, ist es in der klassischen geschlossenen Wohngruppe in Weißgipfel zwar grundsätzlich möglich, setzt allerdings massive Anpassungsleistungen voraus. In Blautal ist die bauliche Begrenzung durch die offene Schule lediglich in der subjektiven Wahrnehmung vorhanden. Auch weichen die Fachkräfte regelmäßig, aus verschiedenen Gründen, immer wieder von den eigentlichen Ausgängen der Jugendlichen ab. Rein formal ist das Erreichen der höchsten Stufe möglich, was allerdings selten vorkommt, da die Jugendlichen bereits frühzeitig in eine offene Wohngruppe wechseln. Sonnenbörde ermöglicht es den Mädchen von Beginn an, die Wohngruppe zu verlassen, wie und in welcher

Form wird allerdings für einen festgelegten Zeitraum gemeinsam ausgehandelt. In Übermeer ändern sich die Begebenheiten kaum. Im Gegensatz zu den Jugendlichen in den deutschen Maßnahmen haben sie aber nicht die Möglichkeit, durch erwünschte Verhaltensweisen Heimataufenthalte, Familienbesuche o.ä. zu erlangen, sie bleiben bis zum Ende der Maßnahme in den abgeschiedenen Strukturen ihrer Unterbringung.

Eine Paradoxie im Feld der Ultima-Ratio Hilfe ist der Umstand, dass sich auch diese »äußersten« Hilfen das Recht vorbehalten, die Maßnahmen einseitig zu beenden (vgl. Blautal, Sonnenbörde, Weißgipfel, Übemeer). Diese Option des Abbruchs wird nicht nur darüber legitimiert, dass eine andere -weniger Massive- und passendere Interventionsform gefunden wurde, sondern auch über das wiederholte Fehlverhalten der Jugendlichen. Wie verschiedene Szenen aus Blautal, Weißgipfel und Übermeer zeigen, arbeiten auch diese Einrichtung mit der Option die Maßnahme abzubrechen, wenn Jugendliche sich wiederholt nicht regelkonform verhalten.

Ein den drei klassischen geschlossenen Unterbringungen gemeinsames Erziehungsmittel ist die Nutzung von Stufen- und/oder Verstärkerplänen. Diese Punkte- oder Tagesbewertungssysteme werden von Seiten der Befürworter*innen mit den Argumenten legitimiert, dass sich die Jugendlichen so besser einschätzen können, erlangte Freiheiten transparent zustande kommen oder aber der Belohnungsfaktor die Jugendlichen ermutigt, sich mehr anzustrengen. Für die Gegner*innen dieses Modells sind Verstärker- oder Stufenpläne ein Äquivalent zum Versuch, Kinder und Jugendliche konditionieren zu wollen. Dies unterminiert die eigene Professionalität sowie die Freiheit und zugleich der Zwang, jede Situation im pädagogischen Ermessen beurteilen zu müssen. Die Empirie zeigt jedoch, dass Stufenpläne konträr zu den Annahmen wirken: Kinder und Jugendliche, insbesondere auch die »Problemjugendlichen«, lassen sich schlicht nicht simpel konditionieren. Die Vignette Saburo (vgl. Kap. 5) zeigt, dass die Pläne keinerlei Auswirkungen auf situative Entscheidungen haben, welche wiederum Grundlage für die Punkte- bzw. Stufenvergabe sind. Auch die Motivation, Hausaufgaben zu erledigen, lässt sich mit derartigen Plänen nur mäßig steigern, wenn man nicht riskieren möchte, dass wegen nicht erledigter Hausaufgaben in der Folgewoche beispielsweise Hausarrest oder ähnliche schwerwiegende Eingriffe als Sanktion drohen. Dennoch verpuffen die Pläne nicht wirkungslos. Was wirkt ist der durch die Pläne entstehende Zwang für die Mitarbeiter*innen, sich jeden Tag mit allen Jugendlichen auseinander zu setzen. Diese Auseinandersetzung ermöglicht es, den Tag zu reflektieren und vor allem, wie der Verstärkerplan in Sonnenbörde veranschaulicht, gemeinsam mit den Jugendlichen den Tag unter vier Augen zu besprechen und ihnen hier auch den Raum zu bieten, den Tag selber für sich zu reflektieren. Ein Ritual, das mit oder ohne Punkte ablaufen könnte.

Ein mit besonders massiven, mitunter auch körperlichen, Zwängen genutztes Erziehungsmittel ist der Time-Out-Raum (vgl. Sonnebörde). Waren die als *Karzer* verrufenen Isolationen noch bis vor wenigen Jahren ausschließlich massive Einschüchterungs- und Bestrafungsinstrumente (vgl. hierzu Wolffersdorfer u.a. 1996), so sind sie heute nur noch vereinzelt in den Jugendheimen anzutreffen (vgl. hierzu Schwabe/ Evers 2006). Trotz des hohen Maßes an eingesetztem Zwang und der Einschränkung der Bewegungsfreiheit auf einen besonders kleinen Raum sind sie kein Alleinstellungsmerkmal von geschlossenen Unterbringungen. Sie werden als freiheitsbeschränkende Maßnahme durchaus auch in ansonsten offenen Jugendheimen eingesetzt. Das Dilemma der Time-Out-Räume liegt jedoch auf der Hand: Einerseits zeugt jede Nutzung dieses Raumes vom vorherigen Misslingen vorgeschalteter pädagogischer Handlungen, andererseits muss auch die Kinder- und Jugendhilfe mit ihren erzieherischen Aufgabenstellungen ohne andere Professionen wie der Psychiatrie und dem daraus resultierenden »Drehtüreffekt« auskommen. Die Regeln für die Räume sind, zumindest in Sonnenbörde, dabei deutlich formuliert, sie dürfen nicht als Bestrafungszimmer genutzt werden und auch die Dauer des Einschlusses muss auf ein Minimum reduziert werden. Funktionen des Raumes sind, a.) es den Jugendlichen zu ermöglichen, sich in Begleitung einer Fachkraft wieder zu beruhigen; b.) auf die Einweisung in die Psychiatrie zu verzichten; c.) Selbstschädigungen, auch durch das Zerstören von eigenen Besitztümern bei Wutanfällen, zu vermeiden oder d.) Fremdgefährdungen zu verhindern. Ob es für das Erfüllen dieser Funktionen notwendig ist, einen Isolationsraum zu nutzen, ist abschließend nicht zu klären. Bereits die bloße Anwesenheit dieses Raumes bietet in der Wahrnehmung der Jugendlichen eine Sanktionsandrohung und ist damit, wenn auch nicht dafür genutzt, eine zusätzliche Machtquelle für die Mitarbeiter*innen. Ob auch andere Räumlichkeiten als Alternative und zur Beruhigung und Gespräch quasi zweckentfremdet werden können, wäre zu überlegen.

Ein letztes strukturelles Mittel, welches zur Erziehung genutzt werden kann, wird in den beiden geschlossenen Wohngruppen in Weißgipfel verwendet. Das elektronische Schließsystem ermöglicht es den Pädagog*innen, die Türen der Schlafzimmer zu sperren oder auch das Wasser und den Strom abzustellen und dient als zusätzliche Sicherheit für die Mitarbeiter*innen, da somit ersichtlich ist, ob Jugendliche, insbesondere nachts, ihr Zimmer verlassen haben. Da mit diesem System ohne großen Aufwand weit in alltägliche Annehmlichkeiten (wie Musikhören) der Jugendlichen eingegriffen werden kann, resultiert hieraus eine zusätzliche Machtquelle. Das System selbst wird von den Jugendlichen als strukturell gegeben angesehen, so dass verschiedene Situationen, welche es in anderen Einrichtungen gibt, wie lautes Musikhören zur Provokation, weniger auftreten. Auch andere Rituale, wie der nächtliche Einschluss – sei es durch die Fachkräfte um Angriffe zu vermeiden oder von den Jugendlichen als Selbstschutz – erübrigen sich. Auch wenn derartige Anlagen praktikabel und im Tagesablauf entlastend sind, wäre zu diskutieren, wie sie die eigentliche pädagogische Arbeit und mitunter die teilweise anstrengenden und zeitraubenden diskursiven Aushandlungsprozesse in der direkten Auseinandersetzung mit den Jugendlichen verändern.

5.5.8 Alltägliche Wirkfaktoren in den Wohngruppen

Im Verlauf der Forschungsphasen konnten insgesamt drei auffällige Wirkfaktoren beobachtet werden. Dabei handelt es sich um den »strukturellen Zwang«, der »Schonraum« sowie die »Perspektive« der Jugendlichen.

Dass die Unterbringung in freiheitsentziehenden Maßnahmen eine Wirkung auf die untergebrachten Jugendlichen hat, ist unstrittig. Ob diese besagte Wirkung dabei positiv oder negativ bzw. überhaupt notwendig ist, dafür umso mehr. Dass sich erzieherische Wirkfaktoren, insbesondere wenn es um biografische geht, in aller Regel methodologisch mit biografisch-rekonstruktiven Methoden beforschen lassen, liegt in den konzeptionellen Rahmenbedingungen der Forschungsmethoden. Dennoch lassen sich auch ethnografisch Wirkfaktoren beobachten oder erfragen, die a.) zumindest eine Auswirkung auf den Alltag haben und vor allem b.) nicht ausschließlich auf Grundlage von Narrationen oder Leitfäden entstanden sind. Dies könnte besonders für Wirkfaktoren relevant sein, die sich in vermeintlich nebensächlichen Alltagsroutinen abspielen.

Struktureller Zwang meint, die durch den äußeren Rahmen hergestellten Zwänge, die in den Gruppenalltag hineinwirken und bewusst erzieherisch genutzt werden. Dies sind nicht nur bauliche Situationen, die eine Flucht der Jugendlichen verhindern sollen, sondern auch geografisch-kulturelle Faktoren und ebenso unhinterfragte Einrichtungsroutinen, wie etwa die allabendliche Punktevergabe. Dabei wirkt es aus Sicht der Jugendlichen irrelevant, welcher Art die strukturellen Zwänge sind: Ein 13-jähriges Mädchen, die einen Bruch mit ihrer bisherigen Lebenswelt, ihren Routinen, Regeln und Gewohnheiten erlebt hat und sich auf ein neues Lebensumfeld einlassen muss, hinterfragt eher die Absolutheit des baulichen Einschlusses als die auch Halt und Sicherheit gebenden Alltagsstrukturen (wie im Fall Sonnenbörde).

Dabei wird der strukturelle Zwang in den verschiedenen Wohngruppen deutlich unterschiedlich wahrgenommen. In den klassischen geschlossenen Unterbringungen werden die vorhandenen Regeln und Strukturen weitestgehend eingehalten, wenn auch zum Teil abhängig von der Persönlichkeit der Fachkraft (wie im Fall Blautal). Dieses Kultivieren von Regeln führt dazu, dass die Strukturen zwar vorhanden sind, allerdings im Erleben der Jugendlichen nicht groß thematisiert werden, da sie ihnen als unveränderbar erscheinen.

Ähnlich verhält es sich mit den unveränderbaren geografisch-kulturellen Begebenheiten in Übermeer, sie werden nicht kritisch hinterfragt oder von den Jugendlichen bekämpft. Im Gegensatz zu baulichen Maßnahmen, da diese zum Heim gehören, allerdings bereits gesellschaftlich so belastend konnotiert sind, dass sie und die Institutionen nicht akzeptiert werden können.

Die Idee eines *Schonraums* wird zwar nur implizit in den Einrichtungen verfolgt, lässt sich aber schwierig retrospektiv erheben. Insbesondere in den Wohngruppen mit einem therapeutischen Schwerpunkt werden die Jugendlichen verstärkt auch als Biografieträger*innen wahrgenommen. Sie müssen sich hier mit ihren Erlebnissen auseinandersetzen und können diese bearbeiten, geschützt von den Einflüssen der Außenwelt, ohne die Möglichkeit sich der Situation zu entziehen und oft auch ohne sich übermäßig ablenken zu können. Im Idealfall werden sie bei der Bewältigung und Bearbeitung von geschulten und für die Thematik sensibilisierten Sozialpädagog*innen begleitet und unterstützt. Für einige der Jugendlichen scheint es das erste Mal zu sein, sich intensiv mit eigenen Themen auseinander setzen zu können, ohne sich um ihre materielle Versorgung kümmern, das eigene Rollenbild reproduzieren oder auch auf andere desintegrierende Handlungen wie z.B. Alkohol- oder Drogenmissbrauch zur Bewältigung zurückgreifen zu müssen (wie die Jugendlichen in Blautal und Sonnebörde).

Zukunftsorientierung statt Gegenwartsbezug oder die Entwicklung von *Perspektiven*, bzw. dass Erlangen der Möglichkeit, sich zukünftig in die Mehrheitsgesellschaft integrieren zu können, scheint bei den Jugendlichen eine Wende in ihrer Haltung gegenüber der Unterbringungsform im Speziellen und der Jugendhilfe im Allgemeinen zu sein (vgl. Übermeer). Viele Jugendliche haben selten eine Zukunftsperspektive für sich entwickelt, sie leben ausschließlich in der Gegenwart. Schulabschluss, Gerichtsverhandlungen oder Therapiesitzungen sind in der jugendlichen Wahrnehmung gefühlte Ewigkeiten von der Gegenwart entfernt. Wenn es den Jugendlichen allerdings gelingt, Träume zu entwickeln, für sich selbst erstrebenswerte Zukunftschancen zu sehen – welche oft mit einer Berufstätigkeit einhergehen – oder eine in die Gesellschaft integrierte Zukunftsperspektive herauszubilden, sind sie auch verstärkt bereit, integrierende Bewältigungs- und Verhaltensweisen zu nutzen. Erst wenn sich, sicherlich schrittweise, die Zukunftsorientierung im Jugendalter entwickelt und diese Zukunft dann mit realistischen Zielsetzungen erreicht werden kann, steigt die Akzeptanz der Jugendlichen gegenüber pädagogischen Interventionen. Die alltäglichen pädagogischen Interventionen von vielen Fachkräften im Feld setzen allerdings genau auf der entgegenliegenden Seite an. Die Jugendlichen müssen sich, in der Sprache vieler Mitarbeiter*innen, zunächst anstrengen, um eine Chance auf einen guten oder wünschenswerten Schulabschluss, Ausbildungsplatz etc. zu haben. Die Jugendlichen, bei denen die Perspektivenbildung besonders wirksam ist (vgl. hierzu Kap. 5: Vignette Steffen), geben ihr oppositionelles Verhalten allerdings erst auf, wenn sie eine Chance haben oder bereits einen für sie attraktiven Weg gehen. Auch hier zeigt sich wieder eine »Law an Order« Struktur. Die Jugendlichen, welche die Schule verlassen mussten und von Maßnahme zu Maßnahme immer weiter abgeschoben wurden, müssen sich zunächst den gesellschaftlichen Zwängen unterordnen und beweisen, dass sie »wertvolle Mitglieder« der Gesellschaft werden wollen. Erst dann scheint ihnen die Jugendhilfe eine »Ultima Ratio« zu gewähren. Ergebnisdiskussion: Erziehung von Jugendlichen in multikomplexen Risikolagen.

6 Ergebnisdiskussion: Erziehung von Jugendlichen in multikomplexen Riskiolagen

Nach den ethnografischen Einblicken in das Feld der freiheitsentziehenden Maßnahme gilt es nun, die Erkenntnisse der vergleichenden Analyse mit dem bisherigen Stand der Forschung und auch mit den theoretischen Ausarbeitungen zu Beginn dieser Arbeit zu konfrontieren. Dieses Vorgehen hat zum Ziel, empirisch belegbare Thesen zu formulieren, welche wiederum Grundlage für die theoretischen Annahmen sind. Die Konfrontation im Folgenden erfolgt dabei a.) auf der Ebene des Feldes von freiheitsentziehenden Maßnahmen und b.) auf der Ebene der Erziehung in Heimen. Nicht zuletzt dadurch, dass es sich aufgrund der Aktualität der Debatte des behandelten Themas besonders anbietet, diskutiere ich abschließend c.) die Themen Freiheitsentzug, geschlossene Unterbringung und Zwang in der Erziehung in Bezug zum in Kap. 2 und 3 aufgezeigten Fachdiskurs. Der Aufbau der Diskussion orientiert sich dabei an der Struktur der vorherigen Kapitel und greife die eingangs formulierten Forschungsfragen auf.

6.1 Zum Feld der freiheitsentziehenden Maßnahmen

„Die Soziale Arbeit als Profession hat in der Regel mit Menschen zu tun, die sich in schwierigen materiellen, sozialen oder psychischen Problemlagen befinden oder aufgrund spezifischer Lebenslagen (Alter, Krisen) auf Unterstützung angewiesen sind“ (Bitzan u.a. 2006: 7). Doch *wer sind Kinder und Jugendlichen in freiheitsentziehenden Jugendhilfemaßnahmen*? Mit den ausgearbeiteten Erkenntnissen lässt sich ein Phänomen aufklären: Obwohl die Jugendlichen in den Medien und in ihren Akten als »Monsterkids« oder »Problemjugendliche« tituliert und konstruiert werden, sind sie im Alltag weitestgehend unauffällig. Die Mär von den nicht zu bändigenden Jugendlichen, die sich jeder Beziehung verweigern und schlicht resistent gegen jede Form von äußeren Einflüssen sind, hält den Ergebnissen der vorliegenden Studie nicht stand. Desintegrierend und damit kritisch sind hingegen die von ihnen erlernten Bewältigungshandlungen: Krisensituationen und Konflikte werden durch Weglaufen umgangen, mit Gewalt gelöst, durch

M. Engelbracht, *Jugendliches Alltagsleben in freiheitsentziehenden Maßnahmen*, Kasseler Edition Soziale Arbeit 16, https://doi.org/10.1007/978-3-658-23843-8_6

Selbstschädigungen abgebrochen oder durch Rebellion aufgeschoben. Dabei sind insbesondere der angewendete Grad der Handlung, also die Dauer des Weglaufens, die Massivität der Gewalthandlung oder auch die Absolutheit der Rebellion, die pädagogische Herausforderung, die es von Seiten der Fachkräfte zu bewältigen gilt. Erst diese Mischung aus hochgradig dissozialen, desintegrierenden und gefährdenden Reaktionen auf Konflikte und Krisen, insbesondere auch auf jene, die aus der Bewältigung der Kinder- und Jugendhilfe selbst resultieren, lassen einen Fall für die Kinder- und Jugendhilfe zu einem Fall für die freiheitsentziehende Maßnahme werden. Rekonstruiert man die Fallverläufe und Aufnahmegründe der Jugendlichen in freiheitsentziehenden Maßnahmen, dann wird deutlich, dass die Jugendlichen auf desintegrierende Bewältigungshandlungen zurückgreifen, über kein ausreichendes privates Sicherungs- und Schutzsystem verfügen konnten und die (im Oevermannschen- Sinne) Traumatisierungskrise (vgl. Garz/ Raven 2015: 41) der Bewältigungstatsache Jugendhilfe konflikthaft und damit desintegrierend bewältigt haben.

Um die Jugendhilfefälle pädagogisch in ihrer Komplexität zu erfassen und das handlungsmethodische Vorgehen anpassen zu können, fehlt es in der Praxis an kasuistischen Kompetenzen (vgl. hierzu Müller 2012), und um innerhalb der Handlungsmethode zielgeleitet agieren zu können, an sozialpädagogisch diagnostischen (vgl. hierzu Mollenhauer/ Uhlendorff 2004) Kompetenzen. Während die fallverantwortlichen Jugendämter primär versuchen, ihren (Problem-) Fall unterzubringen und nicht kasuistisch zu erfassen, mangelt es in den Vorhilfen nicht selten an einer dezidierten sozialpädagogisch-erzieherischen Diagnose für die Arbeit mit den Jugendlichen. Bei verschiedenen ethnografischen Szenen im Feld zeigte sich, dass in den Jugendämtern scheinbar nur bedingt nach pädagogischen Überlegungen, sondern vielmehr nach der Praktikabilität der Lösung entschieden wurde. Alle Leitungspersonen berichten gleich von mehreren Fällen, in denen die Jugendämter froh waren, überhaupt einen Platz für die Jugendlichen gefunden zu haben. Mit einer entsprechenden Fallanalyse und einer diagnostisch geleiteten, erzieherischen Arbeit könnten die daraus resultierenden Drehtüreffekte und Jugendhilfekarrieren vermieden werden.

Die stationäre Unterbringung von Kindern und Jugendlichen ist ein Handlungsfeld der Sozialen Arbeit, der Freiheitsentzug hingegen ein Verfahren. Aber: W*as beschreibt das Feld von freiheitsentziehenden Unterbringungen*? Wie insbesondere der Fall Übermeer zeigt, lässt sich das Feld nicht exakt bestimmen. Eine Bestimmung wäre, wie im Kapitel 3.2 ausgeführt, am ehesten über den Grad des eingesetzten Zwangs, sowohl auf der Ebene der Struktur als auch der Erziehungstechniken, möglich. In der Öffentlichkeit stehen die sich dazu bekennenden freiheitsentziehenden (geschlossene Unterbringungen) oder auch mit einem hohen

Grad an Zwang arbeitenden Einrichtungen (individualpädagogische Auslandsmaßnahmen oder Trainingscamps) unter einem massiven Legitimationsdruck. Dieser wird sowohl von Seiten einer skeptischen Fachöffentlichkeit als auch von Seiten der Politik erzeugt. Während die Fachöffentlichkeit jede Form von Zwang in den Einrichtungen kritisch hinterfragt und Verständnis und Einfühlungsvermögen einfordert, wird von Seiten der Politik und Medien jegliche Form von Verständnis, Einfühlungsvermögen und möglichen Annehmlichkeiten für die »Monsterkids« skandalisiert (vgl. hierzu Niemeyer 2015: 10f.). Insbesondere in der medialen Berichterstattung scheinen sich archaische Erziehungsvorstellungen bis heute gehalten zu haben: Man stelle sich nur den medialen Aufschrei und die politischen Reaktionen vor, wenn die »Rowdys« in Jugendhilfeeinrichtungen mit Swimmingpool und »Hot Pot« untergebracht und mit Verständnis für ihre Lebenserfahrungen erzogen werden würden. Festzuhalten bleibt, dass auch wenn sich der Legitimationsdruck der Politik in der Struktur der Einrichtung wiederfindet, er in der Erziehungskultur kaum ersichtlich wird. Am wenigsten kann sich Weißgipfel als kurzfristige U-Haftvermeidung und in finanzieller Abhängigkeit des Justizsystems dem öffentlichen Druck nach punitiver Erziehung entziehen. Hier zeigt sich am deutlichsten die hierarchische Struktur, mit klaren automatisierten Sanktionen, bereits bei kleinen Regelverstößen. Als maximalen Kontrast dazu positioniert sich Sonnenbörde, wo der Fokus deutlich auf die Fall- und Biografiearbeit mit den Jugendlichen gerichtet ist. Wo verhängte Sanktionen nach einem Konflikt, aufgrund von pädagogischen Überlegungen minimiert und Konsequenzen in aller Regel durch Teamentscheidungen und nach einer Reflexion und Auswertung mit den Jugendlichen ausgesprochen werden.

Insbesondere die automatisierten *Konsequenzen*, die zumeist über *Stufen- bzw. Verstärkerpläne* geregelt werden, scheinen bei den Jugendlichen eine andere Wirkung zu entfalten als sie konzeptionell angedacht ist: Besonders kleinschrittig mit schwerwiegenden Konsequenzen arbeitende Stufenpläne verlieren ihre pädagogische Legitimation, da sie jegliche Individualität konterkarieren und primär zugunsten eines reinen Machterhalts der Mitarbeiter*innen fungieren und damit erzieherische Veränderungen bei den Jugendlichen erschweren. Derartig harte Stufenpläne bleiben allerding nur theoretische Überlegungen, da sie im Feld nicht anzutreffen waren. Ähnlich verhält es sich bei Belohnungen: Verstärkerpläne, die nur einen schwachen Anreiz bieten oder Stufenpläne, von denen im Alltag dauerhaft abgewichen wird oder kaum Stufenunterschiede im alltäglichen Erleben ausmachen, haben kaum eine Wirkung auf die Alltagshandlungen von Jugendlichen. Jugendliche verhalten sich nicht sieben Tage die Woche regelkonform, nur um am Ende der Woche einmal mehr „Süßes oder Saures“ (P 1.1) zu erhalten. Die Jugendlichen sammeln sicher, quasi beiläufig, gerne Bonuspunkte, um diese für Telefonate oder Eis essen einzutauschen, aber als konkretes Ziel verfolgen sie es nicht. Einzig die damit erzwungenen *Räume im Tagesverlauf* und die *regelmäßige Reflexion* von Verhaltensweisen haben eine nachhaltige Wirkung bei den Kindern und Jugendlichen.

In den geschlossenen Unterbringungen ist das Thema des *Einschlusses* der Kinder und Jugendlichen im Alltag besonders präsent. Die Einrichtungen positionieren sich dabei klar innerhalb ihres Verständnisses von Erziehung und wollen den Einsatz des Einschlusses auf ein absolutes Minimum begrenzen. Sowohl Blautal als auch Sonnenbörde folgen eher der Devise, die Flucht der Jungen und Mädchen zu riskieren, als dass sie den Einschluss der Jugendlichen unnötig ausweiten. Die beiden Wohngruppen in Weißgipfel arbeiten mit einem strikteren System, wobei sowohl bedingt durch die Größe der Wohngruppe zur U-Haftvermeidung und dem abgeschlossenen Außengelände in den beiden anderen Wohngruppen sich die räumliche Situation stark unterscheidet. In Übermeer, als Auslandsmaßnahme, ist das in Form von baulichen Bedingungen durchgesetzte Einsperren der Mädchen kein Thema und wird auch nicht vollzogen. Die Begrenzung der Bewegungsfreiheit auf eine rurale Region sowie die Kontrolle der Außenkontakte werden von den Mädchen nicht als Einschluss benannt, allerdings als einengend und eingrenzend empfunden.

Auch wenn die Einrichtungen für die Themen Einschluss und körperlicher Zwang sensibilisiert sind, scheinen weder die zur Verfügung stehenden Machtquellen, noch die daraus resultierenden Zwänge reflektiert zu werden. Von den Mitarbeiter*innen bewusst vollzogene erzieherische Handlungen, sowohl in Form von Sanktionen als auch in Form von Gesprächen o.ä., wurden am ehesten in Sonnenbörde reflektiert und im Team der Fachkräfte kommuniziert. Im Kontrast dazu waren kollegiale Beratung oder auch Handlungsreflexionen in Weißgipfel kein Teil der Einrichtungskultur. Sonnenbörde zeigt, dass die Nutzung der Machtquelle des Einschlusses dazu führen kann, auf andere Machtquellen zu verzichten. Ziel sollte es sein, durch den reflektierten Umgang mit Machtquellen und einer reflektierten Wahl möglicher struktureller Zwangselemente, eine verstehende pädagogische Erziehungskultur in den Wohngruppen zu implementieren.

Körperlicher Zwang war grundsätzlich immer die letzte zur Verfügung stehende Handlungstechnik, welche im Feld von den Fachkräften eingesetzt wurde. Die Nutzung von körperlichem Zwang zur Erziehung und nicht nur zur Gefahrenabwehr war dabei in Sonnenbörde und Übermeer vollständig untersagt. In Blautal und Weißgipfel dürfen die Jugendlichen mithilfe von körperlichem Zwang in ihre Zimmer verbracht werden. Dabei ging es zum Teil um das Wahren des Machtgefälles zwischen Erzieher*in und Jugendlichen, aber auch um die Entschärfung einer Konflikt- bzw. Gefahrensituationen, allerdings nur, wenn keine anderen Handlungen die gewünschte Wirkung erzielen. Misshandlungen oder auch die Nutzung von körperlicher Gewalt, um z.B. das Erledigen von gestellten Aufgaben durchzusetzen, wie es Schwabe 2006c beschreibt, waren auch in den vertrauensvollen Gesprächen mit den Jugendlichen zu keinem Zeitpunkt Thema. In keiner der besuchten Einrichtungen haben Jugendliche von selbst erfahrenen Misshandlungen von Seiten der Fachkräfte oder von Misshandlungserfahrungen anderer Jugendlichen in der Wohngruppe berichtet.

Festzustellen bleibt, dass es die Jugendheime, die mit Freiheitsentzug und massivem Zwang arbeiten, weiterhin geben wird, da sie als »Sonderschule« der Sozialpädagogik eine wichtige Rolle im Jugendhilfesystem zu übernehmen scheinen. Wobei der Grau-Bereich von Freiheitsentzug innerhalb der Debatte um Zwang und Erziehung noch zu bestimmen ist. Das Problem mit der freiheitsentziehenden Unterbringung ist dabei systemimmanent. Die vorliegende Studie zeigt, dass viele der Jugendlichen, die in einer der unterschiedlichen Formen von freiheitsentziehenden Maßnahmen untergebracht sind, eine hierarchisch legitimierte Kinder- und Jugendhilfe durchlaufen haben. Eine Jugendhilfe, die sich einem gesellschaftlichen »Law and Order« Denken unterordnet und dabei ihre eigenen Handlungskonzepte (wie die Lebensweltorientierung bei Thiersch 1992, Lebensalter/ Bewältigung bei Böhnisch 2012 oder Sozialraumorientierung Hinte/ Treeß 2006) unterminiert. Die Kinder- und Jugendhilfe scheitert demnach an ihren Adressat*innen. Der strafende Gedanke, insbesondere mit Blick auf die Zielgruppe, ist allerdings kein Alleinstellungsmerkmal von Freiheitsentzug, vielmehr ist es die grundlegende gesellschaftliche Erwartungshaltung, wie mit »diesen« Jugendlichen zu verfahren sei. Eine Verfahrensweise, von der empirisch wie theoretisch fundiert herausgearbeitet ist (vgl. Lenz u.a. 2004), dass sie in dieser Form nicht mehr auf die Anforderungen einer modernen Gesellschaft vorbereitet. Aber, so widersprüchlich es auch klingen mag, selbst in freiheitsentziehenden Maßnahmen ist es möglich, die Jugendlichen wertschätzend als Biografieträger*innen begreifend und folglich sozialpädagogisch zu arbeiten.

Trotz der vielfältigen multikomplexen Risikolagen der Jugendlichen und der unbestrittenen Notwendigkeit, auf diese multidisziplinär reagieren zu können, zeigen sich in der pädagogischen Arbeit im Feld gewissen Schwierigkeiten, welche auf mangelnde sozialpädagogische wie handlungsleitende Diagnostik zurückgeführt werden können. Es mag für die pädagogische Arbeit in den Maßnahmen verlockend sein, auf die vorhandenen vermeintlich »harten« psychologisch/ psychiatrischen Diagnosen zurückgreifen zu können, allerdings sind diese Gutachten für Gerichte verfasst und kaum handlungsweisend für pädagogischen Arbeit nutzbar. Ähnlich verhält es sich mit von Psycholgog*innen ausgearbeiteten internen Gutachten: auch wenn diese bereits stärker den Bedarf der Fachkräfte vor Ort abdecken, ersetzen sie dennoch kein sozialpädagogisches Fallverständnis. Dies hat gleich zweierlei Gründe: zum einen sind psychopathologische Probleme über therapeutische Interventionen zu lösen, zum anderen bedarf es für eine zielgerichtete Arbeit mit den Jugendlichen eine klare pädagogische Zielsetzung und auf Grundlage der Diagnose individuell ausgewählte und eingesetzte Erziehungstechniken.

Sozialpädagogik ist schlussendlich mehr als Tagesstruktur und Regeln zu wahren und die Jugendlichen zur Therapie zu schicken. Sozialpädagogik heißt auch in freiheitsentziehenden Maßnahmen: Die gesellschaftlichen erlebten Benachteiligungen der Jugendlichen auszugleichen (bspw. über das Angebot eines adäquaten Raumes, einem Setting), über Erziehung auf die Dispositionen der Adressat*innen hin zu einer selbstständig und mündig in der Gesellschaft integrierten Persönlichkeit einzuwirken und ebenso Perspektiven (bspw. über Bildung) für den weiteren Lebensverlauf innerhalb der Gesellschaft aufzuzeigen und zu ermöglichen.

Eine Besonderheit der freiheitsentziehenden Maßnahmen ist die Eingrenzung des Raums für die Jugendlichen, wichtigster erzieherischer Wirkfaktor die Persönlichkeit der Fachkraft und der damit einhergehenden Beziehungsfähigkeit für die Jugendlichen, eine der größten Motivationen eine ebenso realistisch wie auch anstrebsame Perspektive über den Schulabschuss ins Erwerbsleben.

Die auch im Vergleich ausgeführte Paradoxie, dass Maßnahmen aufgrund von wiederholten Fehlverhalten abgebrochen werden können, scheint diese Form der Hilfen an sich ad absurdum zu führen. Die Maßnahmen müssen faktisch individuell und flexibel genug sein um ein geeignetes Setting für die Jugendlichen anbieten zu können, andernfalls lassen sie sich nur schwer gegenüber normalen offenen Heimen legitimieren, die in einer ähnlichen Weise jeher Jugendlichen „verlegen und abschieben" (Freigang 1986).

Alle an dieser Studie teilnehmenden freiheitsentziehenden Maßnahmen sind lediglich vergleichsweise kurze (bis 12 Monate geplant), zeitlich begrenzte Phasen im Leben der Jugendlichen. Anschlusshilfen und die Übergänge dorthin sollten bereits frühzeitig in die Hilfeplanung einfließen (vgl. hierzu auch Sivers u.a. 2015). Sozialpädagogik braucht Zeit, „sie muss auf Dauer setzen, um zu helfen" (Winkler 2013: 40). Oft scheint es sich anzubieten, dass die Anschlusshilfen am gleichen Ort und in den gleichen Institutionen allerdings in anderen Wohngruppen durchgeführt werden, da so Einrichtungs-Regeln, Gewohnheiten und Freundschaften eher aufrechterhalten werden können. Denn es hilft nur das, was in der späteren Lebenswelt der Adressat*innen auch Anwendung finden kann.

6.2 Erziehungsmittel und Machtquellen in der Kinder- und Jugendhilfe

Erziehung ist ein in sich selbst paradoxer Gegenstand. Ziel von erzieherischen wie pädagogischen Handlungen ist, in einer gewünschten Weise auf die Disposition einer Person einzuwirken. In der »modernen« und liberalen Gesellschaft (vgl. hierzu Böhnisch u.a. 2009; Winkler 2013) meint diese gewünschte Weise eine Erziehung hin zu selbstständigen und gesellschaftsfähigen Menschen, welche eigenständig in der Lage sein müssen, die an sie gestellten Anforderungen zu bewältigen. Es genügt nicht mehr, Kindern und Jugendlichen eine Tagesstruktur anzubieten, in die sie sich ebenso hineinfügen können wie im späteren Leben in vorgegebene gesellschaftliche Strukturen wie Geschlecht, Sexualität, Berufswahl, Rollenbild, Werte und Normen ihres sozialen Nahraumes etc. Diese Strukturen und Zwänge gehören immer mehr der Vergangenheit und Lebensformen vergangener Generationen an. „Das Erlernen eines Berufs, das Finden eines sozial-kulturellen, ästhetischen Stils, der Aufbau eines sozialen, Sicherheit bietenden Freundeskreises und das Suchen und Finden einer festen, auf Liebe und Zuneigung begründeten primären Partnerschaft sind inzwischen Lebensprojekte, die heute nicht mehr nur in der Jugendzeit bewältigt werden und dann mit einem lebenslangen Haltbarkeitsdatum versehen sind“ (Bock u.a. 2013: 9). Insbesondere die professionelle Erziehung und ganz besonders die Sozialen Arbeit stehen in der Pflicht, ihren Adressat*innen die Kompetenzen zu vermitteln, die notwendig sind, um die modernen gesellschaftlichen Zwänge, in denen sie freigesetzt wurden, zu bewältigen (vgl. hierzu auch Winkler 2013: 39). Damit sind jedoch Kompetenzen angesprochen, welche auf der einen Seite bei den Jugendlichen in den freiheitsentziehenden Maßnahmen wenig ausgebildet sind, auf der anderen Seite allerdings auch nicht Inhalt eines sozialpädagogischen »Curriculums«[39] der Einrichtungen sind. Sie finden sich im besten Fall andeutungsweise in einigen der für die Fallauswahl genutzten Konzepte.

Zur Umsetzung der jeweiligen *Erziehungsziele* verfügen die Pädagog*innen in den Maßnahmen über unterschiedliche Einfluss- bzw. *Machtquellen*. Der Grad der zur Verfügung stehenden Macht aus einer bestimmten Quelle ist dabei situationsabhängig und wird von Pädagog*innen mittels einer Erziehungstechnik in Form von *Zwang* auf die Jugendlichen übertragen.

Zur Veranschaulichung: Eine materielle Machtquelle kann dabei die Herausgabe der für die Jugendlichen aufbewahrten Zigaretten sein. Möchte Steffen nun am Abend seine letzte Tageszigarette rauchen, kann Frau Sandra ihm diese unter

[39] Wenn ich von einem »Curriculum« spreche, dann nicht im Sinne eines Erziehungsplans, sondern mehr in Bezug auf die Umsetzung etablierter sozialpädagogischer Theorie-Konzepte (vgl. hierzu Galuske 2013: 30; Böhnisch 2008, Thiersch 1992)

Verweis auf die Gruppenregeln verweigern, bis Steffen sein Amt erledigt hat. Verweigert sich Steffen dennoch, steht Frau Sandra vor der Entscheidung in einen Machtkampf mit Steffen einzusteigen und ihm weitere Sanktionen, z.B. über den Verstärkerplan, anzudrohen, um ihn gefügig zu machen. Oder aber sie belässt es dabei und gibt lediglich die Zigarette nicht heraus, womit sie den einmalig nicht gefegten Boden akzeptiert und mit Steffen im weiteren Tagesverlauf die Situation reflektieren kann.

Das Risiko bei einem Machtkampf um den gereinigten Boden beruht darauf, dass die beiden Seiten am Schluss um ihre individuelle Handlungsfähigkeit kämpfen. In Folge dessen, insbesondere bei immer wiederkehrenden Machtkämpfen und wenn sich die Jugendlichen als »Gewinner« fühlen, können unangemessene Sanktionen für Nebensächlichkeiten verhängt werden. Sanktionen, die weder gerecht noch pädagogisch sinnvoll erscheinen und lediglich einer Bestrafungslogik folgen bzw. als Zeichen zu deuten sind, dass die Pädagog*innen versuchen ihre Handlungsfähigkeit zu wahren. Dabei zeigt die Empirie, dass es für eine erfolgreiche pädagogische Arbeit oft entscheidend ist, Sanktionsspiralen zu vermeiden.

Die freiheitsentziehenden Maßnahmen verfügen über eine exklusive wie gesellschaftlich juristisch legitimierte Erlaubnis, in einer besonderen Form Zwang in Erziehung einsetzen zu dürfen. Diese Form drückt sich in ihren Machtquellen aus, auf welche sie zurückgreifen dürfen, teilweise aufgrund eines innerhalb der Kinder- und Jugendhilfe einzigartigen Rechts. Bei diesen besonderen Machtquellen nimmt die Quelle des Einschlusses der Jugendlichen eine besondere Rolle ein, da sie einen ultimativen Zwang und damit eine maximale Machtfülle suggeriert. Fügen sich die Jugendlichen den Fachkräften nicht, haben diese immer die Möglichkeit, die Jugendlichen in eine Auseinandersetzung zu zwingen, welche diese formal über einen längeren Zeitraum kaum gewinnen können, zumindest nicht, ohne besonders schwerwiegende Konsequenzen und daraus resultierende biografische Irritationen zu riskieren und alltägliche Unannehmlichkeiten zu erdulden.

Weitere Machtquellen sind die Organisationsregeln, die persönliche Zuwendung bzw. der Entzug davon und die Abschiebung der Jugendlichen in eine »düstere«, als verloren kommunizierte Zukunft (wie in Fall Blautal).

Auch wenn in jeder Erziehungssituation ein Machtgefälle zwischen Erziehenden und Jugendlichen notwendig ist, bleiben doch die Fragen, wie und mit welchen Mitteln die Macht angewandt wird. In den freiheitsentziehenden Maßnahmen kommen unterschiedliche Erziehungsmittel und -techniken zur Anwendung. Diese Techniken zielen in aller Regel darauf ab, die Jugendlichen über Disziplinierungen und extrinsische Reize in die Gesellschaft zu integrieren. Mit Ausnahme von Sonnenbörde greifen die übrigen Einrichtungen verschiedentlich auf die Nutzung von Zwang innerhalb der Erziehungstechniken zurück. In Sonnenbörde werden Zwangsformen intern reflektiert und nur in Ausnahmefällen offen angewendet, hier lässt sich die Erziehungskultur am ehesten als reflektiert beschreiben. Auch wenn sie nicht frei von Zwang ist, wird dieser dennoch auf ein Minimum reduziert.

Mit dem reflektierten diskursiven Stil beschreibe ich eine pädagogische Grundhaltung, bei der es nicht darum geht, Machtkämpfe zu gewinnen oder einzugehen, sondern reflektiert auf Konflikte zu reagieren. Es kann zielführender sein, gemeinsam mit den Kindern und Jugendlichen die gesellschaftlich desintegrierenden Bewältigungshandlungen kritisch zu hinterfragen sowie gleichzeitig alternative Handlungsmöglichkeiten aufzuzeigen, die dabei die Interessen der Kinder und Jugendlichen wahren.

Sozialpädagogisches Handeln ist immer als ein interaktiver wie auch asymmetrischer Prozess zu verstehen, in dem Kompetenzen angeeignet werden können. Sozialpädagogische Erziehung erfolgt im Spannungsverhältnis von Fallverstehen und gesellschaftlichem Regelwissen (vgl. hierzu Helsper 2006). Es ist ein Trugschluss, davon auszugehen, dass fehlende gesellschaftliche Strukturen den Jugendlichen ein zwangloses Aufwachsen ermöglichen. Die Zwänge verlagern sich lediglich. Unterlagen Jugendliche zum Beginn der Industrialisierung bspw. dem Zwang, einer sozial definierten Geschlechterrolle und damit einhergehenden Sexualität zu folgen, so sind Jugendliche heute gezwungen, stärker sich individuell nicht nur das eigene Geschlecht, sondern auch die eigene Sexualität zu definieren. Waren, vor allem männliche, Jugendliche vor der Industrialisierung gezwungen, die Gewerke der Eltern zu übernehmen, folgte mit der Industrialisierung die Freisetzung als Lohnarbeiter und damit der Zwang, zuvor eine Ausbildung zu wählen und diese zu absolvieren. In der postindustriellen Gesellschaft hat sich nicht nur die Berufslandschaft immer weiter ausdifferenziert und spezialisiert, sondern mit ihr auch gleich Art und Stufe der Graduierung, in welcher die Jugend einerseits freigesetzt, andererseits auch gefangen ist und die – gezwungenermaßen – bewältigt werden muss (vgl. Böhnisch u.a. 2009). Gleichzeitig zeigt sich aus bisherigen Forschungen, dass viele der Jugendlichen komplexen Risikolagen entstammen. In ihrem bisherigen Leben haben sich teilweise massive körperlichen Zwang bzw. Gewalt Erfahrungen machen müssen – durch die erzogen werden sollte – und/oder auch Vernachlässigungen erlebt, so dass die Jugendlichen gezwungen waren, sich selbstständig zu versorgen (vgl. hierzu Kap. 3.5; 3.6). Somit bewegt sich das Lebensalter Jugend und die Adressat*innen der Kinder- und Jugendhilfe auch heute gleich mehrfach in der pädagogischen Paradoxie von Freiheit versus Zwang. Mehrfach, da die Paradoxien sowohl in verschiedenen Formen auf der gesellschaftlichen Makro-Ebene (Zwang, die Aufgaben des Jugendalters zu bewältigen vgl. Kap. 2), aber auch auf der zwischenmenschlichen Meso-Ebene (Zwang im Familienkontext) zum Vorschein treten.

Der Vergleich der Einrichtungen zeigt deutlich, dass die Kinder- und Jugendhilfe nicht in der Lage ist, gesellschaftliche Zwänge zu negieren, sondern im besten Fall die Kompetenzen und die Kraft von jungen Menschen, diese zu bewältigen, fördern kann. Insbesondere der Vergleich zwischen den klassischen geschlossenen Unterbringungen und Übermeer sowie den von Schwabe/ Evers (2006) vorgestellten offenen Einrichtungen verdeutlicht, dass sich lediglich die Zwangsform ändert, der Grad des angewendeten Zwangs, der auf die Jugendlichen einwirkt, allerdings nicht von der Form der Maßnahme abhängig ist. Zwang ist diesbezüglich, im Verständnis einer sozialpädagogischen Handlungsmethodenlehre[40], als ein der Methode nachgeordnetes Verfahren zu verstehen. Folglich ist Zwang nur ein Mittel, um die Erziehungsziele zu erreichen. Im Umkehrschluss kann also keine der Zwangsformen (wie z.B. Tagesstruktur, Verstärkerplan, Disziplin, Einschluss) zum pädagogischen Ziel erhoben werden. Dies gilt insbesondere für den Erziehungsalltag, was – wie die Empirie gezeigt hat – sich teilweise kaum im Erziehungshandeln der pädagogischen Akteur*innen zeigt. Das bloße „Einüben" (Feldartefakt 310) von Verhaltensweisen mittels Wiederholungen ist dabei eher eine Konditionierung als eine Erziehung, denn: In der Dualität von Pädagogik geht Erziehung immer mit Bildung und damit dem Verstehen und dem Reflektieren verschiedener Handlungsweisen einher. Bei der simplen Wiederholung ist dies nicht gegeben.

In der Praxis der Jugendhilfe und auch Jugendarbeit gibt es viele reflektiert arbeitende Pädagog*innen, wirkmächtige Projekte und wirkmächtige Maßnahmen, dies macht, gemessen am Erfolg (vgl. Schrödter/ Ziegler 2007: 7), einen Großteil der angebotenen Hilfen aus (vgl. Lindner 2008). Allerdings gibt es noch immer auf möglichst simple Lösungen setzende Projekte, die der Komplexität der Fälle nicht gerecht werden. Je komplexer der Jugendhilfefall, umso reflektierter sollte die Reaktion der Maßnahme ausfallen.

6.3 Zum Fachdiskurs über Erziehung im Freiheitsentzug

In diesem Kapitel wird auf die wichtigsten, beziehungsweise am häufigsten vorgebrachten Argumente für und gegen freiheitsentziehende Maßnahmen bzw. Zwang und Erziehung eingehen.

Wie insbesondere aus dem Diskurs zu Zwang in Erziehung ersichtlich geworden ist, gibt es keinen einheitlich definierten Begriff von Zwang. Während

40 Bezogen auf ein eher analytisches enges Begriffsverständnis von Konzept, Methode, Technik (vgl. Galuske 2013: 30)

Cremer-Schäfer (2007) einen engen Begriff von Zwang verwendet, arbeiten andere Autor*innen wie Pankofer (2007) oder Wolf (2008) mit einem weiter gefassten Verständnis. Im engen Verständnis lässt sich Zwang pädagogisch nicht legitimieren, da er immer mit Strafe und Disziplinierung einhergeht, im weit gefassten Verständnis hingegen kann Zwang auch eine schützende Funktion, etwa beim Festhalten eines Kindes, wenn es auf die vielbefahrene Straße läuft, haben. Bereits diese unterschiedlichen Zugänge zu einem Thema machen es schwierig, Zwang erziehungswissenschaftlich überhaupt zu erfassen, was allerdings für die Debatte förderlich wäre. Ähnlich verhält es sich mit den verschiedenen Sichtweisen auf geschlossene Unterbringung oder genauer, auf die unterschiedlichen Bilder von geschlossenen Unterbringungen mit denen in den verschiedenen Artikeln gearbeitet wird. Trotzdem oder gerade deshalb hat sich eine emotional geführte Debatte rund um freiheitsentziehende Maßnahmen entwickelt. Einerseits wird argumentiert, dass freiheitsentziehende Maßnahmen für Kinder und Jugendliche geeignet sein, die sich allen anderen bisherigen Hilfeversuchen entziehen. Hier stehen freiheitsentziehende Maßnahmen als Synonyme für eine »härtere Gangart«, die Grenzen aufzeigen könne (vgl. hierzu Schwabe 2009; Höhler 2009). Eine Verkettung politischer Kalküle mit sozialpädagogisch heiklen Erziehungsfragen ist hier unverkennbar (vgl. dazu auch Permien 2010). Gegner*innen der geschlossenen Unterbringung argumentieren hingegen zuvörderst unter Rückgriff auf sozialhistorische Erfahrungen, wenn sie eine »Reinkarnation« der Zustände aus den 1950er-Jahren der Bundesrepublik bzw. den »DDR-Jugendwerkhöfen« befürchten. Freiheitsentzug und Freiheitsbeschränkungen werden in dieser Lesart als Strafmaßnahme bzw. gesetzwidrige Gewaltanwendung gegen Kinder und Jugendliche durch die Kinder- und Jugendhilfe angesehen (vgl. hierzu Cremer-Schäfer 2007).

Ein regelmäßig, auch in pädagogischen Stellungnahmen, Vorträgen oder Artikeln aufgegriffenes, Argument ist die Frage nach der Rechtmäßigkeit von freiheitsentziehenden Maßnahmen. Dazu lässt sich festhalten, dass bis heute auch auf höchstrichterlicher Ebene (vgl. hierzu Feldartefakt 191) freiheitsentziehende Maßnahmen in der Kinder- und Jugendhilfe positiv beschieden werden und immer auch Familiengerichte eine Unterbringung genehmigen müssen. Dies lässt den klaren Schluss zu, dass zumindest von Seiten der Justiz freiheitsentziehende Maßnahmen rechtmäßig sind. Von dieser nüchternen Feststellung abgesehen, sollten eine originär pädagogische Debatte und damit verbundene Probleme nicht fachfremd gelöst werden. Ich verzichte daher im Folgenden auf juristische Mutmaßungen, sondern beziehe mich ausschließlich auf die pädagogischen Argumentationen.

Das am häufigsten vorgetragene pädagogische Argument gegen Freiheitsentzug ist, dass „Erziehung nur in Freiheit möglich ist" (IGfH 1997: 40; auch Pflüger-Scherb 2012; IGfH 2013), da Erziehung auf Freiwilligkeit, Vertrauen und einer positiven menschlichen Beziehung beruhen sollte. Diese erzieherischen Grundlagen, so die Gegner*innen sind nur ohne Freiheitsentzug möglich, da dieser immer Zwang und Druck in der Erziehung bedeutet. Abgesehen davon, dass die Erziehungsmethode grundsätzlich vom jeweiligen Erziehungsziel abhängig ist, zeigen die vorliegende und auch weitere Studien (vgl. hierzu u.a. Pankofer 1997; Permien 2010) deutlich, dass auch in geschlossenen Unterbringungen pädagogische Prozesse angeregt werden können und die Jugendlichen den Fachkräften Vertrauen entgegenbringen und Beziehungen eingehen können. Auch wenn diese Beziehungen nur von begrenzter Dauer sind, können sie doch dazu beitragen, dass den Jugendlichen (professionell) positive Beziehungserfahrungen ermöglicht werden, auf die die folgenden Maßnahmen aufbauen können.

Es gibt bereits heute keine »richtigen«, d.h. ausbruchssicheren freiheitsentziehenden Maßnahmen mehr (vgl. hierzu Fall Sonnenbörde; Pankofer 1997; Hoops/ Permien 2006: 111). Viele Jugendliche laufen aus den Maßnahmen weg. Ein Fakt, welchen die Gegner*innen der Maßnahmen zum Anlass nehmen, die Einrichtungen damit für obsolet zu erklären und den die Befürworter*innen als Argument nutzen, um auf die Differenz zwischen alten geschlossenen Heimen und modernen freiheitsentziehenden Maßnahmen zu verweisen. Allerdings ist Weglaufen nicht gleich Weglaufen, sicherlich gibt es in offenen wie in freiheitsentziehenden Jugendheimen eine geplante „Flucht" (vgl. hierzu Vignette Sonnenbörde), doch ist es in den freiheitsentziehenden Maßnahmen kaum möglich, aus einer akuten Konfliktsituation, z.B. mit den Mitarbeiter*innen, unbemerkt wegzulaufen. Somit müssen die Jugendlichen zunächst den Konflikt bewältigen oder zumindest die Situation aushalten und können erst im Anschluss, als bewusste Entscheidung und nicht aus einem Impuls heraus, versuchen die Einrichtung zu verlassen. Die meisten „Abgängigkeiten" aus geschlossenen Unterbringungen geschehen dabei mit 75% (vgl. hierzu Sülzle-Temme 2007) während regulärer Ausgänge, von denen die Jugendlichen nicht oder wesentlich verspätet zurückkehren.

Das Thema Misshandlungen ist, gerade auch unter Bezug auf die aktuellen Fälle wie dem Haasenburg- (vgl. hierzu Kutter 2013) sowie dem Friesenhof-Skandal (NDR 2015), in den öffentlichen Diskussionen besonders präsent. Nun hat sich die Haasenburg, wie auch etliche andere freiheitsentziehende Maßnahmen, nicht öffentlich zur freiheitentziehenden Unterbringung bekannt und die vier Jugendheime des Friesenhofs waren als offene Jugendwohngruppe konzipiert, so dass beide Skandale dem Dunkelfeld der freiheitsentziehenden Maßnahmen zuzurechnen sind. Wie auch der Missbrauchsskandal der Odenwaldschule und anderer Internatsschulen zeigen, sind Misshandlungen und Machtmissbrauch kein Alleinstellungsmerkmal von freiheitsentziehenden Maßnahmen und das Problem löst sich mit ihrer Abschaffung nicht auf. Wichtig sind in jedem Fall transparente Strukturen und eine funktionierende Heimaufsicht.

Auf Seiten der Befürworter*innen ist das zentrale Argument, dass man nur Jugendliche erziehen kann, die auch vor Ort sind. Dies mag sicherlich für die Kinder- und Jugendhilfe zutreffend sein, aber wer sagt, dass das Aufwachsen in beispielsweise einer Peer-Group in einer frei gewählten Wohngemeinschaft schlechter für die Jugendlichen sein muss? Immerhin sind die kommunizierten Zukunftsperspektiven in der Jugendhilfe, gemessen an gesellschaftlichen Standards wie Ausbildung oder Studienplatzwahl, aus Sicht ihrer Adressat*innen teilweise ebenso schlecht wie auf der Straße. Was spricht dann gegen ein Leben in Freiheit und unter Begleitung von aufsuchender Jugendsozialarbeit (vgl. hierzu Klawe 2011)? Die Jugendliche Josephine, welche bis zu ihrer Inobhutnahme in ein absolutes Abhängigkeitsverhältnis gerutscht ist und den Kontakt zur Familie und allen ehemaligen Freund*innen abgebrochen hat, ist ein Jugendhilfefall der zeigt, welche Folgen ein zu spätes Agieren haben kann. Auf der anderen Seite ist Niko, ein Junge, der von Beginn an und im vollen Bewusstsein aller Beteiligten – ausschließlich mangels Alternativen – freiheitsentziehend untergebracht wurde. Nicht nur diese Jugendlichen, sondern eine Vielzahl von Studien (vgl. hierzu Freigang 1986; Stadler 2004; Tautorat 2004; Witte 2009; Permien 2010; Uhlendorff 2010), die sich mit den »schwierigsten« Fällen befassen, unterstreichen seit geraumer Zeit die Forderung nach umfangreichen kasuistischen Kompetenzen der Beteiligten und vor allem fallverantwortlichen Fachkräften. Für den einen besonderen Fall kann eine Betreuung auf der Straße zielführender sein, für den nächsten die Unterbringung in einem Auslandsprojekt oder eben auch in einer freiheitsentziehenden Maßnahme, die möglicherweise auch einer anderen Profession zuzurechnen ist. Die Kinder- und Jugendhilfe muss sich in jedem Fall der modernen liberalen Gesellschaft stellen, dies bedeutet auch, liberale alternative Lebensformen akzeptieren zu können, von denen keine Gefährdung ausgeht. In jeden Fall müssen sozialpädagogisch Interventionen auf eine, an die Anforderungen der modernen Gesellschaft passungsfähige, Kasuistik aufbauen.

Ein weiterer Faktor im Fachdiskurs sind die höheren Kosten der Hilfen. Dabei geht es nicht um eine gesellschaftliche Kosten vs. Nutzen Rechnung, sondern um den Vergleich mit anderen Maßnahmen der Kinder- und Jugendhilfe. Bei einem Spitzentagessatz von bis zu 450,24€ (vgl. hierzu AK GU14+ 2015) muss sich die Kinder- und Jugendhilfe die Frage stellen, ob es keine alternativen Möglichkeiten gibt, den Jugendlichen mit diesem Geld eine selbstbestimmte Zukunft zu ermöglichen.

Ein abschließendes Argument ist die Ausrichtung der Einrichtung in ihrer Erziehungskultur, also ob die Jugendheime mit einem reflektierten Minimum an Zwang innerhalb der Erziehungstechniken arbeiten wollen oder nicht. Dies ist gerade aufgrund der massiven strukturellen Machtquellen der Einrichtungen möglich, allerdings scheinen eine ganze Reihe von Kinder- und Jugendhilfeeinrichtungen eher mit einer punitiven Erziehungskultur zu arbeiten, die den politischen Anforderungen, allerdings nicht den pädagogischen Zielen gerecht wird. Die Träger müssen sich hier entscheiden, ob sie den teilweise vorherrschenden politischen »Law and Order« Prinzipien Folge leisten, oder aber aus einem (sozial-) pädagogischen, auf die Zukunft der Jugendlichen ausgerichteten, professionellen Verständnis heraus agieren wollen.

Freiheitsentziehende Maßnahmen scheint es dabei solange geben zu müssen, wie die Kinder- und Jugendhilfe in Machtkämpfe einsteigt, die eigene Bewältigung durch die Adressat*innen nicht ausreichend unterstützt und sich nicht von medialen Bestrafungswünschen emanzipieren kann. Immerhin kann sie so auch möglicherweise den Schein wahren, dass ihr »kein Kind verloren geht[41]« und sie für jede Problemstellung eine Antwort hat.

41 „Kein Kind soll verloren gehen". Die Bundesweite Initiative „Allianz für Bildung" vernetzt überregionale Stiftungen und Institutionen (vgl. Bildungsserver 2011).

7 Resümee und Ausblick

Was bedeuten die hier dargestellten Ergebnisse für die Sozialpädagogik? Die Debatte um Zwang und Erziehung in der Sozialen Arbeit ist noch lange nicht abgeschlossen. Erziehung nutzt Machtquellen, um über Techniken und Verfahren Zwänge auf die Kinder und Jugendlichen ausüben zu können mit dem Ziel, ihre Dispositionen auf eine gewünschte Weise zu fördern. Aber welche Machtquellen, Erziehungsmittel und Zwangsformen sind innerhalb der öffentlichen Erziehung legitim? Mit welchen Quellen und Mitteln fördert man welche Dispositionen bei welchen Jugendlichen und was sind die gemeinsamen übergeordneten Erziehungsziele einer modernen und professionellen Kinder- und Jugendhilfe?

Mit dieser Studie konnte gezeigt werden, dass es nicht *die* freiheitsentziehende Maßnahme mit *dem* Konzept gibt. Die Jugendlichen, die in freiheitsentziehenden Maßnahmen untergebracht werden, müssen vielfältige Risikolagen und strukturelle Zwänge bewältigen. Ihnen fehlen teilweise gesellschaftlich integrierende Handlungsweisen sowie die zur Nutzung der Bewältigungskompetenzen notwendigen Ressourcen, welche nicht in ausreichendem Maß zur Verfügung stehen. In Folge dessen können Übergänge, Zwänge und Krisen erst zu einem späteren Zeitpunkt bewältigt werden. Im Alltag sind die Jugendlichen oft nicht besonders auffällig, ihre in Konflikten auftretenden massiven desintegrierenden Bewältigungshandlungen allerdings schon. Das sind Handlungen und Reaktionen, an denen die Kinder- und Jugendhilfe immer wieder scheitert und aufgrund derer sie ihre Adressat*innen weiter abschiebt. Offen bleibt, was aus den Jugendlichen in 15 bis 20 weiteren Lebensjahren wird, ob sie es schaffen, ein selbstbestimmtes Leben aufzubauen und welche Bedeutung sie der freiheitsentziehenden Maßnahme im Nachhinein beimessen.

Auch die Frage, welche Machtquellen, Erziehungsmittel und Zwangsformen in der Kinder- und Jugendhilfe vertretbar sind und welche nicht, sollte mittels empirisch fundierten Kenntnissen beantwortet werden. Die Diskussion über den Weg kann hingegen erst geführt werden, wenn die Kinder- und Jugendhilfe konzeptionelle Ziele für ihre Adressat*innen herausgearbeitet hat. All diese Grundlagen helfen allerdings wenig, wenn sie nicht im Handlungsfeld selbst ihre Anwendung finden.

M. Engelbracht, *Jugendliches Alltagsleben in freiheitsentziehenden Maßnahmen*, Kasseler Edition Soziale Arbeit 16, https://doi.org/10.1007/978-3-658-23843-8_7

Welches Wissen und welche Handlungsmethoden und Kompetenzen durch die Fachkräfte der Sozialen Arbeit Anwendung finden können, liegt dabei auch in der Verantwortung von Ausbildung und Lehre. Nur wenn Kompetenzen zum Fallverstehen, der Kasuistik oder der Sozialpädagogischen Diagnostik vermittelt wurden, können diese als Wissen im Handlungsfeld durch die Pädagog*innen abgerufen werden. Die Empirie, auch aus anderen Handlungsfeldern (vgl. hierzu Schwabe 2006c), legt nahe, dass in von der Sozialen Arbeit mitgeschriebenen Lebensgeschichten zu oft eben jene analytischen Kernkompetenzen keine Anwendung finden. In Bezug auf die Ausbildung lässt sich daher auch die Frage nach der Qualifikation von Fachkräften, gerade für die Erziehung von so genannten Systemsprenger*innen, stellen. Es ist nur konsequent, für Jugendliche mit besonderem Betreuungsbedarf auch eine entsprechend hohe Qualifikation der Fachkräfte, verbunden mit fallanalytischen Kompetenzen, fordern.

In Bezug auf die räumlichen Gegebenheiten der Einrichtungen bleibt dezidierter zu untersuchen, welche Relevanz die architektonische Situation für eine zielgerichtete pädagogische Arbeit im Allgemeinen und welche Wirkung sie auf die Erziehungskultur der Einrichtung im Speziellen hat.

Schließen möchte ich mit einem persönlichen Wort zu den Jugendlichen: Ich war überrascht, wie offen die Jugendlichen mit mir umgegangen sind und wie viel Vertrauen sie mir nach einigen Tagen des Zusammenlebens bereits entgegengebracht haben. Die Jungen und Mädchen sind, auch als Träger*innen ihrer jeweiligen Biografie, geprägt von den Erfahrungen, die sie in ihrem Leben gemacht haben. Sicherlich können sie alle auch von glücklichen und schönen Momenten berichten, viele mussten allerdings traumatisierende, in die Biografie einschneidende, irritierende Erfahrungen machen. Für mich ist es bewundernswert, wie es die Jugendlichen trotz der ihnen auferlegten Bürden schaffen, ihren Alltag zu bewältigen – Niko, Soul, Fabian, Lea, Saburo, Sandra, Steffen, Nadine, Ron und Co.: Sie alle haben meine Hochachtung und meine besten Wünsche für ihre Zukunft.

„Das Dilemma der geschlossenen Unterbringung: Ihr Elend besteht darin, dass sie mit Elend zu tun hat“ (Winkler 2005: 201).

Literaturverzeichnis

Aikikai (o.J.). „Aikido has not competition“ Url.: http://www.aikikai.or.jp/eng/aikido/about.html [Abgerufen 09.12.15].

AK GU14+ (2015). Heime mit freiheitsentziehenden Maßnahmen. Url.: http://www.geschlossene-heime.de/main.php?do=showDetails&id=17. [Abgerufen 23.11.2015].

Bauer, H.-P. (1998). Erziehung unter Zwang: Eine Zumutung für die Jugendhilfe? Das Konzept der teilgeschlossenen Unterbringung im Jugendheim Schönbühl. In Sozialmagazin Jg. 23; Nr.11. S. 28-35.

Baver, M. (V.i.S.d.P)(2013). Unser Konzept. [online] Url.: www.Haasenburg.de [Abgerufen 20.06.2013]

Bildungsserver (2011). „Kein Kind soll verloren gehen. Url.: http://www.bildungsserver.de/innovationsportal/bildungplus.html?artid=783 [Aufgerufen 09.12.2015].

Bitzan, M./ Bolay, E./ Thiersch, H. (Hrsg.) (2006). Die Stimme der Adressaten. Empirische Forschung über Erfahrungen von Mädchen und Jungen in der Jugendhilfe. Weinheim und München: Juventa- Verlag.

Bjk (Bundesjugendkuratorium) (Hrsg.) (1982). Erziehung in geschlossenen Heimen. Ein Symposium. München: Juventa.

Blandow, J./ Winter- v. Gregory, W./ Schmitz J. (1986). Erzieherische Hilfen – eine Untersuchung zu geschlechtsrollen- Typisierungen in Einrichtungen und Diensten der Jugendhilfe. In. Freigang, W./ Blandow, J./ Frommann, A./ Schmitz, J./ Gieselmann, A./ Winter-v. Gregory, W.: Mädchen in Einrichtungen der Jugendhilfe. S. 133-227. Opladen: Leske Budrich.

Blandow, J. (2008). Jugend. In: Andreas Hanses, Hans Günther Homfeldt (Hrsg.): Lebensalter und Soziale Arbeit Band 1. Eine Einfuhrung. Baltmannsweiler: Schneider Verlag Hohengehren.

Bock, K. (2010). Sozialpädagogik der Lebensalter. VL 1: Kategorien der Lebensalter. In: Vorlesung: Sozialpädagogik der Lebensalter. SoSe 2010. Münster.

Bock, K./ Maischatz, K. (2010). Ethnographie und Soziale Arbeit – Ein kritisches Plädoyer. In: Heinzel, F./ Thole, W./ Cloos, P./ Köngeter, St.

M. Engelbracht, *Jugendliches Alltagsleben in freiheitsentziehenden Maßnahmen*, Kasseler Edition Soziale Arbeit 16, https://doi.org/10.1007/978-3-658-23843-8

(Hrsg.): „Auf unsicherem Terrain“. Ethnographische Forschung im Kontext des Bildungs- und Sozialwesens. Wiesbaden: VS Verlag.

Bock, K./ Miethe, I. (Hrsg.) (2010). Handbuch Qualitativer Methoden in der Sozialen Arbeit. Opladen und Farmington Hills: Verlag Barbara Budrich.

Bock, K./ Grabowsky, S./ Sander, U./ Thole, W. (2013)(Hrsg.). Jugend.Hilfe.Forschung. Baltmannsweiler: Schneider Verlag Hohengehren.

Bock, K./ Engelbracht, M./ Lempp, Th./ Rohr, P./ Rudolp, M. (2015). Gewaltdiskurse in der Kinder- und Jugendhilfe. In Melzer, W./ Hermann, D./ Sandfuchs, U./ Schäfer, W./ Daschner, P. (Hrsg.). Handbuch Aggression, Gewalt und Kriminalität bei Kindern und Jugendlichen (S. 341-319). Bad Heilbrunn: Verlag Julius Klinkhardt.

Bock, K./ Thole, W./ Böllert, K./ Braches-Chyrek, R./ Dollinger, B./ Heite, Ch./ Kessel, F./ Ziegler, H. (2015). Editorial. In. Soziale Passagen. Journal für Empirie und Thoerie Sozialer Arbeit. S. 1-2. Wiesbaden: Springer.

Bortz, J./ Döring, N. (2006). Forschungsmethoden und Evaluation für Human und Sozialwissenschaftler. 4., überarbeitete Auflage. Heidelberg: Springer Medizin Verlag.

Böhle, A./ Galuske, M./ Grosse, M./ Schäfer, M./ Schmid, N./ Schrödter, M./ van der Berg, W. (2014). Zusammenfassung des Abschlussberichts der Evaluation des Trainingscamps Lothar Kannenberg. [online] Url.: http://www.uni-kassel.de/fb01/fileadmin/datas/fb01/Institut_fuer_Sozialwesen/SozP%C3%A4d/Zusammenfassung_Abschlussbericht_Homepage.pdf [Abgerufen 12.10.2015].

Böhnisch, L. (2005). Lebensbewältigung. Ein sozialpolitisch inspiriertes Paradigma für die Soziale Arbeit. In: Thole, W. (Hrsg.): Grundriss Sozialer Arbeit. Ein einführendes Handbuch. 2., überarbeitete und aktualisierte Auflage. Wiesbaden: VS-Verlag für Sozialwissenschaften. S. 199-214.

Böhnisch, L. (2008). Sozialpädagogik der Lebensalter. Eine Einführung. 5., überarbeitete Auflage. Weinheim und München: Juventa.

Böhnisch, L. (2012). Sozialpädagogik der Lebensalter. Eine Einführung. 6., überarbeitete Auflage. Weinheim und München: Beltz Juventa.

Böhnisch, L./ Lenz, K./ Schröer, W. (2009). Sozialisation und Bewältigung. Eine Einführung in die Sozialisationstheorie der zweiten Moderne. Weinheim und München: Juventa.

Böhnisch, L./ Schröer, W./ Thiersch, H. (2005). Sozialpädagogisches Denken. Wege zu einer Neubestimmung. Weinheim und München: Juventa.

Braun, A./ Graßhoff, G. /Schweppe, C. (2011). Sozialpädagogische Fallarbeit. Stuttgart: Reinhard.

Braun, K.-H. (2013). Sozialpathologische Umerziehung: Der Geschlossene Jugendwerkhof in Torgau. Ein Foto-Interview mit dem Zeitzeugen Alexander Müller. In: Bock, K./ Grabowsky, S./ Sander, U./ Thole, W. (Hrsg.): Jugend.Hilfe.Forschung. Baltmannsweiler: Schneider Verlag Hohengehren.

Breidenstein, G./ Hirschauer, St./ Kalthoff, H./ Nieswand, B. (2013). Ethnografie. Die Praxis der Feldforschung. Konstanz: UVK Verlagsgesellschaft.

Brezinka, W. (1981). Grundbegriffe der Erziehungswissenschaft. Analyse, Kritik, Vorschläge. 4., verbesserte Auflage. München und Basel:.Ernst Reinhardt Verlag.

Bronfenbrenner, U. (1981). Die Ökologie der menschlichen Entwicklung. Natürliche und geplante Experimente. Stuttgart: Klett-Cotta.

Brumlik, M. (Hrsg.) (2008). Ab nach Sibirien? Wie gefährlich ist unsere Jugend? Weinheim: Beltz.

Buchkremer, H. (2009). Handbuch Sozialpädagogik. Ein Leitfaden in der sozialen Arbeit. 3. Auflage. Darmstadt: Wissenschaftliche Buchgesellschaft.

Bundeszentrale für politische Bildung (Hrsg.) (2008). Bevölkerungsentwicklung und Alltagsstruktur. [online] Url.: http://www.bpb.de/wissen/1KNBKW [Abgerufen 29.12.2015].

Bundeszentrale für politische Bildung (bpb) (2012). Die soziale Situation in Deutschland. [online] Url.: http://www.bpb.de/nachschlagen/zahlen-und-fakten/ soziale-situation-in-deutschland/61531/bevoelkerung [Aufgerufen: 02.11.2015].

Büchner, B. (2006). Verfahrenspflege in Verfahren zur Genehmigung freiheitsentziehender Maßnahmen gem. § 1631b BGB. München: Eigenverlag.

Cloos, P./ Thole, W. (Hrsg.) (2006). Ethnografische Zugänge. Professions- und adressatInnenbezogene Forschung im Kontext von Pädagogik. Wiesbaden: VS-Verlag.

Cremer-Schäfer, H. (2007). Populistische Pädagogik und das „Unbehagen in der punitiven Kultur". In. Wiedersprüche Zeitschrift für sozialistische Politik im Bildungs-, Gesundheits- und Sozialbereich Heft 106. S. 59-76.

Demling (2015). twentysomething [online] Url.: http://www.bento.de/art/twentysomething-fotografen-zeigen-das-leben-junger-menschen-weltweit-83581/ [Abgerufen 10.12.2015]

ECKART-Fachverband: „Erziehung und Zwang" Kontakte Spezial Oktober 2006. Münster: Eigenverlag.

Felka, E./ Harre, V. (Hrsg.) (2011). Individualpädagogik in den Hilfen zur Erziehung. Rechtliche Grundlagen, Adressaten, Settings und Methoden. Baltmannsweiler: Schneider Verlag Hohengehren.

Fieseler, G. (2010). Geschlossene Unterbringung – Perspektiven und Handlungsmuster der Familiengerichte. In. Unsere Jugend Heft 4. München: Reinhardt-Verlag.

Fischer, T./ Ziegenspeck, J. W. (2009). Betreuungsreport Ausland. Eine empirische Analyse zur Wirklichkeit und Wirksamkeit intensivpädagogischer Betreuungsmaßnahmen im Ausland. Lüneburg: Edition Erlebnispädagogik.

Flick, U. (2007). Qualitative Sozialforschung. Eine Einführung. Überarbeitete und erweiterte Neuauflage. Hamburg: Rowohlt Verlag.

Focus (2014). Rotzfrech „Klau- Kids" 14-jährige Experten: Bundespolizei ist machtlos gegen klauende Kinder. [Online] Url.: http://www.focus.de/panorama/rotzfreche-klau-kids-bundespolizei-ist-machtlos-gegen-klauende-kinder_id_4110933.html [Abgerufen 10.12.2015].

Freigang, W. (1986). Verlegen und Abschieben. Zur Erziehungspraxis im Heim. Weinheim und München: Belz Juventa.

Friebertshäuser, B./ Panagiotopoulou, A. (2010). Ethnographische Feldforschung. In: Friebertshäuser, B./ Lange, A./ Prengel, A. (Hrsg.): Handbuch Qualitative Forschungsmethoden in der Erziehungswissenschaft. Weinheim und München: Juventa. 3., vollständig überarbeitete Auflage. S. 301-322.

Galuske, M. (2008). Trainingscamp Lothar Kannenberg – Ein Modell sozialpädagogischer Arbeit mit Jugendlichen zwischen Jugendhilfe und Justiz Prozessbegleitende Evaluation einer Einrichtung im Spannungsfeld von Justiz, Kinder- und Jugendpsychiatrie und Jugendhilfe. Kassel.

Galuske, M. (2013). Methoden der Sozialen Arbeit. Eine Einführung. 10. Auflage. Weinheim und München: Juventa Verlag.

Galuske, M./ Böhle, A. (2010). Evaluation des Trainingscamp Lothar Kannenberg. Erste Befunde zu Delinquenzverläufen der Klienten vor und nach der Maßnahme. In: Zeitschrift für Jugendkriminalrecht und Jugendhilfe (1), S. 52-61.

Garz, D./Raven, U. (2015). Theorie der Lebenspraxis. Einführung in das Werk Ulrich Oevermanns. Wiesbaden: Springer VS Verlag.

Geißler, K. A./ Hege M. (2001). Konzepte sozialpädagogischen Handelns. Ein Leitfaden für soziale Berufe. 10. Auflage. Weinheim und Basel: Beltz.

GEW (2015). Kurztest „Bin ich prekär beschäftigt?" [online] Url.: http://www.gew-berlin.de/4529.php [Abgerufen 30.12.2015].

Girtler, R. (2001). Methoden der Feldforschung. Wien: UTB-Verlag.

Girtler, R. (2010). Feldforschung als Ethnografie. In Bock, K./ Miethe, I. (Hrsg): Handbuch Qualitativer Methoden in der Sozialen Arbeit. Opladen und Farmington Hills: Verlag Barbara Budrich.

Goffmann, E. (2008). Wir alle spielen Theater. Die Selbstdarstellung im Alltag. Aus dem Amerikanischen von Peter Weber-Schäfer. München und Zürich: Piper-Verlag.

Göhlich, M./ Engel, N./ Höhne, Th. (2012). Szenen und Muster. Zur pädagogischen Ethnographie von Organisationen im Kontext der Grenzüberschreitung. In: Friebertshäuser, B./ Kelle, H./ Boller, H./ Bollig, S./ Huf, Ch./ Langer, A./ Ott, M./ Richter, S. (Hrsg.): Feld und Theorie. Herausforderungen erziehungswissenschaftlicher Ethnographie. Opladen, Berlin und Toronto: Verlag Barbara Budrich. S. 153-168.

Hamberger, M. (2014). Zukunft der Heimerziehung – eine knappe Skizze. In: Faas, St./ Zipperl, M. (Hrsg.): Sozialer Wandel. Herausforderungen für kulturelle Bildung und Soziale Arbeit. Wiesbaden: Springer VS.

Hanses (2008): Biografie. In: Hanses, A./ Homfeldt, H. G. (Hrsg.)(2008): Lebensalter und Soziale Arbeit Band 1: Eine Einführung. Baltmannsweiler: Schneider Verlag Hohengehren.

Hanses, A./ Homfeldt, H. G. (Hrsg.) (2008). Lebensalter und Soziale Arbeit Band 1: Eine Einführung. Baltmannsweiler: Schneider Verlag Hohengehren.

Heinzel, F./ Thole, W./ Cloos, P./ Köngeter, St. (Hrsg.) (2010). „Auf unsicherem Terrain". Ethnographische Forschung im Kontext des Bildungs- und Sozialwesens. Wiesbaden: VS-Verlag.

Helsper, W. (2006). In Krüger, H.-H.; Helsper, W. (Hrsg.): Einführung in die Grundbegriffe und Grundfragen der Erziehungswissenschaft. 7., durchgesehene und aktualisierte Auflage. Opladen und Farmington Hills: Verlag Barbara Budrich.

Henkel, J./ Schnapka, M./ Schrapper, Ch. (2002). Was tun mit schwierigen Kindern? sozialpädagogisches Verstehen und Handeln in der Jugendhilfe; Bericht zum "Kölner Modellprojekt". Münster: Eigenverlag.

Hinte, W./ Treeß H. (Hrsg.) (2006). Theoretische Grundlagen, Handlungsprinzipien und Praxisbeispiele einer kooperativ-integrativen Pädagogik. Weinheim und München: Juventa.

Hitzler, R./ Honer, A. (1988). Der lebensweltliche Forschungsansatz. In: Neue Praxis 18, 6, S. 496-501. Url.: http://nbn-resolving.de/urn:nbn:de:0168-ssoar-5550 [Abgerufen 30.12.2015].

Hitzler, R./ Gothe, M. (2015). Einleitung: Methodologisch- methodische Aspekte ethnographischer Forschungsprojekte. In: Hitzler, R./ Gothe, M. (Hrsg.): Ethnographische Erkundungen. Methodische Aspekte aktueller Forschungsprojekte. Wiesbaden: Springer-VS. S. 9-16.

Hitzler, R./ Gothe, M. (Hrsg.) (2015). Ethnographische Erkundungen. Methodische Aspekte aktueller Forschungsprojekte. Wiesbaden: Springer-VS.

Holzbrecher, A. (2012). Der Raum als „dritter Pädagoge". Schularchitektur und Lernkultur. [online] Url.: https://www.ph-freiburg.de/fileadmin/dateien/fakultaet1/ew/ew1/Personen/holzbrecher/8.Holzbrecher_Schularchitektur.pdf [Abgerufen 30.12.2015].

Honer, A. (1993). Lebensweltliche Ethnografie. Ein explorativ-interpretativer Forschungsansatz am Beispiel von Heimwerker-Wissen. Wiesbaden: DUV.

Hoops, S./ Permien, H. (2006). Mildere Maßnahmen sind nicht möglich! Freiheitsentziehende Maßnahmen nach § 1631b BGB in Jugendhilfe und Jugendpsychiatrie. München: Verlag Deutsches Jugendinstitut.

Hoops, S./ Permien, H. (2007). Deutsches Jugendinstitut Liste von Einrichtungen, die freiheitsentziehend unterbringen (können), Stand 12/2007 [Online] Url.: http://www.dji.de/index.php?id=570 [Abgerufen 13.06.2011].

Höhler, C. (2009). Zwangselemente in der Heimerziehung und ihre Bewertung durch die Kinder und Jugendlichen. In: Widersprüche Zeitschrift für sozialistische Politik im Bildungs-, Gesundheits- und Sozialbereich Heft 113. S. 89-102.

Hummrich, M. (2009). Jugend und Schule. In: Schulze-Krüdener, J. (Hrsg.): Lebensalter und Soziale Arbeit. Jugend. Baltmannsweiler: Schneider Verlag Hohengehren. S. 231-251.

Hurrelmann, K. (2010). Lebensphase Jugend. Eine Einführung in die sozialwissenschaftliche Jugendforschung. 10. Auflage. Weinheim und München: Juventa Verlag.

Hurrelmann, K./ Quenzel, G. (2012). Lebensphase Jugend. Eine Einführung in die sozialwissenschaftliche Jugendforschung. 11. Auflage. Weinheim und München: Beltz-Juventa.

Hünersdorf, B./ Maeder, Ch./ Müller, B. (Hrsg.) (2008). Ethnographie und Erziehungswissenschaft. Methodologische Reflexionen und empirische Annährungen. Weinheim und München: Juventa.

IGfH (1997). Argumente gegen geschlossene Unterbringung in Heimen der Jugendhilfe. 2. Auflage. Frankfurt a.M: IGfH-Eigenverlag.

IGfH (2013a). Argumente gegen geschlossene Unterbringung und Zwang in den Hilfen zur Erziehung. Für eine Erziehung in Freiheit. Frankfurt a.M.: IGfH-Eigenverlag.

IGfH (2013b). Petition. Für das Recht auf Freiheit erzogen zu werden! Abschaffung der Geschlossenen Unterbringung! [online] Url.: https://www.openpetition.de/petition/online/fuer-das-recht-in-freiheit-erzogen-zu-werden-abschaffung-der-geschlossenen-unterbringung. [Abgerufen 06.01.2016].

Jugendgesetz der DDR: Gesetz über die Teilnahme der Jugend der Deutschen Demokratischen Republik an der Gestaltung der entwickelten sozialistischen Gesellschaft und über ihre allseitige Förderung in der Deutschen Demokratischen Republik [online] Url. http://www.verfassungen.de/de/ddr/jugendgesetz74.htm (Abgerufen 05.01.2016).

Jugendwerkhof Torgau (2015): Historie [online] Url.: http://www.jugendwerkhof-torgau.de/Historie/Ein-Haus-der-Jugendhilfe/447/ [Abgerufen 10.12.2015].

Kelle, U./ Kluge, S. (2010). Vom Einzelfall zum Typus. Fallvergleich und Fallkontrastierung in der qualitativen Sozialforschung. 2., überarbeitete Auflage. Wiesbaden: VS-Verlag.

Klawe, W. (2007). Evaluationsstudie Jugendliche in individualpädagogischen Maßnahmen. Hamburg. [online] Url.: http://www.wellenbrecher.de/pdf/bf1903cf31b489dc.pdf [Abgerufen 12.10.2015].

Klawe, W. (2010). Verläufe und Wirkfaktoren individualpädagogischer Maßnahmen. Hamburg. [online] Url.: http://www.aim-ev.de/media/veroeffentlichungen/aim/Willy-Klawe-Dialog-Erziehungshilfen-1-2-2010-zu-Studie-II.pdf [Abgerufen 12.10.2015].

Klawe, W. (2011). Die (Re-) Integration Jugendlicher in soziale Netzwerke – Ambulante Intensive Begleitung (AIB). In: Witte, Matthias D./ Sander, Uwe (Hrsg.)(2011): Erziehungsresistent? »Problemjugendliche« als besondere Herausforderung für die Jugendhilfe. Baltmannsweiler: Schneider Verlag Hohengehren. S. 169-180.

Koch, N./ Kessl, F. (2012). Fachliche Haltungen und Kompetenzen von Fachkräften in einer Jugendhilfeeinrichtung mit fakultativ geschlossener Unterbringung. Ein Kooperationsprojekt zwischen dem Diakoniewerk Essen gemeinnützige Jugend- und Familienhilfe GmbH und der Universität Duisburg-Essen. [online] Url.: https://www.diakoniewerk-essen.de/content/tablefiles/pagefiles/84/ Abschlussbericht_HausColumbus_(2013-06-14).pdf [Abgerufen 18.12.2015]

KOMDAT (2015): Kommentierte Daten der Kinder- & Jugendhilfe. Heft 2/15. [Online] Url.: http://webcache.googleusercontent.com/search?q=cache:1xzZWD2MXO4J:www.akjstat.tu-dortmund.de/+&cd=1&hl=de&ct=clnk&gl=de [Abgerufen 20.01.2016)

Köhler-Saretzki (2008): Heimerziehung damals und heute – Eine Studie zu Veränderungen und Auswirkungen der Heimerziehung über die letzten 40 Jahre! [Online] Url.: kups.ub.uni-koeln.de/2649/1/Diss_Heimerziehung_Koehler.pdf [Abgerufen 29.12.2015].

Kriseninterventionsteam (2003): Bericht über die Untersuchung schwerwiegender Fälle von Intensivtätern im Kinderbereich. Hannover [online] Url.:

http://geschlossene-unterbringung.de/wp-content/uploads/2013/12/KIT-Team_Niedersachsen.pdf [Abgerufen 12.10.2015].

Krüger, H.-H. (2006). Erziehungswissenschaft und ihre Teildisziplinen. In: Krüger, H.-H./ Helsper, W. (Hrsg.): Einführung in die Grundbegriffe und Grundfragen der Erziehungswissenschaft. 7., durchgesehene und aktualisierte Auflage. Opladen und Farmington Hills: Verlag Barbara Budrich. S. 321-336.

Krüger, H.-H./ Helsper, W. (Hrsg.) (2006). Einführung in die Grundbegriffe und Grundfragen der Erziehungswissenschaft. 7., durchgesehene und aktualisierte Auflage. Opladen und Farmington Hills: Verlag Barbara Budrich.

Kunstreich, T. (2001). Grundkurs Soziale Arbeit Band. 2. Sieben Blicke auf Geschichte und Gegenwart sozialer Arbeit 2., korrigierte Aufl. Bielefeld: Kleine-Verlag.

Kunstreich, T. (2007). Einladung zur Diskussion. In. Wiedersprüche Zeitschrift für sozialistische Politik im Bildungs-, Gesundheits- und Sozialbereich Heft 106. S.11-12.

Kutsche, J. (2008). Problemjugendliche auf der Walz. ZEIT ONLINE [Online] Url.: http://www.zeit.de/online/2008/41/trebegaenger-brandenburg-2 [Abgerufen 10.12.15].

Kutter, K. (2013). Erziehung durch Zwang. Geschlossene Heime in Deutschland. In taz. [online] Url.: http://www.taz.de/!5070664/ [Abgerufen 12.10.2015].

Lamneck, S. (2005). Qualitative Sozialforschung. Lehrbuch. 4. Vollständig überarbeitete Auflage. Weinheim und Basel: Beltz Verlag.

Laudien, K. (2015). Heimerziehung in der DDR. Ergebnisse eines Forschungsprojektes und einer Fachtagung. In. Soziale Arbeit 64; S. 135-142.

Lenz, K. (1991). Prozeßstrukturen biographischer Verläufe in der Jugendphase und danach. Methodische Grundlagen einer qualitativen Langzeitstudie. In: Combe, A./ Helsper, W. (Hrsg.): Hermeneutische Jugendforschung. Theoretische Konzepte und methodologische Ansätze. Opladen: Westdeutscher Verlag.

Lenz, K./ Schefold, W./ Schröer, W. (2004). Entgrenzte Lebensbewältigung. Sozialpädagogik vor neue Herausforderungen. In: Lenz, K./ Schefold, W./ Schröer, W. (Hrsg.): Entgrenzte Lebensbewältigung. Jugend, Geschlecht und Jugendhilfe. Weinheim und München: Juventa Verlag.

Lindenberg, M. (2011). Geschlossene Unterbringung in der Kinder- und Jugendhilfe. Darstellung, Kritik, politischer Zusammenhand. In: Dollinger, B./ Schmidt-Semisch H. (Hrsg.): Handbuch Jugendkriminalität. Kriminologie und Sozialpädagogik im Dialog. 2. Auflage. Wiesbaden: VS-Verlag. S. 557-572.

Lindner, W. (Hrsg.) (2008). Kinder und Jugendarbeit wirkt. Aktuelle und ausgewählte Evaluationsergebnisse der Kinder und Jugendarbeit. Wiesbaden: VS-Verlag.

Malinowski, B. (1973). Magie, Wissenschaft und Religion: und andere Schriften. Frankfurt/Main: Fischer S. Verlag. [Aus dem Englischen].

May, S./ May, M. (2007). Pädagogik als Subjekt-Subjekt-Dialektik denken. Eine Antwort auf Mathias Schwabe. In. Wiedersprüche Zeitschrift für sozialistische Politik im Bildungs-, Gesundheits- und Sozialbereich Heft 106. S. 41-48.

Menk, S. (2010). „Vergangenheitsträume" Veränderungsprozesse von Selbst- und Weltbildern junger Menschen Eine Langzeituntersuchung von Kindern und Jugendlichen während und nach einer sozialpädagogischen Krisenintervention. [online] Url.: https://www.uni-koblenz-landau.de/de/koblenz/fb1/sempaed/sozpaed/Promotion/Promotion [Abgerufen 12.10.2015].

Menk, S./ Schnorr, V./ Schrapper, Ch. (2013). »Woher die Freiheit bei all dem Zwang?«. Langzeitstudie zu (Aus-) Wirkungen geschlossener Unterbringungen in der Jugendhilfe. Weinheim und Basel: Beltz Juventa.

Mollenhauer, K. (1980). Einige erziehungswissenschaftliche Probleme im Zusammenhang der Erforschung von „Alltagswelten Jugendlicher". In. Lenzen, D. (Hrsg.): Pädagogik und Alltag. Methoden und Ergebnisse alltagsorientierter Forschung in der Erziehungswissenschaft. Stuttgart: Klett-Cotta. S. 97-111.

Mollenhauer, K. (2001). Einführung in die Sozialpädagogik. Probleme und Begriffe der Jugendhilfe. Weinheim und Basel: Beltz.

Mollenhauer, K./ Uhlendorff U. (1992). Sozialpädagogische Diagnosen 1. Über Jugendliche in schwierigen Lebenslagen. Weinheim und München: Juventa.

Mollenhauer, K./ Uhlendorff U. (2000). Sozialpädagogische Diagnosen 2. Selbstdeutungen verhaltensschwieriger Jugendlicher als empirische Grundlage für Erziehungspläne. Weinheim und München: Juventa.

Mollenhauer, K./ Uhlendorff Uwe (2004): Sozialpädagogische Diagnosen 1. Über Jugendliche in schwierigen Lebenslagen. 4. Auflage. Weinheim und München: Juventa.

Müller, B./ Thole, W./ Cloos, P./ Köngeter, St. (2005). Konstitutionsbedingungen und Dynamik (Performanz) sozialpädagogischen Handelns in der Kinder- und Jugendarbeit. Zwischenbericht des DFG-Forschungsprojektes. [online] Url.: https://www.uni-hildesheim.de/media/fb1/sozialpaedagogik/Forschung/DFG-Zwischenbericht_druck.pdf. [Abgerufen: 05.01.2016].

Müller, B. (2007). Zum Themenheft „Zwang“ – ein offener Brief In. Wiedersprüche Zeitschrift für sozialistische Politik im Bildungs-, Gesundheits- und Sozialbereich Heft 106. S. 13-18.

Müller, B. (2012). Sozialpädagogisches Können. Ein Lehrbuch zur multiperspektivischen Fallarbeit. 7. Überarbeitetet Auflage. Freiburg im Breisgau: Lambertus.

Münchmeier, R. (2005). Jugend. In: Otto, H.-U.; Thiersch, H. (Hrsg.): Handbuch Sozialarbeit Sozialpädagogik. 3., Auflage. München Basel: Ernst Reinhardt Verlag. S. 816-830.

NDR (2015). „Friesenhof“- Schließung: Flucht-und-Verletzte (online) Url.: http://www.ndr.de/nachrichtenschleswig-holstein/Friesenhof-Schliessung Flucht-und-Verletzte,jugendheim100.html [Abgerufen: 30.11.2015].

Niemeyer, Ch. (2015). Sozialpädagogisches Verstehen verstehen: Eine Einführung in ein Schlüsselproblem Sozialer Arbeit. Weinheim: Beltz-Juventa.

Nohl, H. (1933). Die Theorie der Bildung. In: Nohl, H./ Pallat, L. (Hrsg.): Handbuch der Pädagogik. Bd. 1. Beltz: Langensalza. S. 3-80.

Nohl, H./ Pallat, L. (Hrsg.) (1933). Handbuch der Pädagogik. Bd. 1. Langensalza: Beltz.

Nugel, M. (2013). Erziehungswissenschaftliche Diskurse über Räume der Pädagogik. Eine kritische Analyse. Wiesbaden: Springer VS.

Oehme, A. (2009). Jugend im Übergang in Arbeit. In: Schulze- Krüdener, J. (Hrsg.): Lebensalter und Soziale Arbeit. Jugend. Baltmannsweiler: Schneider Verlag Hohengehren. S. 252-273.

Oelkers, N. (2013). Da kann doch keine/r dafür sein… In. Soziale Passagen. Journal für Empirie und Theorie Sozialer Arbeit. Band 5. S. 98-100.

Oelkers, N./ Feldhaus, N./ Graßmöller, A. (2015). „Geschlossene Unterbringung in der Kinder- und Jugendhilfe“. Ergebnisse des Forschungsprojekts zur GITW Lohne. oO.

Oevermann, U. (2001). Das Verstehen des Fremden als Scheideweg hermeneutischer Methoden in den Erfahrungswissenschaften. In: Zeitschrift für qualitative Bildungs-, Beratungs- und Sozialforschung Jg. 2, Heft 1, S. 67-92. Url.: http://nbn-resolving.de/urn:nbn:de:0168-ssoar-280450 [Abgerufen 29.12.2015].

Oevermann, U. (2004). Objektivität des Protokolls und Subjektivität als Forschungsgegenstand. In: Zeitschrift für qualitative Bildungs-, Beratungs- und Sozialforschung Jg. 5, Heft 2, S. 311-336. Url: http://nbn-resolving.de/urn:nbn:de:0168-ssoar-279405. [Abgerufen 29.12.2015].

Otto, H.-U./ Thiersch, H. (Hrsg.) (2005). Handbuch Sozialarbeit Sozialpädagogik. 3., Auflage. München: Ernst Reinhardt Verlag.

Otto, U. (2008). Alter/ alte Menschen. In: Hanses, A./ Homfeldt, H. G. (Hrsg.): Lebensalter und Soziale Arbeit. Band 1: Eine Einführung, Baltmannsweiler: Schneider Verlag Hohengehren. S. 192-209.

Paetzold, U. (2000). Gutachten zur geschlossenen Unterbringung „schwierigster" Kinder und Jugendlicher aus dem Land Brandenburg. Fallanalyse aus den Jahren 1997-1999. [online] Url.: http://www.mbjs.brandenburg.de/sixcms/detail.php/lbm1.c.354280.de [Abgerufen 12.10.2015].

Pankofer, S. (1997). Freiheit hinter Mauern. Mädchen in geschlossenen Heimen. Weinheim und München: Juventa.

Pankofer, S. (2006). Spannungsfelder der geschlossenen Unterbringung und des Freiheitsentzugs im Kontext der Jugendhilfe. Kritische Reflexionen. In.: Rüth, U./ Pankofer, S./ Freisleder, F. J. (Hrsg.): Geschlossene Unterbringung im Spannungsfeld von Kinder- und Jugendpsychiatrie und Jugendhilfe. München/Wien/New York: Zuckschwerdt.

Pankofer, S. (2007). Beziehung durch oder trotz Zwang? Ambivalente Erfahrungen aus dem pädagogischen Alltag geschlossener Unterbringung von Mädchen. In. Wiedersprüche Zeitschrift für sozialistische Politik im Bildungs-, Gesundheits- und Sozialbereich Heft 106. S. 49-58.

Permien, H. (2010). Erziehung zur Freiheit durch Freiheitsentzug? Zentrale Ergebnisse der DJI-Studie „Effekte freiheitsentziehender Maßnahmen in der Jugendhilfe". München: Verlag Deutsches Jugendinstitut.

Pflüger-Scherb, U. (2012). Kassel: Wissenschaftler gegen geschlossene Unterbringung von Kindern. In: HNA [online] Url. http://www.hna.de/kassel/abschied-reformtradition-2592792.html. [Abgerufen 06.01.2016].

Piller, E. M./ Schnurr, St. (2011). Zum Umgang mit »Problemjugendlichen« in der Schweiz. In: Witte, M. D./ Sander, U. (Hrsg.) (2011): Erziehungsresistent? »Problemjugendliche« als besondere Herausforderung für die Jugendhilfe. Baltmannsweiler: Schneider Verlag Hohengehren. S. 93-120.

Raithel, J. (2004). Jugendliches Risikoverhalten. Eine Einführung. Wiesbaden: VS-Verlag für Sozialwissenschaften.

Reinders, H. (2003). Jugendtypen. Ansätze zur differentiellen Theorie der Adoleszenz. Opladen: Leske Budrich.

Reinders, H. (2010). Wegen zum Erwachsenenstatus. Jugend als Bildungszeit oder Freizeit? [online] Url: https://www.researchgate.net/publication/238751719_Wege_zum_Erwachsenenstatus_Jugend_als_Bildungszeit_oder_Freizeit (Abgerufen: 05.01.16.

Riesner, L. (2015) Die Möglichkeiten und Grenzen der Vorhersage delinquenten Verhaltens von jungen Menschen anhand ihrer Jugendhilfeunterlagen.

[online] Url.: http://macau.uni-kiel.de/servlets/MCRFileNodeServlet/dissertation_derivate_00005938/Dissertation_Riesner.pdf [Aufgerufen 12.10.2015].
Rietzke, T./ Galuske, M. (2008). Lebensalter und Soziale Arbeit Band 4: Junges Erwachsenenalter. Baltmannsweiler: Schneider Verlag Hohengehren.
Rosenbauer, N. (2011). Flexibilisierung: Ein Weg zu Problemjugendlichen. In: Witte, M. D./ Sander, U. (Hrsg.) (2011). Erziehungsresistent? »Problemjugendliche« als besondere Herausforderung für die Jugendhilfe. Baltmannsweiler: Schneider Verlag Hohengehren. S. 37-52.
Rosenbauer, N./ Moussaui El, N. (2015). Mit Kindern Kasse machen. WDR- die Story: (online) Url.: http://www1.wdr.de/fernsehen/dokumentation_reportage/die-story/sendungen/mit-kindern-kasse-machen-104.html [Abgerufen 10.12.15].
Rösmann, T. (2015). Ganoven mit Milchgesichtern. Kriminelle Jugendliche. In: Frankfurter Allgemeine Zeitung. [online] Url.: http://www.faz.net/aktuell/rhein-main/thomas-stiefel-hilft-kriminellen-jugendlichen-13709935.html [Abgerufen 10.12.2015].
Rüth, U./ Pankofer, S./ Freisleder, F. J. (Hrsg.) (2006). Geschlossene Unterbringung im Spannungsfeld von Kinder- und Jugendpsychiatrie und Jugendhilfe. München/Wien/New York: Zuckschwerdt.
Savage, J. (2008). Teenage: Die Erfindung der Jugend (1875-1945). Frankfurt und New York: Campus Verlag.
Schefold, W. (2004). Erziehungshilfen im gesellschaftlichen Kontext. Zur Entgrenzung der Kinder- und Jugendhilfe. In: Lenz, K./ Schefold, W./ Schröer, W. (Hrsg.): Entgrenzte Lebensbewältigung. Jugend, Geschlecht und Jugendhilfe. Weinheim und München: Juventa.
Schindler, R. (1973). Das Verhältnis von Soziometrie und Rangordnungsdynamik. In Heigl Evers, A. (Hrsg.): Gruppendynamik (S. 30-36). Göttingen: Vandenhoek u. Ruprecht.
Schnorr, V. (2009). "Wer kann ich werden - Wer soll ich sein?" Selbstbildungsprozesse junger Menschen in der Jugendhilfe. [online] Url.: https://kola.opus.hbz-nrw.de/frontdoor/index/index/year/2011/docId/416. [Abgerufen 10.04.2012].
Schrödter, M./ Ziegler, H. (2007). Was wirkt in der Kinder- und Jugendhilfe? Internationaler Überblick und Entwurf eines Indikatorensystems von Verwirklichungschancen. In: ISA Wirkungsorientierte Jugendhilfe Band 02. Münster: Eigenverlag.

Schröer, W. (2004). Befreiung aus dem Moratorium? Zur Entgrenzung von Jugend. In: Lenz, K.; Schefold, W.; Schröer, W. (Hrsg.): Entgrenzte Lebensbewältigung. Jugend, Geschlecht und Jugendhilfe. Weinheim und München: Juventa.

Schulze, G. (2005). Die Erlebnisgesellschaft: Kultursoziologie der Gegenwart. 2. Auflage. Frankfurt am Main: Campus Verlag.

Schulze- Krüdener, J. (Hrsg.) (2009). Lebensalter und Soziale Arbeit. Jugend. Baltmannsweiler: Schneider Verlag Hohengehren.

Schütz, A./ Luckmann, Th. (1988). Strukturen der Lebenswelt. Konstanz: UTB-Verlag.

Schütze, F. (1983). Biographieforschung und narratives Interview. In: Neue Praxis 13 (1983), 3, pp. 283-293. Url: http://nbn-resolving.de/urn:nbn:de:0168-ssoar-53147 [Abgerufen 29.12.2015].

Schwabe, M./ Evers, Th. (2006). Abschlussbericht über die Nutzung des Auszeitraumes der Einrichtung Grünau-Heidenquell im Ev. Johanneswerk Bielefeld. Münster: ECKART-Fachverband. S. 29-32.

Schwabe, M./ Vust, D. (2006). Abschlussbericht für die Intensivgruppe „Wellenbrecher" im Jugendhof Westfalica. Münster: ECKART-Fachverband. S. 33-36.

Schwabe, M./ Vust, D./ Evers, Th. (2006a). Zwang in Intensivgruppen der Erziehungshilfe. Kernthesen aus dem Forschungsprojekt „Settings mit besonderen Interventionsformen". In: Kontakte Spezial Oktober 2006. Münster: ECKART-Fachverband. S. 9-28.

Schwabe, M./ Vust, D./ Evers, Th. (2006b). „Das kombinierte Punkt- /Stufen-Programm im Rahmen der Intensivgruppe „Step by Step" Begründungen – Erfolgsbedingungen – Entwicklungsverläufe. Münster: ECKART-Fachverband. S. 37-43.

Schwabe, M./ Vust, D./ Evers, Th. (2006c). Gesamtbericht »Formative Evaluation von Einrichtungen mit besonderen Interventionsformen im Verbandsgebiet des Eckart« Projektzeitraum: Juni 2004 bis Juli 2006. Münster: ECKART-Fachverband.

Schwabe, M. (2007). Zwang in der Erziehung und in den Hilfen zur Erziehung. In. Wiedersprüche Zeitschrift für sozialistische Politik im Bildungs-, Gesundheits- und Sozialbereich Heft 106. S. 19-40.

Schwabe, M. (2009). „Gewalt", „Zwang" und „Disziplin": dunkle Gestalten an der Wiege sozialer Entwicklungen. In: Widersprüche Zeitschrift für sozialistische Politik im Bildungs-, Gesundheits- und Sozialbereich Heft 113. S. 63-76.

Schwabe, M./ Stallmann, M./ Vust, D. (2013). Freiraum mit Risiko. Niederschwellige Erziehungshilfe für sogenannte Systemsprenger/innen. Ibbenbüren: Münstermann.

SDR (2015). Friesenhof-Skandal: Alheit schon wieder im Sozialausschuss. (online) Url.: http://www.shz.de/schleswig-holstein/politik/friesenhof-skandal-alheit-schon-wieder-im-sozialausschuss-id9942166.html [Abgerufen 10.12.15].

Shell (Hrsg.) (2006). Jugendstudie. Jugend 2006. Frankfurt am Main: Fischer Taschenbuch Verlag.

Shell (Hrsg.) (2010). Jugendstudie. Jugend 2010. Frankfurt am Main: Fischer Taschenbuch Verlag.

Shell (Hrsg.) (2015). Jugendstudie. Jugend 2015. Frankfurt am Main: Fischer Taschenbuch Verlag.

Sivers, B./ Thomas, S./ Zeller, M. (2015). Jugendhilfe – und dann? Zur Gestaltung der Übergänge junger Erwachsener aus stationären Erziehungshilfen. Frankfurt (a.M.): IGfH- Eigenverlag.

Spradley, J. P. (1979). The ethnographic interview. New York: Harcourt.

Stadler, B. (2004). Therapie unter geschlossenen Bedingungen – ein Widerspruch? Eine Forschungsstudie einer Intensivtherapeutischen individuell-geschlossenen Heimunterbringung dissozialer Mädchen am Beispiel des Mädchenheims Gauting. [online] Url.: http://edoc.hu-berlin.de/dissertationen/stadler-bernhard-2005-01-26/HTML/ [Abgerufen 12.10.2015].

Stascheit, U. (Hrsg.) (2015). Gesetze für Sozialberufe: Die Gesetzessammlung für Studium und Praxis. 27. rev. Ausgabe. Frankfurt a.M.: Fachhochschulverlag:

Statistisches Bundesamt (2014). Statistiken der Kinder- und Jugendhilfe Erzieherische Hilfe, Eingliederungshilfe für seelisch behinderte junge Menschen, Hilfe für junge Volljährige - Heimerziehung, sonstige betreute Wohnform. [online] Url.: https://www.destatis.de/DE/Publikationen/Thematisch/Soziales/KinderJugendhilfe/HeimerziehungBetreuteWohnform.html [Abgerufen 10.12.2015].

Statistisches Bundesamt (2015): GENESIS-Online Datenbank. Code Auswahl 225* [Online] Url.: https://www-genesis.destatis.de/genesis/online/logon?language=de&sequenz=tabellen&selectionname=225* [Abgerufen 22.10.2015].

Steger M. (2005). Freiheitsentziehende Maßnahmen in Kliniken der Kinder- und Jugendpsychiatrie und Psychotherapie. Zwischenergebnisse zur Befragung in Kliniken der Kinder- und Jugendpsychiatrie im Rahmen des Forschungsprojektes „Freiheitsentziehende Maßnahmen im Rahmen von

Kinder- und Jugendhilfe, Psychiatrie und Justiz – Indikationen, Verfahren und Alternativen". München: Verlag Deutsches Jugendinstitut.
Sülzle-Temme, K. (2007). Geschlossen untergebrachte Jugendliche. Ausgangssituation, Ziele, Verläufe und Ergebnisse von Hilfeplanungen und deren Umsetzung. [online] Url.: http://www.fachportal-paedagogik.de/fis_bildung/ volltextlink.html?FId=819034&link=http%3A%2F%2Fd-nb.info%2F985110643%2F34 [Abgerufen 12.10.2015].
Tautorat, P. (2004). Auswirkungen einer Intervention der Jugendhilfe auf die Lebensbewältigungsstrategien von jungen Erwachsenen am Beispiel der Intensiven Sozialpädagogischen Einzelbetreuung (§ 35 SGB VIII) in Form eines Auslandsstandprojektes. [online] Url.: http://www.akjstat.tu-dortmund.de/fileadmin/ [Abgerufen 12.10.2015].
Thiersch, H. (1992). Lebensweltorientierte soziale Arbeit: Aufgaben der Praxis im sozialen Wandel. Weinheim und München: Juventa.
Thole, W. (2010). Ethnographie des Pädagogischen. Geschichte, konzeptionelle Kontur und Validität einer erziehungswissenschaftlichen Ethnographie. In: Heinzel, F./ Thole, W./ Cloos, P./ Köngeter, St. (Hrsg): „Auf unsicherem Terrain". Ethnographische Forschung im Kontext des Bildungs- und Sozialwesens. Wiesbaden: VS-Verlag. S. 17-38.
Thole, W./ Galuske, M./ Gängerl, H. (1998). KlassikerInnen der Sozialen Arbeit. Neuwied und Kriftel: Luchterhand.
Trede (2005). Hilfe zur Erziehung. In: Otto, H.-U./ Thiersch, H. (Hrsg.) (2005). Handbuch Sozialarbeit Sozialpädagogik. 3., Auflage. München: Ernst Reinhardt Verlag.
Trenczek, Th. (1994). Geschlossene Unterbringung oder Inobhutnahme? In: DVJJ-Journal, Nr. 147, S. 288-298.
Uhlendorff U. (2010). Sozialpädagogische Diagnosen 3. Ein sozialpädagogische-hermeneutisches Diagnoseverfahren für die Hilfeplanung. Weinheim und München: Juventa.
UNRIC (2010). Erklärung zum Internationalen Tag der Jugend, 12. August 2010 [Online] Url. http://www.unric.org/de/pressemitteilungen/26267 [Abgerufen 29.12.2015]
Villányi, D. /Witte, M. D. (2011a). Intensivpädagogische Auslandsprojekte – Ein Lichtschimmer ins Dunkel der Blackbox. In: Witte, M. D./ Sander, U. (Hrsg.) (2011). Erziehungsresistent? »Problemjugendliche« als besondere Herausforderung für die Jugendhilfe. Baltmannsweiler: Schneider Verlag Hohengehren. S. 285-304.
Villányi, D./Witte, M. D. (2011b). Andreas B. & Co. Zur Gesellschaftsgeschichte des pädagogischen Umgangs mit »Problemjugendliche« oder eine Geschichtliche Differenz. In: Witte, M. D./ Sander, U. (Hrsg.)

(2011): Erziehungsresistent? »Problemjugendliche« als besondere Herausforderung für die Jugendhilfe. Baltmannsweiler: Schneider Verlag Hohengehren. S. 19-36.

Walter, M. (2011). »Problemjugendliche« in der medialen Darstellung und öffentlichen Diskussion: zwischen sensationslüsterner Dramatisierung und ignoranter Verharmlosung gesellschaftlicher Probleme. In: Witte, M. D./ Sander, U. (Hrsg.) (2011): Erziehungsresistent? »Problemjugendliche« als besondere Herausforderung für die Jugendhilfe. Baltmannsweiler: Schneider Verlag Hohengehren. S. 123-136.

Welter-Enderlin, R./ Hildenbrand, B. (2010) (Hrsg.). Resilienz – Gedeihen trotz widriger Umstände. Heidelberg: Carl-Auer Verlag.

Wendelin, H. (2011). Erziehungshilfen im Ausland. Konzeptionen, Strukturen und die Praxis von individualpädagogischen Auslandshilfen. Weinheim und Basel: Beltz Juventa.

Wiesner, R. (2003). Freiheitsentziehung in pädagogischer Verantwortung? Zur Diskussion der geschlossenen Unterbringung im Rahmen der Kinder- und Jugendhilfe. In: Das Jugendamt. Zeitschrift für Jugendhilfe und Familienrecht, Heft 3, S. 109-116.

Winkler, M. (2003). Geschlossene Unterbringung. Gedankliche Experimente zur Annäherung an Bestimmtheit im ungewissen. In. Helsper, W.; Hörster, R.; Kade, J. (Hrsg.) (2003). Ungewissheit. Pädagogische Felder im Modernisierungsprozess. Weilerstwist: Velbrück.

Winkler, M. (2005). Das Elend mit der geschlossenen Unterbringung. In. Forum Erziehungshilfen. 11. Jahrgang. Heft 4.: Freiheitsentzug in der Jugendhilfe. S. 160-202.

Winkler, M. (2006). Erziehung. In: Krüger, H.-H.; Helsper, W. (Hrsg.): Einführung in die Grundbegriffe und Grundfragen der Erziehungswissenschaft. 7., durchgesehene und aktualisierte Auflage. Opladen und Farmington Hills: Verlag Barbara Budrich. S. 57-78.

Winkler, M. (2011). Vom Mythos in der der Realität und der Realität im Mythos – Widersprüchliche Überlegungen zu freiheitsentziehenden Maßnahmen. In: Witte, M. D./ Sander, U. (Hrsg.) (2011). Erziehungsresistent? »Problemjugendliche« als besondere Herausforderung für die Jugendhilfe. Baltmannsweiler: Schneider Verlag Hohengehren. S. 231-260.

Winkler, M. (2013). Die Zukunft der Jugend? Projektionen aus der Gegenwart. In. Bock, K./ Grabowsky, S./ Sander, U./ Thole, W. (Hrsg.): Jugend.Hilfe.Forschung. Baltmannsweiler: Schneider Verlag Hohengehren.

Witte, M. D. (2009). Jugendliche in intensivpädagogischen Auslandsprojekten. Eine explorative Studie aus biografischer und sozialökologischer Perspektive. Baltmannsweiler: Schneider Verlag Hohengehren.

Witte, M. D./ Sander, U. (Hrsg.) (2011). Erziehungsresistent? »Problemjugendliche« als besondere Herausforderung für die Jugendhilfe. Baltmannsweiler: Schneider Verlag Hohengehren.

Wolf, K. (1999). Machtprozesse in der Heimerziehung. Eine qualitative Studie über ein Setting klassischer Heimerziehung. Münster: Votum.

Wolf, K. (2007). Wirkungsorientierte Jugendhilfe Band 04. Metaanalyse von Fallstudien erzieherischer Hilfen hinsichtlich von Wirkung und „wirkmächtigen" Faktoren aus Nutzersicht. In: ISA Wirkungsorientierte Jugendhilfe Band 02. Münster: Eigenverlag.

Wolf, K. (2008). Erziehung und Zwang. In: Widersprüche Zeitschrift für sozialistische Politik im Bildungs-, Gesundheits- und Sozialbereich Heft 107. S. 93-108.

Wolffersdorff, Ch. v./ Sprau-Kuhlen, V./ Kersten, J. (1996). Geschlossene Unterbringung im Heim. Kapitulation der Jugendhilfe? Zweite, aktualisierte und erweiterte Auflage. Weinheim und München: Juventa.

Wolffesdorff, Ch. v. (2011). Kriminalität, Prävention und die Suggestion von »Nulltoleranz«. Vom schwierigen Umgang mit schwierigen Jugendlichen. In: Witte, M. D./ Sander, U. (Hrsg.) (2011): Erziehungsresistent? »Problemjugendliche« als besondere Herausforderung für die Jugendhilfe. Baltmannsweiler: Schneider Verlag Hohengehren. S. 137-150.

Ziegler, H. (2009). Ein Kulturkampf in Profession und Disziplin. Bilder Sozialer Arbeit und Repräsentationen ihrer Adressatinnen- Ein Kommentar zur Debatte in diesem Heft. In: Widersprüche Zeitschrift für sozialistische Politik im Bildungs-, Gesundheits- und Sozialbereich Heft 113. S. 33-44.

Ziegler, H. (2011). Über den Umgang mit »problematischen« Kindern und Jugendlichen im Vereinigten Königreich. In: Witte, M. D./ Sander, U. (Hrsg.) (2011): Erziehungsresistent? »Problemjugendliche« als besondere Herausforderung für die Jugendhilfe. Baltmannsweiler: Schneider Verlag Hohengehren. S. 71-92.

Zierer, K./ Speck, K./ Moschner, B. (2013). Methoden erziehungswissenschaftlicher Forschung. München und Basel: Ernst Reinhardt Verlag.

Gesetzestexte:

Achtes Buch Sozialgesetzbuch - Kinder- und Jugendhilfe - (SGB VIII) idF vom 14.12.2006 (BGBl. I, 3134) zuletzt geändert durch Gesetz vom 28.10.2015 (BGBl. I, 1802).

Bürgerliches Gesetzbuch (BGB) idF vom 02.01.2002 (BGBl. I, 42, ber. 2909, 2003 I, 738) zuletzt geändert durch Gesetz vom 20.11.2015 (BGBl. I, 2018).

Gesetz über das Verfahren in Familiensachen und in den Angelegenheiten der freiwilligen Gerichtsbarkeit (FamFG) idF vom 17.12.2008 (BGBl. I,

2586) zuletzt geändert durch Verordnung vom 31.08.2015 (BGBl. I, 1474).
Gesetz über die Angelegenheiten der freiwilligen Gerichtsbarkeit (FGG) idF vom 20.05.1898 (RGBl. I, 771) zuletzt geändert durch Gesetz vom 12.03.2009 (BGBl. I, 470).
Jugendgerichtsgesetz (JGG) idF vom 11.12.1974 (BGBl. I, 3427) zuletzt geändert durch Gesetz vom 17.07.2015 (BGBl. I, 1332).

Anhang

Artefakt Codes

Einrichtung	Artefakt	Code
Blautal	Konzept	110
Blautal	Agenda Kinderschutz	121
Blautal	Träger Handreichung	122
Blautal	Teilnehmer*innenliste Fachtagung feM	123
Blautal	GU 14+ Standards	124
Blautal	Liedtexte	125
Blautal	Homepage	130
Blautal	HP Galerie	131
Blautal	HP Angebot	132
Blautal	HP Blautal Sieger Fußball	133
Blautal	HP Bild Fußballplatz	134
Blautal	HP Bild Außenansicht	135
Blautal	HP Bild Zimmer mit Fenster	136
Blautal	HP Bild Zimmer	137
Blautal	HP Bild Küche	138
Blautal	Eigene Aufnahmen Grundriss	141
Blautal	Eigene Aufnahmen Tattoo	142
Blautal	Eigene Aufnahmen Büro	143
Blautal	Eigene Aufnahmen Tür	144
Blautal	Eigene Aufnahmen Hydrant	145
Blautal	Eigene Aufnahmen Traueranzeige	146
Blautal	Eigene Aufnahmen Tagesablauf	147
Blautal	Externe Aufnahme Außengelände nach Wutausbruch	148
Blautal	Medien RP-Online Mord	151
Blautal	Medien Spiegel Mord	152
Blautal	Urteil Mord	153
Blautal	Pressemitteilung KJM	154
Blautal	Vortrag G. 1999	161
Blautal	Tonaufnahmen Einführung	171
Blautal	Tonaufnahmen Orts- und Raumbeschreibung	172
Blautal	Tonaufnahmen Umfeld Beschreibung	173
Blautal	Tonaufnahmen Gespräch intern	174
Blautal	Tonaufnahmen Lieder	175
Blautal	Druck: Brief Ehemaliger	181
Blautal	Druck: Verwaltungsdokumente	182
Blautal	Heimakte: Agostino	191

M. Engelbracht, *Jugendliches Alltagsleben in freiheitsentziehenden Maßnahmen*,
Kasseler Edition Soziale Arbeit 16, https://doi.org/10.1007/978-3-658-23843-8

Blautal	Heimakte: Saburo	192
Blautal	Heft Heimakten	193
Einrichtung	Artefakt	Code
Sonnenbörde	Konzept	210
Sonnenbörde	Leistungsvereinbarung Jugendamt	211
Sonnenbörde	Konzept TOR	212
Sonnenbörde	Leitfaden für Eltern	213
Sonnenbörde	Fleyer	214
Sonnenbörde	Allgemeine Regeln PTI's	214
Sonnenbörde	Tagesablauf	215
Sonnenbörde	Tokenplan	216
Sonnenbörde	Checkliste morgens	217
Sonnenbörde	Betreutes Wohnen	218
Sonnenbörde	Leitfaden IG	219
Sonnenbörde	Konzeption IG	220
Sonnenbörde	Konzeption Fachdienst	221
Sonnenbörde	Konzeption Erziehungsstelle	222
Sonnenbörde	Konzeption Kleingruppe	223
Sonnenbörde	Konzeption Sondermaßnahme	224
Sonnenbörde	Konzeption Ausland 1	225
Sonnenbörde	Konzeption Ausland 2	226
Sonnenbörde	Homepage	230
Sonnenbörde	Homepage Galerie	231
Sonnenbörde	HP Bild Haupthaus	232
Sonnenbörde	HP Bild Schule	233
Sonnenbörde	HP Bild Fenster	234
Sonnenbörde	HP Bild Aushang 1	235
Sonnenbörde	HP Bild Aushang 2	236
Sonnenbörde	HP Bild Schule 2	237
Sonnenbörde	HP Bild Tür Schule	238
Sonnenbörde	HP Bild Spruchband	239
Sonnenbörde	HP Bild Die Wahrheit ist	240
Sonnenbörde	HP Bild Gruppenraum	241
Sonnenbörde	HP Bild Zimmer	241
Sonnenbörde	HP Bild Esszimmer	243
Sonnenbörde	HP Bild Mädchenzimmer	244
Sonnenbörde	HP Bild Mädchenbetreuung	245
Sonnenbörde	HP Bild Außen	246
Sonnenbörde	HP Bild Anstellen	247
Sonnenbörde	HP Bild Flur	248
Sonnenbörde	HP Bild Schule Uniform	249
Sonnenbörde	Film SpOn.	250
Sonnenbörde	Eigene Aufnahme Grundriss EG	261
Sonnenbörde	Eigene Aufnahme Grundriss OG	262

Einrichtung	Artefakt	Code
Weißgipfel	Leistungsbeschreibung gesamt	300/400
Weißgipfel	Ziele unserer Arbeit	301
Weißgipfel	Vortrag Leitung	302
Weißgipfel	Geschichte	303
Weißgipfel	Elterncoaching	304
Weißgipfel	Rave	305
Weißgipfel	Endgeldsätze	306
Weißgipfel	Übersicht Angebote	307
Weißgipfel	Übersicht Einrichtung	308
Weißgipfel	U-Haftver. Konzept	310
Weißgipfel	U-Haftver. Statistiken	311
Weißgipfel	U-Haftver. TV-Plan	312
Weißgipfel	U-Haftver. Gruppen Satzung	313
Weißgipfel	U-Haftver. Material	314
Weißgipfel	U-Haftver. Monatsübersicht	315
Weißgipfel	U-Haftver. Bild Spruch 1	320
Weißgipfel	U-Haftver. Bild Spruch 2	321
Weißgipfel	U-Haftver. Bild Spruch 3	322
Weißgipfel	U-Haftver. Bild Grundriss 1	323
Weißgipfel	U-Haftver. Bild Fenster 1	324
Weißgipfel	U-Haftver. Bild Grundriss 2	325
Weißgipfel	U-Haftver. Bild Fenster 2	326
Weißgipfel	U-Haftver. Bild Marktplatz	327
Weißgipfel	U-Haftver. Bild Marktplatz 2	327b
Weißgipfel	U-Haftver. Bild Flur	327c
Weißgipfel	U-Haftver. Bild Flur / Raucherzimmer	327d
Weißgipfel	U-Haftver. Bild Flur / Raucherzimmer 2	327e
Weißgipfel	U-Haftver. Bild Boden	327f
Weißgipfel	U-Haftver. Bild Boden	328
Weißgipfel	U-Haftver. Bild Boden	329
Weißgipfel	U-Haftver. Bild Besen	330
Weißgipfel	U-Haftver. Bild Essenssaal	331
Weißgipfel	U-Haftver. Bild Marktplatz belebt	332
Weißgipfel	U-Haftver. Bild Marktplatz belebt anonym	332a
Weißgipfel	U-Haftver. Bild Schule	333
Weißgipfel	U-Haftver. Bild Werken	334
Weißgipfel	U-Haftver. Bild Zimmer	335
Weißgipfel	U-Haftver. Bild Zimmer anonym	335a
Weißgipfel	IG Konzeption	410
Weißgipfel	IG Material	411
Weißgipfel	IG Ablauf morgens	412
Weißgipfel	IG Tagesablauf	420
Weißgipfel	IG Stufenplan	430

Weißgipfel	IG Karten	431
Weißgipfel	IG Reportage Medien	440
Weißgipfel	IG SZ Hof	451
Weißgipfel	IG SZ Treppenhaus	452
Weißgipfel	IG SZ Zimmer	453
Weißgipfel	IG Flur	460
Weißgipfel	IG Plan	461
Weißgipfel	IG Plan 2	462
Weißgipfel	IG Plan 3	463
Weißgipfel	IG Treppenhaus 1	464
Weißgipfel	IG Treppenhaus 2	465
Weißgipfel	IG OG	466
Weißgipfel	IG Flur	467
Einrichtung	Artefakt	Code
Übermeer	Konzept/ Leistungsbeschreibung	510
Übermeer	Leistungsbeschreibung Kurzfassung	511
Übermeer	Konzept Anlagen 1 bis 10	512
Übermeer	Konzept Anlagen 11 und FAQ	513
Übermeer	Concept (englische Sprache) Haupthaus	514
Übermeer	Konzept Haupthaus	515
Übermeer	Behavioral Contract (engl.)	520
Übermeer	Prozedur Abgängigkeit	521
Übermeer	Ankunft der Mädchen	522
Übermeer	Anleitung Praktikanten	523
Übermeer	Antriebsarmut	524
Übermeer	Backen mit Mädchen	525
Übermeer	Beobachtung neue Mädchen	526
Übermeer	Checkliste für Aufenthalt	527
Übermeer	Checkliste Verselbstständigungspläne	528
Übermeer	Deutungsebene Tierfiguren	529
Übermeer	Erhebungsbogen Übermeer	530
Übermeer	Feedbackmethoden	531
Übermeer	Gefühle	532
Übermeer	Guter Freund, Schlechter Freund	533
Übermeer	Interventions- und Erziehungsplan	534
Übermeer	Kindeswohlgefährdung Diagramm	535
Übermeer	Kleidungsliste Ausland	536
Übermeer	Krise Nachbetreuung	537
Übermeer	Krisen	538
Übermeer	Langzeitevaluation (Mädchen)	539
Übermeer	Punktesystem Tabelle	540
Übermeer	Zuneigung (Liebe)	541
Übermeer	HP Childrenfirst	562
Übermeer	HP Elternleitfaden	563

Übermeer	HP Empfehlung	564
Übermeer	HP Hilfeplangespräche	565
Übermeer	HP individuelle Lernförderung	566
Übermeer	HP Infofluss bei Übermeer	567
Übermeer	HP Jahre später	568
Übermeer	HP Konzept Haupthaus	569
Übermeer	HP Konzept Kurz	570
Übermeer	HP Organigramm	571
Übermeer	HP Sonderkosten	572
Übermeer	HP Trainingsprogramm	573
Übermeer	HP Transferproblematik	574
Übermeer	HP Vertrag Familien	575
Übermeer	HP Vertrag Träger	576
Übermeer	HP Zugang	577
Übermeer	Brief Mutter	581
Übermeer	Homepage der Ortschaft	582
Übermeer	Bilder 1	583
Übermeer	Bilder 2	584
Übermeer	Bilder 3	585
Übermeer	Mädchen I Jahrgang 1999	591
Übermeer	Mädchen II Jahrgang1997	592
Einrichtung	Protokolle	Code
Blautal	Tag 1	P1.1
Blautal	Tag 2	P1.2
Blautal	Tag 3	P1.3
Blautal	Tag 4	P1.4
Blautal	Tag 5	P1.5
Blautal	Tag 6	P1.6
Blautal	Tag 7	P1.7
Blautal	Tag 8	P1.8
Blautal	Tag 9	P1.9
Blautal	Tag 10	P1.10
Blautal	Tag 11	P1.11
Blautal	Tag 12	P1.12
Blautal	Tag 13	P1.13
Blautal	Tag 14	P1.14
Blautal	Tag 15	P1.15
Blautal	Niko Psy.	P1.16
Sonnenbörde	Tag 1	P2.1
Sonnenbörde	Tag 2	P2.2
Sonnenbörde	Tag 3	P2.3

Sonnenbörde	Tag 4	P2.4
Sonnenbörde	Tag 5	P2.5
Sonnenbörde	Tag 6	P2.6
Sonnenbörde	Tag 7	P2.7
Sonnenbörde	Tag 8	P2.8
Weißgipfel	Tag 1	P3.1
Weißgipfel	Tag 2	P3.2
Weißgipfel	Tag 3	P3.3
Weißgipfel	Tag 4	P3.4
Weißgipfel	Tag 5	P4.5
Weißgipfel	Tag 6	P4.6
Übermeer	Heft 1	P5.1
Übermeer	Heft 2	P5.2
Übermeer	Schulung 1	P5.3
Übermeer	Zettel 1	P5.4
Übermeer	Offen	P5.5
Übermeer	Verselbstständigung in Deutschland (Erinnerungsprotokoll)	P5.6
Übermeer	Tonaufnahmen (15 Tage Ausland zzgl. Deutschland + drei Tage)	P5.7

Printed in Poland
by Amazon Fulfillment
Poland Sp. z o.o., Wrocław

53419021R00162